东营区行政区划图

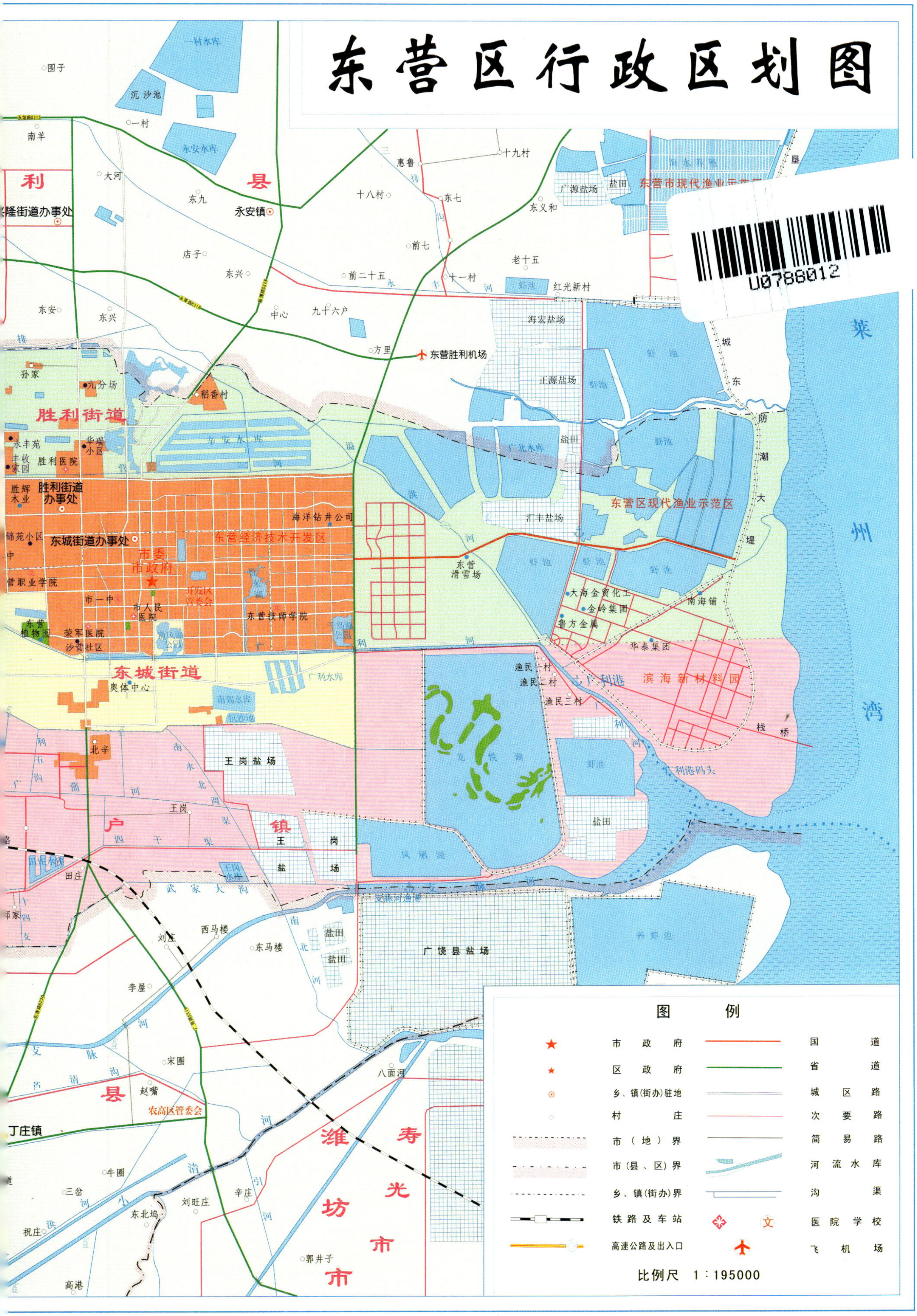

二〇一四年九月

打造 美丽城市

建设 美丽乡村

培育 美丽产业

创造 美丽生活

忠诚担当，改革创新

凝心聚力，攻坚克难

为加快建设美丽东营区而努力奋斗！

2017

东营区年鉴

DONGYING DISTRICT YEARBOOK

东 营 区 人 民 政 府 主办
东营区地方史志办公室 编

方志出版社
Publishing House of Local Records

东营区地方史志编纂委员会

（2017 年 5 月）

名誉主任：燕乃敏

主　　任：王　峰

副 主 任：赵东良　王　勇　张晓营　何关涛　王清君

委　　员：王　伟　张乐春　王　飞　丁立强　苑耀东　刘其河

李建波　李　荀　吕全友　王敬之　李光强　艾建全

郭晓青　赵宝杰　王荣国　宋占魁　刘　冰

东营区地方史志办公室

主　　任：（暂缺）

副 主 任：郭大勇　李　鹏

《东营区年鉴》（2017 卷）编审人员

主　　审：王　勇

副 主 审：何关涛

主　　编：李建波

副 主 编：郭大勇　李　鹏

编　　辑：禹　芳　张立梅

特约编辑：郭　文　宋占魁

数字东营区 2016

总面积：1178.17 平方公里

户籍人口 63.47 万人

地区生产总值：457.1 亿元

第一产业增加值：17.2 亿元

第二产业增加值：177.7 亿元

第三产业增加值：262.2 亿元

三次产业结构：3.7:38.9:57.4

农林牧渔业总产值：35.3 亿元

全社会固定资产投资：513.4 亿元

工业总产值：1321.6 亿元

预算内财政收入：26.29 亿元

预算内财政支出：35.50 亿元

实现进出口总额：629803 万元

实际利用外资：2969 万美元

农村居民人均住房面积：55.16 平方米

社会消费品零售总额：363.9 亿元

农村居民恩格尔系数：25.47 %

城镇居民人均可支配收入：42169 元

城镇新增就业：1.3 万人

新增农村劳动力转移就业：6542 人

发放城市最低生活保障金：960.39 万元

发放农村最低生活保障金：1607.69 万元

各类学校：28 所

农民人均纯收入：17615 元

在校学生数：28571 人

教职工人员：3113 人

医院医生：3594 人

医院床位数：6953 张

2016年1月17～19日，东营区第十三届人民代表大会第五次会议召开　（摄影　李　鹏）

2016年1月16～17日，中国人民政治协商会议第八届东营区委员会第五次会议举行

（摄影　李　鹏）

中国共产党东营市东营区第八次代表大会

2017年1月21~23日，中国共产党东营市东营区第八次代表大会举行 （摄影　延海涛）

大会选举燕乃敏（左五）、王峰（右五）、张成仙（左四）、李剑钧（右四）、王守业（左三）、赵东良（右三）、杜书亮（左二）、李长林（右二）、宋士栋（左一）、张汝淮（右一）10人为中国共产党东营区第八届委员会常务委员会委员，选举燕乃敏为中共东营区委书记，选举王峰、张成仙为区委副书记

（摄影　缪宏伟）

区人大第十四届一次会议、区政协九届一次会议

2017年2月6～10日，东营区第十四届人民代表大会第一次会议召开　（摄影　李　鹏）

2017年2月6～9日，中国人民政治协商会议第九届东营区委员会第一次会议召开　（摄影　刘智峰）

新当选的东营区第十四届人民代表大会常务委员会主任张成彬（左三），副主任高欣伟（右三）、李雪梅（左二）、马学舜（右二）、耿汝清（左一）、徐章敏（右一）　　（摄影　李　鹏）

新当选的东营区人民政府区长王峰（左三），副区长李剑钧（右三）、巴沾红（左二）、王克德（右二）、康茂礼（左一）、刘明君（右一）　　（摄影　李　鹏）

新当选的政协东营区第九届委员会主席杨继红（中）、副主席刘瑞俭（右三）、马献忠（左三）、王昌勇（右二）、王欣华（左二）、陈卫红（右一）、秘书长王清君（左一）　　（区政协办公室　供稿）

推进转型发展　综合实力跃升

一是现代服务业蓬勃发展。限额以上企业发展到347家，增加值实现翻番，达到262.2亿元，占GDP比重年均提高1.6个百分点，连续四年被评为全省服务业发展先进区。二是新型工业提质增效。累计实施技改项目43个，淘汰落后产能60余套，规模以上企业发展到125家，总产值实现翻番，达到1321.6亿元，高新技术产业产值增长1.8倍，占工业总产值比重提高3个百分点，国家级石油装备质检中心、海关直通监管场站、胜利科技创新园等一批高端平台建成启用，我区成为国内外知名的石油装备产业基地。三是农业现代化步伐加快。现代农业园区发展到46个，新型经营主体达到226家，标准化种植养殖面积达到11.4万亩，6.5万亩生产基地通过"三品一标"产地认证，国家AAA级以上旅游景区达到12个，揽翠湖旅游度假区、龙居森林旅游区创建成为国家AAAA级旅游景区。

大连万达广场项目

海关直通监管场站

科瑞厂区鸟瞰

新型农民创业园 （潘　芳　摄影）

辛建莲藕合作社莲藕大丰收（王维清　摄影）

油管、隔热油管出口美国、印尼、澳大利亚等国

采摘乐市民

“互联网”+激活智慧物流

山东休斯顿石油装备交易中心

（照片除署名外由区委宣传部、区商务局供稿）

建设美丽家园　城乡面貌突变

坚持城乡统筹、以城带乡，积极推进新型城镇化，全区户籍人口城镇化率达到81%。全面肩负西城建设管理重任，建设改造城市道路170公里，实施旧城片区改造15个，完成城中村改造19个，维修改造老旧小区243个，建设社区公共服务平台63个，建设提升各类公园7个，完成城市增绿544.9万平方米，实施水气污染治理工程156项，“生态家园、区域中心”的大框架逐步形成。城市管理向精细化转变，生活垃圾无害化处理率达到100%，主干道路全部实现机械化清扫，打造城市严管示范街7条，为全市创建全国文明城市、通过国家卫生城市复审，做出了突出贡献。拆违治乱工作得到市委、市政府的通报表彰。全面开展志愿服务，成立志愿服务队伍511支，开展志愿服务项目602个，打造志愿服务品牌30个。小城镇建设齐头并进，史口镇成为全国重点镇，龙居镇、六户镇成为全国环境优美乡镇，牛庄镇成为全省百镇建设示范行动示范镇。农村面貌显著改观，201个行政村全部实现硬化、亮化、绿化改造，建设农村道路275.4公里，硬化村内街巷409.1公里，建成新型农村社区9处，城乡环卫一体化实现全覆盖，我区被评为首批乡村文明行动省级示范区。

森林公园

农村街巷硬化　天目山路绿化

农村道路建设　志愿者清洗公交站牌

道路机械化清扫

（照片由区委宣传部、区府办、区城管局供稿）

改革开放创新　发展动能集聚

一是强化改革助力。行政体制、商事制度、农业农村、社会治理等重点领域改革有序推进，“四清单一平台”权力运行体系基本建立，审批收费事项大幅精简，累计取消行政权力122项，减少行政审批177项，市场主体发展到6.6万家，比2011年增加4.3万家；在全省率先实现医药分开，率先实施基本药物零差率销售，率先实行城市社区“居站分设”；在全市率先推行征地补偿安置费用预存制度，率先试点养老院“公建民营”改革。二是强化外向拉动。累计实际利用外资2.2亿美元，实现对外投资5.1亿美元，海外商标注册从3件跃升到23件，出口国家地区从73个拓展到122个，海外工程队伍发展到200余支；158个过亿元项目落户我区，实际到位外来固定资产投资240.4亿元。三是强化创新驱动。新增省级以上企业研发机构16家，发明专利授权750件，省级以上首台套产品达到14个，省级以上名牌产品、著名驰名商标达到40个，我区被评为国家知识产权强县工程示范区。

9000米陆地钻机

“无人机+”科普课堂

海外“订单船”

“智慧农业”增效益

连续油管

中山社区“乐百家”品牌服务为山东省最早的公益性社区服务品牌

“互联网”+激活智慧物流

（照片由区委宣传部、区商务局供稿）

推进油地融合　开创共驻共建

一是“共同家园”理念深入人心。油地携手推进道路、绿化、水电气暖等市政设施配套，共同建设胜利花苑、油田会议中心、西城南污水处理厂等一批重大项目，联合实施商贸园三期、新区北部、长安大厦等一批旧城片区改造，油城面貌发生深刻变化。二是“共兴共荣”结出丰硕成果。共同建设东营石油经济技术研究院、胜利大学生创业园等创新创业平台，共同推进科研设备、高端人才交流共享，共同实施重大科技攻关，科技成果在地转化132项。三是“协同治理”涌现更多生动实践。油地双方在征地迁占、应急救援、油区治安、文明城市创建等方面密切配合，在联合办学办医、繁荣文化事业、强化社会保障等方面深入协作，始终保持了团结共建、和谐共融的良好局面。

油地共建景屋蔬菜大棚

积极协调胜利油田热电联供四期项目

改造后的辛河路

现河油区治安集中整治专项行动启动

东营区与油田单位20余家开展管道保护宣传

协调管道漏油

（照片由区油工委供稿）

保障改善民生　幸福指数提升

千方百计促民增收，城镇居民人均可支配收入达到42169元，农村居民人均可支配收入达到17165元，年均分别增长9%、11.2%。逐年提高城乡低保、农村五保、城乡医疗、老年人救助等保障标准，各项标准位居全市乃至全省前列。10个省定贫困村全部摘帽，593户贫困人口实现脱贫。大力发展社会事业，建设提升中小学幼儿园47所、医疗卫生机构100处、公共文化服务场所548处，区档案馆、图书馆、文化馆创建成为国家一级馆。深入开展城市公共安全专项行动，层层压实责任，依法从严治安，事故起数连续四年下降。积极创新社会治理，建成启用区数字信息管理服务平台、综治工作指挥中心，深入开展打霸治痞、打黑除恶等专项行动，认真排查化解矛盾纠纷，社会大局持续稳定，我区被评为全国“六五”普法先进区、全国和谐社区建设示范城区。妇女儿童、青少年、红十字、工会、慈善、老龄、残疾人事业健康发展，食品药品、粮食安全、双拥共建、广播电视、爱国卫生、民族宗教、人民防空、外事侨务、应急管理、防震减灾、对台工作、地方史志等各项事业取得新成绩。

东营区文化馆

教育园区

东营区社会福利园

东营区数字信息管理服务平台

社区群众文化活动中心

农村广场

庆“三八”广场舞比赛

（照片由区委宣传部、区府办供稿）

胜利油田掠影

2016年12月26日，油田召开2016年度优秀技能人才表彰大会，孙焕泉、孔凡群、张梅河、张洪山、毕义泉、郭洪金，油田首席高级专家宋国奇出席会议

油田第八届科技英才银奖获得者

油田机关举行东营区第十四届人大代表换届选举现场投票仪式

6月12日，石化总厂产出国V汽、柴油

（胜利日报社　供稿）

中国石油大学胜利学院掠影

教师节及新学期工作会议

基科沙排获奖

新党员入党宣誓

记者团毕业季活动

基科沙排获奖奖杯

夏天计划支教

团体操

（中国石油大学胜利学院办公室　供稿）

中国石油大学（华东）掠影

2016年9月8日，东营市市长赵豪志为石大附中送上教师节慰问金

2016年5月30日，东营市政协主席陈泽浦六一慰问石大幼儿园

2016年12月8日，中国石油大学（华东）胜利学院召开四届四次理事会

2016年12月23日，东营市领导考察中国石油大学（华东）科学技术研究院

2016年11月5日，中国石油大学（华东）科学技术研究院科技活动月开幕，副市长王吉能致辞

（中国石油大学（华东）学校办公室　供稿）

编辑说明

一、《东营区年鉴》是东营区人民政府主办、东营区地方史志办公室承编的大型资料性地方综合年刊，是信息密集的综合性资料工具书。该书编纂以马克思列宁主义、毛泽东思想、邓小平理论、“三个代表”重要思想和科学发展观为指导，贯彻落实习近平总书记系列重要讲话精神和治国理政新理念新思想新战略，坚持辩证唯物主义和历史唯物主义的立场、观点和方法。全面、准确、及时地介绍东营区政治、经济、文化、社会等方面的基本面貌和社会主义现代化建设中出现的新情况、新问题、新进展，为各行各业提供咨询服务，为各级领导提供决策依据，为续修地方志积累资料，同时向国内外宣传介绍东营区。本书是2000年创刊以来连续出版的第18卷年鉴。

二、《东营区年鉴》（2017年卷），记述东营区2016年的基本情况和重要信息，力求突出反映东营区特色、优势和各部门、单位在工作中的新举措、新进展。为使用方便，部分资料适当上溯。卷首以图片的形式反映年度东营区重点工作和重大成就。为增加信息量、增强实用性，各部类使用了相关的数据资料。部分栏目编制了不同年份、不同地区相关数据对比统计表，以增加资料的深度、广度和可比性。同时辑录了相关的实用性、知识性、咨询性、互动性信息资料。本卷年鉴为彩版印刷并设随文图片。

三、本卷年鉴分设16个栏目：特载、大事记、区情概况、政党·政务、法治、综合经济管理、农业、工业、城建·环保、服务业、社会事业、镇街道概况、石油、高等教育、人物、附录。主体内容一般划分为栏目、分目、条目三个层次，少数条目下设子目。条目为年鉴内容的基本单元，分为事业发展综述和大事要事专题两种类型，其标题用黑体加【 】表示。

四、本卷年鉴检索系统：卷首设中、英文目录；正文以栏目标题为书眉，部分交叉内容在文中设括号注释参见体系；卷末设按汉语拼音字母顺序排列的主题分析索引。

五、本卷年鉴稿件由各镇、街道，区直各部门、单位及辖区内中直、市直单位供稿，并经各供稿单位领导审阅，部分稿件由区地方史志办公室撰写。稿件由区地方史志办公室总纂后，主要内容经区政府主管领导审定。国民经济和社会发展的重要数据，以区统计局年报数据为准。为示负责，撰稿人署名于条目或分目之后。

六、本卷年鉴是集体协作的结晶，得到各级领导的大力支持和广大编者的通力合作。在此，谨向所有为年鉴编纂出版付出辛勤劳动、给予热情支持的单位和个人表示诚挚的谢意！
由于水平所限，纰漏与不足在所难免，恳请读者批评指正。

2017年7月

编辑说明

目 录 Contents

特 载

大事记

区情概况

政党·政务

目　录　Contents

目　录 Contents

目　录　Contents

目　录　Contents

目 录 Contents

农 业

目 录 Contents

工 业

目　录　Contents

目　录　Contents

目录 Contents

目　录　Contents

镇、街道概况

目　录　Contents

石　油

目　录　Contents

目 录 Contents

Special Records

Chronicle of Events

General Situation of Dongying District

Parties and Government Affairs

Rule of Law

Economic Administration

Agriculture

Industry

目 录 Contents

特　载

特 载

燕乃敏同志在全区经济工作会议上的讲话

（2017年2月13日）

一、准确把握新常态下今年经济工作的形势任务

（一）深刻理解并全面贯彻中央关于适应经济发展新常态的政策体系。党的十八大以来，中央做出了经济发展进入新常态的重大判断，探索形成了以新发展理念为指导、以供给侧结构性改革为主线的经济政策体系，实行宏观政策要稳、产业政策要准、微观政策要活、改革政策要实、社会政策要托底的政策思路，实施去产能、去库存、去杠杆、降成本、补短板五大任务。今年的经济工作会议上，中央提出要把稳中求进工作总基调贯彻到各个方面，成为治国理政的重要原则和做好经济工作的方法论。按照这一理念，对深化供给侧结构性改革作了重点安排，同时对适度扩大总需求、加快推进关键性改革、保障改善民生等工作进行了部署，充分体现了新的发展理念，体现了统筹兼顾的思维方式和工作方法，体现了以人民为中心的发展思想。我们要深入学习贯彻中央关于经济工作的战略思想，准确把握稳中求进工作总基调上升为治国理政重要原则的重大意义和供给侧结构性改革的重大部署，把上级政策和东营区实际紧密结合起来，创造性地开展工作，推动全区经济工作提档次、上水平。

（二）科学分析并积极应对复杂严峻的形势挑战。从外部环境看，世界经济复苏乏力，国际油价持续低迷；经济风险不断积累，发展中不稳定、不确定因素增多，有些矛盾和问题可能进一步深化。从我区内部看，经济发展的内生动力不足，有效投资增长乏力，市场主体特别是产业主体发展滞后，新兴产业培育不足，支撑经济发展的产业项目特别是科技含量高、质量效益好、发展潜力大的项目少；金融、房地产、安全生产、环境保护、信访维稳等领域风险积聚；财政收入质量不高，税基不稳，减收因素不断增多，财政支出压力巨大；企业投资意愿不强，融资难问题较为突出，等等。对这些问题，各级各部门务必要高度重视，正视困难，保持定力，坚定信心，积极应对，努力推动全区经济社会发展行稳致远。

（三）准确把握并牢牢抓住我区经济发展的新优势新机遇。当前，我国经济运行趋稳向好，中央继续实施积极的财政政策和稳健的货币政策，支持供给侧结构性改革，加快“三去一降一补”步伐，为我们营造了良好的发展大环境。东营被列为环渤海地区重要节点城市和京津冀协同发展城市，作为中心城区，我区的发展优势越来越明显。全省经济工作会议确定利用三年时间对全省主导产业规模以上企业进行一轮高水平技术改造，在符合国家法律法规前提下支持制定招商引资优惠政策；全市经济工作会议提出，重点打造东营区石油装备区域品牌。中央和省市出台的一系列支持发展的措施，为我区加快发展提供了政策保障。同时，我区产业结构逐步优化，一大批大企业、好企业加快成长，经济增长的新动力正在形成；争创国家生态园林城市和联合国人居环境奖全面启动，新一轮的招商引资大潮即将开始，油田“三供一业”改革马上实施，各类资源要素快速汇集，全区加快发展、跨越发展的良好态势正逐步形成。需要特别指出的是，2016年，我们遇到的困难和问题比预计得要多。一年来，全区上下认真贯彻中央和省、市决策部署，全力

破解发展难题，积极稳妥推进各项工作，全区经济形势缓中趋稳、稳中向好，各项指标保持在合理区间，实现了“十三五”良好开局。在宏观经济形势严峻复杂、经济下行压力加大的情况下，取得这样的成绩很不容易。成绩背后是付出，关键时刻有担当，困难面前见水平。区委、区政府为全区各级各部门、各企业、各银行、各村居以及广大干部群众不畏艰难、苦干实干、能干会干的精气神、好业绩点赞！

2017年，是实施“十三五”规划的重要一年，是加快建设美丽东营区的开局之年，做好今年各项工作，事关全局，事关长远。基于对经济形势的认识和把握，按照中央和省、市的安排部署，今年全区经济工作的指导思想是：认真贯彻落实党的十八大和十八届三中、四中、五中、六中全会精神，深入学习贯彻习近平总书记系列重要讲话精神，按照“五位一体”总体布局和“四个全面”战略布局，以五大发展理念为引领，牢牢把握“稳中求进”工作总基调，围绕建设美丽东营区的总目标，实施“以城市工作为统领，统筹城乡发展”战略，以提高发展质量效益为中心，以改革创新为动力，以推进供给侧结构性改革为主线，着力做强实体经济，稳定经济增长，加快转型升级，深化创新驱动，推进改革开放，保障改善民生，着力打造美丽城市，建设美丽乡村，培育美丽产业，创造美丽生活，促进经济社会持续健康发展，以优异成绩迎接党的十九大胜利召开。

实现上述目标任务，要把握好四个方面的要求：一要一以贯之抓发展。要真正把美丽东营区建设作为战略指南、化为实际行动，统一思想，细化任务，保持定力，一抓到底。二要积极作为抓发展。要敢于面对困难挑战，善于从变化的形势中寻求捕捉发展机遇，在逆境中发现培育有利因素，迎难而上，奋发有为，尽最大努力争取最好效果。三要质效优先抓发展。要真正把提升发展质量和效益作为中心要务，推动经济结构更优、发展质量更优、发展环境更优，努力实现健康可持续发展。四要守住底线抓发展。要真正树牢问题导向、底线思维和风险意识，全力抓实综治维稳、安全生产、金融风险防控、脱贫攻坚、环境保护等底线工作，坚决做到风险可控、底线不破、大局稳定。

二、明确工作重点和具体措施，确保美丽东营区建设开好局、起好步

区第八次党代会科学谋划了我区未来五年发展的宏伟蓝图，提出了“在全市率先全面建成高水平小康社会、加快建设美丽东营区”的奋斗目标，为全区发展指明了方向。做好全年经济工作，要突出把握打造美丽城市、建设美丽乡村、培育美丽产业、创造美丽生活这四个重大问题，细化措施，明确目标，落实责任，全力推进，确保顺利开局起步。

（一）以供给侧结构性改革为主线，加快培育美丽产业。将深化供给侧结构性改革作为推动经济转型升级的强力抓手，加快转调步伐，做大主导产业，做强实体经济，培育环境友好型的现代产业体系。

一是以现代农业为方向，全力推动农业集约规模发展。要深刻认识我区农产品供求结构不合理、供给质量不高、产业层次偏低的主要矛盾，坚持问题导向，更加注重质的需求，大力推进农业现代化。要突出解决农业发展方向问题。按照中央一号文件要求，深入推进农业供给侧结构性改革，从生产端、供给侧发力，大力提高绿色、优质农产品供给。要突出发展都市休闲农业，重点抓好南二路休闲观光农业产业带、省级综合性渔港经济区、高效生态林业、高效生态渔业和莲藕种植产业带等特色农业经济区块建设，打造一批休闲观光、农事体验、田园养生项目，推动一三产深度融合。要积极培育新型农业经营主体，探索农村土地“三权分置”，通过土地流转、股份合作、托管服务等多种方式，培育壮大专业大户、家庭农场、农民合作社，发展多种形式的适度规模经营，提高土地产出效益，全年新增龙头企业5家、家庭农场20家，规范提升农民专业合作社20家。要加强农产品质量品牌建设，完善农业生产标准和质量检测体系，抓好“三品一标”认定和推介，做优蓝海爱农、食尚粮油等电商平台和营销网络，打响农产品特色品牌。要突出解决农业发展基础问题。加快农田水利设施配套建设，推广节水农业和水肥一体化模式，年内高标准农田覆盖率达到70%。加快推进优质农产品物联网标准化基地建设工程，拓宽现代农业发展新路子。要突出解决农业发展新动能问题。深化农村综合改革，继续开展林权、水域滩涂养殖使用权、农村集体土地使用权确权颁证工作。积极探索农村金融改革，搞好涉农资金整合，实施好农村承包土地经营权抵押贷款试点，有效保障农业生产资金灵活使用。要全面落实各级推动农业发展的政策措施，探索推进农业发展的政策体系，促进农业持续增效、农民持续增收。

二是以新型工业为方向，全力推动工业内涵式发展。第一，抓转调，改造传统工业。化工产业是我区的基础产业、优势产业，要加快由量的扩张向质的提升转变。要加大帮扶力度，推动更多化工企业获得原油进口资质，倒逼企业淘汰落后产能、提高产品能级。以神驰、海科等企业为试点，引导化工企业主动淘汰落后产品生产线，优化产品结构。积极推动化工行业去产能，在去年开展“三评级一评价”的基础上，继续深化、持续用力，把质量纳入新的评级内容，深入开展“四评级一评价”，真正把资源消耗大、生产成本高、缺乏市场竞争力的落后产能淘汰出局。石油装备产业是我区优势所在，当前的困难是暂时的，未来的市场潜力巨大，关键要走高端发展的新路子。一方面，要加强与国际国内石油装备巨头的合资合作，重点开发海洋钻井平台、智能钻机等成套设备和高端产品。另一方面，要积极创新营销模式，加快易瑞国际电商平台建设，以“互联网+”为突破口，积极推进大数据、云计算和物联网等应用，推动从生产制造向“生产+服务”转变。要按照省市统一部署，用三年时间，对全区主导产业规模以上企业进行一轮高水平技术改造，今年实施好13个技术创新重点项目，为传统产业发展注入新动能。第二，抓根基，做强做优实体经济。实体经济是经济发展的根基，工业是实体经济的根基。现阶段，我区实体经济既存在数量发展不够的问题，更存在质量发展不优的问题，相当部分企业面临“过冬”的考验。全区各级各部门单位要深刻认识当前实体经济发展遇到的困难和问题，牢固树立“帮扶一个企业快于、好于引进一个企业”的意识，真心实意帮企业解难题、渡难关。要结合供给侧结构性改革要求，打好减税、降费、降低要素成本等组合拳，解决用工、用地、融资等突出问题。要引导帮助企业策划一批“高大上”项目，形成新上项目持续不断、后续项目竞相跟进的生动局面。要切实强化对企业的服务，区级领导同志、各级各部门单位都要深入企业，面对面了解问题，积极做好各个层面的协调对接，真正帮助企业解决困难。要突出抓好区级总投资61亿元的10个工业项目，各镇、街道也要确定自己的重点项目，以项目推动实体经济发展壮大。区内大企业要瞄准行业高端加快自主创新步伐，加大技术创新、管理创新和产品创新力度，打造更多的“百年老店”；中小企业要深化产学研结合，朝着“专精特新”方向发展。各银行要以服务区内实体经济为己任，创新金融服务模式和产品，实现互利共赢。第三，抓园区，搭建载体平台。要坚持把园区作为培育发展实体经济的主战场，全面启动东营高新区基础设施提升计划，研究投入机制，灵活引入社会资金，建设完善道路、污水处理、地下管网等基础设施，实现园区承载能力大提升。要以“招商选资”为途径壮大产业集群，年内新增过亿元项目10个以上，规模以上工业企业增加5家。史口生态化工循环经济产业园区要立足产业发展，健全功能，优化环境，提升服务，不断巩固壮大千亿级园区地位。第四，抓招商，激发工业发展活力。要把招商引资作为壮大区域经济实力的重要手段，进一步统一思想，加大力度，创新模式，加快引进一批大项目、好项目，再掀招商引资新高潮。要积极对接京津冀协同发展等国家战略，吸引全球500强、行业领军企业来我区设立分支机构。要引导我区优势企业积极寻求对外合作，实施兼并重组，引进资本、技术和人才。各级领导同志要在招商上投入更多时间和精力，亲自洽谈落实项目，亲自协调解决招商难题。近期要抓紧筹备招商引资动员大会，安排部署工作任务。

三是以现代服务业为方向，全力推动服务业增量提质。要坚持规模和质量并重、提高供给能力和扩大消费需求并举，落实各级扶持政策，全面提升服务业发展水平。生产性服务业，要围绕服务实体经济，依托胜利石油科技创新园、石油科技城、胜利大学生创业园等高端载体，积极发展研发设计、信息技术、创业孵化、科技咨询等科技服务业，加快纬科国际石油培训学院、胜利管家工程、华智科技创业创新服务平台、科创中心综合平台等现代服务业项目建设，以科技创新引领产业升级；要抢抓东营大交通建设机遇，高层次谋划发展物流业，加快建大物流工程等项目建设，吸引第三方物流企业集聚，构建与区域发展相适应的现代物流体系；要围绕旧城片区开发，积极引导发展商务楼宇，鼓励开发工业地产、工业楼宇，大力推进宝龙城市广场、星凯全球家居生活广场等项目建设，发展都市型产业。生活性服务业，要围绕满足居民多元化生活需求，大力发展社区服务、家庭服务等产业，拓展“老幼”两端消费，加快发展教育培训、休闲旅游、健康疗养、养老护理等产业，拉动消费升级；要深入推进“互联网+服务业”计划，加快培育本土电商平台，千方百计把外地消费引进来。要加快优化服务业空间布局，全面提升济南路传统商贸产业带、黄河路现代服务业集聚带、南二路休闲观光旅游产业带、广利河现代服务业隆起带规模水平，培育城市经济核心圈。

（二）以重大项目和精细化管理为核心，加快打造美丽城市。以创建国家生态园林城市为抓手，全面提升城市规划建设管理水平，确保2018年达到创建标准，2019年迎接考核验收。一要完善城市基础设施。加强城市道路建设，加快实施南一路快速路、北二路、庐山路等主干道路建设提升，开工建设庐山路南延、南二路西延、河广大道、德州路等骨干道路，推进新区北部、新区西部、黄河路钢木材市场、宝龙城市广场等片区道路配套工程，打通城区断头路，进一步盘活城市内部交通网络，切实解决交通拥堵问题。加快推进停车场规划编制，建设改造一批城市公厕，年内完成区建筑垃圾消纳场建设。二要加快城市更新。城市更新是挖掘城市存量土地潜力、拓展发展新空间的重要举措。要加大对新区北部、文汇机关等成熟区块的开发力度，加快引进一批高端项目，培育新的经济增长点。对现河特车大队等片区改造项目，要抓紧推进各项前期工作，确保年内有大的进展。深入研究、积极稳妥推进哨头、南庄等4个村居改造工程，以及东营社区等3个棚户区改造项目，确保改造一个、成功一个。市里要求用三年时间基本完成1998年之前建成的老旧小区改造任务，相关部门要科学制定改造方案，集中解决突出问题，年内所有老旧小区要全部改造完成。三要全面提升城市生态环境。扎实推进三年增绿计划，重点抓好南二路、高速生态廊道、耿井片区、东二路等主次干道绿化提升工程，实施裸露土地、油井生产区等绿化建设，加快改造提升荟萃湖、陶然、测井等城市公园，尽快开工建设耿井公园、新区西部片区公园，建设一批街头游园和城市绿道。大力实施老广蒲沟、五干排等生态景观廊道建设，抓好东营河沿岸生态治理，实施城市水体修复工程，加快提升城市绿化水平。四要深入实施城市精细化管理。制定细化管理标准和考核办法，力争年内半数以上的建成区达到精细化管理要求。加快推行道路保洁、设施维护市场化运作，配齐环卫保洁人员和车辆，提高道路保洁机械化覆盖率。扎实开展店外经营及流动摊点、建筑垃圾等六大专项整治，落实常态化、规范化管理措施，努力塑造整洁有序的城市面貌。积极推进城市综合执法，完善执法部门权力和责任清单，出台规范化执法制度，着力提高城市管理和公共服务水平。全力打造智慧城市，加快推进互联网、物联网、云计算、大数据在城市管理服务和运行中的应用，实施智慧教育、智慧交通、智慧社区、智慧政务等工程，实现数字信息资源整合共享，全面提高城市管理效能。去年我区拆违治乱工作取得很大成绩，今年要继续开展拆违治乱专项行动，重拳出击清除存量、杜绝增量，坚决完成全年目标任务。牢固树立“人民城市人民管”的理念，教育引导市民有序参与到城市的共管共建中来，使我区的城市环境更加文明、美丽、和谐、有序。

（三）以统筹城乡发展为方向，加快建设美丽乡村。建设美丽乡村既是省市安排部署的重要任务，也是美丽东营区建设四大目标之一。要加大投入力度，引导更多资金、政策、项目等资源要素向农村倾斜，补齐农村发展短板，缩小城乡差距，让发展成果更多地惠及农民。一要高品质塑造特色小城镇，引领美丽乡村建设。坚持把小城镇作为联结城乡、辐射农村的重要载体，全力支持四镇完善功能配套，重点实施好牛庄片区改造、六户繁荣路北段拓宽、史口和龙居中心学校建设等工程，提升城镇品质，吸引人口集聚。要坚持产城一体，把产业发展作为小城镇建设的重要支撑，支持四镇按照“一镇一品”发展方向，实施一批重点园区、重点项目建设，年内重点抓好牛庄智能温室及概念农业扩建工程、六户南二路都市农业产业带提升工程、史口25万吨/年混合烷烃脱氢、龙居黄河森林旅游区提升工程等项目，做强镇域经济，培育发展特色。二要高标准完善农村基础配套，助推美丽乡村建设。要坚持规划先行，因地制宜编制村庄规划，科学布局村庄建设、产业发展。坚持以需求为导向，高标准配套完善农村供水、道路、社区等基础设施，满足农村群众高品质的生活需求。要加快推进农村“七改”工程，年内全部完成农村旱厕改造、农村薄弱学校改善和天然气村村通工程；抓好村内道路硬化，实现由“村村通”到“户户通”。实施农村社区服务中心建设三年行动计划，凡与群众生活密切相关的事项，逐步纳入农村社区服务中心。加强农村卫生机构建设，抓好卫生专业人员的引进和培养，对村卫生室进行标准化改造，提升农村医疗服务条件。三要高质量改善农村环境，提升美丽乡村形象。严格按照美丽乡村标准化要求，加大村庄“五化”投入，提升村庄全域保洁水平，搞好街道、庭院、公共场所绿化和村庄主干道亮化；大力实施“美丽庭院”创建，继续开展庭院清洁和美化活动，全面提升村容村貌。深入开展农村拆违治乱集中行动，对公路铁路沿线违法建筑、周边垃圾、经营场所等进行集中整治。深化城乡环卫一体化成果，完善区统管的农村生活垃圾收运处理体系，推进农村生活垃圾就地分类处理和资源化管理。加强农业生产污染治理，全面改善农业生产环境。四要高层次培育文明和谐乡风，增加美丽乡村内涵。要高度重视农村精神文明建设，大力推进移风易俗，支持村级建立红白理事会等群众性组织，规范婚丧嫁娶的办事标准和程序，形成勤俭节约、文明理事的社会新风尚。深入开展“新农村新生活”培训和“讲文明、树新风”活动，引导规范农民养成良好的生活习惯、道德风尚和健康文明的生活方式。推进平安农村建设，加强人防、物防、技防等各项治安防范措施，完善立体化社会治安防控体系，建立健全预防化解矛盾纠纷工作机制，维护农村社会和谐稳定。深入推进基层服务型党组织建设，规范经费保障、村务管理，健全村庄建设、运行管理、服务群众等制度，提升基层组织工作水平。

（四）以持续提升人民生活水平为目的，加快创造美丽生活。一要全力办好民生实事。民生实事是区委、区政府对全区人民的庄严承诺，也是我们做好民生工作的重要抓手。对今年确定实施的12项民生实事，各级各责任单位要高度重视，强化措施，确保尽快落到实处、见到实效。民生实事推进过程中，要注重听取社会各层面的反映，及时从细节上改进完善，确保好事办好。二要大力发展各项社会事业。要高度重视当前的就业问题，搭建就业服务平台，完善就业服务体系，重点解决好农村转移劳动力、就业困难人员、高校毕业生等群体就业问题。要以创新创业带动就业，放大胜利大学生创业园、博济创客邦、“第六空间”等载体功能，加快山东财经大学国际贸易创业孵化基地建设，着力打造众创、众筹、众包、众扶“四众”空间。要稳步提高低保、五保、医保、残疾人保障标准，让困难群众及时得到帮助和关爱。要深入推进政府购买社区社会服务，扩大政府购买居家养老服务范围，提高便民服务水平。要加快推进区三中南北校区、区一中北校区、区实验学校西校区、胜林小学、文化公园片区学校等学校建设，确保年内全部开工，有效解决“大班额”问题。要抓好公立医院改革，推进基层医疗卫生服务体系建设，提升公共卫生服务水平。要加强食品药品监管，确保人民群众饮食用药安全。要全面加快国家公共文化服务体系示范区建设，统筹完善区、镇、村三级文化设施网络，更好地满足人民群众精神文化需求。要确保年内市定标准贫困人口全部脱贫，全面打赢脱贫攻坚战。三要切实维护社会安全稳定。今年党和国家大事要事多，必须保持和谐稳定的社会环境。全区各级各有关部门要把稳定工作牢牢抓在手上，加强矛盾纠纷排查化解，认真落实领导干部公开接访、带案下访等制度，积极主动解决群众反映的问题，从源头上、机制上化解矛盾纠纷。要加强社会治安综合治理，持续开展建筑市场“打霸治痞”、打击“两抢一盗”、三年禁毒人民战争等行动，严厉打击各类违法犯罪行为。要深入开展安全隐患排查和“大快严”集中行动，落实安全生产责任，确保全区安全形势持续稳定。四要扎实开展志愿服务。今年，我们将在全区开展志愿服务“全面推进年”活动。全区各级要紧跟区委步伐，主动担当、迅速行动、积极作为，确保志愿服务活动全面推进实施。要充分发挥党员的先锋模范作用，积极构建党员志愿服务工作组织网络，引领全区广大党员在志愿服务中讲奉献、比作为、凝民心、树形象。要进一步完善志愿者招募管理机制，开发东营区志愿服务网和志愿东营区手机APP，畅通招募渠道，吸纳社会各个层面参与志愿服务活动，推动志愿队伍规范化、多元化发展。要积极打造基层志愿服务阵地，建设完善镇（街道）、社区（村居）志愿服务中心（站），争取年内实现全覆盖。要坚持立足基层，以群众需求为导向，努力打造一批精品志愿服务项目，创建一批优质志愿服务品牌。特别在社区（村居）层面，要结合各自实际，积极引导驻社区的机关、学校、企事业单位等成立志愿服务组织，不断创新志愿服务形式。要积极推进志愿服务长效激励机制建设，建立全区统一的标准化激励体系，使志愿者受尊重、有地位。要切实加大志愿服务的宣传力度，充分发挥报纸、广播、电视、互联网等大众媒体和新媒体作用，大力弘扬志愿服务精神和理念，努力在全社会形成关心、支持和参与志愿服务的良好氛围。

三、加强和改进党对经济工作的领导，为全区经济发展提供坚强的政治和组织保证

政治方向确定后，关键是落实，根本靠干部。各级领导干部要切实加强对经济工作的领导，担当作为、提升境界、改进作风，全力以赴推动各项工作任务落到实处。

一要自觉肩负起领导和推动经济发展的重任，时刻把经济工作抓在手上。全区各级各部门要牢固树立“四个意识”特别是核心意识、看齐意识，切实把思想和行动统一到中央和省委、市委对形势的判断上来，统一到中央和省委、市委的决策部署上来，并结合实际创造性地开展工作。要履行好党领导经济工作的重大责任，进一步增强责任感和使命感，不断提高驾驭经济发展全局的能力，把握好方向、谋划好全局，善于在错综复杂的形势中看清主流，牢牢把握做好经济工作的主动权。要议大事抓大事，切实加强对重大经济问题的调查研究，及时指导和推动经济发展，不断提高科学决策、科学管理水平。要建立健全各级党委调研、决策、实施、考核、监督、奖惩等制度体系，推动党委领导经济工作制度化、规范化。

二要加强领导干部能力建设，全面提升领导经济工作科学化水平。要自觉提升领导经济工作的能力，切实加强学习，加快知识更新，优化知识结构，拓宽眼界和视野，克服本领不足、本领恐慌、本领落后的问题，不断提高科学决策能力、协调统筹能力和总揽全局能力。要坚持法治思维、增强法治观念，依法调控和治理经济，不用超越法律法规的手段和政策抓企业、上项目，不靠行政命令方式来管经济，不采取陈旧强制手段完成工作任务。要注重实践历练，经常深入一线、深入企业，及时了解新情况新问题，虚心听取意见建议，做到不说外行话、不干外行事，真正成为经济工作的行家里手。要善于服务，摆脱“管理型”惯性思维，树立“服务型”主动意识，设身处地从实体经济的视角看发展，分类施策搞好点对点服务，推动支持企业发展的各项政策落实落地，为经济发展创造更加良好的环境。

三要大力弘扬实干精神，聚焦聚神聚力推进各项任务落实。要着力弘扬严实作风，说实话、办实事、求实效，坚决反对“为官不为”和“庸懒散浮拖”，推动各级各部门把心思放在抓发展上，把精力放在干实事上，把功夫下在见实效上，真正靠实干成就事业，靠实干赢得组织和群众认可。要发扬“钉钉子”精神，对承担的每项任务，各级各部门都要扭住不放，不见成效不松懈、不达目的不罢休，特别是对牵动全局的重大任务和难点问题，要盯在一线、靠前指挥，确保各项工作落到实处。要切实提高执行能力，对今

年确定的目标任务，实行严格的目标责任制。区委、区政府两个督查考核办公室要及时搞好分解立项，把全年任务落实到责任领导和承办部门。各分管领导和部门也要进一步细化目标、分解任务，切实做到层层有指标、人人有责任。要继续坚持区委常委包靠镇街制度、区级领导联系重点工程和项目制度，在全区构建起责任落实体系，以责任促落实，以落实促发展。要把强化督查作为推动工作开展的有效手段，采取领导督查、媒体督查、现场督查、人大代表政协委员督查等多种方式，着力解决不落实或落实不及时、不到位的问题。要抓住想干事、敢干事两个关键点，着力健全正向激励机制和容错纠错机制，引导激励广大党员干部更加奋发有为地做好工作。区级领导班子成员要率先垂范，对分管和牵头负责的各路工作，要亲力亲为、身体力行，加紧调度、加快推进，不仅要提出工作思路，更要研究措施和方法；不仅要安排部署，更要带头抓好落实，以实实在在的工作成效，为广大党员干部做出表率。

*四要深化全面从严治党，以廉洁高效的作风推动发展。*优良的作风、严明的纪律，是我们事业发展的根本保证。要持续深化全面从严治党各项措施，使党的建设各项任务落到实处。要加强干部教育监督和管理，着力构建严密的制度监督网，对存在的苗头性问题做到早发现、早提醒、早纠正。要树立正确的用人导向，着力完善在基层一线培养、识别、选用干部的机制，激励干部心无旁骛干事业、聚精会神抓发展。要健全改进作风建设长效机制，紧盯作风建设领域出现的新情况、新问题，着力抓常、抓细、抓长，持之以恒纠治“四风”。要严肃党内政治生活，增强党内生活的政治性、原则性、战斗性，切实解决平淡化、随意化、庸俗化问题，着力营造良好的政治生态。要坚持以零容忍的态度惩治腐败，进一步加大案件查办力度，着力构建不敢腐、不能腐、不想腐的体制机制，努力实现干部清正、政治清明，为实现“在全市率先全面建成高水平小康社会，加快建设美丽东营区”的奋斗目标提供坚强政治保证。

同志们，当前东营区发展已进入关键时期，率先全面建成高水平小康社会进入决胜阶段。我们要更加紧密地团结在以习近平同志为核心的党中央周围，在省委省政府、市委市政府的坚强领导下，坚定信心，积极作为，扎实做好今年经济各项工作，奋力开创美丽东营区建设新局面，以优异成绩迎接党的十九大胜利召开!

燕乃敏同志
在区委七届十八次全体会议上的讲话

（2016年12月6日）

党的十八届六中全会，是在中国共产党成立95周年、红军长征胜利80周年的历史节点，在全面深化改革、决胜全面小康的关键时期，召开的一次重要会议。全会充分肯定了党的十八届五中全会以来中央政治局的工作，高度评价全面从严治党取得的成就；全面分析党的建设面临的形势和任务，系统总结近年来特别是党的十八大以来全面从严治党的理论和实践，就新形势下加强党的建设做出新的重大部署；审议通过了《关于新形势下党内政治生活的若干准则》和《中国共产党党内监督条例》，充分体现了党中央坚定不移推进全面从严治党的坚强决心和历史担当，对确保党始终成为中国特色社会主义事业的坚强领导力量，对推进党的建设新的伟大工程、推进中国特色社会主义事业，具有重大现实意义和深远历史意义。省委十届十五次全体会议、市委五届十次全体会议认真学习贯彻十八届六中全会精神，分别对全省、全市深入推进全面从严治党、做好当前和今后一个时期的工作做出安排部署。下一步，我们要按照中央和省委、市委的部署要求，把学习贯彻十八届六中全会精神这项重大政治任务抓紧抓好，把全区广大党员干部群众的思想认识统一到全会精神上来，把力量凝聚到落实全会确定的任务上来。

下面，根据区委常委会研究的意见，我讲三个问题。

一、着力增强“四个意识”，自觉在思想上政治上行动上同以习近平同志为核心的党中央保持高度一致

六中全会明确习近平总书记的核心地位、正式提出“以习近平同志为核心的党中央”，对党和国家事业发展具有重大现实意义和深远历史意义。全区各级党组织和广大党员干部对此要统一思想、形成高度共识。第一，要深刻认识到，明确习近平总书记是党中央的核心、全党的核心，这是马克思主义政党建设规律的体现，标志着我们党更加成熟自信，必将有力保证我们党始终成为中国特色社会主义事业的坚强领导核心。一个国家、一个政党，领导核心至关重要。保证我们党始终成为坚强有力的马克思主义执政党，始终成为中国特色社会主义伟大事业的坚强领导力量，必须有一个坚强有力的核心。明确习近平总书记的核心地位、正式提出“以习近平同志为核心的党中央”，有利于更好地维护党中央权威、维护党的团结和集中统一领导，更好地统一全党意志、集中全党智慧，凝聚全党全军全国各族人民的力量，为实现“两个一百年”奋斗目标、实现中华民族伟大复兴的中国梦而不懈奋斗。第二，要深刻认识到，明确习近平总书记是党中央的核心、全党的核心，这是历史的选择、实践的选择、人民的选择，是党和国家根本利益所在。党的十八大以来，习近平总书记带领全党全军全国各族人民开创了中国特色社会主义伟大事业和党的建设新的伟大工程新局面，在改革发展稳定、内政外交国防、治党治国治军等各方面取得了一系列具有重大现实意义和深远历史意义的成就，实现了党和国家事业的继往开来，赢得了全党全军全国各族人民衷心拥护，受到了国际社会高度赞誉，习近平总书记事实上已经成为党中央的核心、全党的核心。确立习近平总书记为党中央的核心、全党的核心，是我们党的郑重选择，是众望所归、名副其实、当之无愧，必将推动党和国家各项事业兴旺发达、长治久安。第三，要深刻认识到，明确习近平总书记是党中央的核心、全党的核心，这是顺应时代发展召唤，更好进行具有许多新的历史特点的伟大斗争、推

进党的建设新的伟大工程、推进中国特色社会主义伟大事业的迫切需要。当前，我国已进入全面建成小康社会的决胜阶段，中华民族正处于走向伟大复兴的关键时期，面对的改革发展稳定任务之重前所未有、矛盾风险挑战之多前所未有。在这样关键的历史节点上，我们党要团结带领人民应对重大挑战、抵御重大风险、克服重大阻力、解决重大矛盾，更加需要核心的引领。明确习近平总书记是党中央的核心、全党的核心，我们就能更好地凝聚力量、抓住机遇、迎接挑战，在党中央的坚强领导下，推动党和国家各项事业不断向前发展，在新的长征路上夺取新的更大胜利。第四，要深刻认识到，明确习近平总书记是党中央的核心、全党的核心，事关统筹推进“五位一体”总体布局和协调推进“四个全面”战略布局、落实新发展理念，为我们更加紧密地团结在以习近平同志为核心的党中央周围，加快生态宜居、美丽幸福现代化新城区建设提供了坚强保证。党的十八大以来，我们以习近平总书记系列重要讲话精神为指导，推动经济社会发展和党的建设取得了新的重要进展。实践使我们深切感到，这些年东营区工作之所以取得今天这样的成就，根本在于有习近平总书记这个核心为我们领航把舵，根本在于中央和省委、市委的坚强领导。

自觉维护习近平总书记的核心地位，维护党中央权威，是学习贯彻十八届六中全会精神的重大政治任务。全区上下要坚定不移地在思想上政治上行动上同以习近平同志为核心的党中央保持高度一致，牢牢把握东营区工作的正确方向。一要严守政治纪律和政治规矩，不断增强“四个意识”。在党的纪律中，政治纪律是最根本、最重要的纪律，遵守党的政治纪律和政治规矩，必须进一步增强“四个意识”特别是核心意识、看齐意识，坚定不移维护习近平总书记这个核心，做到思想上充分信赖、政治上坚决维护、组织上自觉服从、感情上深刻认同，更加紧密地团结在以习近平同志为核心的党中央周围，更加坚定地维护以习近平同志为核心的党中央权威，更加自觉地在思想上政治上行动上同以习近平同志为核心的党中央保持高度一致。二要深入学习贯彻习近平总书记系列重要讲话精神，以理论上的清醒确保政治上的坚定。党的十八大以来，习近平总书记以非凡的政治勇气、高超的政治智慧、坚定的政治担当，创造性地提出了一系列治国理政新理念新思想新战略，形成一整套系统完善、逻辑严密的科学理论体系，开辟了马克思主义中国化的新境界。要把学习贯彻习近平总书记系列重要讲话精神作为思想政治建设的首要任务，自觉用马克思主义中国化的最新成果武装头脑、指导实践、推动工作。要坚持学而思、学而信、学而用，自觉改造主观世界，坚定理想信念，补足精神之钙，筑牢对党忠诚的思想基础。三要坚定不移贯彻党中央决策部署，以实际行动维护习近平总书记的核心地位。认真落实党的理论和路线方针政策，坚决贯彻党中央决策部署，做到党中央提倡的坚决响应、党中央决定的坚决执行、党中央禁止的坚决不做。全区各级各部门开展工作要以贯彻党中央决策部署为前提，决不允许自行其是、各自为政，决不允许有令不行、有禁不止，决不允许搞上有政策、下有对策。这是方向性、原则性问题，是党性、是大局，一定要态度非常鲜明、立场非常坚定、行动非常自觉。

二、深入贯彻落实《准则》和《条例》，坚定不移把推进全面从严治党落到实处

六中全会审议通过的《关于新形势下党内政治生活的若干准则》和《中国共产党党内监督条例》，是着眼推进全面从严治党、坚持思想建党和制度治党相结合的重要安排。各级各部门要严格按照中央和省委、市委、区委的部署要求，推动规范党内政治生活、加强党内监督的各项要求落到实处，推动全面从严治党向纵深发展。

*一要深刻认识严肃党内政治生活、加强党内监督的重大意义。*习近平总书记深刻指出，严肃党内政治生活是全面从严治党的重要基础，党内监督是全面从严治党的重要保障。新形势下推进全面从严治党，营造良好政治生态，必须从加强和规范党内政治生活、加强党内监督入手。从周永康、薄熙来、郭伯雄、徐才厚、令计划等严重违纪违法案件看，这些人不仅经济上贪婪、生活上腐化，而且政治上野心膨胀，大搞阳奉阴违、结党营私、拉帮结派等政治阴谋活动，对党内政治生态造成严重破坏，这也凸显了加强和规范党

内政治生活、加强党内监督的重要性和紧迫性。如果党内政治生活始终严肃认真，党内监督能够及时跟上，有些问题可能就会及早发现并解决在萌芽状态。《准则》和《条例》以党章为根本遵循，围绕严肃党内政治生活和加强党内监督，做出了更加系统、更加具体的规定，为新形势下加强和规范党内政治生活、加强党内监督提供了基本遵循。我们要深刻领会、用心把握党中央的重大部署，自觉把加强和规范党内政治生活、加强党内监督摆在更加重要的位置，采取有力措施，坚决把各项要求落实到位。

二要切实抓好《准则》和《条例》的贯彻执行。各级党组织和广大党员干部要以严的精神和实的作风，抓好《准则》和《条例》的贯彻落实，推动党内政治生活和党内监督常态化、规范化、制度化，增强自我净化、自我完善、自我革新、自我提高能力，保持党的先进性和纯洁性。要坚持问题导向，深入分析本地本部门存在的薄弱环节和突出问题，列出问题清单，研究工作措施，明确责任主体，抓紧改进提高。广大党员干部要把自己摆进去，把职责摆进去，把思想和工作摆进去，认真查找在党内政治生活方面存在的问题和不足，有什么问题就解决什么问题，务求取得实效。各级党组织和领导干部要担负起领导之责，抓好《准则》和《条例》贯彻落实的组织推动、监督检查，层层落实责任，加强督促检查。纪委、组织等部门要找准职责定位，增强责任担当，共同抓好落实。要把学习贯彻《准则》和《条例》纳入党建工作责任制，纳入党委书记抓基层党建工作述职评议，完善考核评价标准，加大督促检查力度，形成一级抓一级、一级带一级的工作格局。

三要充分发挥领导干部的示范引领作用。各级党员领导干部要坚持先学一步、深学一层，原原本本研读《准则》和《条例》，掌握精神实质，真正学懂弄通。要切实增强自律意识、标杆意识、表率意识，模范遵守党章党规，凡是要求党员干部做到的自己首先做到，凡是要求党员干部不做的自己首先不做。在领导干部中，“一把手”具有特殊影响力，抓好“一把手”这个关键中的关键具有特别重要的意义。要增强对“一把手”教育的针对性、管理的经常性、监督的有效性。各级“一把手”要发挥示范表率作用，带头遵守党章党规和宪法法律，认真贯彻执行民主集中制，发扬民主、善于集中、敢于担责，坚决同特权思想、特权现象做斗争，努力成为党和人民信赖的好干部。

四要把党要管党、从严治党各项要求落到实处。近年来，全区各级党组织认真贯彻党中央关于全面从严治党的决策部署，认真履行管党治党重大政治责任，党的建设各项工作取得新的进展。但是对照中央和省委、市委的要求，我区管党治党工作仍然存在差距和不足，一些深层次问题没有得到根本解决，有的党员干部对全面从严治党认识上不到位、不清醒，思想上不适应、跟不上，行动上不坚决、不自觉。各级既要充分看到全面从严治党取得的重大成效，增强信心和决心，更要保持清醒头脑，直面新情况新问题新挑战，以强烈的紧迫感和责任感抓好全面从严治党工作。要把《准则》和《条例》作为新的制度利器，以永远在路上的战略定力，把严的要求贯彻到管党治党全过程、落实到党的建设各方面，各级党组织要科学把握新形势新任务对全面从严治党提出的新要求，做到抓思想从严、抓管党从严、抓执纪从严，做到严字当头、真管真严、敢管敢严、长管长严，努力营造风清气正的政治生态。

三、切实做好结合文章，努力用工作实践检验学习贯彻全会精神成效

学习贯彻六中全会精神，关键要做好结合文章，推动工作实践。要以学习贯彻六中全会精神为动力，以更高的标准、更优的作风做好年底各项工作，为明年工作开好局、起好步。

一要全力以赴保运行稳增长。当前我区经济发展总体平稳、稳中有进，经济运行处于合理区间，积极因素不断增多。同时也要看到，我区经济运行中的矛盾和问题仍然较多，现在距年底还有不到一个月的时间，完成全年预期目标压力很大。要加强经济运行调度，对照年初确定的目标任务，有针对性地采取措施，改进薄弱环节，着力弥补短板，力争取得最好成绩。要广泛深入开展调查研究，坚持用新发展理念统领发展全局，以推进供给侧结构性改革为主线，以提高发展质

量和效益为中心，深入实施创新驱动发展战略，加快推动经济转型升级，努力保持经济平稳健康发展。要坚定不移抓好各项改革举措的落实，为经济社会发展提供持久动力。

二要坚定不移推进项目建设。对我区实施的重点项目，各牵头单位、责任单位，特别是相关区级领导要切实增强工作的主动性，盯紧、紧盯包靠项目，千方百计解决项目建设中遇到的问题，推动重点项目加快建设。区直相关部门和各镇、街道要对照年初项目建设目标任务，在保证工程质量和施工安全的前提下，抢抓时间，全力冲刺，确保完成今年年度目标任务。对确定的2017年度政府投资项目和重点建设项目，相关区领导和项目牵头单位、责任单位要抢前抓早，不等不靠，迅速着手做好前期各项准备工作，确保尽早开工。

三要扎实做好区镇领导班子换届工作。区镇领导班子换届是全区政治生活中的一件大事，要按照上级部署要求做好各项工作，确保换届工作顺利进行。要把加强党的领导落实到换届工作各个方面，坚持全过程领导、全过程把关、全过程监督，充分发挥党委的领导把关作用。要牢固树立正确的用人导向，压实选人用人工作责任，坚决防止干部“带病提拔”“带病上岗”。要严肃换届纪律，对违反换届纪律的问题发现一起查处一起，用铁的纪律保证换届选举风清气正。要统筹兼顾，正确处理换届与做好当前工作的关系，引导党员领导干部把心思集中到工作上，做到思想不散、秩序不乱、劲头不减、工作不断。

四要扎实做好保障和改善民生工作。要坚持以人民群众满意为工作的出发点和落脚点，不断完善民生政策，加大民生投入，努力使更多的人共享发展成果、共享和谐美好生活。要尽快完成今年确定的民生实事，提早谋划明年的民生实事，以更大努力做好就业和社会保障工作，不断提高教育、医疗、保障性住房等公共服务水平。要把脱贫攻坚作为重要政治任务、重大民生工程，推动实施一批扶贫项目，逐步完善政策兜底机制，全面提高贫困群众生活水平，让贫困群众更有尊严、更加幸福。

五要全力维护社会稳定。今年年底到明年，党和国家大事多、要事多，党的十九大要召开，省、市、区要召开党代会，必须保持和谐稳定的社会环境。当前，全区社会大局总体稳定，但社会领域情况比较复杂，潜在的矛盾纠纷仍然较多，风险挑战不容忽视。各级各部门要切实增强忧患意识，加强矛盾纠纷排查化解工作，落实领导干部公开接访、带案下访等制度，积极主动解决群众反映的问题，有效防控各类风险。要加强社会治安综合治理，完善防控体系，严厉打击违法犯罪活动，确保社会治安秩序持续稳定。要把做好意识形态工作摆在重要位置，加强正面宣传引导，牢牢把握意识形态工作主动权。要严格落实安全生产责任制，深入开展安全隐患排查整治，加强安全生产基层基础工作，确保安全生产不出问题。

11月28日召开的区委七届十七次全体会议，做出了明年1月召开区第八次党代会的决议。区第八次党代会是在全面建成小康社会决胜阶段召开的一次重要会议，是全区政治生活中的一件大事。要精心组织、周密安排，以高度的责任感扎实做好各项筹备工作，为区第八次党代会顺利召开营造良好环境。

同志们，党的十八届六中全会吹响了全面从严治党的新号角。全区各级党组织和广大党员干部要更加紧密团结在以习近平同志为核心的党中央周围，不忘初心，继续前进，走好新的长征路，努力在全面从严治党上取得新成效，在率先全面建成小康社会的实践中实现新突破，以优异成绩迎接党的十九大胜利召开!

政府工作报告

——2017年2月7日在东营区第十四届人民代表大会第一次会议上

东营区代区长　王　峰

过去五年工作回顾

区十三届人民政府就职五年来，在市委、市政府和区委的坚强领导下，全区上下认真贯彻党的十八大和十八届历次全会精神，全面贯彻习近平总书记系列重要讲话精神，主动适应经济发展新常态，统筹推进稳增长、调结构、促改革、防风险、惠民生各项工作，“十二五”规划圆满收官，“十三五”规划实现良好开局。

——五年来，我们坚定不移推进转型发展，综合实力实现大幅跃升。坚持发展第一要务不动摇，紧紧抓住供给侧结构性改革主线，采取有力措施，科学应对挑战，经济质量效益不断提高，连续三年跻身全国综合实力百强区。2016年，全区生产总值、固定资产投资、一般公共预算收入、社会消费品零售总额分别达到457.1亿元、513.4亿元、26.3亿元和363.9亿元，年均分别增长11.5%、11.3%、2%和11.4%。产业结构不断优化，三次产业比由2011年的5∶46∶49调整到3.7∶38.9∶57.4。一是现代服务业蓬勃发展。限额以上企业发展到347家，增加值实现翻番，达到262.2亿元，占GDP比重年均提高1.6个百分点，连续四年被评为全省服务业发展先进区。二是新型工业提质增效。累计实施技改项目43个，淘汰落后产能60余套，规模以上企业发展到125家，总产值实现翻番，达到1321.6亿元，高新技术产业产值增长1.8倍，占工业总产值比重提高3个百分点，国家级石油装备质检中心、海关直通监管场站、胜利科技创新园等一批高端平台建成启用，我区成为国内外知名的石油装备产业基地。三是农业现代化步伐加快。现代农业园区发展到46个，新型经营主体达到226家，标准化种植养殖面积达到11.4万亩，6.5万亩生产基地通过“三品一标”产地认证，国家AAA级以上旅游景区达到12个，揽翠湖旅游度假区、龙居森林旅游区创建成为国家AAAA级旅游景区。

——五年来，我们坚定不移建设美丽家园，城乡面貌发生深刻变化。坚持城乡统筹、以城带乡，积极推进新型城镇化，全区户籍人口城镇化率达到81%。全面肩负西城建设管理重任，建设改造城市道路170公里，实施旧城片区改造15个，完成城中村改造19个，维修改造老旧小区243个，建设社区公共服务平台63个，建设提升各类公园7个，完成城市增绿544.9万平方米，实施水气污染治理工程156项，“生态家园、区域中心”的大框架逐步形成。城市管理向精细化转变，生活垃圾无害化处理率达到100%，主干道路全部实现机械化清扫，打造城市严管示范街7条，为全市创建全国文明城市、通过国家卫生城市复审，做出了突出贡献。拆违治乱工作得到市委、市政府的通报表彰。全面开展志愿服务，成立志愿服务队伍511支，开展志愿服务项目602个，打造志愿服务品牌30个。小城镇建设齐头并进，史口镇成为全国重点镇，龙居镇、六户镇成为全国环境优美乡镇，牛庄镇成为全省百镇建设示范行动示范镇。农村面貌显著改观，201个行政村全部实现硬化、亮化、绿化改造，建设农村道路275.4公里，硬化村内街巷409.1公里，建成新型农村社区9处，城乡环卫一体化实现全覆盖，我区被评为首批乡村文明行动省级示范区。

——五年来，我们坚定不移推进改革开放创新，新的发展动能加速集聚。一是强化改革助力。行政体制、商事制度、农业农村、社会治理等重点领域改革有序推进，“四清单一平台”权力运行体系基本建立，审批收费事项大幅精简，累计取消行政权力122项，减少行政审批177项，市场主体发展到6.6万家，比2011年增加4.3万家；在全省率先实现医药分开，率先实施基本药物零差率销售，率先实行城市社区“居站分设”；在全市率先推行征地补偿安置费用预存制度，率先试点养老院“公建民营”改革。二是强化外向拉动。累计实际利用外资2.2亿美元，实现对外投资5.1亿美元，海外商标注册从3件跃升到23件，出口国家地区从73个拓展到122个，海外工程队伍发展到200余支；158个过亿元项目落户我区，实际到位外来固定资产投资240.4亿元。三是强化创新驱动。新增省级以上企业研发机构16家，发明专利授权750件，省级以上首台套产品达到14个，省级以上名牌产品、著名驰名商标达到40个，我区被评为国家知识产权强县工程示范区。

——五年来，我们坚定不移推进油地融合，共驻共建开创崭新局面。一是“共同家园”理念深入人心。油地携手推进道路、绿化、水电气暖等市政设施配套，共同建设胜利花苑、油田会议中心、西城南污水处理厂等一批重大项目，联合实施商贸园三期、新区北部、长安大厦等一批旧城片区改造，油城面貌发生深刻变化。二是“共兴共荣”结出丰硕成果。共同建设东营石油经济技术研究院、胜利大学生创业园等创新创业平台，共同推进科研设备、高端人才交流共享，共同实施重大科技攻关，科技成果在地转化132项。三是“协同治理”涌现更多生动实践。油地双方在征地迁占、应急救援、油区治安、文明城市创建等方面密切配合，在联合办学办医、繁荣文化事业、强化社会保障等方面深入协作，始终保持了团结共建、和谐共融的良好局面。

——五年来，我们坚定不移保障改善民生，群众幸福指数大幅提升。千方百计促民增收，城镇居民人均可支配收入达到42169元，农村居民人均可支配收入达到17165元，年均分别增长9%、11.2%。逐年提高城乡低保、农村五保、城乡医疗、老年人救助等保障标准，各项标准位居全市乃至全省前列。10个省定贫困村全部摘帽，593户贫困人口实现脱贫。大力发展社会事业，建设提升中小学幼儿园47所、医疗卫生机构100处、公共文化服务场所548处，区档案馆、图书馆、文化馆创建成为国家一级馆。深入开展城市公共安全专项行动，层层压实责任，依法从严治安，事故起数连续四年下降。积极创新社会治理，建成启用区数字信息管理服务平台、综治工作指挥中心，深入开展打霸治痞、打黑除恶等专项行动，认真排查化解矛盾纠纷，社会大局持续稳定，我区被评为全国“六五”普法先进区、全国和谐社区建设示范城区。妇女儿童、青少年、红十字、工会、慈善、老龄、残疾人事业健康发展，食品药品、粮食安全、双拥共建、广播电视、爱国卫生、民族宗教、人民防空、外事侨务、应急管理、防震减灾、对台工作、地方史志等各项事业取得新成绩。

——五年来，我们坚定不移推进从严治政，政府自身建设不断加强。牢牢抓住作风建设这个根本，全面落实政府党组从严治党主体责任，政府干部队伍凝聚力、战斗力显著增强。一是依法行政促法治。严格落实权力清单、责任清单、审批事项目录清单制度，依法规范行政行为，全面深化政务公开，自觉接受人大、政协和社会各界监督，政府工作始终在法治轨道上运行。二是从严从实抓规范。完善重大事项决策程序，制定政府投资建设项目管理办法，全面推行政府集中采购，政府工作更加规范有序。三是驰而不息转作风。深入开展党的群众路线教育实践活动、“三严三实”专题教育、“两学一做”学习教育，大力整治不作为、慢作为、庸懒散等问题，政府干部作风明显转变。四是严规肃纪强廉政。严格落实党风廉政建设责任制，坚决支持纪检监察机关工作，查处各类违法违纪案件266起，处分272人，营造了风清气正的政治生态。

各位代表，五年的成绩来之不易。这是在市委、市政府和区委的坚强领导下，全区上下、油地军校、社会各界奋发进取、团结拼搏的结果。在此，我代表区政府，向辛勤工作在各条战线上的广大干部群众，向区人大代表、政协委员、离退休老同志，向驻区各民主党派、工商联、无党派人士、人民团体和各界人士，向所有为东营区建设发展做出贡献的同志们、朋友们，表示衷心的感谢和崇高的敬意！

在看到成绩的同时，我们也清醒地认识到，前进道路上还有不少困难和问题。主要是，受宏观经济形势影响，经济下行压力加大，一些指标增速放缓，进出口总额、固定资产投资等指标去年未实现预期目标；受“营改增”、原油价格震荡等影响，财政增收压力加大；产业结构性矛盾依然突出，驱动经济向高端转型的新动能依然较弱；城乡在基础设施配套、公共资源配置、居民收入等方面差距依然较大；有的政府工作人员效率不高、服务意识不强的问题尚未彻底解决。我们将高度重视这些问题，以民之所望为施政所向，尽心竭力做好政府工作，决不辜负人民重托。

今后五年的总体要求和目标任务

今后五年，是全面完成“十三五”规划、全面建成高水平小康社会的决胜期。区第八次党代会，绘就了建设美丽东营区的宏伟蓝图，为政府工作指明了方向。我们将顺应全区人民过上更加美好生活的新期待，把握新一轮发展的新特征，科学谋划，主动担当，积极作为，努力在新起点上谋求新发展、实现新跨越。

今后五年，政府工作的总体要求是：高举中国特色社会主义伟大旗帜，认真贯彻落实党的十八大和十八届三中、四中、五中、六中全会精神，深入学习贯彻习近平总书记系列重要讲话精神，按照“五位一体”总体布局和“四个全面”战略布局，以五大发展理念为引领，牢牢把握“稳中求进”工作总基调，坚持“以城市工作为统领，统筹城乡发展”战略，以提高发展质量效益为中心，以改革创新为动力，以保障改善民生为根本，着力打造美丽城市，建设美丽乡村，培育美丽产业，创造美丽生活，在全市率先全面建成高水平小康社会，加快建设美丽东营区，奋力谱写新一轮跨越发展的新篇章。

工作中，牢牢把握以下四个方面的主要任务。

——打造精致繁华、现代宜居的美丽城市。牢固树立以城市品质主导城市发展的理念，高水平规划，高标准建设，高效能管理，全力打造生产空间集约高效、生活空间舒适便利、生态空间水清地绿的美好家园，努力争创国家生态园林城市、联合国人居环境奖。一是打造精品城市。全面完成棚户区、城中村、老旧小区改造，高标准完善市政配套，高层次布局公共设施，持续提升城市承载力、吸引力。二是打造畅通城市。建设提升连接高速公路、铁路、机场的快速通道，完成南一路快速路、北二路、庐山路等主干道路建设提升，对接交通大动脉，打通城区断头路，完善城市支路，构建内畅外联的大交通体系。三是打造海绵城市。突出“大空间、大绿地、大水面、大湿地”特色，推进“三年增绿计划”，以城市道路、水系绿化为骨架，以公共绿地为重点，打造一批景观大道和街头游园，建设城北、城西、城南和沿海防护林，实施城市河道生态修复和环境治理，构建独具特色的生态体系。四是打造智慧城市。加强城市管理智能化建设，发展民生服务智慧应用，实施智慧城管、智慧教育、智慧交通等工程，拓展数字信息管理服务平台功能，提升城市管理综合执法水平，让城市运行更智能、更规范。

——建设绿色秀美、镇强民富的美丽乡村。坚持城乡统筹发展，推动政策、资金、公共服务向农村倾斜，激发农村活力，补齐农业短板，提高农民生活水平，让农村群众享受到城市居民同质生活。坚持“一镇一品”，注重差异化发展，实施各具特色的产业项目，做强镇域经济，形成比较优势。龙居镇，依托黄河、林场等旅游资源，完善旅游设施，丰富旅游要素，建设一批具有乡土风情的特色农村，打造城市近郊游新磁极。史口镇，按照新型城镇、工业强镇、商贸重镇的发展方向，加快转型发展、绿色发展，打造极具区域影响力、带动力的全国重点镇。牛庄镇，以镇区、园区、社区建设为重点，整合基础优势、资源优势、交通优势，着力建设统筹城乡发展示范镇。六户镇，主动融入中心城，承接西城扩散功能，促进生态与旅游融合发展，建设产城互动、宜居宜业宜游的新城区。遵循农村发展规律，保留乡村风貌，加强农村绿化，到2021年，村庄绿化覆盖率达到35%以上；推进农村“七改”工程，改善农村教育、医疗条件，大力倡导文明新风，建设繁荣、秀美、活力的新农村。加强新型农民培育，到2021年，持专业证书的农业劳动力占比达到50%以上，鼓励农民自主创业，千方百计帮助农民增收致富。

——培育高端绿色、要素集聚的美丽产业。深入推进供给侧结构性改革，积极培育新动能，改造提升传统动能，保持经济中高速增长，推动产业迈向中高端水平，生产总值年均增长7%。一是培育壮大现代农业。坚持农村三产融合发展，推进农业与旅游、教育、文化、健康养老等产业深度融合，重点抓好现代农业、高效生态林业、高效生态渔业和生态农业等四大产业区，沿南二路生态休闲农业产业带、广蒲河高效生态农业产业带、四干沿线高效莲藕种植生态养殖产业带等特色区块建设，着力构建“东渔、西樵、南耕、北读、中核”五大主题旅游休闲区，全力打造黄河入海口国家级风景农业区，推动农业向“现代化”转型。二是做优做强新型工业。深入实施创新驱动、品牌强企、质量强区战略，深度推进“两化”融合，大力发展高端装备制造、战略性新兴产业，东营高新区建成千亿级产业园区，推动工业向“中高端”迈进。三是繁荣发展现代服务业。以全省服务业综合改革试点区建设为契机，坚持生活性、生产性服务业并重，新老业态、线上线下并举，做大做强城市核心商圈，全面提升济南路传统商贸产业带、黄河路现代服务业集聚带、广利河现代服务业隆起带、南二路休闲观光旅游产业带规模层次，推动东营商贸园提档升级，促进服务业向“全业态”拓展。

——创造平安幸福、舒适祥和的美丽生活。把改善民生作为一切工作的出发点和落脚点，每年办好民生实事，优化公共服务供给，完善养老、医疗、救助、扶残等保障体系，支持大众创业万众创新，让所有人生活得更有保障、更加公平、更加幸福。积极应对人口老龄化，到2021年，全面建成以居家为基础、社区为依托、机构为补充的养老服务体系，生活照料、医疗护理等基本养老服务，覆盖所有居家老年人；符合标准的日间照料中心、敬老院等养老服务设施，覆盖所有城乡社区和镇。高标准建设一批中小学、幼儿园，促进义务教育优质均衡发展。积极创建国家公共文化服务体系示范区、省级社区治理暨养老服务创新实验区、省级健康城市。突出社区在社会治理中的基础作用，营造环境整洁优美、道德风尚良好、服务功能完善、文化生活丰富、社会治安稳定、居民舒心满意的社区环境，使社区成为居民安居乐业的美丽家园。实行最严格的环境保护制度，加强水气污染综合治理，到2021年，空气质量优良天数超过80%，重点河流断面水质稳定在IV类以上，打造天蓝地绿、水清气爽的生态家园。采取最严格的安全生产措施，最大限度减少事故发生，全力保障人民群众生命财产安全。深入推进社会治安综合治理创新，扎实开展各类专项整治行动，坚决打赢三年禁毒人民战争，推进居民小区“天网”视频监控全覆盖，畅通线上线下信访渠道，确保社会大局和谐稳定。

各位代表，思路决定出路，态度决定高度。实现美好蓝图，必须牢牢把握正确的前进方向，不畏难、不动摇、不懈怠，锲而不舍、善作善成。一是更加注重遵循规律，努力提高发展的科学性。坚持把“创新、协调、绿色、开放、共享”五大理念贯穿发展全过程，突出实体经济的根基地位，认真落实供给侧结构性改革要求，加快解决发展动力接续问题，努力实现更高质量、更高效益的发展。二是更加注重整合资源，努力提高发展的协调性。坚持区域融合发展理念，积极整合市区、城乡、油地、校企等各个层面的资源，做好深度结合文章，汇智汇力、共建共享、互促互补，统筹解决各个方面的问题，实现各个领域协调一体发展。三是更加注重创新举措，努力提高发展的持续性。坚持用市场的办法推动发展，厘清政府与市场的关系，创新政府配置资源方式，积极引入市场机制和市场化手段，提高公共资源配置的效率和效益。推行PPP等项目运作模式，发挥财政资金“四两拨千斤”的作用，撬动社会资本力量，推动更有效率、更可持续的发展。四是更加注重突出特色，努力提高发展的实效性。坚持一切从东营区的实际出发，立足自身特点，放大自身优势，既提升境界、高点定位，又不好高骛远、急功近利，一步一个脚印，走具有东营区特色的发展之路。五是更加注重民意民生，努力提高发展的普惠性。坚持以人民为中心的发展思想，畅通诉求渠道，倾听群众心声，加大民生投入，着力解决好人民群众最关心最直接最现实的利益问题，让发展成果更多更公平惠及全区人民。

我们坚信，只要把全区上下、油地军校、社会各界的力量凝聚起来，咬定目标，勇于开拓，奋力攻坚，勤劳智慧的东营区人民，一定能够战胜各种艰难险阻，开创科学跨越发展的新辉煌！

2017年政府工作总体安排

2017年，是实施“十三五”规划的重要一年，是建设美丽东营区的起步之年，做好今年的工作，意义重大而深远。我们要科学研判形势，准确把握大局，脚踏实地，真抓实干，努力实现良好开局。主要预期目标是：生产总值增长7%左右，全社会固定资产投资增长10%左右，一般公共预算收入增长6%左右，社会消费品零售总额增长10%左右，进出口总额、实际利用外资适度增长，城镇居民人均可支配收入增长7.5%左右，农村居民人均可支配收入增长8.5%左右，人口自然增长率控制在14‰以内，全面完成市政府下达的节能减排约束性指标。

围绕上述目标，重点抓好以下四大核心任务。

一、以打造美丽城市为导向，全面提升城市内涵品质

（一）拓展优化城市空间。坚持精品化建设、特色化塑造，着力补齐短板、完善功能，全面转向内涵式、品质型发展，提升西城形象和品位。一是突出规划引领作用。做好西城空间发展战略研究，配合搞好中心城专项规划编制，完善重点园区、片区、镇区控规，开展城市设计三年行动计划，绘好城市建设“法定蓝图”。二是实施道路畅通工程。加快南一路快速路、西一路、西二路、北二路等道路建设改造，开工建设庐山路南延、南二路西延、河广大道、德州路等骨干道路，竣工燕山路南延、聊城路北延等次支路，让西城道路互联畅通，让群众出行更加便捷。三是加快西城有机更新。重点抓好胜利大厦、文汇机关、新区北部、黄河路钢木材市场等成熟区块开发，积极推进东营社区棚户区改造，稳妥实施哨头、南庄村居改造，进一步释放城市发展空间。四是完善市政设施配套。实施40个小区集中供暖改造，全面完成106处老旧小区改造提升，规划建设一批节点景观、活动场所，维修改造一批桥梁、泵站，合理布局便民市场、停车场、公共厕所、建筑垃圾消纳场，配套城市步行和自行车交通系统，启动地下综合管廊规划建设，让西城功能更完善、运行更顺畅。

（二）提高生态绿化水平。瞄准创建国家生态园林城市的目标，运用“海绵”理念，加强生态建设，推动城市融入自然，绿色融入生活。一是城市南部。以南二路、新广蒲河为主脉，建成南二路银杏大道，加快森林湿地公园、城南防护林建设，改造提升东营森林乐园等生态板块，打造城市天然氧吧带。二是城市北部。以德州路、北二路为主轴，加快推进白鹭湿地、张屋湿地、西郊湿地建设，启动东营河生态修复工程，打造城市生态涵养区。三是城市中部。以重点道路、河流为骨架，实施东青高速生态廊道、耿井片区道路、新区北部片区道路等道路绿化工程，建设耿井公园、新区西部片区公园、黄河钻井运输二公司公园，改造提升文化公园、陶然公园、水韵公园、测井公园，建设街头游园7处、城市绿道51公里，积极推进拆墙透绿，全面完成裸露土地绿化，打造“300米见绿，500米见园”的城市绿色核心圈。

（三）创新城市治理方式。全面推行城市精细化管理，制定管理标准和考核办法，年内50%建成区面积达到精细化管理要求。强化数字信息管理服务平台功能，推广移动终端应用，加快建设智慧城管、智慧社区、智慧政务等专项平台，实现信息资源整合共享，让城市治理“触网”可及。扩大政府购买服务范围，全面推行道路保洁、设施维护市场化运作。购置一批专业机械，提高道路保洁机械化覆盖率。严格落实城镇容貌和环境卫生管理条例，集中开展店外经营及流动摊点、油烟污染及露天烧烤、排污口专用检测井、门头牌匾、建筑垃圾等专项整治，塑造整洁有序的城市面貌。持续深化拆违治乱专项行动，完成全部违法建设治理任务，积极创建“零违建区”。全面推行城市综合执法，推动城市管理和执法重心下移，严格落实行政执法责任制，构建新型城市管理体系。加快“三个市民化”进程，引导农业转移人口、城中村和城边村原有居民，有序向市民转化。巩固全国文明城市创建成果，积极开展美丽市民、美丽企业、美丽街区、美丽团队等创建活动，深入开展志愿服务“全面推进年”活动，全力打造“志愿者之城”。

（四）推进油地携手共建。东营区因油而建、因油而兴，是油地双方共同战斗的热土、共同生活的家园。深入践行油地“一家人、一盘棋”理念，全力支持油田改革发展，同心同力、共兴共荣，努力当好油田的大后方。完善油地共建机制，协同推进西城建设管理，改造提升峨眉山路、胜兴街等城市道路，联合开展水气污染整治、拆违治乱专项行动，全面提升油城人居环境。探索资源共享机制，进一步整合油地人才、教育、卫生、文化等优质资源，实施文化公园片区学校联合办学，推进公共产品供给一体化。积极服务油田搞好闲置土地开发，推动城区企业退城入园、退二进三，重点抓好现河采油厂特车大队、新区西部、胜利一中等片区改造，拓展发展空间。全力配合油田“三供一业”改革，组建区物业资产管理运营公司，积极稳妥承接油田物业移交，为油田居民提供更加优质的服务。

二、以建设美丽乡村为导向，加快城乡协调同步发展

（一）提升小城镇综合承载力。把小城镇作为联结城乡的重要载体，提升要素集聚和综合承载能力，引导农民向镇区集聚，着力打造特色突出、产业集聚、设施完善、环境优美的区域经济次中心。加快补齐基础配套和公共服务短板，实施四镇驻地道路、绿化、污水处理等改造提升工程，稳步推进牛庄镇片区改造，抓好六户镇卫生院、史口镇养老服务中心、龙居社区等设施建设，完善城镇功能，提升城镇品质。按照城市标准管理小城镇，统筹抓好综合执法、交通整治、卫生保洁、社区管理等各项工作，全面提升镇区群众的认同感和归属感。

（二）优化农村人居环境。以美丽乡村标准化建设为抓手，加快乡村文明建设步伐，提高农民生活水平。一是实施美丽村庄建设。加强农村环境整治，加大村庄“五化”投入，深化城乡环卫一体化，进一步做美村容村貌。抓好公路铁路沿线整治，集中清理脏乱差区域，改善公路铁路沿线环境。加快推进“三年增绿计划”，统筹抓好围镇林、围村林、片林基地建设，提升路域水系、农田林网绿化水平，新增造林1.96万亩，打造“林村相融、人在景中”的田园式乡村。二是改善生产生活条件。试点推行农村水价综合改革，实施水利基础设施、1.3万亩高标准农田等项目，建设改造农村公路140公里，改造农村危房121户，全面完成农村旱厕改造和天然气户户通工程。三是提高公共服务水平。建设史口曲家、牛庄辛集社区服务中心，高标准配套教育、卫生、文化、商业、供电、通信等设施，方便群众日常生活。四是营造文明和谐风气。深入推进移风易俗，大力倡导婚事新办、丧事简办，着力培育优良民风、和谐村风、文明乡风。

（三）提高农民收入水平。以盘活农村资产资源为重点，加强农民技能培训和转化，拓宽农民增收渠道。引导农民就地、就近转移，向二三产业转移，鼓励农民自主创业，提高农民工资性收入。深化农村集体产权制度改革和宅基地制度改革，规范运用农村土地流转、宅基地使用权有偿退出等形式，有效盘活农村资产资源，提升土地集约利用水平，增加农民财产性收入。抓好新型职业农民培育，探索培养职业经理人，实施现代青年农场主、林场主培养计划，开展新型农业经营主体带头人轮训计划，着力培育有文化、懂技术、会经营的新农民，促进农业增效、农民增收。全力推进精准扶贫，综合采取产业扶贫、政策兜底等措施，实现贫困人口全部脱贫。

三、以培育美丽产业为导向，切实提高发展质量效益

（一）做优做强实体产业。深入推进供给侧结构性改革，狠抓“三去一降一补”任务落实，扬长避短、扬长克短、扬长补短，打好转型升级“组合拳”，加快构建高质量、高素质、高效益的现代产业体系。一是集聚提升现代服务业。选准突破方向，强化政策支撑，推动现代服务业发展提质、层次提升。重点抓好宝龙城市广场、利丰国际大厦等城市综合体项目，现代医药物流中心二期、山东建大物流等现代物流项目，东营商贸园电子商务产业园、极客梦工厂等电子商务项目建设，着力打造黄河三角洲现代服务业核心区。深化住房制度改革，优化住房供给结构，有效化解房地产库存，促进房地产业健康发展。高标准编制全域旅游规划，整合全域旅游资源，培育精品旅游路线，争创省级全域旅游示范区。二是高端优化新型工业。加快改造升级传统化工产业，重点抓好海科新源碳酸二甲酯装置改造、齐发化工异丁烷产品升级等技改项目，推动产品向精细化、高附加值领域延伸。大力发展高端石油装备、生物医药、新能源、新材料等战略性新兴产业，重点抓好永兴石油环保配件、天东制药二期、高佳动力锂电池等项目建设，着力打造高端产业集群。三是加快发展现代农业。突出发展都市休闲农业，重点抓好南二路休闲观光农业产业带建设，实施蓝海逸园智能温室及概念农业扩建工程，打造一批休闲观光、农事体验、田园养生项目，推动一产三产深度融合。积极培育新型农业经营主体，鼓励适度规模经营，全年新增农业龙头企业5家、家庭农场20家，规范提升农民专业合作社20家。加强农业质量品牌建设，做优蓝海爱农、食尚粮油等农产品电商平台和营销网络，打响东营区农产品特色品牌。抓好广利渔港建设提升，打造省级综合性渔港经济区。

（二）拓展产业发展空间。一是东营高新区。灵活引入社会资本，盘活闲置资源，启动基础设施提升五年计划，推进“西连东拓南进北接”，吸引高端项目、高端要素集聚，打造高新技术产业“硅谷”，建设产业、科技、生态、城市一体化发展的产业新高地、城市新空间。二是东营商贸园。高标准定位发展方向，高起点谋划功能区块，统筹利用物理空间、立体空间、虚拟空间，加大特色街区招商力度，提升基础设施建设水平，打通广利河两岸物理连接，超前布局公共交通体系，营造高端优质购物环境，打造产业集聚、功能完善的现代化服务业园区。三是史口生态化工循环经济产业园区。加快道路配套，推进园区绿化，稳步实施村庄搬迁，配套完善治污设施，建成启用区安全生产应急救援中心，提高园区安全环保水平。四是新型农民创业园。加强园区综合管理服务，实施一批高端产业项目，汇集转型升级要素，打造独具特色的石油装备产业协同配套区。

（三）优化产业发展环境。牢固树立服务企业理念，严格落实减税清费政策，推动企业减负增效、降本增利。深入推进商事制度改革，强化“放管服”改革措施，继续削减行政权力事项，持续优化营商环境。深入实施标准化和品牌战略，鼓励企业参与各类标准制、修订，积极开展境内外商标注册，增强市场话语权。继续推进企业规范化公司制改制，落实八大支持政策，加快企业挂牌上市，激发企业内生动力。大力发展金融服务业，培育引进各类新型金融机构和金融业态，满足企业多元化融资合理需求；积极防范和化解金融风险，深入开展打击恶意逃废银行债务等工作，建设金融生态示范区。加强区级投融资体制改革，组建区财金控股集团、区城资公司、区融资担保公司，高效整合优质资源，增强发展支撑能力。全力服务油田改制企业发展，加快推进胜利国电三期、利丰石油环保装备、井筒测控工程中心等项目建设，助推企业转型升级。广泛开展企业对标提升行动，启动企业家培养“5121”工程，成立东营区企业家协会，关心企业家成长，支持企业家创业。

（四）激发产业发展活力。坚定不移实施创新驱动战略，设立创新基金，用活创业政策，完善服务体系，打造黄河三角洲创新创业核心区。一是搭建创新平台。重点推进胜利科技创新园、生物科技产业园等重大载体平台建设，支持高新区科创中心、东营石油经济技术研究院、中国石油高校科技成果转移中心发展，提升科技创新支撑能力。二是激活创新主体。鼓励企业加大研发投入，建设研发机构，重点推进科瑞研发总部、德仕研发总部建设，年内新增发明专利授权150件以上。深化产学研结合，服务油田科研机构建设、人才创新创业、科技成果在地转化，支持德仕化工与中科院深度合作，加快中科院高耐盐经济植物繁育基地等项目建设，推动山东财经大学国际贸易创业孵化基地建设，年内落地转化科技成果140项以上，新增在孵企业200家以上。三是打造人才高地。实施重点产业人才引进工程，努力在引进国家“千人计划”“万人计划”和省“泰山产业领军人才”等高层次人才上取得新突破。

（五）促进产业安全节能。高标准开展“四评级一评价”工作，关停并转落后企业，坚决淘汰落后产能。严格落实安全生产责任制，深化

"大快严"集中行动，强力推进"打非治违"，全面开展重点行业领域安全生产标准化建设，确保安全生产形势持续稳定。实施"工业绿动力"计划，抓好企业节能改造，推进东营海欣热电联产集中供热等项目建设，降低能源消耗，减少污染排放。加快建设节能城市，支持装配式建筑、光热建筑一体化应用，开展全民节水行动，推广节能环保产品，引导公众理性消费、低碳生活。

（六）提升产业开放水平。支持企业借势"一带一路"战略，广泛开拓国际市场，参与境外资源开发和工程建设，带动产品、技术、标准一体化输出。积极发展保税物流、转口贸易等新兴业态，发挥科瑞海关直通监管场站"陆路码头"支撑作用，搞好易瑞国际跨境电商平台运营，支持黄河三角洲国际贸易综合服务中心建设，打造外向型经济新高地。鼓励企业扩大先进技术设备、关键零部件和原材料进口，加快海科、万通进口原油使用资质申报，实现进口大突破。坚持"高""新"导向，大力招商引资，积极承接京津产业转移，强化与长三角城市交流合作，努力引进一批业态高端、市场前景好、带动能力强的大项目好项目。精心筹备第十届中国（东营）国际石油石化装备与技术展览会，力争通过全球展览业协会（UFI）认证。

四、以创造美丽生活为导向，全力提高群众幸福感获得感

（一）着力改善生态环境。坚持依法治理、标本兼治，努力打造碧水蓝天，为群众营造美丽的生活环境。水治理方面，实施老广蒲沟、五干排、六干排等流域综合整治工程，配套完善市政污水管网，对老旧小区进行雨污分流改造，对8座污水处理厂进行提标改造，提高污水收集处理率，加强农村面源污染防治，消除黑臭水体，确保所有河流水体全部稳定达到地表水V类标准。大气治理方面，严格落实高污染燃料禁燃区和控制区排放标准，抓好齐发化工、海科新源等6家企业超低排放改造，实施史口镇、胜利发电厂周边等5个重点区域异味污染治理，全部完成产生挥发性有机物的企业废气治理和泄露检测修复，深化民用散煤、城市扬尘、餐饮油烟、汽车尾气等整治，确保PM2.5、PM10和挥发性有机物浓度大幅下降，"蓝繁"天数稳定增加。严格环境监管执法，全面推行环境污染第三方检测和防治，提高污染治理专业化水平。

（二）切实加强社会保障。实施更加积极的就业政策，突出抓好农村转移劳动力、就业困难人员、高校毕业生等群体就业，全年新增城镇就业6000人。统筹做好低保、五保、医保、残疾人救助等工作，保障弱势群体生活需求。加快新型养老社区建设，推进社区养老社会化，扩大购买居家养老服务覆盖面，探索医养结合的养老服务新模式。深入开展美丽社区创建活动，推进政府购买社会服务，建设2处社区社会组织培养发展中心，加强7处社区服务场所配套，年内孵化社区社会组织20家，所有城市社区服务场所全部达标。

（三）大力发展社会事业。优化教育资源供给，投资15.6亿元，建设胜景学校、文化公园片区学校、区三中南校区等11所中小学，以及齐龙幼儿园、阳光水韵幼儿园、史口镇中心幼儿园分园等16所幼儿园，着力解决城镇普通中小学大班额问题。稳步推进分级诊疗，构建"基层首诊、双向转诊、急慢分治、上下联动"的就医格局。深化计划生育服务管理改革，提高出生人口素质。加强区镇村三级文化设施网络建设，实施"吕剧振兴工程"，弘扬黄河口特色文化。加强区档案馆标准化建设，积极争创全国数字档案馆示范单位。建成启用东营烈士陵园。关心支持妇女儿童、青少年、老龄、慈善、红十字、工会事业发展。认真做好双拥共建、广播电视、应急管理、防震减灾、外事侨务、民主法制、地方史志、民族宗教、下派帮扶等各项工作。

（四）积极创新社会治理。分类推进事业单位改革，探索创新机构编制管理方式。深化试点强镇行政管理体制改革。着力推进行政执法体制改革，探索跨部门、跨领域综合执法。认真开展"七五"普法，加强人民调解、社区矫正和安置帮教，进一步完善公共法律服务体系。加强社会信用体系建设，建立失信联合惩戒机制。强化食品药品安全监管，积极创建省级食品安全城市。深入推行"阳光信访"，健全矛盾纠纷排查化解机制，及时就地解决群众合理诉求。完善治安防控体系，建设视频监控系统，强化油地联合执法，严厉打击打孔盗油、私拉乱接、扰乱施工、毒品犯罪等违法行为，确保社会平安稳定。

各位代表，围绕改善群众生产生活条件，我们将投资5.8亿元，集中力量办好12项民生实事，具体包括中小学幼儿园办学条件提升工程、医疗卫生资源优化提升工程、农村天然气户户通工程、城市公厕项目、城市公共自行车项目、农村旱厕改造工程、创建国家公共文化服务体系示范区、老旧住宅小区改造工程、综合控蚊工程、医疗及教育扶贫救助基金、城市居民小区出入口卡口安防工程、提升养老服务水平。这12项民生实事，是区政府对全区人民的庄严承诺。我们将严格落实责任制，明确标准和时限，加强督查，强力推进，努力把好事办好，取信于民。

切实加强政府自身建设

各位代表，站在新起点，面对新期待，我们要进一步加强政府自身建设，以更高的标准、更严的要求、更实的作风，努力开创政府工作新局面。

（一）始终坚持依法行政。坚持“法定职责必须为、法无授权不可为”，进一步完善“四清单一平台”体系，规范自由裁量权，严格按照法定权限和程序行使权力。坚持科学决策、依法决策，严格落实重大行政决策程序规定，提高行政决策的科学性和公众参与度。加大政务公开力度，及时回应社会关注，增强政府公信力。依法接受人大及其常委会的法律监督、工作监督，自觉接受政协的民主监督，高度重视公众监督、舆论监督，切实加强行政监督和审计监督，让权力在阳光下运行。

（二）始终坚持为民执政。坚持以人为本、民生优先的共享理念，围绕出行、就业、教育、医疗、养老、环保等与群众利益息息相关的问题，精准发力，综合施策，把更多财力向民生、向基层倾斜，让广大群众共享更多更好的发展成果。积极践行群众路线，全面落实领导干部连心帮扶、信访包案、包靠企业等制度，深入基层一线察实情、办实事、求实效。畅通群众诉求渠道，优化民生热线、网上民生、区长信箱等办理流程，及时解决群众关心关注的急事难事。实施智慧政务工程，优化公共服务流程，推动所有行政权力上网运行，提高便民服务水平。

（三）始终坚持务实勤政。坚持以新思路研究新情况、新理念落实新任务、新办法解决新问题，多做打基础、利长远的实事要事，坚决不搞“形象工程”。倡导雷厉风行、立说立行的作风，对当天能完成的事项当天完成，做到“日事日毕、日清日高”；对法规制度有明确办结时限的事项，力争在最短时限内完成。倡导跟踪问效、一抓到底的作风，对重点工作、重点项目，明确责任，跟踪督查，确保事事有着落、件件有回音。倡导担当作为、实干有为的作风，严肃行政问责，着力治庸治懒，强力推进各项任务落实，确保令行禁止、政令畅通。

（四）始终坚持从严治政。坚持把纪律和规矩挺在前面，严格落实政府党组主体责任，坚决贯彻全面从严治党要求，持续推进政府系统党风廉政建设。加强对重点领域、关键环节、重要岗位的监督，进一步规范工程招投标、土地出让、政府采购等行为，强化预算执行、政府投资、民生资金等跟踪审计，最大限度消除廉政风险隐患。加强对政府部门依法履职情况的监督，严肃查处发生在群众身边的腐败案件，努力营造风清气正、干事创业的良好环境。

各位代表！时代赋予重托，实干铸就辉煌。让我们紧密团结在以习近平同志为核心的党中央周围，在市委、市政府和区委的坚强领导下，凝聚全区人民的智慧和力量，忠诚担当，改革创新，凝心聚力，攻坚克难，为加快建设美丽东营区而努力奋斗！

山东东营胜利经济开发区
正式获批省级高新技术产业开发区

2016年，山东东营胜利经济开发区加强与科研院所的合作，加快各类科技创新平台建设。科技创新园科创中心筹建工作顺利推进，东营胜利知识产权运营中心正式挂牌成立，大学生创业园申报成为国家级众创空间。以改革创新驱动产业转型升级。构筑以石油高端研发制造为主导，以生物医药、新能源新材料为支持，以现代服务业为配套的“121”现代产业体系。2016年，东营高新区实现高新技术产业产值290亿元。2016年8月，经山东省人民政府正式批复，山东东营胜利经济开发区正式获批省级高新技术产业开发区，更名为东营高新技术产业开发区。

（姜沣洋）

第九届中国（东营）国际石油石化装备与技术展览会

第九届中国（东营）国际石油石化装备与技术展览会2016年9月27～29日在东营黄河国际会展中心举办。本届展会总展览面积5万余平方米，布展企业379家，摊位1216个。参观采购企业2000余家，参展展品涉及2600余个品种、15000余件。来自66个国家和地区的1万余名客商参加；总参观人数突破5万人次，比上年增加2万人次。展会期间，先后举办中国石油装备产业发展峰会、一带一路国家石油化工领域投融资论坛等8个专场活动。展会签订外贸合同（意向协议）82个，协议金额27.7亿美元，比上年增长34%。签订内贸合同（意向协议）117个，协议金额37.5亿元人民币，比上年增长32.5%。展会首次采用“互联网+展会”线上线下宣传相结合的方式，同时，引入国内最先进的电子会议系统，展会的信息化水平得到提升。

（陈安成）

东营区开展数字文化广场建设

2016年，东营区大力推进数字文化广场建设，按照大型广场（3000平方米以上）、中型广场（2000～3000平方米）、小型广场（2000平方米以下）三个标准进行广场建设提升。至年底，全区251个村居（社区）新建提升文化广场175处；其中，村居（社区）文化广场136处，城市居民小区广场舞活动场地39处。5月，启动数字文化广场建设，年内建成投用52处。在文化广场上配备Wi-Fi设备，在LED大屏上安装高清机顶盒、高清摄像头，实现了让群众免费享用Wi-Fi、接受远程辅导培训、下载数字文化资源、收看点播高清电视节目、自主播放视频等功能。

（张新站）

东营区开展拆违治乱专项行动

2016年，东营区全面落实属地管理主体责任，“抓管控”与“拆存量”并举，深入推进违法建设治理工作。依托社区网格化管理体系，形成“区、镇（街）、社区、村（居）”四级巡查管控机制，对新增违法建设“零容忍”，即查即拆。依法实施存量违法建设的拆除整改，对城乡接合部、城市主次干道两侧、人员密集区等重点部位深入进行摸底排查，尊重历史民情，按有关政策对排查出来的历史存量违法建设分类实施整治。2016年，全区开展集中行动310余次，出动人员2万余人次，对2413处、151万平方米的违法建设顺利实施拆除，有效遏制了各类违法建设，提升了中心城区人居环境。

（东营区拆违治乱专项行动领导小组办公室）

东营区大力推进道路基础设施建设

2016年，东营区以“一年见成效、两年出精品、三年大改观”为目标，扎实推进城市道路基础设施建设。实施21个道路建设改造项目涉及35条道路（不含农村道路），项目总投资22.5亿元，计划修路总长度330公里（含村路），至年底，完成主路建设和路面改造共138公里。完成了一批市民高度关注的民生项目，如中心城老旧住宅小区整治改造提升工程、西城地方小区集中供热设施改造建设项目、街头游园建设项目等；解决了一批制约城市交通、生态环境的“老大难”问题，如庐山路工农一村“卡脖子”节点拆迁拓宽工程、云门山路（黄河路至北一路）贯通工程、玉山路贯通工程、燕山路（南一路至南二路）南延工程、老旧小区雨污分流改造项目等。在2016年上半年举行的全市城市生态环境建设现场观摩中，东营区夺得县区第一名的成绩并获得市委、市政府通报表彰。

（东营区城市建设指挥部办公室）

东营区生态环境持续改观

2016年，东营区大力实施增绿工程，开工南二路、东二路、东青高速等道路绿化项目12个，新建街头游园3处，完成重要节点绿化22个，建设提升城区绿化面积200万平方米；扎实推进三年增绿计划，新增造林1.3万亩，植树141万株。深入开展乡村文明行动，治理路域、河道、沟渠1437公里，绿化村庄60个，建成垃圾转运站15座，启动农村生活污水处理项目17个。着力改善农村生活环境，实施农村饮水巩固工程村庄14个，建设改造农村公路50.4公里，改造农村旱厕2584户、农村电网81.6千米，实施天然气镇镇通2041户。加强水气污染综合整治，全面完成50项治理项目，新建雨污管网15.5公里，治理河道6条，建设改造废气处理设施16套，水气污染源在线监控覆盖率达到100%，辖区河流水质明显改善，“蓝繁”天数明显增加，圆满完成节能减排年度目标。

（东营区人民政府办公室）

大事记

◆ 2016年1～12月

大事记

2016年1～12月

1月

4日

△七届东营区委第133次常委（扩大）会议召开，传达学习习近平总书记在中央政治局专题民主生活会上的重要讲话精神，要求准确把握精神实质，明确任务要求，指导好东营区即将组织召开的“三严三实”专题民主生活会。

9日

△东营区一中被中国教育装备联合会评为“全国中小学节约型校园建设典型案例特色学校”。

12日

△东营区2015年度各类助学金划拨完毕。共发放助学金199.33万元，受助学生2943人次。东营区还加大教育救助力度，为403名中小学贫困家庭学生发放助学金17.11万元。

16～17日

△中国人民政治协商会议第八届东营区委员会第五次会议在蓝海国际大饭店举行。会议听取并审议政协第八届东营区委员会常务委员会工作报告和政协第八届东营区委员会常务委员会提案工作报告；列席区十三届人大五次会议第一次全体会议，听取并讨论区政府工作报告及其他报告；听取并通过本次会议提案审查情况的报告；通过政协第八届东营区委员会第五次会议决议。

17～19日

△东营区第十三届人民代表大会第五次会议在蓝海国际大饭店召开。大会听取并审议区人大常委会工作报告、区政府工作报告、区人民法院工作报告、区人民检察院工作报告，审议东营区国民经济和社会发展第十三个五年规划纲要（草案）、东营区2015年国民经济和社会发展计划执行情况与2016年国民经济和社会发展计划（草案）、东营区2015年财政预算执行情况和2016年财政预算（草案），并对上述内容分别作出决议。会议选举梁润生为东营区人民政府区长，解旭明为东营区人民法院院长。新当选的东营区人民政府区长梁润生、东营区人民法院院长解旭明依次举行向宪法宣誓仪式。

29日

△东营区召开科学发展现场观摩会议，对各镇、街道和东营商贸园2015年经济社会发展情况进行现场观摩评议，激励全区上下解放思想、提升境界，鼓足干劲、苦干实干，努力实现项目建设新突破，推动全区经济社会实现新一轮大发展大跨越。

2月

15日

△东营区经济工作会议召开，深入贯彻中央、省市经济工作会议精神，总结2015年经济工作，部署2016年经济发展任务。会议通报2015年度全区综合考核、重点项目建设考核、综合纳税过千万企业情况，通报2015年度全区重点项目建设考核情况，通报山东海科化工集团有限公司等74家全区综合纳税过千万企业名单。

17日

△东营区2016年“百姓欢乐大舞台”社会文艺团体汇演在新区演艺广场启动。汇演活动以“百姓欢乐大舞台”为主题，17～26日每晚分别在新区演艺广场、辛店街道演艺广场、黄河路街道文化广场、文汇街道金隅花园广场和胜园街道西现河演艺广场五个广场同时展演。

20日

△省委常委、副省长孙伟在东营市委书记、

市人大常委会主任申长友，市委副书记、市长赵豪志等陪同下到东城街道辽河社区视察老旧小区维修改造工程。

是月

△在中国科协2016年“全国基层科普行动计划”评选中，东城街道辽河社区被授予全国科普示范社区称号。

3月

1日

△市委副书记、市长赵豪志到辛店街道调研重点项目建设。

3日

△东营区召开学习贯彻习近平总书记在党的新闻舆论工作座谈会上的重要讲话精神专题会议，贯彻落实省市专题会议精神，对加强和改进新闻舆论工作进行安排部署。

△四川省宜宾市考察团到东营区考察学习城市社区党建工作。

10日

△区政协八届十九次常委（扩大）会议召开，传达学习全区经济工作会议精神，审议并通过《东营区政协2016年协商工作计划》《东营区政协2016年工作要点》，进行有关人事任免事项。

16日

△市政协主席陈泽浦、副主席生钦勇到东营区调研经济社会发展和政协工作。

20日

△市委书记、市人大常委会主任申长友到东营区调研打击打孔盗油违法犯罪、净化油区治安环境专项行动。

26日

△东营区举行2016年春季重点项目集中开工仪式，总投资294.6亿元的59个重点项目集中开工。

4月

7日

△市委书记、市人大常委会主任申长友到东营区调研城建重点项目建设情况。

7～8日

△聊城市茌平经济开发区考察团到东营区考察城市社区建设管理、城中村改造和棚户区改造等工作。

11日

△中央国家机关工委研究室主任王霄汉到东营区调研基层党建工作。

12日

△东营区一中被山东省文化厅授予“山东省尼山书院建设示范单位”称号。

21日

△省政协副主席郭爱玲到东营区调研黄河沿岸历史文化遗产保护工作。

23日

△东营区“两学一做”学习教育工作座谈会召开。

5月

8日

△“中国万达”2016黄河口（东营）国际马拉松赛在东营市举行。

10日

△市委书记、市人大常委会主任申长友到东营区调研督导“两学一做”学习教育工作。

24日

△省委统战工作领导小组调研组到东营区调研贯彻落实中央、省委关于统一战线系列重大决策部署情况。

26日

△省委常委、政法委书记张江汀到东营区调研政法综治工作。

6月

1日

△甘肃省张掖市甘州区考察团到东营区考察党风廉政建设工作。

2日

△东营区法学会第一次会员代表队大会召开，选举产生第一届理事会、常务理事会和领导

机构组成人员。

3日

△中国共产主义青年团东营市东营区第九次代表大会召开，171名代表出席会议，选举产生新一届团区委领导班子。

14日

△市督查组到东营区督查重点项目和水汽污染治理工程建设情况。

16日

△市委常委、组织部部长朱开国到龙居镇调研“两学一做”学习教育开展情况和安全生产工作。

17日

△东营市融入京津冀协同发展推介会暨重点项目签约仪式在北京举行，东营区2个项目签约。

21日

△国家发改委副主任胡祖才到山东科瑞集团调研。

7月

1日

△中共中央在北京隆重举行庆祝中国共产党成立95周年大会，东营区社会各界认真组织收看大会实况。

△省委常委、组织部部长杨东奇到东营区调研。

5日

△市委副书记、市长赵豪志，市委常委、副市长张润国带领参加全市城市生态环境建设年和水汽污染整治专项行动现场调度会议的与会人员到东营区调度观摩城市生态环境建设和水汽污染整治工作。

13日

△省委书记、省人大常委会主任姜异康到山东科瑞控股集团公司视察，实地考察经济社会发展情况。

25日

△东营区举行科学发展现场观摩活动，对各镇、街道和东营商贸园2016年上半年经济社会发展情况进行现场观摩评议。

27日

△市委书记、市人大常委会主任申长友到东营区消防大队、南李社区看望慰问部队官兵及优抚对象。

8月

2日

△东营市红星365志愿服务中心在东城街道成立。是时，红星365志愿服务中心拥有志愿服务站37个，志愿服务队伍150支。

3日

△山东省副省长、省公安厅党委书记、厅长孙立成一行到东营区视察调研。

16日

△山东省政府以鲁政字〔2016〕175号文，批复东营市《关于将山东东营胜利经济开发区纳入省级高新技术产业开发区管理序列的请示》，同意将山东东营胜利经济开发区纳入省级高新技术产业开发区管理序列，更名为东营高新技术产业开发区，建设范围严格执行2006年国家发改委、国土资源部、原建设部颁布的《中国开发区审核公告目录》审定公告的四至范围，即东至西三路、南至南二路。西至西六路、北至现河路。

25日

△东营区举办弘扬传统文化——“家文化”公益讲座。

9月

22日

△中国（东营）首届国际油气行业人才与技术合作交流会暨东营纬科国际石油培训学院与卡尔加里大学联合办学签约及揭牌仪式举行。

23日

△东营区镇领导班子换届工作会议召开，深入学习贯彻中央、省委、市委的部署要求，安排部署全区镇领导班子换届工作。

27～29日

△第九届中国（东营）国际石油石化装备与技术展览会举办。展会总展览面积5万多平方米，布展企业379家，摊位1216个。参观采购企业2000多家，参展展品涉及2600多个品种、15000余件。

共有来自66个国家和地区的1万余名客商参加；总参观人数突破5万人次，比去年增加2万人次。展会期间，先后举办中国石油装备产业发展峰会、一带一路国家石油化工领域投融资论坛、中国石油和化工装备采购大会、东营海外留学人才石油装备产业对接洽谈会、中国石油石化科技成果展示暨技术交流会等8个专场活动。本届展会共签订外贸合同（意向协议）82个，协议金额27.7亿美元，比上年增长34%。签订内贸合同（意向协议）117个，协议金额37.5亿元人民币，比上年增长32.5%。

29日

△东营区第六届全民健身运动会在区一中开幕。本届运动会为期两天，36个代表团的1200多名运动员将参加中国象棋、乒乓球、羽毛球、篮球、拔河、田径、趣味性项目七个大项的比赛。

30日

△我国第三个“烈士公祭日”，为缅怀烈士功绩，弘扬烈士精神，东营区在渤海区（牛庄）抗战烈士祠举行庄严肃穆、隆重节俭的公祭烈士活动。

10月

20日

△东营区区镇人大换届选举工作会议召开，安排部署区镇人大换届选举工作。

21日

△纪念中国工农红军长征胜利80周年大会在北京举行。东营区社会各界组织收看大会电视直播。

21～22日

△文化部国家公共文化服务体系建设专家委员会调研组到东营区调研数字文化广场建设情况。

27日

△到东营市对接扶贫协作工作的重庆市酉阳自治县考察团到东营区考察学习。

28日

△市委书记、市人大常委会主任申长友，市委副书记、市长赵豪志，市委副书记、政法委书记郑建军，市委常委、副市长张润国，市人大常委会副主任张传胜带领全市拆违治乱行动现场会议与会人员到东营区观摩。

11月

4日

△山西省农业考察团到东营区考察生态农业发展项目。

9日

△全市第51期县级干部培训班学员到东营区调研科技创新工作。

10日

△国务院国资委、民政部、住建部有关司局组成联合调研组到东营区调研国企（胜利油田）办社会职能情况。

22日

△新疆疏勒县考察团到东营区考察现代农业、新农村建设和城乡一体化工作。

27日

△全国、全省安全生产电视会议召开，传达学习习近平总书记和李克强总理近期关于安全生产工作的重要指示和批示精神，对安全生产工作进行安排部署。

30日

△中共东营市委下发《关于王峰、梁润生同志职务任免的通知》（东任〔2016〕218号）：经市委研究并报省委组织部同意，提名王峰为东营区人民政府区长候选人；梁润生不再担任东营区人民政府区长职务。

12月

14日

△东营区十三届人大常委会第41次会议召开。会议听取审议区政府关于十三届人大五次会议以来代表所提意见建议及区十三届人大常委会第40次会议审议意见办理情况的报告、区政府关于2015年区级预算执行和其他财政收支审计查出问题整改处理情况的报告、区政府关于新型工业发展情况的报告、区政府关于全区卫生计生情况

的报告、区政府关于重点工程项目及民生实事进展情况的报告，审议通过关于批准东营区2016年区本级财政预算调整方案的决议、关于批准区人民政府调整部分重点工程通过政府购买服务方式筹资议案的决议，对区政府专项工作报告进行投票表决，表决通过关于调整充实区、镇选举委员会组成人员的意见。会议进行人事任免，接受梁润生辞去东营区人民政府区长职务，决定任命王峰为东营区人民政府副区长、代理区长，区人大常委会主任吕跃庆为新任代理区长王峰颁发任命证书，王峰进行宪法宣誓。

15日

△15日为东营区第十四届人民代表大会代表选举日，全区50余万名选民在各自选区投票点投票选举东营区第十四届人民代表大会代表。

16日

△市委副书记、市长赵豪志到东营区调研城建项目推进工作。赵豪志先后到东二路综合改造工程、南二路绿化提升工程、森林湿地公园项目迁占工程和西一路、西二路综合改造工程现场进行调研。

20日

△市委常委、统战部部长聂建军到市委统战部帮扶村龙居镇杨集村调研，并为全体党员上党课。

是年

△2016年，全区一般公共预算收入完成262880万元。

区情概况

- 历史与区划
- 自然环境
- 人口・民族
- 东营区国民经济和社会发展综述
- 组织机构与领导人员

区情概况

历史与区划

【综述】 东营区域地历史悠久。据对出土文物考证，早在4000年前，已有人类在此繁衍生息。殷为薄姑国领地。周为齐地。秦属齐郡，西汉属千乘郡琅槐县、湿沃县，东汉属乐安国博昌县、湿沃县，三国时属魏国齐郡，西晋属广饶县、湿沃县，南北朝时属乐安郡广饶县、湿沃县，唐宋时属渤海郡千乘县、蒲台县，元明清三朝境域东部属乐安县、西部属蒲台、博兴县。民国年间，为广饶、蒲台、博兴三县交界之地。

战国时期，人们在此“伐薪煮海水为盐”，盐业生产已有一定规模。明朝洪武、永乐年间（1403～1424），大批移民自山西洪洞、直隶枣强迁移至此，构成境内居民的主体。悠久的历史涤就绚丽多彩的地方民间文化。东营区牛庄镇时家村是吕剧的发源地。清光绪二十六年（1900年），时殿元等人将琴书《王小赶脚》由坐唱改为化妆演出，形成吕剧雏形，逐步发展成为一个独具地方特色的大剧种，并跻身于国家地方戏曲艺术之林。

1940年后，境域属抗日民主政府清河区行政专员公署。解放战争时期，境域属广饶县、蒲台县，隶属渤海区清河专署。新中国成立后，境域隶属惠民专区。1961年4月，东营村（今东营居委会）东打出的华北第8号探井首次获得日产8吨的工业油流，拉开了华北石油会战的帷幕。1962年9月23日，营2井喷出当时全国日产原油最高555吨的油流，“九二三厂”（胜利油田）诞生。

1982年11月10日，国务院以〔82〕国函字249号文件批准设置东营市东营区、牛庄区。1983年10月15日，东营市成立。1984年1月12日，市辖东营区、牛庄区（东营区辖42个行政村，牛庄区辖179个行政村）成立。1987年7月2日，东营、牛庄两区合并为东营区。建市后，选定沙营以东总面积约100平方公里的地区作为东营市中心城，称“东城”，市委、市政府设在东城。胜利油田机关所在的矿区城镇相应称“西城”，东城距西城15公里。区委、区政府驻东、西城之间东营区新区。

东营区是东营市中心区。1987年，辖辛店、胜利、六户、牛庄镇，史口、油郭、西范、龙居乡，西城街道办事处，221个行政村。1988年4月，撤销西城街道办事处，设立泰安路、海河路街道办事处。1991年3月，设立东城街道办事处，与胜利镇合署办公。1992年10月，史口乡撤乡设镇。1995年3月，东城街道办事处与胜利镇分设。

2001年3月，乡镇街道规模调整，撤销油郭乡，将其行政区域并入史口镇；撤销西范乡，将其行政区域并入牛庄镇；撤销胜利镇，设立胜利街道办事处；撤销辛店镇、海河路街道办事处、泰安路街道办事处，设立辛店街道办事处、黄河路街道办事处、文汇街道办事处。11月，撤销龙居乡，设立龙居镇。2003年11月，成立胜园街道办事处。将史口镇北高、卢家、丁家、姜王、业基王、温家、东商、赵家8个村和黄河路街道办事处东现河、南田、西现河、王连、东升、陈家6个村（居），划入胜园街道办事处管辖。

2016年年底，东营区辖史口、六户、牛庄、龙居4镇和辛店、胜利、黄河路、文汇、东城、胜园6个街道，201个村民委员会，30个城市社区工作站，118个社区居委会。据公安部门统计，2016年年底东营区总人口共计648613人。

镇、街道社区、村居名录

辛店街道

社区工作站（4个）：怡安、西苑、福兴、明珠

社区居委会（10个）：辛苑、阳光、兴荣、瑞苑、康苑、万鑫、佳兴、佳苑、瑞和、杏坛

村转居委会（10个）：辛店、刘家、皂户、姜家、孙路、玛琅、南庄、西营、红卫、北田

村民委员会（8个）：茶坡、成寨、周家、唐家、前进、哨头、赵家、立新

胜利街道

社区工作站（6个）：中山、新兴、新胜、胜泰、胜景、胜宏

社区居委会（40个）：槟香园、檀香园、榴香园、竹香园、菊香园、新泰路、华泰豪园、理想之城、涌金花园、胜宏尚郡、康力家园、盛世嘉苑、伊犁河路、丽景国际、凤凰国际、新胜家园、胜大花园、海通骏景、伟浩假日、格林锦城、海科花园、鑫都康城、利丰花园、绿洲国际、锦绣龙轩、光明嘉园、阳光丽景、东方明珠、鲁班公寓、金山小区、惠泽小区、蓝海馨园、瑞香苑、惠园小区、胜宏美居、格林星城、胜宏景苑、胜宏靓都、惠安小区、胜宏辰轩

村民委员会（6个）：辛镇、王营、兰赵、张盖、韩家、孙家

黄河路街道

社区工作站（5个）：锦城、鑫源、燕山、汇泉、丰泽

社区居委会（16个）：时代康桥、惠都、东升、建行、盛世龙城、金河、一品花园、燕山、银通、黄河机关、格林枫景、海信盈城、石大花园、丰泽、万吉家园、广利港

村转居委会（3个）：南王屋、南李、东赵

村民委员会（3个）：万泉、景屋、耿井

文汇街道

社区工作站（6个）：胜华、营园、胜安、嵩山、商隆、青华

社区居委会（12个）：万家新城、天籁华都、美滨、胜安小区、胜安南区、胜安北区、嵩东、嵩西、富园、青华、育新花园、银座花园

村转居委会（4个）：官屋、中王屋、东营、北李屋

村民委员会（1个）：北王屋

东城街道

社区工作站（8个）：安泰、安宁、明月、天水、辽河、府前、兴盛、文昌

社区居委会（39个）：安和、水城国际、安泰南区、天鹅花园、安泰北区、安宁东区、安宁西区、安宁北区、安慧南区、安慧西区、明月、沂北、怡和家园、辉煌、金瀚、海丽园、伟浩、玉苑、天水、沙营、辽河、海河南区、海河北区、府前、清风、天昊梅园、明佳花园、黄河、安兴北区、安兴南区、安盛北区、安盛南区、科达、惠州、金融、新新家园、天成、中南世纪锦城、东城商贸城

胜园街道

社区工作站（1个）：科苑

社区居委会（1个）：科苑

村转居委会（2个）：东现河、南田

村民委员会（12个）：北高、卢家、丁家、南王、温家、东商、赵家、西现河、王连、东升、陈家、姜王

史口镇

村民委员会（61个）：大宋、元里、石庄、西商、北四、于林、东寨、张店、楼李、南一、南二、南三、南四、南王、苏家、郑营、劳家、纪家、培李、北一、北二、北三、刘一、刘二、刘三、刘四、油坊、徐家、曲家、杨家、小刘、曹家、马家、寨王、袁家、范家、林家、陈家、三里、吕家、刘营、张营、油郭、西高、木李、艾家、初家、生家、刘董、香坊、前王、后王、万家、五甲王、东一、东二、东三、东四、安子张、都福李、十一图

六户镇

村民委员会（13个）：东六户、西六户、武王、小许、李宅、田庄、北辛、王岗、大许、梅宅、神堂、邱家、东辛集

牛庄镇

村民委员会（42个）：辛集、小宋、东隋、牛庄、解家、魏家、陈庄、西薛、东薛、车里、东范、大杜、官庄、西范、湾杨、黄庙、大武、陈桥、何家、张庄、王庄、西隋、褚家、曹家、小杜、贾刘、王营、前邵、后邵、邵桥、谭家、东武、东张、岳家、东庞、西庞、店子、中武、坡楼、卢家、时家、西小武

龙居镇

村民委员会（55个）：盐坨、韩楼、龙西、龙东、大张、方家、朱家、南高、杨集、老于、三里、赵家、大孙、谢何、麻一、麻二、麻三、高家、崔家、南李、北薛、小张、曹店、北李、西史、常家、尚家、董王、圈张、生家、陈家、朱闫、小孙、边家、林家、刘家、吕家、蒋家、司家、庄子、棒李、双庙、大杨、小杨、王家、官增王、牛家、二甲张、东史、十三图、打渔张、寺前杨、银匠王、湾东刘、小麻湾

自然环境

【境域位置】 东营市东营区位于山东省东北部，黄河三角洲腹地。地跨北纬37°14′13″～37°31′57″，东经118°12′42″～118°59′52″。东濒渤海，西依黄河，南与广饶县、博兴县接壤，北与垦利县毗邻。东西最大横距67.5公里，南北最大纵距26.5公里，总面积1178.17平方公里。城区北距垦利县城15公里，西距利津县城20公里，南距广饶县城50公里，西南到省会济南220公里，西北到首都北京450公里。

【地质地貌】 境区内地势平坦，广为第四系覆盖，地表无基岩出露。据钻井资料，区内地层自下而上发育太古界变质岩系、新生界下第三系和上第三系、第四系，其中下第三系尤为发育，沉积厚度巨大，是重要的生油层系和储油层系，蕴藏着丰富的油气资源。东营区地处黄河冲积平原的滨海地带，属黄河三角洲尾间部分。地势总体平缓，但西高东低，比降为1/10000，最高高程海拔11.5米，最低点海拔2.5米，地面高程一般在6～8米之间。

【土壤植被】 境内土壤成土母质为黄河沉积物，因受地下高矿化度潜水和人为耕作活动的影响发育而成，故不同程度地发生盐化现象。东部沿海一带地势平缓，受海潮侵袭，盐化现象严重。境域地处暖温带半湿润地区，在植物地理分布上，属落叶阔叶林带。因受自然条件和人为活动的影响，整个植被还处在以草本植物为主阶段。

【河流】 全区共有河流9条。黄河是境内唯一的自然河流。区内有排水河道8条：支脉河、广利河、广蒲沟、武家大沟、五六干合排、溢洪河、广蒲河、东营河。其中东营河汇入溢洪河，广蒲河汇入支脉河，后入海。

【海域】 东营区海岸线南起支脉河，北至丁字坝，总长43.33公里，地势低平，属粉沙淤泥质海岸。滩涂总面积21万亩，浅海区域负10米浅海面积为534平方公里，是进行浅海滩涂养殖和采捕贝类的最佳基地。潮汐属不规则日潮和不规则半日潮的不同潮型，每日2次，潮流为来复流，潮差一般为2米，潮汐流速平均为1.1海里/小时。沿海受季风性大陆性气候影响，季风影响显著，四季分明，多风，冬季多偏北风，夏季多偏南风，沿海气温以1月最低，平均-1℃～-4℃，7～8月最高，平均24℃～27℃，海水表层水温年平均12℃，海水盐度一般为22‰，汛期降至15‰。水温的年度变化与气温大致相同，鱼类生长期较长，浮游生物种类繁多，天然饵料丰富，是鱼、虾、蟹、贝类索饵、繁殖的天然场所。

【气候】 东营区地处暖温带，属季风型大陆性气候区，虽濒临渤海，但大陆气候明显。基本的气候特征是冬季干冷，夏季温热，四季分明，雨热同季。

2016年，东营区年平均气温14.5℃，较常年偏高1.0℃，各季气温均偏高；年降水量572.0毫米，较常年偏多44.5毫米，其中冬、夏季降水偏多，春、秋季降水偏少；年日照时数2664.8小时，较常年略偏多32.1小时，其中冬、春、夏季光照条件充沛，秋季光照条件不足。

【自然资源】 土地资源 据2009年年末第二次全国土地调查成果数据显示，全区土地总面积117817.56公顷。土地利用三大类面积为：农用地52830.91公顷、建设用地40544.74公顷、未利用地24441.91公顷，分别占总面积的44.84%、34.41%、20.75%。

水资源 历年平均降水产生的地表水径流量为0.65亿立方米，多集中在夏季，大部分排入渤海，利用率尚低。全区浅层地下淡水面积为26.67平方公里，当年平均水量为4627.28万立方米。黄河是境内主要客水水源，1950～1999年，利津水文站年径流量平均为352亿立方米，年际间丰枯变化较大，一年之内水量分布不均，多年平均流量为1264立方米/秒。2001年后，由于实施黄河水量统一调度，保证利津站全年不断流。另外，支脉河入境内流域面积1388平方公里，年均流量433立方米/秒；广利河入境流域面积510平方公里，年均流量143立方米/秒。

矿产资源 主要有石油、天然气、天然卤水、贝壳、地热及少量砖瓦用黏土。石油、天然气资源富集，含油层系多，油气藏类型多，主要分布于现河、东辛、六户、牛庄、王岗等处。至2015年年底，胜利油田已找到不同类型油气田81个，累计探明石油地质储量54.19亿吨；投入开发油气田74个，累计生产原油11.29亿吨，生产天然气571.61亿立方米。卤水年开采量约1300万立方米，现保有储量约3433万立方米。地热是继油气资源的第二大能源资源，储量丰富，中心城区地热资源自上而下有两个较好的热储层——上第三系馆陶组热储层和下第三系东营组热储层，热水储存总量为143亿立方米，可采储存量为61408立方米/日。有2处地热井开发利用。贝壳资源主要分布于牛庄镇，经地质勘查探明储量约20万吨，可供开采的约16万吨，主要分布于牛庄镇。全区现有矿产企业4家，其中盐场2家，贝壳加工厂1家，地热1家。

生物资源 野生动物中兽类有野兔、刺猬、獾、黄鼠狼、鼹鼠、狐狸等；鸟类有燕、雀、水凫、鸭蓝、大雁等，珍贵岛类有大天鹅、白头鹤、大鸨等。水产资源中鱼类以梭鱼、青鳞鱼、鲈鱼、斑鲫、刀鲚为主；虾类以毛虾、对虾、青虾、脊背白虾为多；蟹类有三疣梭子蟹、梭子蟹等；贝类有文蛤、毛蚶、鱼回蛏、竹蛏、兰蛤等；黄河鲤鱼、黄河刀鱼为淡水名产。野生植物中的中草药有益母草、菟丝子、车前子、茵陈、罗布麻等数10种。

人口·民族

【综述】 据公安部门统计，2016年年底东营区总人口共计648613人，总户数233421人，平均每户2.78人，其中男性324037人，女性324576人，男女性别比为99.83：100；地方人口630848人，油田人口287765人；全年出生人数9587人，出生率：14.8‰。全年死亡人数2630人，死亡率4.1‰。2016年自然增长3237人，自然增长率为10.7‰。

东营区第六次人口普查主要数据

一、全区总人口

根据《全国人口普查条例》和国务院的决定，我国以2010年11月1日零时为标准时点进行第六次全国人口普查。据初步汇总，全区常住人口75.67万人，户籍人口63.04万人。常住人口与第五次全国人口普查2000年11月1日零时的56.84万人相比，十年增长18.83万人。

具体人口分布如下：

二、家庭户人口

全区常住人口中共有家庭户25.74万户，家庭户人口为68.40万人，占总人口的90.4%，平均家庭户规模为2.66人，比2000年第五次人口普查的2.86人减少了0.2人。

三、性别构成

全区常住人口中，男性为38.41万人，占总人口的50.77%；女性为37.25万人，占总人口的49.23%。性别比（以女性为100，男性对女性的比例）为103.12：100，与第五次全国人口普查时的全区性别比（107.58）相比下降4.46个百分点。

在2009年11月1日至2010年10月31日期间的常住出生人口5979人中，男婴3200人，女婴2779人，男女出生性别比（以女性为100）为115.15：100。

四、年龄构成

全区常住人口中，0～14岁的人口为11.47万人，占总人口的15.16%；15～64岁的人口为58.51万人，占总人口的77.34%；65岁及以上的人口为5.68万人，占总人口的7.5%。与第五次全国人口普查时的全区人口相比，0～14岁人口的比重下降了2.24个百分点，65岁及以上人口的比重上升了2.78个百分点。

五、民族构成

全区常住人口中，汉族人口为752446人，占总人口的99.44%；各少数民族人口为4230人，占总人口的0.56%。与第五次全国人口普查全区人口相比，十年间汉族人口增加了187391人，各少数民族人口增加了880人，各少数民族所占全区总人口的比例降低了0.03个百分点。

六、受教育程度结构

全区常住人口中，接受大学专科以上教育的有17.82万人；接受高中教育的有16.52万人；接受初中教育的有21.74万人；接受小学教育的有12.51万人（以上各种受教育程度的人包括各类学校的毕业生、肄业生和在校生）。

同第五次全国人口普查相比，每10万人具有大学受教育程度的由11624人上升为23550人；具有高中受教育程度的由23849人下降为21832人；具有初中受教育程度的由30679人下降为28730人；具有小学受教育程度的由21160人下降为16532人。

全区15周岁以上常住人口中，不识字人口有2.40万人，文盲率为3.45%，与第五次全国人口普查时全区人口文盲率（5.09%）相比，下降了1.64个百分点。

东营区国民经济和社会发展综述

【综述】 初步核算，2016年，全区实现地区生产总值（GDP）457.1亿元，按可比价格计算，比上年增长6.7%。其中，第一产业增加值17.2亿元，增长4.3%；第二产业增加值177.7亿元，增长3.5%；第三产业增加值262.2亿元，增长9.3%。

2016年东营区各季度生产总值及增长速度

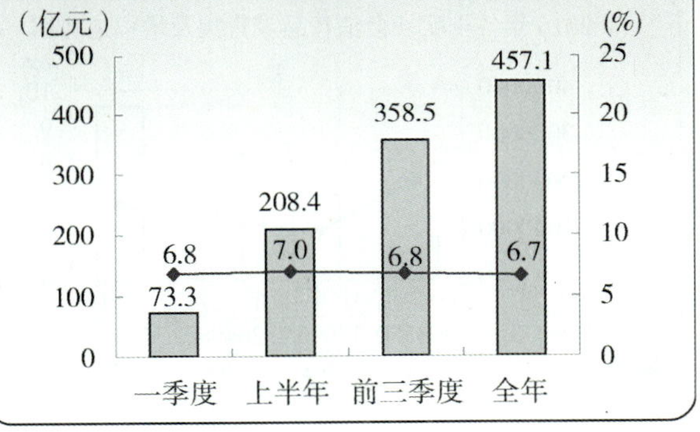

三次产业对经济增长的贡献率分别为2.3%、21.9%、75.8%。三次产业的比例由去年的3.7：41.7：54.6调整为今年的3.7：38.9：57.4，三产比重提高了2.8个百分点。

2016年地区生产总值（GDP）构成图

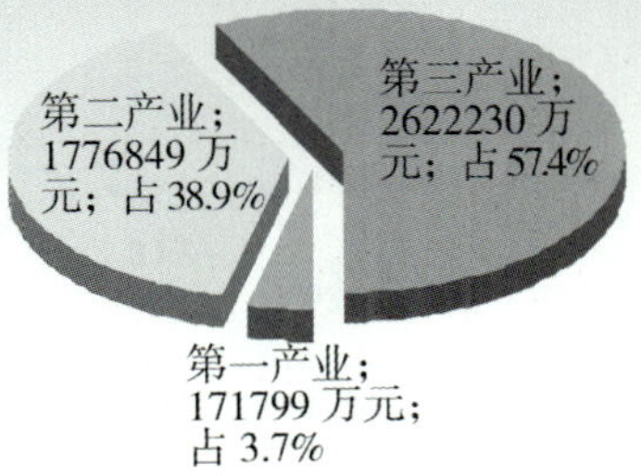

【农林牧渔业】 全年实现农林牧渔业总产值35.3亿元，比上年增长4.5%。其中，农业总产值128602万元，增长2.3%；林业总产值6665万元，增长47.7%；牧业总产值118885万元，下降1.8%；渔业总产值70868万元，增长8.5%；农林牧渔服务业总产值27550万元，增长5.3%。

全年农作物播种面积443050亩，比上年减少10.8%。其中，粮食作物播种面积342283亩，增长15.3%；经济作物播种面积100767亩，减少99075亩，粮食作物与经济作物播种面积比由上年的59.8：40.2调整为2016年的77.3：22.7。粮食播种面积中，夏粮播种面积145288亩，增长3.2%；秋粮播种面积196995亩，增长26.3%。全年粮食总产量167739吨，增长27.9%，单产490.1公斤/亩。其中，夏收粮食总产量68729吨，增长11.9%；秋收粮食总产量99010吨，增长41.9%。全年棉花播种面积67381亩，下降54.5%，全年棉花总产量4643吨，减少51.1%。全年油料作物播种面积295亩，总产量87吨，增长11.5%。蔬菜及食用菌播种面积30614亩，下降38.6%，总产量119830吨，下降42.3%。瓜果类播种面积2477亩，增长52.6%，产量6994吨，增长43.9%。

全年新增造林面积15450亩，其中防护林13710亩，沿海防护林工程造林4530亩。育苗总面积25545亩。全民义务植树60万株。重点实施了“三年增绿”工程，完成投资8056万元，流转土地1.59万亩，完成造林1.28万亩。

全年肉类总产量9603吨，比上年下降58%。其中，猪肉产量3697吨，下降27.5%；牛肉产量942吨，下降78.2%；羊肉产量323吨，下降90.8%；禽肉产量4583吨，下降51.9%。奶类产量9698吨，下降38.7%。禽蛋产量5147吨，减少68.3%。年末猪存栏36400头，下降17.9%；牛存栏10697头，下降66.8%；羊存栏24126头，下降86.7%。

全年水产品总产量69281吨，比上年下降6.5%。其中，海水产品产量51727吨，下降9.0%，淡水产品产量17554吨，增长1.9%。

年末，机械总值25813.44万元，比上年下降19.02%。年末，农业机械总动力324133千瓦，下降11.45%，排灌机械动力30967千瓦，下降3.48%。全年完成机耕作业面积16225公顷，下降28.51%；机播面积23873公顷，下降26.42%；机电灌溉面积17596公顷，增长0.1%；机收面积18329公顷，下降14.62%。

【工业和建筑业】 全年规模以上工业企业125家。实现工业总产值1321.6亿元，比上年增长4.0%；规模以上工业增加值增长3.5%。

全年规模以上工业企业实现主营业务收入1268.9亿元，比上年下降9.7%；实现利税总额49.4亿元，下降51.7%；实现利润总额28.8亿元，下降58.0%。产品销售率达到96.0%。

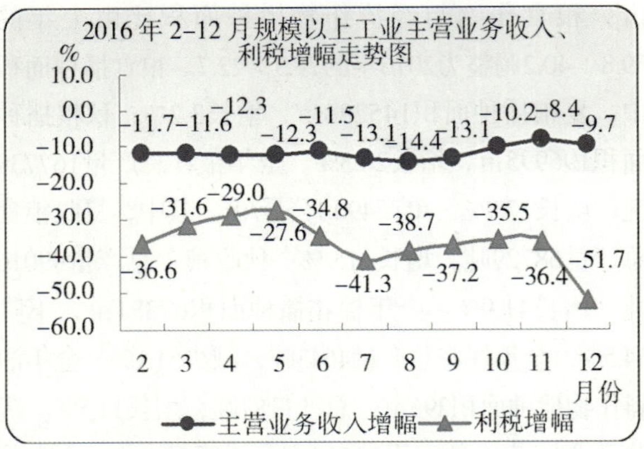

全年74家三级及以上（新资质）建筑企业，共完成建筑业总产值43.2亿元，比上年减少5.1%。全区建筑业实现增加值23.9亿元，增长1.9%。

【固定资产投资】 全年完成固定资产投资513.4亿元，比上年下降14.2%。从三次产业投资看，第一产业完成投资18.2亿元，下降15.0%；第二产业完成投资121.3亿元，下降47.1%；第三产业完成投资373.9亿元，增长7.5%。投资结构进一步优化，一、二、三产业投资结构由上年的3.6∶38.3∶58.1调整为今年的3.6∶23.6∶72.8。全年房屋施工面积293.2万平方米，比上年下降3.1%；竣工面积11.1万平方米，下降88.3%；商品房销售面积70.3万平方米，下降14.5%。房地产开发投资58.7亿元，增长0.8%。

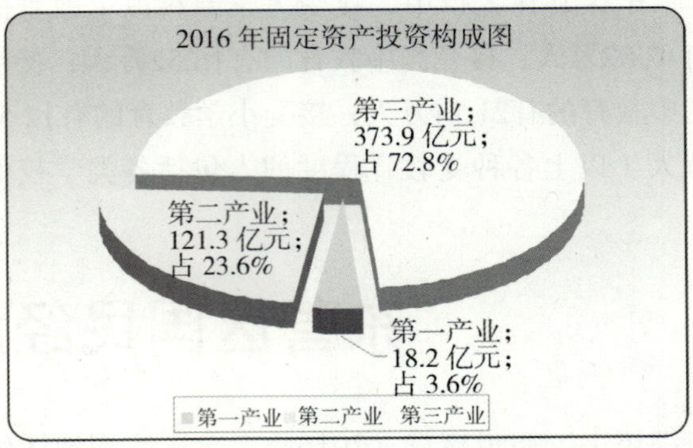

【国内外贸易】 全年实现社会消费品零售总额363.9亿元，比上年增长6.9%。分行业看，批发业实现零售额34.8亿元，增长2.8%；零售业实现零售额307.4亿元，增长7.1%；住宿业实现零售额3.9亿元，增长5.9%；餐饮业实现零售额17.8亿元，增长10.8%。

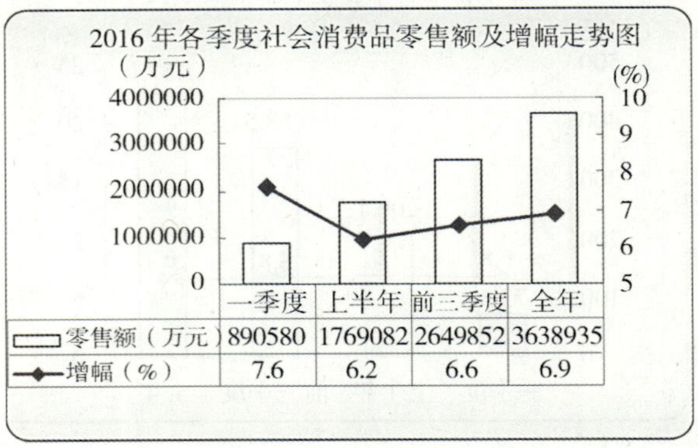

全年实现进出口总额629803万元，比上年下降11.1%。其中出口439400万元，下降19.9%。实际到账外资金额2969万美元，下降47.2%。

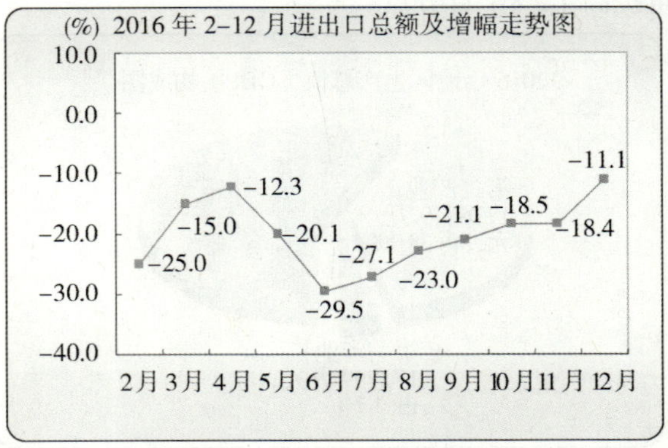

【财政和金融】 全年实现预算内财政收入262880万元，比上年下降15.6%。其中，财政系统完成58119万元，下降17.8%；国税系统收入68438万元，增长25.4%；地税系统收入136323万元，下降26.8%。预算内财政支出355026万元，同比增长14.1%。其中，农林水支出41495万元，同比下降22.2%；科学技术支出1921万元，下降0.5%；医疗卫生与计划生育支出33872万元，增长29.8%；教育支出53256万元，增长15.6%；社会保障和就业支出55085万元，增长12.2%。

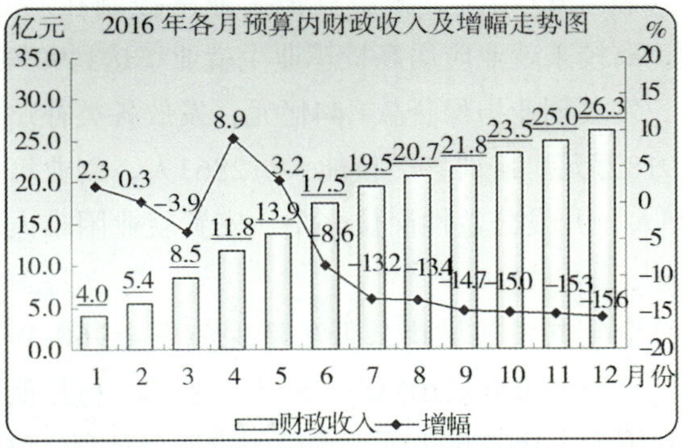

2016年各月预算内财政收入及增幅走势图

年末，金融机构本外币存款余额达到2519.19亿元，比年初增长208.68亿元。金融机构本外币贷款余额1813.52亿元，比年初增长351.69亿元。

【科学技术】 全年共有44家高新技术企业，其中新认定高新技术企业7家。争取科技项目无偿资金440万元，其中获批省级项目1项，市级项目8项。鉴定重大科技成果5项，发明专利申请量906件，授权量179件。拥有有效发明专利770项。全年高新技术产业累计实现产值488.8亿元，比上年增长9.7%，占全区规模以上工业总产值的比重达到36.98%，比年初增长6.26个百分点。

【教育、文化、体育、卫生】 年末，全区共有初中10处，小学18处，在校生28571人。幼儿园77处，在园幼儿11443人。专任教师数3113人。初中毕业生升学率97.6%。

2016年各级各类学校学生、教职工情况表

	学校所数	班级个数	毕业学生人数	在校学生人数	教职工人数	
					合计	其中：专任教师
初中	11	216	2592	11107	1467	1382
小学	18	402	3158	17464	710	699
幼儿园	77	448	3187	11443	1459	856

区图书馆、区文化馆成功创建为国家一级馆，区图书馆藏书总量达到13.8万册；建成文化馆分馆11个，图书馆分馆12个；尼山书院东营区一中实践基地被评为山东省“尼山书院建设示范单位”。建成立独立设置的综合文化站10处，新建提升文化大院33处，建成村级历史文化展室48处。建成投用文化广场175处，其中，村居（社区）文化广场136处，城市居民小区广场舞活动场地39处，建成投用乡村剧场41处。建成青岛银行、咖啡时间等城市书吧8家，办理借阅证671个，实现了全市范围内图书馆的馆际互借、通借通还。山东快书《儿子，你真棒！》获得首届“高元钧杯”全国山东快书大赛银奖，歌曲《人民公仆》入围全国大型音乐评选，舞蹈作品《炫舞民风》荣获山东省舞蹈大赛一等奖，广场舞《中华全家福》荣获山东省广场舞大赛一等奖，小吕剧《让房》荣获第四届东营市“黄河口文艺奖”三等奖。体育工作得到全面发展。

全区体育事业取得长足进步。举办了2016年全区青少年运动会，来自全区中小学13个代表团1000余名运动员参加了足球、篮球、排球、乒乓球、田径等赛事项目，有12人打破了5项田径最高纪录。成功举办东营区第六届全民健身运动会，并获得“山东省第六届全民健身运动会先进县区”称号。4月成立了东营区体育总会。

全区（包括市管及油田医疗机构）年末医疗机构总数469个，床位数6953张，卫生技术人员总数9449人，其中医生3594人。东营区管理的医疗机构有一级（中）医院29个，镇卫生院4个，社区卫生服务中心24个，社区卫生服务站53个，个体诊所161个，门诊部15个，企事业单位内部医务室25个，村卫生室129个。

2016年全区卫生机构、床位、人员情况表

项目	单位	2016年
一、卫生机构数	个	469
其中：个体诊所	个	159
企事业内部卫生所	个	24
政府办医疗机构	个	50
民营医院	个	23
二、卫生机构床位数	张	6953
三、卫生技术人员	人	9449
其中：医生	人	3594

【人口、居民生活和社会保障】 年末全区户籍人口63.47万人。全年共出生人口8602人，出生率为13.64‰，死亡率3.74‰；人口自然增长率为9.91‰，合法生育率为99.36%，晚婚率90.62%。

据抽样调查，全年城镇居民人均可支配收入为42169元，比上年增长7.3%。家庭人均消费性支出为25702元。其中，食品烟酒6165元，增长9.1%；衣着2623元，增长5.5%；居住6168元，增长9.9%；生活用品及服务1745元，增长5.2%；交通通信4161元，增长5.6%；教育文化娱乐3009元，增长9.8%；医疗保健1261元，增长5.6%；其他用品和服务570元，增长4.3%；城镇恩格尔系数为24.0%。全区城镇居民人均居住面积为38.88平方米。

据抽样调查，全年农村居民人均可支配收入为17615元，比上年增加1265元，增长8.0%。农民生活消费支出11720元，增长9.3%，其中食品烟酒2985元，增长11.5%；衣着810元，增长19.1%；居住2382元，增长4.9%；生活用品及服务1109元，增长0.9%；交通通信2321元，增长9.3%；教育文化娱乐1345元，增长18.0%；医疗保健512元，增长4.2%；其他用品和服务257元，增长4.3%。农村居民恩格尔系数为25.47%。全区农民人均居住面积为55.16平方米。

全年，城乡居民养老保险征缴基金2870万元，企业职工基本养老保险征缴基金5.5亿元，机关事业单位养老保险征缴基金1.3亿元；城镇职工基本医疗保险、城乡居民医疗保险分别征缴基金19592万元、11703万元；工伤保险征缴基金2466万元，生育保险征缴基金2205万元，失业保险征缴基金3394万元。

全区参加城乡居民社会养老保险12.41万人、企业职工基本养老保险8.8万人、机关事业单位养老保险7546人；城镇职工基本医疗保险6.7万人，城乡居民基本医疗保险19.4万人；工伤保险6.1万人、生育保险5.1万人、失业保险5.7万人。

全年城镇新增就业1.3万人，新增农村劳动力转移就业6542人，城镇登记失业率控制在3%以内。离校未就业应届高校毕业生就业率达到90%以上，发放创业担保贷款1.44亿元，发放各类补贴资金918万元。培训各类技能人员2863人，创业培训585人，开发公益性岗位46个，安置就业困难人员174人。

全年共发放城市最低生活保障资金960.39万元，保障困难群众1053户1756人；发放农村最低生活保障资金1607.69万元，保障困难群众3173户5342人；为464名五保对象发放供养资金339.08万元。

注：1.公报指标统计范围为现行统计范围。2.公报所列东营区生产总值、各产业增加值绝对数按当年价格计算，增长速度按可比价格计算。3.年末金融机构各项存、贷款余额指标数据来自区金融办。4.高新技术企业家数指标数据来自区科技局。5.公报所列数字为年快报数或初步统计核算数字，正式数字以《东营区统计年鉴—2017》为准。

2016 年及部分年份东营区经济社会发展主要指标一览表

指标	单位	1984 年	1990 年	1995 年	2000 年	2005 年	2010 年	2011 年	2012 年	2013 年	2014 年	2015 年	2016 年
年末总人口	万人	37.71	45.09	50.66	55.58	60.72	61.89	62.23	62.04	76.51（常住）	62.23	62.69	63.47
国内生产总值	亿元	1.03	2.93	10.79	20.3	84.17	234.39	273.8	322	363.4	416.7	432.7	457.1
第一产业增加值	亿元	0.59	1.29	4.0	4.2	6.68	12.05	13.7	14.4	10.8	16.9	15.9	17.2
第二产业增加值	亿元	0.1	0.46	3.24	6.2	44.37	110.44	125.9	145.8	164.1	179.5	180.4	177.7
第三产业增加值	亿元	0.34	1.18	3.55	9.9	33.12	111.9	134.2	161.8	188.4	220.3	236.4	262.2
农业总产值（当年价）	亿元	0.86	0.63	3.53	7.41	12.95	22.83	26.51	28	31.2	32.5	33.6	35.3
全社会固定资产总投资	亿元	0.21	0.22	1.90	8.61	117.8	256.04	287.8	353.3	425.4	518.3	598.5	513.4
社会消费品零售总额	亿元	1.03	4.31	15.73	28.7	60.33	179.11	210.28	241	273.4	307.5	340.5	363.9
地方预算内财政收入	亿元	—	0.6	0.77	1.75	6.2	16.78	22.1	25.88	26.69	29.38	31.14	26.3
地方预算内财政支出	亿元	—	0.3	0.79	1.84	7.2	20.59	26.97	30.88	32.25	33.28	31.13	35.5
小学在校生数	万人	2.71	2.26	1.7	1.62	1.46	1.7	1.76	1.8	1.79	1.65	1.73	1.75
普通中学在校生数	万人	0.61	1.2	1.4	1.43	0.86	0.76	0.82	0.79	0.55	1.03	1.07	1.11
卫生技术人员	人	210	413	379	558	566	7045	6953	7460	7917	8182	8949	9449
城镇居民人均可支配收入	万元	—	—	—	—	14939.3	24097	27917.2	31434.76	34484	37484	39285	42169
农民人均纯收入	元	373	661	1708.7	2824	4642.46	8560	10271	11795.3	13348	14843	15900	17615
农村居民人均生活消费支出	元	324	494	1061.04	1820	2477.94	4383	5580	6330	6625	7306	10728	11720

组织机构与领导人员

（统计时间截至2017年6月30日，收录正科级以上部门、单位）

中国共产党东营区委员会

书　　记　燕乃敏
副 书 记　王　峰　张成仙（女）
常　　委　李剑钧　王守业　赵东良
　　　　　杜书亮　李长林　宋士栋
　　　　　张汝淮　徐晓辉（挂职）
委　　员　王　伟　王　茗　王　勇
　　　　　王克德　王敬之　田树林
　　　　　生利林　刚宪珍（女）
　　　　　刘乃斌　刘志海　刘辰勇
　　　　　刘明君　闫　国　李士花（女）
　　　　　李守勤　李志平　杨　凯
　　　　　杨松根　杨继红（女）
　　　　　何关涛　张乐春　张成彬
　　　　　陈吉强　陈桃庚　郑金勇
　　　　　曹永刚　康茂礼　解旭明
候补委员　王伟鸿　王春生　刘杰三
　　　　　李光强　李连明　杨国良
　　　　　张希国　周曙光　赵宝杰（女）
　　　　　赵俊卿

中共东营区委办公室（区委台湾工作办公室与其合署，挂区政府台湾事务办公室牌子）
主　　任　赵东良（副县）

中共东营区委保密委员会办公室（挂区国家保密局牌子）
主　任（局长）　袁永辉

中共东营区委机要局（挂区密码管理局牌子）
局　　长　綦新林

中共东营区委台湾工作办公室（挂区政府台湾事务办公室牌子）
主　　任　宋振华

中共东营区委政策研究室（挂区委改革办公室牌子）
主　　任　张乃青

中共东营区委党史研究室
主　　任　轩庆国

中共东营区委、区人民政府接待服务中心
主　　任　丁振强

东营区档案馆（挂区档案局牌子）
馆　长（局长）　刘其河

中共东营区委、区人民政府信访局
局　　长　张永华

中共东营区委组织部
部　　长　李长林（副县）
常务副部长　（暂缺）

中共东营区委党员教育中心（(挂区新型农民学校校务委员会办公室牌子）
主　　任　（暂缺）

中共东营区委老干部局
局　　长　王　飞

中共东营区委宣传部
部　　长　宋士栋（副县）
常务副部长　（暂缺）

东营区宣传中心
主　　任　张保华

东营区精神文明建设委员会办公室（挂区志愿服务管理中心牌子）
主　　任　丁立强

中共东营区委统一战线工作部（区民族宗教事务局与其合署）
部　　长　杜书亮（副县）
常务副部长　王林章

中共东营区委政法委员会(区社会治安综合治理委员会办公室与其合署）
书　　记　张汝淮（副县）
常务副书记　苑耀东

东营区社会治理维稳联动中心
主　　任　成振华

东营区社会治安综合治理委员会办公室（与区委政法委员会合署）

主　　任　聂登凌

东营区国家安全办公室

主　　任　刘国强

东营区机构编制委员会办公室

主　　任　张乐春

东营区事业单位监督管理局

局　　长　杨翠娥（女）

中共东营区委区直机关工作委员会

书　　记　闫　国

中共东营区委巡察工作领导小组办公室

主　　任　陈存福

中共东营区委第一巡察组

组　　长　陈俊胜

中共东营区委第二巡察组

组　　长　王增利

中共东营区委第三巡察组

组　　长　（暂缺）

中共东营区委第四巡察组

组　　长　（暂缺）

中共东营区委第五巡察组

组　　长　（暂缺）

中共东营区委党校（挂区行政干部管理学院、区社会主义学校牌子，副处）

校　　长　燕乃敏（正县）

常务副校长　李士花（女，副县）

东营区扶贫开发领导小组办公室

主　　任　陈焕新

中国共产党东营区纪律检查委员会（监察局与其机关合署）

书　　记　王守业（副县）

副 书 记　王　伟　郭晓青

常　　委　刘　洋　周俊玲（女）

张建华　刘明明

委　　员　于晓辉　王　彬　王荣国

纪莱阳　李志明　杨庆军（女）

杨新兵　吴海滨　张　彬

张　强　张　燕（女）

张志文　张洪成　陈存福

邵世磊　明红云（女）

秦海燕（女）　曹际华

崔洪勤　隋秀峰（女）

褚维志　薛彦林

纪委派驻第一纪检组（监察室）

书　记（主任）　陈爱叶

纪委派驻第二纪检组（监察室）

书　记（主任）　王龙雷

纪委派驻第三纪检组（监察室）

书　记（主任）　董林见

纪委派驻第四纪检组（监察室）

书　记（主任）　高建文

纪委派驻第五纪检组（监察室）

书　记（主任）　吴玉国

纪委派驻第六纪检组（监察室）

书　记（主任）　张　燕（女）

东营区廉政舆情信息中心（挂区外来投资投诉中心办公室牌子）

主　　任　王　彬

东营区人民代表大会常务委员会

主　　任　张成彬

副 主 任　高欣伟　李雪梅（女）

马学舜　耿汝清　徐章敏

常　　委　王　飞　王　军　王建军

王振华　牛洪彬　仉文海

刚宪珍（女）　刘光兴

闫　国　孙林光　李子清

李文广　李建华　李　锋（女）

张卫东　张玉平　张在忠

张国辉　张　凯　张晓营

陈学成　周景坤　赵树春

种守勇　夏金泉　曹同国

樊会民

办公室

主　　任　张晓营

人事代表工作委员会

主任委员　李　锋（女）

预算工作委员会

主任委员　孙林光

内务司法委员会

主任委员　张国辉

财政经济委员会

主任委员　牛洪彬

教科文卫委员会

主任委员　刘光兴

城建环保委员会

主任委员　赵树春

农业农村委员会

主任委员　王建军

东营区人民政府

区　　长　王　峰

副 区 长　李剑钧　巴沾红（女）

　　　　　王克德　杨　凯（援疆）

　　　　　康茂礼　刘明君

东营区人民政府办公室（挂区政府法制办公室、区人民防空办公室牌子）

主　　任　何关涛

东营区人民防空办公室

主　　任（暂缺）

东营区政府法制办公室

主　　任　李建生

东营区发展和改革局

局　　长　李　荀

东营区经济和信息化局

局　　长　吕全友

东营区教育局（挂体育局牌子）

局　　长　王敬之

东营区科学技术局

局　　长　李光强

东营区监察局（与区纪律检查委员会机关合署）

局　　长　王　伟

东营区民政局

局　　长　艾建全

东营区司法局（挂区社区矫正管理局牌子）

党组书记　孟繁武

局　　长　陈卫红（女，副县）

东营区财政局

局　　长　吕全友

东营区人力资源和社会保障局

局　　长　张乐春

东营区住房和城乡建设局

局　　长　刘杰三

东营区交通运输局

局　　长　杨松根

东营区水利局

局　　长　张向东

东营区农业局

局　　长　郭晓青

东营区商务局

局　　长　张向明

东营区文化广电新闻出版局

局　　长　赵宝杰（女）

东营区卫生和计划生育局

局　　长　杨国良

东营区审计局

局　　长　王伟鸿

东营区统计局

局　　长　王荣国

东营区安全生产监督管理局

局　　长　成绍敏

东营区市场监督管理局

局　　长　孙海深

东营区城市管理和行政执法局

局　　长　周曙光

东营区质量技术监督局

局　　长　孙海军

东营区民族宗教事务局（与区委统战部合署）

局　　长　韩新连

东营区人民政府派出机构

东营胜利经济开发区管理委员会（与胜园街道合署）

主　　任　刘乃斌（副县）

东营区政务服务中心管理办公室

主　　任　王培海

中国人民政治协商会议东营区委员会

主　　席　杨继红（女）

副 主 席　刘瑞俭　马献忠　王昌勇

王欣华　陈卫红（女）
常　　委　丁群宗　马金祥　王　星（女）
王韫华　生春明　朱益洪
刘红蕾　刘德祥　姜　珊（女）
江鲁英（女）　孙　乾
孙海军　杜寒松　李凤华（女）
李祥杰　杨云珍（女）
杨长国　吴玉国　张　萌（女）
张红军　张丽林　陈树山
赵建亭　耿　涛　曹新禄
商　强　褚夫志　燕秋红（女）
秘书长　王清君

办公室
主　　任　王清君

经济委员会
主　　任　于　涛

学习宣传与文史委员会
主　　任　许荣耀

提案与社会法制委员会
主　　任　生春明

科教文卫体委员会
主　　任　刘　岩

民族宗教与联谊委员会
主　　任　张建兵

政协委员联络工作委员会
主　　任　时新军

中国人民解放军东营区人民武装部

部　　长　国成才
政　　委　朱序科

东营区人民法院

院　　长　解旭明

东营区人民检察院

检察长　李守勤

群众团体

东营区总工会
主　　席　高欣伟（副县）
常务副主席　赵树平

共青团东营区委员会
书　　记　张　凯

东营区妇女联合会
主　　席　刚宪珍（女）

东营区工商业联合会（挂区民营经济发展局牌子）
主　　席　张龙潭

东营区科学技术协会
主　　席　李江伟

东营区残疾人联合会
理事长　赵俊卿

东营区文学艺术界联合会（挂区社会科学界联合会牌子）
主　　席　潘　芳

东营区计划生育协会
会　　长　（暂缺）

东营区红十字会
会　　长　（暂缺）
常务副会长　张福寅

区政府序列事业单位

区政府研究室
主　　任　（暂缺）

区地方史志办公室（挂区方志馆牌子）
主　　任　（暂缺）

区电子政务中心
主　　任　（暂缺）

区机关事务管理局
局　　长　（暂缺）

区公务用车管理中心
主　　任　（暂缺）

区服务业办公室
主　　任　任育刚

区区域发展战略推进办公室(挂区推进黄河三角洲高效生态经济区建设委员会办公室、区推进山东半岛蓝色经济区建设委员会办公室牌子）
主　　任　李　荀

区人民政府教育督导室
主　　任　黄玉琢（副科）

东营石油经济技术研究院管理中心（挂东营高新技术创业服务中心牌子）

主　　任　（暂缺）

东营区国有资产管理局

局　　长　（暂缺）

东营区非税收入管理局

局　　长　张云志

东营区国库集中收付中心（挂区会计集中核算中心牌子）

主　　任　（暂缺）

东营区农业综合开发办公室

主　　任　杨庆军（女）

东营区社会保险管理服务中心

主　　任　刘洪喜

东营区公共就业和人才服务中心

主　　任　刘观伟

东营区房产管理服务中心（挂区新区建设管理办公室牌子）

主　　任　苏志毅

东营区建设工程质量与施工安全监督站

站　　长　温新勇

东营区物业管理服务中心

主　　任　任西忠

东营区村居改造与市政工程服务中心

主　　任　徐海山

东营区畜牧局

局　　长　褚维志

中国国际商会东营市东营区商会（挂中国国际贸易促进委员会东营市东营区委员会牌子）

会　　长　宋伦贤

东营区石油装备产业公共服务中心（挂区会展工作办公室牌子）

主　　任　（暂缺）

东营区投资促进局

局　　长　曲建仿

东营区文化活动中心

主　　任　王　青（女）

东营区爱国卫生运动委员会办公室

主　　任　刘童田

东营区疾病预防控制中心（挂区卫生检测检验中心、区健康教育所牌子）

主　　任　刘祖峰

东营区人民医院

院　　长　苗其云

东营区新区医院

院　　长　刘永光

东营区国民经济综合调查大队

队　　长　成明光

东营区安全生产应急救援中心

主　　任　（暂缺）

东营区城市管理行政执法大队

队　　长　李学宝

东营区城市管理监督指挥中心（挂区数字化城市管理办公室牌子）

主　　任　（暂缺）

东营区园林局

局　　长　逯玉峰（女）

东营区广播电视台

台　　长　生金山

东营区油区工作委员会（挂油地结合办公室牌子）

主　　任　王春生

东营区油地结合办公室

主　　任　缪春建

东营区林业局

局　　长　张希国

东营区海洋与渔业局

局　　长　王桓台

东营区广利渔港管理局（挂中华人民共和国东营渔港监督、山东渔业船舶检验局东营区检验站牌子）

局　　长　姜　杰

东营区旅游局

局　　长　杜国军

东营区国有资产运营中心（挂区国有资产运营有限责任公司牌子）

主　　任　李　荀

东营商贸园管理委员会

党委书记、主任　崔京良

东营区金融工作办公室（挂区地方金融监督管理局牌子）

主　　任　刘学刚

东营区社区建设管理办公室

主　　任　高玉明

东营区龙居生态林场建设管理办公室（挂东营区龙居黄河森林旅游区管理委员会牌子）

主　　任　田树林（副县）

东营区六户生态林场建设管理办公室

主　　任　聂联忠

东营区老龄工作委员会办公室

主　　任　周西彬

东营区数字信息管理服务中心

主　　任　李玉琴（女）

中国石油大学国家大学科技园胜利园区管委会（挂国家高新技术创业服务中心牌子）

主　　任　（暂缺）

副 主 任　王　勇（副县）

　　　　　刘辰勇（副县）

东营胜利经济开发区经济技术开发中心

主　　任　夏永廷

东营区史口生态化工循环经济产业园区管理委员会

主　　任　王国敬

东营区供销合作社

理事会主任　张玉新

东营区第一中学

校　　长　曹同国

东营区第二中学

校　　长　刘新军

东营区第三中学

校　　长　齐方国

东营区实验学校

校　　长　薄官昌

区属国有企业

东营区财金控股有限公司

董 事 长　李　涛

总 经 理　（暂缺）

监事会主席　高云云

东营区城市发展投资有限公司

董 事 长　盖举福

总 经 理　生金菊

监事会主席　（暂缺）

东营区融资担保有限公司

董 事 长　刘俊强

总 经 理　管跃芹

监事会主席　张增峰

东营区物业资产管理运营有限责任公司

董 事 长　时红杰

总 经 理　杨相军

监事会主席　（暂缺）

协管单位

东营市市区国税局

局　　长　刘梅云（副县）

东营区地税局

局　　长　魏　涛

东营区国土资源局

局　　长　陈桃庚（副县）

东营市公安局东营分局

局　　长　王克德（副县）

政　　委　张红军（副县）

东营区粮食分局

局　　长　崔建军

东营区黄河河务局

局　　长　王洪旗（副县）

东营区盐务局（盐业公司）

局　　长　郭德先

东营环境保护分局

局　　长　郭东波

东营区供电公司

总 经 理　仉文海

党委书记　贾永森

东营农村商业银行股份有限公司

董 事 长　盖竹林

行　　长　董海涛

东营银行东营区支行

行　　长　王若武

中国农业银行东营市东营区支行

行　　长　郭　伟

（区委组织部、有关协管单位）

政党·政务

- 中国共产党东营区委员会
- 中国共产党东营区纪律检查委员会
- 东营区人民代表大会常务委员会
- 东营区人民政府
- 中国人民政治协商会议东营区委员会
- 人民武装
- 社会团体

政党·政务

中国共产党东营区委员会

【中共东营区委全委会议】 2016年8月16日，中国共产党东营区第七届委员会第十六次全体会议召开。全委会深入学习贯彻习近平总书记系列重要讲话和省委十届十四次全体会议、市委五届九次全体会议精神，认真贯彻落实中央和省委、市委关于科技创新的决策部署，分析了科技创新面临的新形势新任务，安排部署全区科技创新工作，动员全区上下深入实施创新驱动发展战略，全面提升科技实力和创新能力，为建设生态宜居、美丽幸福的现代化新城区提供强力支撑。区委书记燕乃敏作重要讲话。全委会确定，东营区科技创新工作的总体要求是：以中共十八大及十八届三中、四中、五中全会和习近平总书记系列重要讲话精神为指导，坚持创新、协调、绿色、开放、共享发展理念，以破除体制机制障碍为主攻方向，着力实施创新驱动发展和人才强区战略，完善区域创新体系，增强创新要素集聚能力，加快发展创新型经济，为加快建设生态宜居、美丽幸福的现代化新城区提供有力支撑。全委会要求，要准确把握科技创新的新部署新任务，筑牢加快发展的强大动力活力。一是以创新供给推动转型升级，形成战略引领新优势。二是以载体建设加快创新供给，形成支撑发展新优势。三是以成果应用深化企业创新，形成抢先发展新优势。四是以人才建设驱动科技创新，形成智力支持新优势。五是以金融服务激发创新活力，形成加快发展新优势。六是以深化改革加快创新步伐，形成要素集聚新优势。全委会审议并通过《关于深化科技体制改革加快创新发展的实施意见》和《中共东营区委工作规则》。

2016年12月6日，中国共产党东营区第七届委员会第十八次全体会议召开。全会深入学习贯彻党的十八届六中全会和省委十届十五次全体会议、市委五届十次全体会议精神，听取和讨论燕乃敏受区委常委会委托作的工作报告，审议通过《中共东营区委关于学习贯彻党的十八届六中全会精神深入推进全面从严治党的意见》。区委书记燕乃敏作重要讲话。全会指出，党的十八届六中全会明确习近平总书记的核心地位、正式提出“以习近平同志为核心的党中央”，体现全党的共同意志，体现全党全军全国各族人民的共同心愿。全会强调，要突出抓好思想政治建设，发挥党委（党组）中心组学习示范带动作用，发挥经常性思想政治工作优势，坚持不懈抓好理论武装工作，不断增强广大党员的道路自信、理论自信、制度自信、文化自信。要严明党的纪律，把严守党的政治纪律和政治规矩放在首位，严格执行重大问题请示报告制度，驰而不息抓好中央八项规定精神和省委实施办法、市委实施意见、区委实施细则的贯彻落实，坚决整治和查处侵害群众利益的不正之风和腐败问题，推动管党治党走向“严实硬”。要坚持公平公正选人用人，自觉防范、坚决纠正选人用人上的不正之风，推进领导干部能上能下，深入开展领导干部不担当不作为问题专项整治，树立干事创业的良好导向。要严格执行组织生活制度，开展经常性的批评和自我批评，积极探索加强党员党性教育和党性锻炼的有效途径，加强对党员的教育管理监督。全会要求，全区各级党组织要把学习贯彻六中全会精神作为维护习近平总书记核心地位、与党中央保持高度一致的具体体现和实际行动，广泛开展学习宣教，坚持领导干部带头，加强督导检查考核，确保六中全会精神在东营区落地生根。要把学习贯彻六中全会精神转化为干事创业的强大动力，全力以赴保运行稳增长，坚定不移推进项目建设，扎实做好区镇领导班子换届、保障和改善民生工作，全力维护社会稳定，更有成效地做好改革发展稳定各项工作。

【中共东营区委常委会议提要】 2016年1月11日，区委书记燕乃敏主持召开七届区委第134次常委（扩大）会议。会议听取并原则同意关于《东营区人民政府工作报告》（以下简称《报告》）起草情况的汇报。会议指出，《报告（讨论稿）》的整体框架和基本内容符合“十三五”规划要求和东营区发展实际，符合人民群众期待，是一份高质量的工作报告。会议要求，要紧跟当前形势，将中央和省市提出的新思路、新要求体现在报告中，特别是要进一步突出加强安全生产、创建国家级公共文化服务体系示范区、建设智慧城市、加强社会治理和社区管理、提升市民文明素质、深化油地合作共建等方面的内容，使报告更具指导性、针对性和可操作性。会议确定，由区政府办公室根据常委会提出的意见，对《报告》作进一步修改完善，提交区人代会审议。

2月22日，区委书记燕乃敏主持召开七届区委第138次常委（扩大）会议。会议传达市七届人大五次会议和市政协七届五次会议精神，研究贯彻落实意见。会议指出，市七届人大五次会议和市政协七届五次会议，是在“十三五”新征程刚刚开启、东营市全面建成小康社会进入决胜阶段关键时期召开的一次重要会议，是一次团结民主、求真务实、凝心聚力、开拓进取的会议，对统一全市广大干部群众的思想，加快建设美丽幸福新东营具有十分重要的意义。全区上下要认真学习、深刻领会市“两会”精神和书记申长友、市长赵豪志在东营区代表团审议时的重要讲话精神，切实把思想和行动统一到市委、市政府的决策部署上来，准确把握“十三五”时期和今年的工作重点和目标任务，结合东营区实际，认真抓好贯彻落实，努力开创全区各项工作的新局面。会议要求，一是区人大办公室、区政协办公室要迅速将市“两会”精神传达到全区各个层面，切实把全区干部群众的思想和行动统一到市委、市政府的决策部署上来。二是区委办公室、区政府办公室要将市政府工作报告中涉及东营区的工作任务进行分解立项，将具体任务落实到相关部门、单位，明确具体责任人和完成时限，加强督促检查，定期通报进展情况，确保各项任务落到实处。

3月12日，区委书记燕乃敏主持召开七届区委第141次常委（扩大）会议。会议研究讨论《关于在全区开展基层组织建设整治提升年活动的实施方案》和《全区后进村整治攻坚提升行动实施方案》。会议指出，加强基层组织建设是基层党建工作的重要方面，是关系基层经济社会各项事业发展的治本之策。各级各部门要把基层组织建设紧紧抓在手上，扎实开展好基层组织建设整治提升年活动和后进村整治攻坚提升行动，进一步夯实农村基层基础，不断提升基层党建工作水平。会议要求，一是牢牢把握抓基层打基础的工作基调，突出攻坚提升这个主题，进一步细化两个方案，强化措施，破解难题，抓好落实，提升基层党建工作水平，使基层党组织真正承担起村务管理、经济发展、村民教育、带领致富、维护稳定的基础作用。二是区级领导要认真履行“一岗双责”，按照责任分工把后进村整治工作牢牢抓在手上，积极研究整治办法和推进措施；镇、街道要把两项工作作为全年党建工作重点，党（工）委书记要亲自调度，带头抓部署、抓推进，抓落实；区直有关部门要发挥职能作用，加强对后进村集中整治工作的统筹指导，形成全区上下抓基层组织建设的合力。三是做好基层党建工作与中心工作结合的文章，要将后进村整治与精准扶贫工作相结合，将基层组织建设与“两学一做”专题教育相结合，通过加强基层组织建设，进一步提升全区群众的满意度、社会管理水平和社会和谐程度会议确定，适时召开全区基层组织建设整治提升年活动动员会议。

4月22日，区委书记燕乃敏主持召开七届区委第147次常委（扩大）会议。会议听取并原则同意关于全市“两学一做”学习教育工作座谈会精神及我区贯彻落实意见的汇报。会议指出，中央在全体党员中开展“两学一做”学习教育，是推动党内教育从“关键少数”向广大党员拓展、从集中性教育向经常性教育延伸的重要举措，也是推动全面从严治党向基层延伸的重要抓手。全区各级党组织和广大党员干部，要深刻认识开展“两学一做”学习教育的重大意义，把思想和行动高度统一到中央和省委、市委、区委部署要求上来，切实增强思想自觉和行动自觉，确保学习教育取得实实在在的成效。会议要求，一是结合东营区工作实际，精心研究制订学习教育实施方案，指导全区各层面学习教育扎实开展。二是迅速成立区委“两学一做”学习教育指导协调小组，负责全区各级党组织学习教育工作的组织调度，并从相关部门抽调工作人员尽快开展具体工作。三是区委组织部要组织筹备好全区“两学一做”学习教育工作座谈会；各级党组织要按照区委统一部署，迅速召开座谈会，全面启动学习教育。四是领导干部要发挥示范带头作用，以普通党员身份参加所在党小组的学习教育，做到读原著、学原文、悟原理，示范带动基层党组织学习教育的开展。五是加强对各级党组织开展学习教育工作情况的督导检查，确保学习教育取得实效，真正形成党员干部讲规矩、守底线的高度自觉。六是每名党员、党员领导干部要对照“四讲四有”的合格党员标准，认真梳理自身存在的突出问题，即知即改、立行立改，树立良好形象。会议确定，适时召开全区“两学一做”学习教育工作座谈会和培训会。

5月31日，区委书记燕乃敏主持召开七届区委第154次常委（扩大）会议。会议听取并原则同意关于《东营区生产经营单位安全生产主体责任实施细则》等11个文件有关情况的汇报。会议指出，安全生产事关人民群众生命财产安全和社会和谐稳定，是经济社会发展过程中必须抓好的重要工作。各级各部门、单位要深刻认识抓好当前安全生产工作的极端重要性，牢固树立红线意识和底线思维，时刻绷紧安全生产这根弦，扎扎实实抓好安全生产各项任务的落实，确保安全生产形势持续稳定。会议要求，一是全区各级各部门必须严格落实“党政同责、一岗双责、失职追责”，做到“管行业必须管安全、管业务必须管安全、管生产必须管安全”，努力形成齐抓共管的强大合力。二是分层次、分行业组织学习即将出台的《东营区生产经营单位安全生产主体责任实施细则》等11个文件，使各级各部门、各企业全面了解承担的安全生产具体职责和相关内容，强化责任意识，明确行为规范。三是进一步完善安全生产约谈、举报、挂牌督办等管理制度，更加便于部门和企业认识、了解和遵守，确保各项制度得到全面执行。四是结合东营区实际，对《实施细则》等制度进行深入研究，并及时征求市直相关部门的意见，确保各项安全生产制度符合实际、规范有效，进一步提升东营区安全生产工作的规范化、科学化水平。会议确定，适时召开区安委会全体成员（扩大）暨全区安全生产工作会议；由区安监局对《东营区生产经营单位安全生产主体责任实施细则》等11个文件作进一步修改完善后，按程序行文。

6月12日，区委书记燕乃敏主持召开七届区委第155次常委（扩大）会议。会议学习中共山东省委、山东省人民政府《关于深入推进供给侧结构性改革的实施意见》（以下简称《意见》），研究贯彻落实意见。会议指出，《意见》是省委、省政府为推动转型升级、促进经济社会发展做出的重要部署，是指导东营区推进供给侧结构性改革的纲领性文件，各级各部门要充分认识文件的重大意义，认真抓好贯彻落实。会议要求，一是区级分管领导、区政府有关部门要加强对《意见》的学习，研究吃透与分管领域、分管行业相关的具体改革事项，并将政策传达到相关企业，引导企业顺应改革要求，加快转型升级。二是区政府相关部门要立足东营区实际，制定出台东营区的供给侧结构性改革实施意见。

7月18日，区委书记燕乃敏主持召开七届区委第159次常委（扩大）会议。会议听取并原则同意关于进一步加强东营区志愿服务工作的汇报。会议指出，开展志愿服务是加强社会治理和提升市民文明素质的重要途径，是加强精神文明建设、深化“两学一做”学习教育成效的重要实践。会议要求，一要认真研究谋划志愿服务活动。全区各级党组织要把志愿服务作为做合格党员的重要实践，每名党员至少加入一个志愿服务队伍，充分发挥党员的榜样示范带动作用，通过党内带党外、党员带群众，带动全社会自愿参与到志愿服务中来，努力营造“人人为我、我为人人”的社会环境。二要迅速成立志愿服务工作领导小组，扎实做好相关政策研究、平台搭建、人员抽调等各项前期准备工作，为下一步开展志愿服务工作打下坚实基础。会议确定，适时召开全区志愿服务动员大会。

8月15日，区委书记燕乃敏主持召开七届区委第161次常委（扩大）会议暨区委全面深化改革领导小组第十四次会议。会议听取并原则同意关于《中共东营区委东营区人民政府关于深化科技体制改革加快创新发展的实施意见》起草情况的汇报。会议指出，近年来，中央高度重视科技创新工作，特别是今年召开的全国科技创新大会和省委、市委全会，对推进科技创新做出了专门安排部署。全区各级要把思想和行动高度统一到中央和省委、市委决策部署上来，准确把握科技创新的大趋势大方向，进一步增强推进科技创新的思想自觉和行动自觉，切实把各项任务抓实抓好、抓出成效。区科技局要切实承担全区科技创新工作的统筹协调职能，结合东营区实际研究制定推进科技创新的各项工作措施、指导意见，细化分解任务。各职能部门要按照工作委员会的分工，切实承担责任，充分整合规划、投资、财务、人力等资源力量，形成推动科技创新整体合力。各镇、街道和其他部门单位要主动打破部门和地区条块分割，加强协作配合，主动为全区科技创新工作提供服务。特别要对创建国家级高新区相关政策进行认真研究，在人才、资金、项目、基础设施上予以倾斜，为东营区企业转型、产业集聚、经济发展搭建重要平台。会议确定，由区科技局根据区委常委会意见，对《中共东营区委东营区人民政府关于深化科技体制改革加快创新发展的实施意见》作进一步修改完善，征求区委委员、候补委员意见后，提交区委全委会审议。

9月20日，区委书记燕乃敏主持召开七届区委第166次常委（扩大）会议。会议传达学习省委办公厅、省政府办公厅关于印发《山东省党政领导干部生态环境损害责任追究实施细则（试行）》的通知，听取并原则同意东营环保分局关于全区环保工作情况的汇报。会议要求，一要充分认识加强环境保护的重要意义。党的十八大以来，党中央对环境保护工作高度重视，做出一系列重大决策部署，认识高度、推进力度、实践深度前所未有。全区各级要牢固树立绿色发展理念，切实增强环境保护意识，认真学习各级文件精神，加快补齐环境建设短板，进一步推进环境治理和生态改善，突出抓好大气、水和土壤污染治理三个关键，确保中心城区环境不断改善，加快建设生态宜居、美丽幸福的现代化新城区。二要全力加快推进重点环保项目建设。对今年东营区承担的50项全市水气污染整治专项行动重点项目，各牵头领导和责任单位要加强调度，盯紧靠上，全力以赴抓推进，确保如期建成投用、发挥效益。各镇、街道和相关部门要提前谋划2017年的重点环保项目，为做好明年的环保工作打牢基础。三要扎实做好迎接第二批中央环保督察有关工作。要按照督察要求，逐项梳理，认真做好各项准备工作。特别要进一步加大重点河流整治力度，确保全区河流水质稳定达标。四要及时化解环境信访问题。对群众的信访诉求，各级各有关部门要高度重视，及时答复，接受群众监督；对调查属实的环境违法行为，要按照环保法律法规严肃处理。五是迅速召开全区水气污染整治推进会议，对全区水气污染整治工作进行再安排、再部署。

10月31日，区委书记燕乃敏主持召开七届区委第172次常委（扩大）会议。会议听取并原则同意区纪委关于全区党风廉政建设和反腐败工作第三季度推进情况的汇报。会议指出，党的十八届六中全会专门研究全面从严治党问题，并审议通过《关于新形势下党内政治生活的若干准则》和修订后的《中国共产党党内监督条例》，标志着全面从严治党迈入新阶段、踏入新征程。当前，全面从严治党特别是党风廉政建设任务很重，全区各级各部门要提高认识，强化措施，把全区党风廉政建设和反腐败工作持续推向深入。会议要求，一是加强对两个文件的学习。全区各级各部门及领导干部要认真学习、深刻领会两个文件精神，进一步规范党内政治生活，加强党内监督，以理论上的清醒保障行动上的自觉。二是加强换届风气监督。要加大监督执纪问责力度，对违反换届纪律问题“零容忍”，严格落实快查快办、“一案双查”，确保换届环境风清气正。三是持之以恒反“四风”。要盯紧区镇领导班子换届敏感期和元旦、春节等重要节点，加大对违反中央八项规定精神和“四风”问题的明察暗访力度，及时通报典型案例。四是加大对群众身边不正之风和腐败问题的查处力度。要重点查处扶贫领域和城中村管理运行中存在的问题，切实维护好基层群众的切身利益。五是加强对领导干部的监督。要严格规范干部从政行为，加强对干部“八小时以外”的监督，着力打造忠诚干净担当的干部队伍。

11月7日，区委书记燕乃敏主持召开七届区委第173次常委（扩大）会议。会议听取并原则同意关于全区2016年扶贫对象动态调整和信息采集录入工作有关情况的汇报。会议指出，做好扶贫工作是实现全面建成小康社会奋斗目标的重要举措。中央和省、市各级对扶贫工作高度重视，特别是近日省扶贫办出台的《2016年全省扶贫对象动态调整和建档立卡信息采集录入工作方案》，对做好当前的扶贫退出工作提出新的标准和要求，必须认真研究分析，吃透方案精神，确保按时完成2016年扶贫对象动态调整和建档立卡信息采集录入工作。会议要求，一是思想上高度重视。区直有关部门和相关镇、街道要切实负起责任，按照上级部署要求，迅速开展相关工作。二是严格标准要求。区扶贫办要发挥牵头抓总作用，对照方案标准，研究贫困户尽快脱贫的办法措施。对年人均纯收入达不到省定稳定脱贫标准的贫困户，要统筹整合各类扶贫补助资金，确保完成省定贫困村摘帽、省定贫困户脱贫任务。三是加强扶贫工作调度。区级领导干部要负起领导责任，切实加强对扶贫工作的组织调度，牢牢把扶贫工作抓在手上。全区科级以上干部要认真落实一对一联系帮扶贫困户制度，经常性地深入到贫困户家中，了解贫困户生活情况，帮助解决实际问题，推动全区现有贫困户尽快脱贫。

12月26日，区委书记燕乃敏主持召开七届区委第186次常委（扩大）会议。会议听取并原则同意区人大常委会、区政府、区政协、区法院、区检察院党组工作汇报，充分肯定2016年以来取得的成绩，对做好下一步工作提出明确要求。会议要求，区人大常委会、区政府、区政协、区法院、区检察院党组要在区委的领导下，勇于担当，敢于负责，善于创新，齐心协力做好各项工作，为推动新常态下东营区的跨越发展做出新的贡献。一要落实党要管党、从严治党的根本要求。严守党的政治纪律和政治规矩，切实增强“四个意识”特别是核心意识、看齐意识，始终同以习近平总书记为核心的党中央保持高度一致，坚定正确的政治方向。要认真落实全面从严治党的重大政治责任，严格执行《关于新形势下党内政治生活的若干准则》和《中国共产党党内监督条例》，严肃党内政治生活，认真贯彻民主集中制，持之以恒加强作风建设，着力营造风清气正的政治生态。二要加强几大班子间的协调配合。牢固树立“一盘棋”思想，紧紧围绕全区发展大局，加强沟通交流，密切团结协作，形成团结一致谋发展、惠民生、保稳定的强大合力。区委将加强对区人大常委会、区政府、区政协、区法院、区检察院党组的领导，支持依法依章程履行职责、开展工作；区委将为各党组开展工作提供有力保障、创造良好条件。三要严格落实班子成员“一岗双责”。区几大班子成员要适应形势要求，切实扛起“一岗双责”的重大责任，在抓好分管部门业务工作、包靠镇街工作的同时，同步抓好分管领域的安全生产、信访稳定、环境保护、反腐倡廉等工作，加强督促调度，狠抓问题整改，以高度的政治自觉和思想自觉把各项工作任务落到实处。四要树立清正廉洁的良好形象。各党组要从严抓好党风廉政建设和反腐败工作，严格落实中央八项规定精神和省市区各项纪律要求，抓好班子带好队伍。班子成员要珍惜组织的信任和个人的政治生命，严格遵守廉洁自律各项规定，以党章党规和《中国共产党廉政自律准则》约束自身言行，自觉做到自己清、家属清、亲属清、身边清，以实际行动维护党的形象。

【重要文件提要】 东区发〔2016〕12号文件：中共东营区委、东营区人民政府关于全面推进志愿服务工作的实施意见（试行）。志愿服务是公民参与社会建设、服务社会需求、承担社会责任、促进社会和谐的重要方式，也是社会管理创新的重要抓手。为进一步弘扬志愿精神、培育志愿文化，全面贯彻党的十八大和十八届三中、四中、五中全会精神，深入学习贯彻习近平总书记系列重要讲话精神，紧紧围绕服务全区改革发展大局，以培育和践行社会主义核心价值观为根本，大力弘扬“奉献、友爱、互助、进步”的志愿服务精神，把开展志愿服务与加强基层党建，特别是“两学一做”学习教育结合起来，与创新社会治理实现居民自治工作结合起来，与群众性精神文明创建活动结合起来，积极构建具有东营区特色的志愿服务制度，打造党建统领、多元参与、城乡一体、保障完善的志愿服务体系，营造“我为人人、人人为我”的良好社会风尚，为建设“志愿者之城”奠定良好的基础。

东区发〔2016〕13号文件：中共东营区委、东营区人民政府关于深入推进供给侧结构性改革的实施意见。为积极破解当前我区经济社会发展中的深层次矛盾和突出问题，不断增强经济增长动力和活力，推动全区经济转型发展、提质增效，深入贯彻中央和省、市关于供给侧结构性改革的决策部署，坚持以创新、协调、绿色、开放、共享五大发展理念为引领，以转变发展方式为主线，以重点突破、问题导向、创新驱动、改革统领为原则，着力加快供给侧结构性改革，切实做好去产能、去库存、去杠杆、降成本、补短板等各项工作，加快改造提升传统动能，积极培育发展新动能，优化要素资源供给，全面提高供给体系质量和效率，为率先全面建成小康社会，加快建设生态宜居、美丽幸福的现代化新城区提供有力支撑。

东区办发〔2016〕16号文件：《中共东营区委办公室印发〈关于在全体党员中开展“学党章党规、学系列讲话，做合格党员”学习教育实施方案〉的通知》。开展“学党章党规、学系列讲话，做合格党员”学习教育（以下简称“两学一做”学习教育），是中央为深化党内教育做出的重要部署。全区各级党委（党组）要把开展“两学一做”学习教育作为一项重大政治任务，认真学习贯彻习近平总书记重要指示精神和各级部署要求，精心组织安排，强力推进落实。要把党的思想政治建设放在首位，以尊崇党章、遵守党规为基本要求，以用习近平总书记系列重要讲话精神武装全党为根本任务，着力解决党员队伍在思想、组织、作风、纪律等方面的突出问题，解决党员教育管理、基层组织建设中的突出问题，使党的每一个细胞都健康起来、每一个组织都坚强起来，做合格党员、建过硬支部。要突出经常性教育的特点，以党支部为基本单位，以“三会一课”等党的组织生活为基本形式，以落实党员教育管理制度为基本依托，充分发挥党支部自我净化、自我提高的主动性，真正把全面从严治党落实到每个支部、每名党员。

·区委办公室工作·

【概况】 2016年，区委办公室狠抓改革创新，服务质量水平全面提高。创新文字综合服务模式，全年起草经济工作会议、全委会、区第八次党代会报告、民主生活会对照检查材料、迎市观摩材料等各类文稿520余篇、240余万字，制发区委常委会议纪要54期。立足全局开展调研，先后对全区经济运行情况、精准扶贫工作、农村集体资产股份制改革、城市建设等9个课题深入调研，编发《决策参考》7期，7篇领导理论文章在市级以上刊物发表。围绕党委中心工作和领导需求加强信息研判分析，灵敏反映上级重视、领导关注、群众关心的各类问题，全年编发《领导专供》91期，《东营区信息》67期，获得区委主要领导批示5次；上报省市信息322条，被省委采用20余条，被市委采用90条，被市委领导批示2次，信息采用率位列全市第一。坚持优质规范高效严谨，做好公文拟制、交换、管理工作，全年制发区委、区委办公室文件183个，传阅中央、省、市文件610余件，办理各类领导批示件200余件，办结率100%。围绕中心工作狠抓决策督查，对全区经济工作会议和《政府工作报告》、重点工程项目推进、深化住房制度改革、脱贫攻坚现场调度会议确定事项、中央巡视组巡视“回头看”反馈意见涉及东营区整改任务、市委五届九次全体会议确定事项等进行立项督查，牵头或配合有关部门对乡村文明建设专项行动、党风廉政建设、精准扶贫、土地卫片图斑整治、禁种铲毒、大型广告牌拆除、重点项目迁占等领导关注关心的重要工作专项督查。全年撰写各类《督查专报》42期、下发《督办单》15期，开展各类专项督查和专题调度39次，实地督查21次，督办现场确定事项26项，形成督查报告和调度汇报24篇。全面改进优化服务，全年办理各级文电1830份，区直部门单位、镇街来宾报告单95份，主要领导外出报告单256份，下发各类通知438个，统计汇总参加会议、活动人员名单达2万多人次。编排区领导活动安排249期，收集整理区委主要领导活动资料137套，编排值班工作档案24册，区直各部门、单位主要领导外出报告单4册，来宾报告单1册，值班日志2册，《领导今日活动安排》2册。对区委重大活动坚持高标准、严要求，全年承担各类会议会务工作200余次，其中全区性大会30余次，各类常委会、座谈会、集中学习等小型会议70余个，区委领导到各镇、街道，企业及重点工程项目调研工作40余次，所有活动高品质零差错完成。全年组织接待活动48次，接待上级来人500余次。其中，接待中央、省、市领导到东营区视察调研走访活动36次，接待外来党政考察团、上级考核验收组12次。组织筹备区委领导赴深圳、杭州、北京等地考察活动4次，参与全市现场观摩、第九届中国（东营）国际石油石化装备与技术展览会、全省青年志愿项目服务大赛、区第八次党代会等重大活动组织协调6次。开展保密工作，全年未发生失泄密事件。制定出台《东营区党政领导干部保密工作责任制实施细则》，与各部门、单位主要领导签订《2016年度保密工作目标责任书》，举办形式多样的保密宣传教育活动，受教育人数达1000余人，检查计算机500余台、机关门户网站63个，消除失泄密隐患80余个。全年接待到东营区参访、考察的台胞6批、67人（次），审核、备案相关赴台手续8件（次），在中国台湾网、华夏经纬网等网站投稿采用文章9篇，基层对台交流工作开展顺利。全年向《渤海风云》投送文稿1篇、向东营党史网站报送信息5篇。

【保密工作】 2016年，东营区委保密委突出责任落实、自查自评等重点，认真履责，全年未发生失泄密案件。市委保密委员会全体会议召开后，5月27日，在七届区委第153次常委会议上，传达学习市委保密委全体会议精神，讨论确定贯彻落实意见，并专题研究2016年保密工作。根据《东营市党政领导干部保密工作责任制实施细则》和东营区实际，制定出台《东营区党政领导干部保密工作责任制实施细则》。年初，东营区委保密委与各镇街，区直各部门单位主要领导签订2016年度保密工作目标责任书。通过多种形式，加强对领导干部和机关工作人员的保密宣传教育。发挥党校保密教育主阵地作用，区委党校举办科级干部进修班、中青班、新录用公务员培训班各1期，安排保密教育课3次，培训学员180余人。组织开展保密课巡讲活动2次，深入部门、单位宣讲《保密法实施条例》、通报典型泄密案件、宣传日常保密防范常识。把《保密工作》《保密科学技术》征订工作当作一项重要任务，全年征订《保密工作》161份、《保密科学技术》50份。制定《东营区保密自查自评工作督查工作方案》，为各单位购置《机关、单位保密自查自评工作手册》。对全区保密自查自评工作全面督查，督查单位71个，其中优秀15个，合格53个，不合格3个。组织开展信息公开保密清查活动，对各机关单位政府门户网站、政务微博、微信公众号等发布信息逐个页面、逐条信息检查，检查网站63个，网页800余个，各类信息60000余条，未发现涉密信息，删除内部信息60余条。组织开展机关、单位互联网专项保密检查，全区检查互联网办公自动化系统25个、互联网政务邮箱47个。完成高考、成人高考保密检查工作，对区教育局考卷保密室、考点考卷存放室进行保密安全检查并按时启用，对考前、考后考卷的运送、存放监督检查，每天对试卷保密室检查4次，有效防止了失泄密事件发生。做好上网计算机审批工作，全年审批27个单位新上网计算机35台。对全区计算机登记造册，全区登记上网计算机4261台、内部办公室计算机855台。组织开展涉密人员分类确定和保密审查工作。在全区范围内组织开展涉密人员分类确定和保密审查工作，确定涉密岗位90个，其中重要涉密人员2个，一般涉密人员88个，涉密人员91人。组织开展涉密载体集中回收销毁工作，于2月22日、12月13日到市涉密载体销毁中心对涉密载体统一销毁。加强对涉密及内部办公计算机保密技术防护专用系统维护工作。调查处理六户镇、龙正广告传媒、人社局、文广新局违法外联事件4起，重新安装保密技术防护专用系统15台次。

【督查工作】 围绕中心工作狠抓决策督查，先后对全区经济工作会议和《政府工作报告》、重点工程项目推进、深化住房制度改革、脱贫攻坚现场调度会议确定事项、中央巡视组巡视“回头看”反馈意见涉及东营区整改任务、市委五届九次全体会议确定事项等立项督查，定期向省委、市委、区委和全区报告通报反馈落实情况。撰写各类《督查专报》42期、《东区督字》34期、《东营区督查》6期，下发《督办单》15件。牵头或配合有关部门对乡村文明建设专项行动、党风廉政建设、精准扶贫、志愿服务、土地卫片图斑整治、禁种铲毒、大型广告牌拆除、重点项目迁占等领导关注关心的重要工作专项督查，及时梳理和反馈存在的问题，督促和检查工作推进。年内开展各类专项督查和专题调度48次，实地督查18次，督办现场确定事项26项，形成督查报告和调度汇报22篇。对领导批办交办事项，坚持第一时间运转、当天下发、按时办结。围绕信访稳定、环保安全、扶贫开发、经济转型升级、招商引资、“两学一做”学习教育等主要领导批转事项，会同有关部门单位，真督实查，摸清原因、掌握实情，及时办结、有效反馈，做到事事有落实、件件有回音。年内督办市领导批交办件10件，区委领导批交办事项120件，领导批示件回复率100%。筹备迎市半年科学发展观摩活动，提早入手筛选确定观摩项目，反复演练对比观摩路线，多次督导检查沿线环境整治，起草观摩演练方案9个，下发督办通知11个，梳理迎检事项和观摩要求75项。做好省委巡视组巡视反馈意见整改落实工作，对整改事项认真梳理分解、定期督查调度，精心起草有关汇报材料。牵头开展全区贯彻落实中央八项规定精神专项督查工作，通过实地督查，全面了解各镇街、区直各部门单位贯彻落实情况，对下一步工作提出合理建议。全面承担区直督导二组的督导检查工作和全面从严治党督导检查的筹备工作，完成“两学一做”学习教育各阶段督导任务。科室一名人员借调区纪委巡察二组协助开展巡察工作。周密安排年终考核各项工作，与上级部门搞好沟通，及时对市考核东营区专项督查任务进行责任分解，配合组织部门抓好迎市考核各项准备工作；配合区考核办抓好年终综合考核工作；做好办公室迎区考核有关工作。

【政研工作】 年初征集区委常委重点调研课题11个，安排全区各部门单位年度调研课题90个，全部明确责任人和完成时限，以课题为纽带，构建起上下贯通、衔接紧密的全区调研工作体系。围绕区委领导关心关注的重大问题，对全区经济运行情况、精准扶贫工作、农村集体资产股份制改革、城市建设等9个课题深入调研，撰写一批高质量调查报告，被市委政研室结集出版的调研报告合集收录5篇，编发《决策参考》7期。撰写领导署名文章，7篇理论文章在市级以上刊物发表。做好与市委政研室对接服务工作，全年配合参与市委政研室调研活动15次，上报各类材料30余份，超额完成中央政研室《学习与研究》征订任务。

2016年，区委全面深化改革领导小组召开会议11次、出台文件10个。起草《中共东营区委全面深化改革领导小组2016年工作要点》，梳理《东营区2016年全面深化改革任务台帐》，梳理8个专项领域164项具体改革工作，确定重点改革事项27项。各专项小组全部建立本小组工作台帐，每季度定期督察调度进展情况。上报省市改革经验信息30余篇，《东营区胜利街道辛镇村探索实施村级集体资产股份制改革》《东营区建设“城市书吧”，构建城市公共阅读新空间》等3篇报告被作为经验类予以全市推广。区级以上媒体、杂志改革宣传80余次。承担上级各类改革试点工作8项，其中国家级3项、省级3项、市级2项、自主开展试点1项。

参与区第八次党代会、区安委会第三次全体成员会议文件起草；组织起草东营区改革开放的探索、发展与成就综述3万余字；完成市委政研室交办优秀成果提报、省情手册东营区篇、东营区产业创业典型事例等各类临时性材料20余份；迎接市委政研室、市委改革办到东营区现场调研6次。

（区委办公室）

·组织工作·

【2016年全区党组织、党员及发展党员情况】 至2016年年底，全区基层党组织1519个，其中党（工）委26个、党总支58个、党支部1445个；党员18705名，其中农村党员6359人，其中正式党员

18399人，预备党员306人，女党员4425人，少数民族党员30人。

年龄结构：35岁及以下5621人，占30.05%；36岁至45岁3785人，占20.24%；46岁至54岁2986人，占15.96%；55岁至59岁1207人，占6.45%；60岁以上5106人，占27.30%。

学历结构：研究生564人，占3.02%；大学本科4842人，占25.89%；大学专科3623人，占19.37%；中专1767人，占9.45%；高中中技2735人，占14.62%；初中及以下5174人，占27.66%。

入党时间：1937年7月7日至1945年9月2日入党12人，占0.06%；1945年9月3日至1949年9月入党163人，占0.87%；1949年10月至1966年4月入党813人，占4.34%；1966年5月至1976年10月入党2460人，占13.15%；1976年11月至1978年12月入党471人，占2.52%；1979年1月至2002年10月入党5846人，占31.25%；2002年11月及以后入党8940人，占47.80%。

2016年共发展党员273人，其中农村党员73人，占26.74%；女95人，占34.80%，男178人，占65.20%；35岁及以下134人，占49.08%；36岁至59岁139人，占50.9%；研究生6人，占3.47%；大学本科97人，占35.53%；大学专科59人，占21.16%；中专42人，占15.38%；高中中技35人，占12.82%；初中及以下34人，占12.45%。

【基层组织工作】 2016年，区委坚持带头谋党建，突出主职主业，明确责任抓落实。召开基层党建工作会议和基层组织建设整治提升年会议部署全区党建工作，主持常委会议21次，学习上级党建工作部署要求，研究提出深入开展志愿服务、推进城市社区区域化党建等工作的具体措施。发挥示范抓党建。带头联系1个镇、1个后进村、1个企业作为基层党建联系点，对10个镇街和21个后进村的基层党建整治提升情况开展两轮实地调研；为每个镇街点出1个书记党建项目，将书记抓党建责任细化具体化。注重结合促党建。把开展“两学一做”学习教育融入经常，每次常委会适当安排学习内容，组织区委常委集中学习12次，以“负面清单”讨论为载体查摆整改即知即改问题21项；围绕抓实基层党建7项重点任务，与镇街道党（工）委书记集体谈话，成立5个督导组专项督导，完成党费补交工作，排查处理问题党员28名，56个党组织完成换届工作。牢固树立问题导向，以基层组织建设整治提升年为抓手，梳理细化5个方面15项问题，集中突破提升。针对市委点出的后进村整顿力度不够的问题，把后进村整治作为基层党建项目，安排17名区领导“一对一”包靠，2次召开会议分析研判，区财政全额列支500万元支持34个民生建设项目，推动18村转化提升，黄河路街道万泉村顺利完成村委会换届。严格落实村级重大事务村街（镇）联议和全程纪实制度，积极推进城中村资产改制和“三资”管理，6个街道全部建立“三资”监管机构，堵塞村务管理漏洞。进一步加大财政保障力度，新配套240万元农村社区工作经费和317万元城市社区网格党建服务经费，提升党组织服务能力。全额列支120万元村党组织书记考核报酬；将社区工作人员月工资提高500元，并按照事业单位九级职员标准建立正常增长机制；每年评选30名优秀村党组织书记、20名优秀社工，按照每人6000元标准发放工作津贴，激发基层干部工作热情。同时，配套900万元改造提升村级组织活动阵地，推进30处城乡党群服务中心建设，规范53处居民区党群服务社，选聘32名专职人员下沉农村社区，对10个省定贫困村全部下派“第一书记”，抓实基层服务基础。创新党员服务群众新模式，主导推进以党员示范引领的志愿服务工作，开展党员主题志愿服务600余场次，展示党员先锋模范形象，倡树“我为人人、人人为我”的社会价值导向。指导建立党建工作及党日主题月度预告制度，严格党员学习考勤纪实和季度学习测评，试点开展党务检查工作，推动党内基本制度、基本活动落地生根。深化城市社区区域化党建，安排82个区直单位全部包靠社区，在全市率先推行街道大工委制，建立17个城市社区大党委，增强社区党建统领带动能力，中山社区党委被评为全国先进基层党组织。

【干部教育培训】 发挥党校、行政学校主渠道作用，推进干部教育培训工作。严肃培训纪律，实行凡训必考，建立全程量化考核长效机制。依托区委党校主阵地，先后举办科级干部进修班、中青年干部培训班、公务员知识更新轮训班、招聘（录）机关事业单位人员岗前培训班、全区基层党组织书记轮训班、科级干部学习党的十八届六中全会精神轮训班等12个期次，培训学员1894人次。其中将科级干部进修班、中青年干部培训班，打造成精品示范班。推动高端培训，赴国内高校举办高层次培训班48期，培训学员2571人次。协助上级组织部门选调53名干部参加省委组织部、市委组织部等21个市级及以上班次培训。

【新型农民学校】 将2016年作为培训质量效益年，确定“因地制宜、分类培训、务实管用”的指导原则和工作方向，围绕农村党员干部群众多样性学用需求，更高层面上谋划和开展工作，努力实现党员群众“点菜”、专家教授“做菜”、远教农校“上菜”、督导考核“评菜”、党员群众满意的生动局面。年初，在全区范围内组织开展党员教育农民培训需求深度调研，对汇总信息进行大数据分析，分类别建立培训需求精准数据库，摸准培训对象“脉搏”。全年开展各类培训1069期，培训59337人次，其中高层次培训462期。1～3月，全区党员冬训顺利开展，村（居）、社区党组织书记、两委成员、优秀党员900余人参加集中培训，区委书记、纪委书记、组织部部长、副区长等为参训学员授课。探索实施区级培训示范课题申报承办制度，研究确定18个区级培训示范课题，举办特色培训88期，现场指导13次，外出参观考察10期，参训群众达4800余人次。深化新型农民培训“沃土”培育工程。年内举办主题培训班次136期，涉及党务知识、种养殖技术、法律援助等多个门类，带动1700余人实现就业，形成13处辐射带动力强的教学示范和成果转化基地，同步提升城乡居民的文明素养和精神文化生活。家校合一打造家长教育品牌。依托东城街道分校试点开展“家长学堂”和“生命的印痕”0～3岁儿童社区家庭教育，全年开展家庭教育系统培训31场次，培训620余人次，开展一对一个案指导24场次，一对一电话回访560余人次；“生命的印痕”0～3岁儿童社区家庭教育，开课63期，参与培训体验的家长1782人次。开展扶贫开发培训。制定《东营区新型农民学校扶贫培训工作方案》，10月17～20日区新农校牵头举办农村致富带头人素质提升暨扶贫开发示范培训班，组织43名全区致富带头人、贫困村第一书记到潍坊参加为期四天课堂教学+外出参观相结合的培训班，年内全区开展扶贫类培训107期，参训人员3687人次，涉及种养殖技术、家政服务、电子商务等多个门类，为较快完成脱贫任务做出积极贡献。发挥优势，着力打造特色培训载体平台。用好用活市区示范基地，开展专业化、个性化培训。年内全区10个市级示范培训基地办班267次，培训学员19851人次。顺应“互联网+”，首推“创客学院”。面向全市范围内的青年创业者，打造技术创新、知识分享、创意交流、协同创造的创业实践培训基地——“创客学院”，举办高层次培训班4期，培训200余人次。打造电商培训平台。推进东营商贸园智慧商家培训基地建设，对企业商户进行导购培训、设计师培训、高层次人才培训等多类型培训20余次，为22家中小企业有效解决融资难题，汇聚起电商培训的重要集散地。

【党员干部现代远程教育工作】 将服务“两学一做”专题学习教育作为党员教育工作的载体和抓手，开展微党课征集，党员微故事、先进微镜头评选等主题活动，组织“两学一做”知识报纸（网站）答题和电视竞赛，制作精品党员教育电视片15部。举办全区微党课大赛，在基层党组织推选的96堂微党课中优选37堂参加复赛，精选12部参加全区总决赛，决赛采取微信直播形式，全区2000多名干部职工和广大基层党员在线观看比赛实况，最大限度扩大微型党课的影响范围，成为党性教育培训的有效探索。创新形式，推动党建信息化，稳步推进全区智慧党建平台开发工作，实现线上组织活动与线下党员管理深度融合，成为组织工作信息化建设的有效探索和推动新形势下组织工作的重要抓手。结合志愿服务、在职党员到社区报到、积分管理等在文汇街道全体党员中试点推行，用信息化手段推动组织工作。先期选取牛庄镇陈庄社区为智慧社区试点，依托山东广电网络，开发智能终端，“远程教育”模块中“党员教育”栏目涉及党员教育、基层党建、党建理论以及时政要闻等子目录，居民坐在家中可随时点播收看远程教育学习内容。完善“东营区党员教育中心”微信公众平台信息编发机制，不定期发布党建资讯、节目收看预告，实现与广大党员干部群众在线互动交流，实现菜单式选题、定制化学习，拓展远程教育服务载体，推动教育功能转型升级。年内编发各类信息1500余条，连续16周入围全国党建微信百强榜。注重整合，全面扩展优质课件资源，将区中心课件制作设备与区广电部门共享，同时从区广电部门确定业务骨干固定负责党员教育课件制作工作，充实课件自主开发制作力量，另外多次邀请省市电视台记者到东营区指导工作、培训业务，并联合制作了系列专题课件。细化分解任务，年初，下发《关于做好2016年度党员教育电视片开发制作工作的通知》，细化课件制作任务，从课件制作数量到课件制作要求都进行了明确的规定，实行每月一调度，实时掌握课件资源开发建设的进度，充分调动区直部门单位和镇街道的积极性。精心策划课件选题，结合各部门单位申报的拍摄主题，主动靠上对接，积极做到课件选题精准、脚本富有感染力、拍摄主题鲜明。全年完成较高质量课件100余部，优选10部报市中心参加评选，配合完成申报中央和省级优秀党组织和个人的事迹拍摄，策划举办史实纪录片《周家连》推介会，在社会上引起强烈反响。

【区镇领导班子换届工作】 根据全市县乡领导班子换届工作总体安排，东营区认真落实换届政策，进一步优化镇街领导班子结构，通过谈话调研听取意见、会议推荐、二次谈话听取意见、深入考察等方式，利用一个月的时间对10个镇街道领导班子进行全面深入考察和分析研判，在征求各方面意见的基础上，研究提出镇街道领导班子人事安排方案。在换届过程中，东营区始终将严肃换届纪律，加强换届风气监督贯穿换届全过程，以“九严禁”换届纪律要求为主线，严格抓好“四必谈”“四必看”“四必训”“凡提四必”等要求落实，保证风清气正的换届环境，圆满完成换届任务。

【下派帮扶载体平台搭建工作】 2016年，创新开展“村企对接”“农民合作社+银行”“农民合作社+互联网”等5项特色活动。12个村居与23家企业签订互助协议，提供就业岗位80余个；与东营农商行对接，为种植、养殖和运输等7家合作社，协调低息贷款1100万元；联合相关部门，为39家农民合作社与21家电商平台搭建沟通桥梁，实现600余万元销售额度。

【人才工作】 2016年，举办东营区人才发展论坛4期，吸引全市620余人参加；组织辖区内60余家企业参加市人才工作领导小组牵头举办的“四大产业集群人才对接洽谈会”，达成技术支持、合作项目20余项；在上海交通大学等高校举办企业经营管理人才高端培训班4期，培训200余人次。9月27～29日，举办东营·海外留学人才石油装备产业对接洽谈会，邀请澳大利亚国家工程院外籍院士、国家“千人计划”专家和来自清华大学等知名高校52名海外留学人才参会，与东营市126家企业负责人分组讨论交流和对接洽谈，达成合作意向37个。10月27日，邀请北京技术市场协会、京津冀技术转移协同创新联盟等人才机构实地考察，达成初步合作意向4个，加快实施融入京津冀人才协同发展战略。11月7～11日，组织企业赴中国石油大学（华东）、山东大学（威海）、青岛科技大学等6余所高校举办东营区“高校英才优选行动”专场招聘会，签订就业协议152个。11～12月，组织开展包括第三届东营区杰出人才奖、第四批东营区人才工作示范企业、第二批东营区人才工作示范项目、2016年度东营区创业创新奖、首届东营区社区优秀社会工作人才、第三届东营区文化之星、第三届东营区有突出贡献的中青年专家、2016年度东营区首席技师等8项区级优秀人才工程评选工作。

（刘春亮）

·宣传工作·

【理论武装】 服务区委理论学习中心组学习，印发《2016年区委理论学习中心组暨全区干部理论学习安排意见》，对全区理论学习全面部署。

区委理论学习中心组全年开展集体学习27次，邀请专家做专题辅导报告会5次，被省委宣传部评为全省先进县级党委中心组，并在全市党委中心组学习经验座谈会上做交流发言。

引导全区干部职工学习，以《习近平谈治国理政》《习近平总书记系列重要讲话读本》等为必读书目，组织有关读物的征订、学习工作。组织引导各镇街道、区直各部门单位结合各自实际开展集中学习，区委学委办开展学习督查2次。

8月，东营区举办弘扬传统文化——"家文化"公益讲座

强化理论宣传，深入实施理论惠民工程，继续抓好"理论政策进万家"活动，重点做好宣讲骨干培训、理论宣讲普及、理论图书配送工作。开展"五有五讲"，即有人员、有经费、有场所、有活动、有机制，讲理论、讲政策、讲道德、讲文化、讲法治基层理论宣讲活动，在行动上强化"五进"，即进农村、进企业、进社区、进学校、进机关，组织习近平总书记系列重要讲话精神、党的十八届五中、六中全会精神、"两学一做"学习教育等重大主题宣讲活动，推进理论大众化、宣讲全覆盖。开展"中国梦·小康情"百姓宣讲活动，李连明、张贝贝分获全市比赛一、二等奖，代表东营市参加全省比赛，被评为"省级百姓宣讲员"。李连明参加全省巡回宣讲团，被省、市通报表扬。区委宣传部获优秀组织奖。

做好意识形态相关工作，起草制定《东营区党委（党组）意识形态工作责任制实施细则》，召开全区党委（党组）意识形态工作责任制座谈会，对落实意识形态工作安排部署，并将2016年以来工作汇报提请区委常委会议研究讨论，以区委办名义印发《关于2016年东营区意识形态工作情况的通报》，并向市委做书面汇报。筹备并成立区社科联，启动推进全区社会科学研究工作，东营区获省社会科学普及示范区荣誉称号，同时史口镇徐家村、胜利街道庐山社区获省级社会科学普及示范社区、示范村称号。

推进企业思想政治工作，组织开展"厚道鲁商·诚信东营"鲁商故事征集活动，区委宣传部获优秀组织奖。组织参加"走进企业，助力发展——优秀企业文化大讲堂"活动，蓝海集团、海科集团分别为全市企业做报告。推选省市企业思想政治工作先进单位、先进个人和优秀研究成果，科瑞集团、胜利合行等5家企业获全市思政工作先进企业等称号，李玉霞、赵艳玲等10人获全市优秀企业思政工作者等称号。

【《东营区报》】 2016年，《东营区报》先后开设"十三五"精彩开局、石油装备展览会、文明城市文明人、创建全国公共文化服务体系示范区、志愿服务在行动、学习贯彻六中全会精神等专题栏目，并围绕社会主义核心价值观宣传，刊发一系列公益广告，营造良好社会舆论氛围。全年东营区报编辑发行101期，编发稿件3000余篇。

申请开通"聚焦东营区"微信公众号，由专人管理，以东营区报新闻内容为载体精心配图、设计。至年底，该微信公众号发布新闻780余条，其中图片系列新闻270余幅，文字重稿340余篇。

【新闻宣传工作】 2016年，全区新闻宣传工作突出主旋律和正面、主动、积极的主基调，针对全区经济社会发展经验、成就，策划石油装备产业发展、现代服务业发展、产业扶贫、党建工作、东营融入京津冀发展、志愿服务、化工产业转型升级等对外宣传选题，组织撰写新闻稿件并集中在中央、省、市级党报党刊发表。2016年，全区在各级党报发稿1276篇，其中，海外媒体7篇，中央级48篇，省级232篇，市级989篇。《东营区科技创新推动石油装备企业逆境求生》《东营区石油装备产业集群发展助推经济腾飞》《东营区区域党建让服务阳光普照社区》《庄户剧团演出专业范儿》《东营区三项体系让第一书记安心扎根》《东营区创新+撬动发展杠杆接轨经济发展新常态》等反映全区党建工作、石油装备产业发展、现代服务业发展等工作的新闻稿件先后在省级以上党报党刊刊发。第九届中国（东营）国际石油石化装备与技术展览会举办期间，邀请中央、省、市媒体参加报道，刊发稿件80余篇。

2016年度中央级新闻媒体发稿及作者一览表

时间	稿件标题	发表媒体	版面	署名
2月19日	乡村少年宫里学非遗	人民海外版	1版	刘智峰
2月26日	石油装备展会次片	人民海外版	8版	资料片
2月26日	文明志愿者	人民海外版	8版	资料片
2月26日	吕剧故里照片	人民海外版	8版	资料片
12月19日	德孝文化进课堂	人民海外版	8版	刘智峰　李　鹏
1月22日	虚假诉讼获改判农民工欠薪被追回	农民日报	8版	崔晓军　刘智峰
1月28日	剪纸迎新春	人民日报	12版	刘智峰
1月29日	党建技术指导	农民日报	6版	刘智峰　刘新宇
1月26日	东营边防渔民小学公共课	人民日报	11版	赵云峰　孙英德
1月25日	东营边防零距离学防护知识	光明日报	10版	赵云峰
1月26日	党建技术指导	农民日报	6版	刘智峰　刘新宇
2月13日	进城过个时髦年	光明日报	3版	刘智峰　隋小文
2月14日	山东东营农民紧盯市场需求改种“小精特”	人民日报	10版	徐淑霞　刘新宇
2月19日	自制环保花灯庆元宵	光明日报	9版	刘智峰
2月27日	环保元宵节	农民日报	7版	刘智峰　颜培兴
2月28日	农民家门口就业	人民日报	7版	刘智峰
2月28日	九州通药业物流	经济日报	1版	刘智峰
3月11日	短穗花鼓非遗	农民日报	6版	刘智峰　魏雪英
3月11日	农民父亲托起脑残儿子诗人梦	农民日报	7版	徐淑霞　刘智峰
3月16日	农技巡回课堂学技术	农民日报	8版	刘智峰　颜培兴
3月18日	瑞特石油装备	经济日报	15版	刘智峰
4月15日	红色经典进课堂	光明日报	7版	刘智峰

续表

时间	稿件标题	发表媒体	版面	署名
4月29日	东营区村务网上阳光公开	农民日报	6版	刘智峰　陈新光
5月5日	无人机课堂	光明日报	6版	刘智峰
5月6日	安全演练	农民日报	4版	闫春艳
5月10日	西瓜丰收	农民日报	5版	刘智峰　陈新光
5月26日	精准脱贫	人民日报	2版	刘智峰
5月3日	世界无烟日宣传进校园	光明日报	8版	刘智峰
6月2日	景屋葡萄	农民日报	5版	刘智峰　柴　鹏
6月3日	大喇叭里听党章	农民日报	6版	刘智峰　莫海燕
6月15日	高科技催生智慧农业	农民日报	5版	刘智峰　高　桦
7月13日	舞蹈暑假	农民日报	5版	刘智峰　吴少敏
7月23日	国防教育课堂	人民日报	6版	资料片
7月23日	多彩暑假	光明日报	4版	刘智峰
8月4日	感受科技魅力	光明日报	6版	刘智峰
8月12日	农村娃暑期学“非遗”	农民日报	7版	刘智峰　卢晓娜
8月25日	史口葡萄	农民日报	5版	刘智峰　崔瑞瑞
9月2日	史口扶贫葡萄	农民日报	6版	刘智峰　崔瑞瑞
10月1日	史口喜迎国庆	人民日报	4版	徐　烨（刘智峰）
10月18日	山楂映红脸	人民日报	3版	刘智峰
10月18日	生态脱贫	光明日报	4版	刘智峰
10月20日	盐碱地丰收	农民日报	7版	刘智峰　高　桦
10月22日	中医药课堂	农民日报	5版	刘智峰　高　桦
10月22日	老外学吕剧　感受中国传统戏曲魅力	农民日报	7版	刘智峰　高　桦
10月27日	两学一做助力精准扶贫	农民日报	6版	刘智峰　康瑞祥
10月30日	东营企业抢滩一路一带市场	经济日报	3版	刘智峰
11月24日	东营区“零门槛”让人爱上阅读	光明日报	5版	徐淑霞
12月1日	史口镇大宋西红柿	农民日报	5版	刘智峰　高　桦

【社会宣传工作】 健全完善新闻发言人制度，调整充实全区新闻发言人队伍，参与全市新闻发言人等业务培训班，并对辖区内官方微博情况深入调查摸底。第九届中国（东营）石油石化装备与展览会期间，编印区情画册，举办新闻发布会，推介展会成果。严格执行选题报道、新闻阅评、领导活动报道等制度，确保报道内容导向明确，严格自我管理和工作纪律。全区“两会”（区十三届人大五次会议、政协第八届东营区委员会第五次会议）、第九届石油装备展览会、山东青年志愿服务大赛、红军长征胜利80周年宣传等期间，做好社会宣传和新闻管理工作。

【精神文明建设】 抓综合整治，推进市容环境、市场环境、社区环境、社会文化环境等综合整治，开展拆违治乱、“牛皮癣”乱贴乱画小广告、“黑出租”等专项治理活动。抓创城督导检查，制定城市管理监督考核（暂行）办法，调整完善目标管理、动态管理、责任追究等相关制度。在坚持做好日常督导的同时，实施专项督导，成立专项督导组17个，分类对46项创城指标完成情况明察暗访，查访中发现的问题列入督导台账。以“日督导、周通报”的方式，对督导情况进行公布，并对问题单位下达整改通知书，督促责任单位限期解决，及时向群众反馈。全年组织现场大型督查活动30余次，下发督办单70份，解决重点难点问题500余项。在区报、区电视台设立曝光台，分11期对100余项重点问题曝光。抓创城氛围营造，在区报、区电视台等开辟专栏进行创城专题宣传，刊发各类稿件100余篇。依托社区宣传栏、建筑围挡、电子屏、户外广告牌等宣传阵地，设置、播发各类公益宣传口号1600余条。东营区通过全国文明城市和省级文明城区年度复评。

建立区、镇街、村居三级好人推选机制，开展身边好人推荐评选活动。2016年，推荐好人线索7000余条，全区涌现出“山东好人”3个、东营最美人物2个、省级文明家庭2个，3人获市第四届道德模范评选提名。推进文明单位创建活动，全区省级文明单位达25个，市级文明单位达51个。推进“小微”示范项目建设，建设十个方面30个示范基地（点）。推进“四德工程”建设，社区（村居）四德榜覆盖率达100%，另有58个机关、学校、企事业单位建设四德榜，东城街道安宁社区被命名为全省“四德工程”建设示范点。在2016年全省善行义举四德榜“榜上有名”先模人物评选中，公安分局胜利派出所中山社区民警王建新上榜“诚德”榜。

将志愿服务工作纳入全区发展战略，成立区全面推进志愿服务领导小组办公室，初步建立志愿服务工作体系和激励保障机制。加强活动设计，精心设计志愿服务项目，成立各类志愿服务队伍，开展“敬老助残献爱心”、特困学生认领“微心愿”、农民工“爱心卡”发放等系列志愿服务活动。2016年，13个项目被认定为市2016年度志愿服务项目，在全省第二届青年志愿服务项目大赛中，东营区获1金1银5铜，“寻访抗战老兵”项目获金奖，同时该项目在第三届中国青年志愿服务项目大赛中获银奖。2个社区、1个志愿者入选省志愿服务4个100先进典型。在全市志愿服务工作表彰中，4人被评为2016年度优秀志愿者，2个社区被评为优秀志愿服务社区，1个项目被评为优秀志愿服务项目。青年志愿者王小玮荣获第十一届中国青年志愿者优秀个人奖。

利用重要时间节点，开展“我的中国梦”“我们的节日”主题教育实践活动，组织清明网上祭英烈、童心向党、向国旗敬礼等活动。在全市优秀童谣评选中，《我的祖国》等5首童谣分获一、二、三等奖。在全市第二届乡村学校少年宫成果展示书法比赛中，5件作品获三等奖。开展最美少年、美德少年评选表彰、学习活动。启动文明校园创建工作，以学生为中心，重点围绕领导班子建设、思想道德教育、活动阵地建设、教师队伍建设、校园文化建设、整洁优美环境等六大方面展开创建。着力推进乡村学校少年宫常态化运行，对全区7所乡村学校少年宫实行星级动态管理考核，实现管理精细化、监管日常化。

重点推进移风易俗工作，制定下发《东营区关于建立健全农村红白理事会推进移风易俗工作的实施意见》，指导全区移风易俗工作。督导各村居将移风易俗事项纳入村规民约内容，成立红白理事会，规范理事会章程，推动移风易俗重大事务公示制，将移风易俗工作抓实抓细。建立健全区移风易俗工作联席会、周通报等各项工作推进机制。全区221个村居成立红白理事会。开展道德实践活动，通过道德评议会、村民议事会等形式，评选四德先进个人，全区各村实现善行义举四德榜建设全覆盖。开展“好媳妇、好婆婆”、五好文明户等评选，2016年评选星级文明户1024户。实施农村美化工程，新美化村庄105个，清理乱搭乱建、乱堆乱放、乱涂乱画5596处，建设农村文化墙12650平方米，美化主街道两侧房屋墙面94550平方米。

【文化创新发展】 国家公共文化服务体系示范区创建工作顺利推进。区文化活动中心改造文化剧场1处，建设历史文化展厅1处，逐步打造成集剧场演出、图书阅览、书画展览、文化历史展示等为一体的综合性文化服务窗口，全年接待群众8万余人次。区文化馆建成分馆11处，区图书馆建成分馆12处，全区建成历史文化展室48处，尼山书院东营区一中实践基地被评为省级“尼山书院建设示范单位”。通过新建、改建、扩建等方式，建成单独设置的镇街综合文化站10处，新建提升文化大院33处，全区村居（社区）文化大院（文化活动室）实现全覆盖。发挥群众主体作用，组织举办以元宵节群众文艺展演、“黄河口之春”东营区专场文艺晚会、“百姓欢乐大舞台”文艺团体汇演、第三届社区文化艺术节、“欢乐黄河口美丽中国梦”群众广场活动、“魅力中心城文化基层行”社会文艺团体调演、庆祝建党95周年专场文艺晚会等为主要内容的系列文化活动。通过社会文艺团体调演评选优秀团体参与演出1430场，实现“一村（社区）一年五场戏”公益目标，全年开展“一村（社区）一月一场电影”放映工程，受益群众达20万余人次。

文艺创作呈现繁荣景象。落实文艺精品生产目标责任制，以“文艺精品工程”“黄河口文艺奖”“泰山文艺奖”评选活动为契机，开设全区文艺骨干人才素质提升班，开展文艺创作，全年完成作品44部，其中吕剧作品16部，歌曲《爱相随》计划在央视《天天把歌唱》播出，《青春放歌》被国家教育电视台采用。小说《薄冰》《暗斗》分别由北京联合出版社、中国文史出版社出版。长篇小说《大荒洼》入选国家新闻出版广电总局2016年优秀网络文艺作品，微电影《创客教育发展纪实》在市第六届黄河口文艺奖评选中获一等奖，另9部作品分获二三等奖。《在希望的田野上》《梵音夜月》等作品入选全国中国画作品展。胜利街道中山社区建成全市第一家王羲之书法特色社区。接待韩国三陟市文化艺术交流团，并组织书画精品展和中韩书画交流笔会。利用重要时间节点，举办纪念建党95周年全市工笔画精品展、廉政书法美术摄影展、书画进校园社区等特色活动。

健全完善《东营区群众文艺团体文艺精品和文化产业项目扶持奖励办法》，广泛开展评选活动，对优秀作品予以扶持奖励。重视“东营区文化之星”的使用，在学习培训、待遇保障等方面给予支持，并编入《东营区优秀人才风采录》。出台《东营区村居（社区）文化管理员（指导员）管理办法》，落实全区村（社区）文化管理员区级财政补贴每人每年1500元，鼓励有条件的镇街按比例进行配套。组织举办全区创建国家公共文化服务体系示范区基层管理员培训班，培训全区综合文化站站长、村居（社区）文化管理员等260人。实施“千人培训工程”和“千村万人文化培训工程”，依托党校、高校及公共文化服务机构，对全区基层文化工作者、文艺骨干、“非遗”传承人等集中培训，提升文化人才队伍

戏曲进课堂（刘智峰　摄）

整体素质。广泛开展文化辅导进基层活动，举办吕剧、声乐、舞蹈、乐器、曲艺、广场舞等培训班，全年培训各类文化带头人2000余人次。

【宣传文化创新年活动】 2016年，新建提升文化广场106处，建成数字文化广场52处，广大居民能够免费享用无线上网、公共文化远程辅导培训、高清电视节目点播等多种服务，服务阵地从室内延伸到户外。

深化图书馆总分馆服务体系建设，实施“图书馆+”工程，采取政府与社会力量联创模式，借助银行、商场、咖啡馆等公共场所，为群众提供免费优质阅读服务。建成青岛银行、咖啡时间等城市书吧8家，书吧运行后，办理借阅证650个，流通3200余册次，实现全市范围内图书馆的馆际互借、通借通还。该项目列入全市宣传文化创新年重点项目，被市委宣传部推荐参与全国文化创新活动评选。

依托区文化活动中心，实施“新六艺”市民课堂、文化讲堂公益培训项目。其中，市民课堂春秋两季招生，开办吕剧、书法、摄影、太极等9门课程，每门课程10课时，每周开课；文化讲堂每期邀请专家学者授课。“新六艺”公益培训坚持群众“零门槛”准入，全年免费培训学员5500余人次。

（周倩倩）

·统战工作·

【概况】 2016年，区委统战部建立区委常委联系党外代表人士制度，明确每位区委常委联系2名党外代表人士，通过看望慰问、电话沟通、邀请共同调研等形式通报重点工作、听取意见建议；5月，在全区范围内开展社会新阶层人士统战工作调研；6月，在山东省师范大学举办2016年全区统战干部培训班，全区统战委员、党外科级干部、民主党派支部成员45人参加培训；开展非公有制经济代表人士综合评价工作，进一步规范非公有制经济代表人士推荐使用和重要评选表彰工作。

全区宗教工作会议

探索广泛多层制度化社会主义协商民主建设。贯彻落实《中共东营区委同区各民主党派无党派人士政治协商的实施意见》，扩大各民主党派无党派政治参与度。7月，召开情况通报会，向各民主党派和无党派代表人士通报2016年党风廉政建设和反腐败工作情况。协助民主党派、无党派加强自身建设，在区档案局六楼为各民主党派集中开辟16间办公室，面积达400平方米。配合民革东营区支部开展“读史书，忆共和，坚定走中国特色社会主义道路”纪念孙中山先生诞辰150周年主题读书活动；协助民进东营区二支部开展“汇聚爱心，真情助学”图书捐赠活动；配合民盟东营区总支迎接民建省委、参政议政部长马靖到东营区就“民间资本参与养老服务业发展”课题开展调研。召开全区非公有制经济代表人士综合评价工作会议，加强非公有制经济代表人士队伍建设，促进非公有制经济健康发展和非公有制经济人士健康成长。

【民族宗教工作】 贯彻民族政策，召开区委民族工作会议，传达学习中央、省、市委民族工作会议精神，安排部署民族工作任务；增加少数民族发展基金额度，在原有10万元基础上增加10万元，用于扶持少数民族事业发展；联合区公安分局和各镇、街道，开展少数民族流动人口排查工作，对外来少数民族人口全面走访，依托流动人口平台系统，逐人建立管理档案；按照精准扶贫、精准脱贫工作要求，调研少数民族贫困人口；依法处置2起涉回族群众纠纷；参加清真寺“开斋节”庆祝活动，与少数民族群众共渡节日，并送去慰问金；开展民族团结进步宣传月活动；古尔邦节期间走访慰问少数民族群众并座谈。依法加强宗教事务管理，联合东营区消防大队，对全区30处宗教活动场所进行为期三周的地毯式安全大检查活动，及时排除一批安全隐患；5月，在全区范围内开展宗教信仰情况普查工作；开展以“规范年”为主题的和谐宗教活动场所创建活动，指导宗教活动场所对照相关政策、法规规章和教义教规要求，搞好自查；继续以“慈爱人间·五教同行”为主题，开展“宗教慈善周”活动，组织基督教界到史口镇大宋村开展“送医进社区”义诊活动，100余位患者参加诊治。引导宗教界将从事公益慈善活动的重点放在扶贫济困和养老上，加强宗教公益慈善组织规范化管理，推进宗教界精准扶贫、定点扶贫，推动宗教公益慈善专业化、品牌化、常态化发展；召开全区宗教工作会议，传达全国、省、市宗教工作会议精神，部署全区宗教工作。

（尹　霞）

·党校工作·

【主体责任落实】 2016年7月18日，区委常委会议听取并审议通过《关于建立领导干部上讲台制度的意见》，明确要求领导班子成员到党校讲党课，规定区委领导班子成员每人每年至少到党校讲一次课，区政府工作部门主要负责人根据需要到党校讲课，确保每年领导干部讲课总课时占主体班次总课时比例不低于20%。12月26日，区委常委会专题讨论通过《中共东营区委关于加强和改进新形势下党校工作的实施意见》和《中共东营区委党校科研成果奖励办法》。

【主体班次教学工作】 全年举办全区村居党组织书记培训班、全区村居“两委”主职干部培训班、中青年干部培训班、科级干部进修班、全区科级干部学习贯彻十八届六中全会精神专题轮训班、基层党组织书记学习贯彻党的十八届六中全会精神专题轮训班等12期，培训学员2600余人。协助区委组织部、社区办、妇联等部门单位开展多期培训班。组织教师参加十八届五中、六中全会精神、“两学一做”学习教育等有关宣讲活动40场次，5名年轻教师承担了老年大学的授课任务。

【科研工作】 区委党校新推荐的《东营区农村公共文化服务体系现状及对策研究》《东营区强力推进精准扶贫的调查与思考》两项课题被纳入全市党校系统2016年度重点课题，另有获奖论文6篇，发表论文8篇。

（刘沙沙）

·信访工作·

【概况】 2016年，全区受理群众来信326件，同比上升112%，其中书信58件，同比上升65.7%，网上投诉信访事项268件，同比上升125%；发生群众到区以上来访349起3747人次，同比分别上升18.3%和86.8%，其中来区访188起1552人次，同比分别上升11.9%和146%，到市访87起2036人次，同比分别上升17.6%和63%，去省访45起115人次，同比分别上升32.4%和17.4%，到国家信访局上访29起44人次，同比分别上升52.6%和51.7%，无序上访、越级上访和重复上访等现象减少，越级上访率控制在40%以下，全区发生进京非访10人次，较2015年的21人次下降52.3%。信访事项及时受理率、按期办理率、参评率均达100%，满意率达98%。

年内，安排专门资金15万元，整体购买团队式法律服务，安排律师常驻区群众诉求受理服务大厅，参与到接访、听证、复查复核和信访代理等工作中。律师受理信访群众法律咨询400余人次，参与信访问题协调会50余次，为信访案件出具书面法律意见书30余份。研究成立东营区信访听证专家人才库，面向社会公开聘用264名信访事项听证员。年内组织信访听证会9次，先后有60余名不同领域的专业人员参与黄河路街道耿峰、史口镇徐炳友等多起信访事项听证，信访事项听证率达60%以上。年内，排查调处矛盾纠纷2236件，调处化解成功2167件，成功率达96.9%。部署开展信访积案攻坚化解60日活动，省、市交办东营区的38件信访积案成功化解35件，省交信访积案化解率达86.9%，市交信访积案化解率达100%。年内区级领导干部接待群众来访86起1127人次，90%以上的问题得到彻底化解。

（徐晓飞）

·老干部工作·

区级老领导视察全区经济社会发展情况

【概况】 2016年，区委老干部局以贯彻落实《关于进一步加强和改进离退休干部工作的意见》为总抓手，倾力打造“情暖夕阳红”服务品牌。落实各项待遇，全面提升老干部服务水平。组织老干部传阅文件、参观考察、参加重要政治活动。5月，组织老干部赴泰安考察学习；11月，组织老干部视察全区经济社会发展情况，引导其为全区建设发展建言献策。落实走访慰问制度，春节和老人节前夕，对老干部普遍走访慰问，让其感受到党和政府的温暖。健全完善老干部医疗保健服务网络，实施医疗小组上门服务，于5月组织区直离休干部预防性健康查体。针对离休干部后“双高期”（高龄期、高发病期）特点，探索推行“多对一、一对一”服务模式，进一步提升亲情化、个性化服务水平。

推进组织建设，加强老干部组织覆盖。区委建立离退休干部工委，配备书记、专职副书记，完善工作运行机制；基层坚持把离退休干部党建纳入基层党建总体规划，同研究、同部署、同考核，镇街道老干部党支部较为成熟规范，区直部门老干部党支部逐步建立完善，推进城市社区老干部党支部建设。9月，辛店街道“老老互助、连心解忧”党日活动被表彰为全省离退休干部党组织优秀活动。以老干部党建带动社团组织建设，建立起形式多样的文艺团体、行业协会和志愿服务组织40多支。10月，东营区乐百家艺术团被表彰为全省优秀老干部文艺团队。

发展老年教育，落实老干部文化养老。区老年大学培育精品课程，举办文化沙龙。街道分校和城市社区教学点举办报告会、宣讲会、交流会，不定期组织书画展、摄影展、文艺演出。镇分校和农村教学点紧贴农村，助力扶贫，开展基层百姓喜闻乐见的学习活动。至年底，全区建区老年大学1处，镇（街道）分校9处，重点村（社区）教学点14处，其中6处被评为“市级示范校”，基本实现老年教育全覆盖。举办第二届全区老干部艺术节，先后开展全区各级老年学校汇报演出、“永远跟党走”老干部迎“七一”专场文艺演出和“老骥志·桑榆情”老干部书画摄影展。

引导老有所为，开展老干部志愿服务。以东营区打造“志愿者之城”为契机，动员组织老干部老有所为、凝聚改革发展正能量，广泛开展党史宣讲、政策宣传、文化传播、文艺演出、网吧检查、爱心护学、治安巡逻、爱绿护绿、矛盾调解、家庭服务等志愿服务活动。年内全区建立老年志愿服务组织10余个，老干部志愿者600余人，广泛活跃在基层党建、行业发展、城市管理和社区服务等众多领域，成为一支维护政治稳定、促进社会和谐的重要力量。组织老干部开展“喝彩点赞”行动，引导老干部为全区好的政策举措和发展成就点赞喝彩，凝聚改革发展正能量。

整合优势资源，提升关工委工作水平。开展党史国史教育，帮助青少年树立正确世界观、人生观、价值观，区关工委直接参与的抗战纪录片《周家连》和三里庄战斗纪念馆，成为广为推介的青少年爱国主义教育载体。加强青少年普法教育，开展法律进课堂、知识竞赛、演讲比赛等活动，建立起学校、家庭、社会相衔接的法制教育网络。推进春苗营养厨房项目，将11所义务教育

辛店街道离退休干部党支部“老老互助 连心解忧”党日活动表彰为“全省离退休干部党组织优秀活动”

阶段中小学校（农村6所、城市5所）纳入春苗营养厨房计划，投入近300万元。采取校中校和“五老”志愿者爱心护学模式，有序推进“四点半”学校建设。

（李忠乐）

·编办工作·

【简政放权】 2016年，东营区严格执行《2016年推进简政放权放管结合优化服务转变政府职能工作方案》，主动承接落实上级取消下放审批事项及管理权限事项，分两批承接落实省、市下放行政权力事项12项。清理规范行政审批事项，重新修订并公布《东营区区级行政审批事项目录》，保留25个部门的行政审批事项179项；8月，进一步精简行政审批事项，保留173项。建立行政审批事项目录公示平台，及时更新完善审批权力基本信息。清理10项非行政许可审批事项，不再保留“非行政许可审批”这一类别。精心编制并更新区级行政权力清单。3月，对去年公布的行政权力清单进行动态调整，并予以公示，编制业务手册和服务指南346册。8月，对全区行政权力清单进行第二次集中梳理，取消和调整权力事项270项，保留区级行政权力事项3238项。清理规范行政审批中介服务收费项目，在2015年公布的中介收费项目清单30项基础上，取消14项，精简率达46.7%。着力优化公共服务，对25个部门的173项行政许可事项指导录入、审核把关和公示公开，全部审批事项进入东营市政务服务平台予以公开，实现省、市、区三级政务服务平台互联互通。结合东营区实际情况，出台《东营区建设项目区域化评估评审工作实施方案》。编制并公布东营区镇（街道）行政权力清单和责任清单，各镇共同行政权力事项116项、各街道共同行政权力事项38项。着力强化行政权力事中事后监管。建立健全审批项目动态调整机制和事中事后监管制度，实现对部门审批权力的全过程跟踪监督。加快“双随机”（随机抽取检查对象、随机选派执法检查人员）抽查机制建设，26个部门、单位制定实施方案，确定随机抽查事项105项。督促相关部门完善行政审批事项和其他需要重点监管权力事项的事中事后监管制度，年内修订222项。

【重点领域改革】 推进综合执法制度改革，梳理执法队伍情况，理清执法职责，将城市管理、住房与城乡建设、文化市场、商务、旅游5个领域的行政处罚全部纳入综合执法，市场监督管理、水利、交通运输管理3个领域的行政处罚部分纳入综合执法。推进事业单位改革，组织相关部门研究出台《关于规范和创新事业单位机构编制管理的意见》等7个分类推进事业单位改革配套文件。按照事业单位类型规范事业单位经费来源，形成初步意见，规范后，东营区事业单位经费来源为财政拨款292个，编制5421人；财政补贴3个，编制401人。创新事业单位体制机制，实施公立医院人员总量控制备案管理，配合推进公立医院改革，科学确定本年度公立医院实行备案制人员数量；推行中小学教师“合同制”管理，确定全区“合同制”教师招考数量，为解决城镇中小学“大班额”问题创造条件。加强摸底调研，推进中小学校长职级制和去行政化改革工作。

【机构编制管理】 强化机构编制管理，做好纪检系统机构改革、公务用车制度改革工作，整合区级扶贫、脱贫工作职责，加强镇街道重点领域监管力量。印发《区政府部门“三定”规定修订工作实施方案》，全面推开“三定”（定部门职责、定内设机构、定人员编制）规定修订工作。加强议事协调机构管理，对全区保留和新设立的175个议事协调机构开展专项督查。全力推进政府部门机构编制评估和机构编制事项跟踪问效工作。对区人力资源和社会保障局等4个政府工作部门开展机构编制评估，对区林业局等5个部门开展机构编制事项跟踪问效。严格控制机构编制总量，统筹研究提出年度用编进人计划，严格执行编制使用审核。严格执行机构编制审批程序，确保机构个数不突破2012年年底机构数量。严格审核政府购买服务范围。出台《关于印发政府购买服务范围审核办法的通知》，依据《关于政府向社会力量购买服务的实施意见》，严格审核政府购买项目和岗位。

【事业单位监督管理】 强化事业单位日常监管，做好登记、年度报告公开及证书换发工作，本年度受理新设立登记单位4家，变更登记单位54家，注销登记单位6家。探索开展事业单位年报公示双随机抽查工作，形成全区机构编制执法人员名录库。探索异常信息管理及业务范围清单化工作。开展事业单位绩效考核工作。2016年，全区255家事业单位纳入绩效考核，最终确定A级单位32家。推进事业单位法人治理结构建设，制定《关于推进事业单位法人治理结构试点工作的意见》，确定区人民医院和区图书馆为试点单位，做好统筹调度，指导试点单位制定出台实施方案，并组建理事会并召开理事会会议。

（陈乐祥）

·区直机关工委工作·

【概况】 学习型党组织建设全面推进，组织党员干部认真学习中共十八届四中、五中、六中全会和习近平总书记系列讲话精神。组织部分区直机关党组织书记赴中国石油大学，举办区直机关党务干部素质提升培训班。进行系统地党建理论、党史、形势政策、机关党建实务培训，全年为基层党组织下发各类党建读物1万余册。基层党组织举办各类培训班125期，开展现场教学200余场次，参训党员群众5000人次。

开展“两学一做”学习教育，各基层党组织认真制定方案，成立机构，购买资料，精心组织开展，学习教育取得阶段性成效。组织党员干部学习中央、省市区领导同志关于开展“两学一做”学习教育讲话精神，重点学习《中国共产党章程》《廉洁自律准则》《纪律处分条例》《党和国家机关基层组织工作条例》。基层党组织班子成员和支部书记全部讲党课。同时，按照区委安排，工委负责区直部门“两学一做”学习教育督导的协助服务工作，两名班子成员分别担任区直督导组组长，负责有关部门单位的督导工作。按照“六查六看”要求，加强督导检查，召开会议6次，并对各基层党组织学习教育开展情况进行通报，确保学习教育实效。

贯彻《中国共产党党和国家机关基层组织工作条例》和《区委关于进一步加强机关党建工作的意见》，坚持强基固本，持续推进以党支部为重点的基层党组织规范化建设，基层组织建设加强。抓好机关党组织换届工作，根据《中国共产党章程》和《中国共产党纪律处分条例》有关规定，在机关90个党组织全面推行公推直选，选举产生新一届党组织委员会。着力调整优化区直机关党支部设置模式，按照知识、年龄、专业结构互补原则搭配支委会成员。抓好组织关系排查工作，在机关单位工作的36名应转未转党员通过清理转入机关党组织。原挂靠机关单位12名家属子女的组织关系，通过排查转出至工作地单位或居住社区党组织，33名退休党员转出至居住社区党组织。建立机关党组织“固定活动日”制度，确定每月第一周的周五为机关党员固定活动日，集中组织开展党内组织生活和党员学习，确保党内组织生活和党员学习经常化。开展党费收缴专项检查，对机关党组织党费收缴管理进行规范，依照新标准，对2595名党员党费收缴基数逐一重新审核，对2008年至2015年党费收缴不规范问题彻底整改。建立基层党组织活动纪实制，统一配发党支部工作情况记录簿和中国共产党党员活动证，党员持证参加所在基层党组织活动，并由基层党组织对本人参加组织活动和党费收缴等情况进行记录。

活动载体建设不断丰富。工委始终把载体建设作为重点，下大力气搭建机关党建平台。7月，举办区直机关“两学一做”学习教育“微党课”比赛，28名选手参加比赛，工委组织专业评审老师进行评比，推荐10名选手顺利晋级全区“微党课”比赛的决赛并取得优异成绩。开展机关党员“亮身份”活动，为区直机关党员配发党徽，要求服务窗口党员佩戴党徽，亮明身份。通过党员“亮身份、作表率”活动，实现“学”和“做”有机统一。开展建党95周年纪念活动。结合“两学一做”学习教育，区直机关党组织组织党员前往刘集党支部、焦裕禄纪念馆、区廉政教育基地等地，开展以“重温入党誓词”为主要内容的党日活动，强化机关党员廉洁意识、纪律意识和规矩意识。开展“党员奉献日”活动，组织来自区直机关20名预备党员和28名入党积极分子到省定贫困村史口镇纪家村开展志愿服务活动，为贫困村群众开展环境保洁、政策咨询等服务。

（马保国）

中国共产党东营区纪律检查委员会

【主体责任落实】 2016年，向区委、区政府汇报议题31个，区委、区政府主要领导就反腐倡廉工作做出批示206件次。协助区委制定《区委区政府班子成员党风廉政建设责任分解》，列明17名区级领导责任清单。牵头成立6个督导组，对全区10个镇街道和78个区直部门单位全面从严治党情况专项督查，传导压力，夯实责任。紧盯“关键少数”，督促责任落实。组织15名区级党政班子成员和7个区直部门单位主要负责人向区纪委全委会述责述廉，现场接受质询、询问，并进行差异化民主测评，逐一反馈意见，督促整改落实。围绕遵守党的纪律、落实主体责任等11个方面，区纪委常委、各派驻纪检组书记与各镇街道及区直部门单位主要负责人等93人进行廉政谈话，提出整改要求，跟踪督导落实。加大问责力度，对履行主体责任不力的1个党组织和15名领导干部进行问责，以严肃问责倒逼责任落实。

【派驻监督及巡察工作】 对6个派驻纪检组监督联系单位进行调整轮换，将区委办等11个区级党政机关纳入派驻监督联系范围，实现派驻监督“全覆盖”。加大巡察力度，依托派驻纪检一组设立派驻巡察办公室，2016年，开展两轮巡察，涉及10个镇街道和34个部门单位，发现问题线索145条，立案10起，给予党纪处分11人，巡察“利剑”作用有效发挥。提高政治站位，协助区委制订《关于建立区委巡察制度的实施意见》，推动巡察工作在区委统一领导下规范深入开展。坚持把省委巡视“回头看”反馈意见整改作为重要政治任务，区委成立专门领导小组，建立整改台账，逐项对账销号，确保件件有着落、事事有回音。区纪委加强督导调度，定人、定责、定时限，横向到边、纵向到底，务求实效。

东营区“在取与舍中找到平衡”家庭助廉主题座谈会

【廉政教育】 开展警示教育。召开全区领导干部警示教育大会、全区廉政警示教育暨区委理论学习中心组集中学习（扩大）会议，通报典型案例9起，学习《中国共产党问责条例》、“两项法规（《廉洁自律准则》《中国共产党纪律处分条例》）解读”，组织观看《国企党员干部违纪违法案件警示录》《郭凯、庄庆华案件警示片》。结合区镇两级领导班子换届，组织观看《镜鉴》《警钟》违反换届纪律案件警示片。征订发放党规党纪学习资料1.2万余册，发送廉政短信7.2万余条次，开展“走进廉政教育基地”活动，全区受教育党员群众8000余人次。创新教育载体。组织全区党风廉政建设报告会，邀请市纪委有关领导同志为区委理论学习中心组作专题辅导报告。组织847名科级以上党员干部参加全市德廉和党风党纪知识测试，总合格率99.1%，区级党政班子成员及全区纪检监察干部合格率均为100%。组织开展“两学一做”学习教育百题竞赛、电视知识竞赛，“致敬清廉一席谈”家庭助廉等活动。建成区纪委监察局网站，开通“清风东营区”微信公众号，搭建廉政教育新平台。弘扬廉政文化。培育提升史口镇油郭社区廉政教育基地、牛庄镇东庞社区廉政教育中心、文汇街道廉政教育中心、胜利街道中山社区家风教育基地、东城街道安泰南区廉政文化广场等一批廉政文化示范点。联合创作廉政吕剧《三送鱼》并成功首演，举办东营区“地税杯”廉政书法美术摄影展，在各级新闻媒体刊发廉政宣传稿件350余篇，启动首部《东营区纪检监察志》编纂工作。注重抓早抓小，把好纪律防线。

中共东营市东营区纪委七届六次全体会议

【中央八项规定精神贯彻落实】 改进监督检查方式，区、镇街道成立14个明察暗访组，常态化开展明察暗访。突出春节、中秋等重要时间节点，坚持逢节必查，加大暗访密度，促进廉洁过节。紧盯“四风”新动向新表现，对项目建设指挥部和企业内部食堂及私人会所等开展重点暗访，坚持以不变的高压，应对变异的“四风”。加大查处曝光力度，全年查处公车私用、违规发放津补贴、违规公款吃喝、违规收送礼品礼金、超标准配备使用办公用房等违反中央八项规定精神问题14起，处理40人，给予党纪政纪处分13人，其中科级干部3人，分5批通报曝光典型案例11起，坚持“一案双查”，8名领导干部因下属发生违反中央八项规定精神问题被问责。

东营区纪委监察局2016年第二轮巡察工作动员会议全景

【“四种形态”惩腐肃贪】 规范信访举报工作。畅通信访举报渠道，对重点信访问题落实委局班子成员“包案责任制”，全年受理信访举报189件次，信访转立案25起。制定

全区领导干部警示教育大会

《信访举报双向承诺制工作细则》，签订双向承诺17件，东营区被省纪委表彰为“2016年度无越级集体访创建工作先进区”。加强反腐败工作组织协调，与胜利石油管理局纪委建立工作信息交流机制，牵头制定反腐败协作配合制度，与18个执纪执法部门加强沟通协作，相关部门移交问题线索70条。严查侵害群众利益的不正之风和腐败问题。坚持有腐必惩、执纪必严，持续保持惩治腐败高压态势，全年立案117起，结案111起，给予党纪政纪处分115人，涉及科级干部17人。对涉嫌违法党员移送司法机关前未做出党纪处分，以及被判刑党员未受到党纪处分情况进行全面排查，追加党纪处分36人。坚持“惩前毖后、治病救人”，用足用好第一种形态，在强化日常监督上下功夫，通过约谈、批评教育、责令作出书面检查、通报批评、诫勉等方式，使咬耳扯袖、红脸出汗成为常态。全年谈话函询55人、约谈15人、诫勉谈话14人、责令做出书面检查3人。开展2014年后党纪政纪处分决定执行情况专项检查，处分执行全部到位，切实维护党纪政纪威严。

【从严治党】 增强农廉试点带动。推进全区农村基层党风廉政建设试点工作，制定《关于推行农村基层党风廉政建设常态化建设工作的实施意见（试行）》，史口镇“一书两册四台账”（一书即《史口镇村级权利十九条运行图解》，两册即《史口镇村级权利十九条运行手册》《史口镇村级纪检委员监督手册》，四台账即《史口镇村级“三重一大”事项监督台账》《史口镇账务票据检查台账》《史口镇三务公开检查台账》《史口镇农村党员廉洁自律情况监督台账》）、廉政责任“4+1”（4即围绕党委、党委主要负责人、党政班子成员、纪委四个层面，制定4个清单；1即配套实施《史口镇落实党风廉政建设责任制暂行办法》）监督模式、“小微权力”清单19条等经验做法在全市推广。龙居镇、胜园街道分别开展村级事务阳光操作全程纪实、“网上阳光村务监督平台”等工作，促进村级事务阳光规范运行。推进城中村党风廉政建设。在胜利、文汇两个街道确定4个村居，开展城中村党风廉政建设试点工作，督促相关部门建立健全“三资”监管科学体系，逐步扎紧织密城中村权力运行的制度笼子。发挥试点示范带动作用，胜利街道辛镇村创新实施集体资产股份制改革“五步法”、辛店街道探索“三资”统一监管模式、文汇街道推出村居干部履职规范“三字经”，试点成效初显。全年共查处问题31起，给予党纪政纪处分38人，挽回经济损失28.59万元，通报曝光典型案例5起。履行“监督的再监督”职责，加强扶贫开发、群众卫生与健康领域的监督

全市农村基层党风廉政建设试点工作座谈会

执纪，对涉及截留挪用扶贫款、销售假种子假农药、购销假疫苗等问题的9名党员干部给予党纪政纪处分，对1起扶贫领域涉嫌犯罪案件移交司法机关依法处理。

【纪检监察干部队伍建设】 按照“5+X”模式，完成区纪委内设机构改革，机关行政编制由14个增至30个，增设纪检监察室两个，监督执纪人员编制数占行政编制总数的比例达66.7%。统筹干部选拔、培养、交流、使用，选优配强纪委领导班子，委局班子成员对外重用交流4人，提拔充实3人。完成镇街道纪（工）委班子换届，机构人员全部配备到位。调整充实委局机关干部队伍，系统内轮岗调整干部25人，对外公开遴选、调配干部9人。树立“提高境界、提高标准、提高效率”理念，推行业绩呈报制度，每名干部半年及年终两次填报工作业绩。结合“两学一做”学习教育，创建“先锋”党建品牌，全面加强机关党建工作，完成机关党组织换届，班子成员带头讲党课12人次，组织集中学习46次，业务测试4次，完成调研课题26项。制定《纪检监察干部“八小时以外”监督管理若干规定（试行）》，召开全区纪检监察干部监督工作会议，选取48起案例编发《纪检监察干部违纪违法案例汇编》。建立全区纪检监察干部《廉洁档案》，实行22项事项申报制度，相关做法被中央纪委和省纪委网站宣传推广。

（刘一飞）

·廉政舆情·

【概况】 2016年3月，东营区效能监察中心改名为东营区廉政监察中心，2016年8月，又改名为东营区廉政舆情信息中心。东营区廉政舆情信息中心认真落实“三转”要求，突出主责主业，不断强化监督执纪问责，以解决群众身边的“四风”和腐败问题为抓手，推动全区干部队伍作风建设不断向好向上。

【执纪审查工作】 参加市纪委和区纪委组织的业务知识培训，为突出主责主业储备专业知识。办案过程坚持依纪依法，发现有违法嫌疑时，及时与司法机关衔接沟通，共同分析案情，联合办案锁定证据，按程序邀请审理提前介入，高质量做好案件的调查取证和问题线索移交工作。6月，向区检察院移交马某某挪用公款案件问题线索。执纪审查工作中，注重从个案中查摆分析共性问题，督促相关部门单位从制度层面查找问题、寻求办法，抓好廉政风险防控。按要求与区发改、经信、市场监管、供销四个部门单位的主要负责人进行廉政谈话，指出存在的问题，提出整改意见和建议。综合运用执纪审查“四种形态”，联合地税分局在全区范围内对公款旅游问题摸底排查，查出问题线索12条，对检查中发现的账目报销不合规、公务活动不规范等问题，约谈部分单位负责人，提出监察建议，并定期调度其整改落实情况，体现执纪审查的社会效果。2016年，区廉政舆情信息中心调查问题线索40件，查实12件。立案9件，其中移送司法机关1件。处理违纪人员10人，其中科级干部2人。

【投诉受理工作】 开通24小时投诉电话，及时受理群众诉求。在区数字信息管理服务中心设立效能监察专席，对其转办件超时办理或推诿扯皮部门单位进行问责。2016年，收到各类投诉和咨询58起，受理查处并建档立案27起。其中，因态度蛮横引发的投诉13起，不作为问题8起，工作纪律问题2起，慢作为问题2起，乱作为问题2起。经调查，被投诉人存在明显过失的有5起，5名相关责任人受到批评教育、书面检查、通报批评、责令赔礼道歉等不同处理。

【明察暗访工作】 紧盯“四风”新形式、新动向，突出元旦、春节、中秋、国庆等重要节点，重点检查违规收送节礼、违规发放津贴补贴、违规配备和使用公务用车、工作日午间饮酒、公款旅游吃喝等突出问题。加大对基层站所和社区的督导检查力度，重点检查基层站所工作人员工作作风、工作纪律，岗位设置及岗位工作完成情况。加大通报曝光力度，形成持续震慑，2016年，开展明察暗访36次，调查违反中央八项规定精神问题线索21起，查处5起，党纪处理

1人，政纪处理1人，辞退3人，其他处理方式14人。

【廉政舆情监控工作】 启动廉政舆情监控平台，重点监测各新闻媒体、论坛、贴吧等反映与东营区党风廉政建设工作有关的信息，对检索到的问题线索快速反应、及时跟进、认真核查。探索“大数据”背景下开展党风廉政建设工作的新途径、新办法，发挥互联网在党风廉政建设工作中的探头、导向和监督作用。

《东营区纪检监察志》编纂工作培训会

【纪检监察志编纂工作】 牵头《东营区纪检监察志》编纂工作，组织成立编纂委员会，安排专人负责全面统筹协调编纂工作，制订详实的编纂工作方案。筹备召开编纂工作会议、工作培训会议和工作调度会议，拟定详细编纂工作计划，制订《廉政舆情信息中心编纂工作分工明细表》，将编纂工作任务细化，保证编纂工作顺利实施。

（张光婷）

东营区人民代表大会常务委员会

【区十三届人大五次会议】 1月17～19日，东营区第十三届人民代表大会第五次会议在蓝海国际大饭店召开。会议听取审议东营区人民政府工作报告，审查批准东营区国民经济和社会发展第十三个五年规划纲要（草案）；书面审议东营区人民政府关于2015年国民经济和社会发展计划执行情况与2016年国民经济和社会发展计划（草案）的报告，审查、批准东营区2015年国民经济和社会发展计划执行情况的报告与2016年计划；书面审议东营区人民政府关于2015年财政预算执行情况和2016年财政预算（草案）的报告，审查、批准东营区2015年区级财政预算执行情况的报告和2016年区级财政预算；听取审议东营区人民代表大会常务委员会工作报告；听取审议东营区人民法院工作报告；听取审议东营区人民检察院工作报告；依法选举区人民政府区长、区人民法院院长。

【区人大常委会议】 区十三届人大常委会第33次会议1月8日召开。会议听取审议东营区第十三届人民代表大会第五次会议筹备情况的报告，听取审议区人大常委会代表资格审查委员会关于补选代表的代表资格审查报告，讨论通过东营区人大常委会工作报告（草案），审议通过关于召开第十三届人民代表大会第五次会议的决定（草案），审议通过关于列席东营区第十三届人民代表大会第五次会议人员范围的决定（草案），会议还通过人事任免事项。

区十三届人大常委会第34次会议1月27日召开。会议讨论通过区人大常委会2016年工作要点（草案），补选市七届人大代表。

区十三届人大常委会第35次会议3月4日召开。会议听取审议区人民政府关于区十三届人大常委会第32次会议审议意见办理情况的报告，听取审议区人民政府关于2016年重点工程项目安排情况的报告，听取审议区人民政府关于2016年民生实事安排情况的报告，听取审议2015年度被评议部门单位整改落实情况的报告，会议还通过人事任免事项。

区十三届人大常委会第36次会议4月28日召开。会议听取审议区人民政府关于现代农业发展情况的报告，听取审议区人民政府关于城市管理工作情况的报告，听取审议区人民政府关于《山东省信访条例》贯彻实施情况的报告，对区人民政府专项工作报告进行投票表决，审议通过《东营区人民代表大会常务委员会规范性文件备案审查办法（草案）》和《东营区人民代表大会常务委员会专题询问工作办法（草案）》，会议还通过人事任免事项。

区十三届人大常委会第37次会议6月15日召开。会议听取审议区政府关于区十三届人大常委会第36次会议审议意见办理情况的报告，听取审议区政府关于2015年区级财政决算草案的报告，听取审议区政府关于2015年区级财政预算执行情况和其他财政收支情况的审计工作报告，听取审议区政府关于全区社会治安工作情况的报告，听取审议区政府关于政府购买服务的重点项目筹资和组建城市发展基金有关情况的报告，表决通过关于批准东营区2015年财政决算的决定（草案），表决通过关于批准区人民政府购买服务的重点项目筹资的决议（草案）和区人民政府组建城市发展基金的决议（草案），对区政府专项工作报告进行投票表决，会议还通过人事任免事项。

区十三届人大常委会第38次会议7月29日召开。会议听取审议全区义务教育均衡发展情况的报告，并开展专题询问，听取审议区政府关于2016年东营区地方政府债务限额及区级预算调整方案（草案）的报告，并作出决议。

区十三届人大常委会第39次会议9月2日召开。会议听取审议区政府关于区十三届人大常委会第37次会议审议意见办理情况的报告，听取审议区政府关于2016年上半年国民经济和社会发展计划执行情况的报告，听取审议区政府关于2016年上半年财政预算执行情况报告，听取审议区人民法院关于行政审判工作情况的报告，听取审议区人民检察院关于侦查监督工作情况的报告，听取审议区人民政府关于在全区公民中开展法治宣传教育的第七个五年规划（草案）和东营区2016～2020年依法治区规划（草案），并分别作出决议，对区人民政府专项工作报告进行投票表决，会议还通过人事任免事项。

区十三届人大常委会第40次会议10月18日召开。会议听取审议区政府关于区十三届人大常委会第38次和第39次会议审议意见办理情况的报告，书面审议区人民法院、区人民检察院关于区十三届人大常委会第39次会议审议意见办理情况的报告，听取审议区政府关于全区现代服务业发展情况的报告，听取审议区政府关于全区生态绿化建设情况的报告，听取审议区政府关于全区国家公共文化服务体系示范区创建工作情况的报告，对区政府专项工作报告进行投票表决，表决通过东营区人大常委会关于区镇人大换届选举工作安排意见（草案）、东营区人大常委会关于区镇人大换届选举的决定（草案）、东营区人大常委会关于任命区选举委员会组成人员名单（草案）、东营区人大常委会关于任命镇选举委员会组成人员名单（草案）、东营区人大常委会关于镇人大换届选举代表名额的决定（草案）。

区十三届人大常委会第41次会议12月14日召开。会议听取审议区政府关于区十三届人大五次会议以来代表所提意见建议及区十三届人大常委会第40次会议审议意见办理情况的报告，听取审议区政府关于2015年区级预算执行和其他财政收支审计查出问题整改处理情况的报告，听取审议区政府关于新型工业经济发展情况的报告，听取审议区政府关于全区卫生计生情况的报告，听取审议区政府关于重点工程项目及民生实事进展情况的报告，审议通过关于批准东营区2016年区本级财政预算调整方案的决议（草案），审议通过关于批准区人民政府调整部分重点工程通过政府购买服务方式筹资议案的决议（草案），对区政府专项工作报告进行投票表决，表决通过关于调整充实区、镇选举委员会组成人员的意见（草案），会议还通过人事任免事项。

【代表议案建议办理】 区十三届人大五次会议后，需要办理的代表建议、批评和意见共72件。这些建议、批评和意见，涉及城建、交通、环保、社会治安综合治理、农业、教育、医疗、劳动和社会保障等多方面。所有建议全部如期办理并面复代表，代表满意率或基本满意率达100%。代表建议中所提问题已经解决和基本解决的56

件，占总件数的77.8%；正在解决或列入计划逐步解决的11件，占总件数的15.3%；暂时无法解决，正在创造条件逐步解决的3件，占总件数的4%；因客观条件、管理权限等因素限制近期内无法解决的2件，占总件数的3%。与往年相比，已经解决和基本解决的代表建议所占比重有所提升，正在创造条件逐步解决和近期内无法解决的意见建议所占比重有所降低。

【视察调查执法检查监督】 4月1日，区人大常委会组织部分常委会组成人员和人大代表对全区安全生产工作情况进行视察。视察组到山东海科化工有限公司、史口镇消防站、山东科瑞控股集团有限公司实地察看，在区行政办公大楼会议中心三楼会议室召开座谈会，听取区政府有关工作情况汇报。

9月8日，区人大常委会组织部分常委会组成人员和人大代表对全区《中华人民共和国环境保护法》贯彻实施和食品药品监管工作情况进行视察。视察组到益生堂北二路店、东营胜利经济开发区污水处理厂建设现场、新型农民创业园区集中供热改造工程现场、半球面粉厂进行实地察看，在区行政办公大楼会议中心三楼会议室召开座谈会，听取区政府有关工作情况汇报。

【工作评议】 9月2日，区人大常委会评议政府部分部门单位工作集中评议会议召开，对区财政局、区国有资产运营中心、区广播电视台、区金融办、市区国税局、东营地税分局等8个被评议部门单位工作进行集中评议。

【代表活动日】 7月18～22日，区人大常委会领导分别带领相关委室工作人员，到各镇、街道，采取召开座谈会、实地查看方式，集中参加“代表活动周”活动，代表们提出意见建议16件。

（陈建林）

东营区人民政府

【区政府常务会议纪要】 2016年1月23日，区委副书记、区长梁润生在区政府803会议室主持召开第13～44次区政府常务会议，听取区劳模评审委员会、区监察局有关工作的汇报。

1月30日，区委副书记、区长梁润生在区政府803会议室主持召开第13～45次区政府常务会议，听取区人力资源和社会保障局关于进一步做好新形势下就业创业工作的实施意见有关情况的汇报，听取区人力资源和社会保障局关于公开招聘部分农村社区专职工作人员和公益性岗位工作人员有关情况的汇报。

2月14日，区委副书记、区长梁润生在区政府803会议室主持召开第13～46次区政府常务会议，听取区发改局关于2015年全区重点项目建设考核情况的汇报，听取区政府办公室关于2015年度全区综合纳税过千万企业统计情况的汇报，对近期工作进行安排部署。

3月7日，区委副书记、区长梁润生在区政府803会议室主持召开第13～47次区政府常务会议，会议听取区编办关于全市转变政府职能工作调度会议精神及东营区贯彻落实意见的汇报，听取区城市管理和行政执法局关于2016年重点建设项目有关情况的汇报，听取区城市建设指挥部办公室关于落实2016年度城建项目部工作运行经费问题的汇报，听取区国有资产运营中心关于政府采购工作进展情况的汇报，听取区招商局关于全区招商引资工作有关情况的汇报，传达学习了《中共中央、国务院关于给予中共天津市委、天津市人民政府通报批评的通知》精神，对近期重点工作进行安排部署。

3月21日，区委副书记、区长梁润生在区政府803会议室主持召开第13～48次区政府常务会议，听取区编办关于取消和调整一批行政审批等事项有关问题的汇报，听取并原则同意区教育局关于2016年全市教育工作会议精神及东营区贯彻落实意见的汇报，听取区教育工程建设指挥部关于东营区与中国石油大学（华东）共建中国石油大学附属中学有关情况的汇报，听取并原则同意区教育工程建设指挥部关于教育工程项目部工作运行经费问题的汇报，听取区财政局关于设立东营区城市发展基金有关情况的汇报，听取区财政局关于推进政府和社会资本合作（PPP）项目有关情况的汇报，对近期重点工作进行安排部署。

4月5日，区委副书记、区长梁润生在区政府803会议室主持召开第13～49次区政府常务会议，听取区国有资产运营中心有关工作的汇报，听取区城市管理和行政执法局关于购置环卫和绿化作业车辆有关问题的汇报，听取区城市管理和行政执法局关于机械化清扫垃圾排污场工程有关问题的汇报，听取有关单位关于市政府主要领导调研东营区确定事项落实情况的汇报，听取并原则同意区政府办公室关于全区政务服务平台建设和电子政务有关工作情况的汇报，对近期重点工作进行安排部署。

4月18日，区委副书记、区长梁润生在区会议中心三楼会议室主持召开第13～50次区政府常务会议，听取区安监局关于全区一季度安全生产工作有关情况的汇报，听取区人力资源和社会保障局关于2016年东营区公开招聘事业单位工作人员有关事项的汇报，听取区文化广电新闻出版局关于学习外地先进经验进一步加强和完善东营区公共文化服务体系建设情况的汇报。

5月28日，区委副书记、区长梁润生在区会议中心三楼会议室主持召开第13～51次区政府常务会议，听取并原则同意区商务局关于全市外贸工作调度会议精神贯彻落实情况的汇报，听取东营环保分局关于东营区环境保护工作开展情况的汇报，听取区财政局关于提升区国有资产运营公司担保能力有关情况的汇报，听取区社区办关于东营区“互联网+社区便民惠民工程”有关情况的汇报，听取区人力资源和社会保障局关于政策性安置随军家属的汇报，听取区发改局关于东营区党政机关公务用车制度改革实施方案（讨论稿）制定情况的汇报，听取并原则同意区发改局关于对2016年全区重点项目进行中期调整的汇报，听取区发改局、区招商局关于参加东营市融入京津冀协同发展推介会暨重点项目签约仪式筹备情况的汇报，听取区审计局关于村居干部经济责任审计工作有关情况的汇报，听取并原则同意区经信局关于组织东营区政银企赴深圳考察学习活动的汇报，听取并原则同意区安监局关于区安委会全体成员（扩大）会议暨全区安全生产工作会议筹备情况的汇报，听取并原则同意区消防大队关于全区消防安全工作有关情况的汇报。

6月16日，区委副书记、区长梁润生在区政府803会议室主持召开第13～52次区政府常务会议，听取并原则同意区民政局关于《东营区加快养老服务业创新推进养老服务业转型升级实施方案》制订情况的汇报，听取并原则同意区编办关于建立健全随机抽查工作机制规范事中事后监管有关情况的汇报，听取东营公安分局关于追加公安工作经费的汇报，听取并原则同意区发展和改革局关于东营区党政机关公务用车制度改革有关情况的汇报，听取区住房和城乡建设局关于加强房屋建筑和市政基础设施工程管理及规范政府投资工程招标投标有关情况的汇报，听取并原则同意区住房和城乡建设局关于新区职工住房二期、三期工程补缴用地出让金返还辛镇村有关情况的汇报，听取并原则同意区监察局关于有关案件处理意见的汇报，对近期重点工作进行安排部署。

7月16日，区委副书记、区长梁润生在区政府803会议室主持召开第13～53次区政府常务会议，听取并原则同意区编办关于区直部门单位行政审批中介服务收费项目清单调整情况的汇报，听取区教育局关于东营区教育扶贫救助基金管理使用有关情况的汇报，听取区人力资源和社会保障局关于《东营区医疗扶贫救助基金管理使用暂行办法》制定情况的汇报，听取区人力资源和社会保障局关于《东营区区管企业负责人薪酬制度改革实施方案》有关情况的汇报，听取区住房和城乡建设局关于园林公司小区维修改造有关情况的汇报，听取区住房和城乡建设局关于区经济适用住房剩余闲置土地处置有关情况的汇报，听取区城市管理和行政执法局关于2016年部分重点工程项目有关问题的汇报，听取区城市管理和行政执法局关于采用政府购买服务方式解决镇街执法工作有关问题的汇报，对近期重点工作进行安排部署。

8月2日，区委副书记、区长梁润生在区会议中心三楼会议室主持召开第13～54次区政府常务会议，听取并原则同意区发改局关于《关于深入推进供给侧结构性改革的实施意见》制订情况的汇报，听取并原则同意区发改局关于《东营区加快融入京津冀协同发展战略实施方案》制订情况的汇报，听取并原则同意区发改局关于《东营区光伏扶贫实施方案》制定情况的汇报，听取区发改局关于《东营区2016年深化经济体制改革实施方案》制订情况的汇报，听取区人力资源和社会保障局关于《东营区2016年深化社会事业体制改革实施方案》制订情况的汇报，听取区教育局关于农村非公办幼儿教师有关情况的汇报，听取区教育局关于胜康小学、区三中北校区项目选址内油田设施改造资金情况的汇报，听取区国有资产运营中心关于全区政府集中采购工作有关情况的汇报。

8月13日，区委副书记、区长梁润生在区政府常务会议室主持召开第13～55次区政府常务会议，听取区科技局关于《关于深化科技体制改革加快创新发展的实施意见》制订情况的汇报，听取区安监局关于成立东营区安全生产应急救援中心的汇报，听取区农业局关于东营区都市休闲农业策划编制工作有关情况的汇报，听取并原则同意区龙居生态林场建设管理办公室关于将龙居生态林场列入国有林场参与林场改革有关情况的汇报，听取并原则同意区城市管理和行政执法局关于宁阳路改造工程有关情况的汇报。

8月27日，区委副书记、区长梁润生在区会议中心三楼会议室主持召开第13～56次区政府常务会议，听取区发改局关于全区党政机关公务用车制度改革专项督导检查工作情况的汇报，听取区审计局关于全省审计机关人财物管理改革试点情况及相关建议的汇报，听取区商务局关于第九届中国（东营）国际石油石化装备与技术展览会有关情况的汇报，听取区商务局关于中国石油装备产业基地国际交流中心石油科技馆建设情况的汇报，听取区人力资源和社会保障局关于2016年下半年部分事业单位公开招聘和公益性岗位招聘有关事项的汇报，听取区市场监管局关于市食品安全委员会全体会议暨全市食品药品安全工作会议及东营区贯彻情况的汇报，听取东营环保分局关于全区环境保护工作情况的汇报，听取并原则同意市交警直属二大队关于加强全区乡镇道路交通安全管理员队伍建设有关情况的汇报，听取并原则同意区政府办公室关于《2016年东营区政务公开重点工作及责任分工》起草情况的汇报，听取并原则同意区编办关于区级行政权力清单调整情况的汇报。

8月31日，区委副书记、区长梁润生在区政府803会议室主持召开第13～57次区政府常务会议，听取并原则同意区教育局关于文化公园片区学校建设管理有关情况的汇报。

9月24日，区委副书记、区长梁润生在会议中心三楼会议室主持召开第13～58次区政府常务会议，听取并原则同意区卫生和计划生育局关于全市计划生育工作会议精神暨东营区贯彻落实情况的汇报，听取区乡村文明建设专项行动领导小组办公室关于东营区铁路沿线环境综合治理工作有关情况的汇报，听取并原则同意区林业局关于《东营区三年增绿计划考核办法》制定情况的汇报，听取并原则同意区人力资源和社会保障局关于为部分事业单位公开招聘高级专业技术人员有关事项的汇报，听取并原则同意区人力资源和社会保障局关于调整人民警察警衔津贴标准有关情况的汇报，听取并原则同意区人力资源和社会保障局关于2016年调整退休人员基本养老金的汇报，听取并原则同意区人力资源和社会保障局关于对机关事业单位养老保险原统筹期间个人缴费部分进行返还的汇报，听取区政府办公室关于全区视频会议系统建设有关情况的汇报。

10月8日，区委副书记、区长梁润生在区政府803会议室主持召开第13～59次区政府常务会议，听取区金融办、区经信局有关工作的汇报。

10月19日，区委副书记、区长梁润生在区会议中心三楼会议室主持召开第13～60次区政府常务会议，听取区发展和改革局关于《东营区政府投资项目管理办法（试行）》起草情况的汇报，听取区安监局关于全区安全生产工作情况及区安委会全体成员（扩大）会议筹备情况的汇报，听取区林业局关于《关于打造东营区城郊高效生态休闲观光现代林业产业的实施意见》制订情况的汇报，听取区国有资产运营中心关于东营市鑫源新农村建设投资开发有限公司开发牛庄褚家集中居住工程项目有关情况的汇报，听取区国有资产运营中心关于机电设备和石油机械制造项目科研综合楼出租使用有关情况的汇报，听取并原则同意区城建指挥部关于部分城建项目电力线路迁改情况的汇报，听取并原则同意国网东营区供电公司关于电网调度楼及35千伏唐家变电站、110千伏工业变电站三宗土地权证办理情况的汇报，听取区供销社关于《关于深化供销合作社综合改革的实施意见》制订情况的汇报，对近期重点工作做安排部署。

【区长办公会议纪要】 2016年1月4日，区委副书记、代区长梁润生在区政府803会议室主持召开第13～17次区长办公会议，对近期工作进行安排部署。

1月19日，区委副书记、区长梁润生在区政府803会议室主持召开第13～18次区长办公会议，对近期工作进行安排部署，对区政府领导同志工作分工进行调整。

【重要政令辑要】 东区政发〔2016〕2号《关于进一步做好新形势下就业创业工作的实施意见》

东区政发〔2016〕5号《关于印发东营区国民经济和社会发展第13个五年计划的通知》

东区政发〔2016〕6号《关于印发东营区2016年国民经济和社会发展计划的通知》

东区政发〔2016〕7号《关于调整区级行政审批事项等问题的通知》

东区政发〔2016〕12号《关于公布清理规范区直部门单位行政审批中介服务收费项目有关事宜的通知》

东区政发〔2016〕13号《关于进一步做好防范处置非法集资工作的实施意见》

东区政发〔2016〕14号《关于2016年第二批取消和调整区级行政权力事项等问题的通知》

东区政发〔2016〕16号《东营区政府投资项目管理暂行办法》

东区政发〔2016〕17号《关于调整部分城市社区居委会的通知》

东区政发〔2016〕19号《关于印发东营区困难居民医疗救助暂行办法的通知》

东区政发〔2016〕21号《关于公布东营区镇（街道）行政权力清单和责任清单的通知》

东区政发〔2016〕23号《关于印发东营区社会信用体系建设规划（2016—2020年）的通知》

东区政发〔2016〕24号《关于印发东营区全民健身实施计划（2016—2020年）通知》

东区政办发〔2016〕19号《关于印发东营区政府采购操作规程（试行）的通知》

东区政办发〔2016〕20号《关于印发区政府采购工作职责的通知》

东区政办发〔2016〕34号《关于印发东营区地方史志事业发展规划纲要（2016—2020年）的通知》

东区政办发〔2016〕38号《关于印发区领导工作部位制度（暂行）的通知》

东区政办发〔2016〕40号《关于印发东营区加快养老服务创新推进养老服务业转型升级实施方案的通知》

东区政办发〔2016〕42号《关于做好重点外资企业帮扶工作的通知》

东区政办发〔2016〕44号《关于进一步加强房屋建筑和市政基础设施工程管理的实施意见》

东区政办发〔2016〕47号《关于印发〈东营区医疗扶贫救助基金管理使用暂行办法〉的通知》

东区政办发〔2016〕49号《关于印发东营区教育扶贫救助基金管理使用暂行办法的通知》

东区政办发〔2016〕52号《关于印发东营区清理整顿无证幼儿园工作实施方案的通知》

东区政办发〔2016〕53号《关于印发推进政府向社会力量购买服务的实施意见的通知》

东区政办发〔2016〕63号《关于推进分级诊疗制度建设的实施意见》

东区政办发〔2016〕71号《关于印发东营区加快推进煤炭清洁高效利用工作方案和东营区散煤清洁化治理实施方案的通知》

东区政办发〔2016〕72号《关于印发黄河下游防洪工程（山东东营区）征地补偿和移民安置工作方案的通知》

东区政办发〔2016〕73号《关于打造城郊高效生态休闲观光现代林业产业的实施意见》

东区政办发〔2016〕82号《关于印发农民合

作社信用互助业务试点方案的通知》

东区政办发〔2016〕85号《关于印发东营区全民科学素质行动计划纲要实施方案（2016—2020年）的通知》

（王洋洋）

·区政府办公室工作·

【概况】 文字服务工作。树立精品意识，严格文稿质量，深化“大综合”“大信息”“大调研”机制，提高以文辅政能力和水平。精心组织起草各类综合性文稿300余篇，180余万字。编发《调研参考》16期，在市级以上刊物上发表调研文章16篇，其中获省市级奖项18项。编发《专报信息》《政务信息》109期，市级以上采用政务信息376条，其中省政府采用62条，国办采用24条，国务院领导批示3条。大力改进文风会风，严把审核关，精简发文办会数量，区政府召开的全区性会议、以区政府及办公室名义制发的文件同比大幅减少。督查考核工作。深入推行“大督查”机制，拓展督查范围，丰富督查手段，综合采取定期督查、专项督查、跟踪督查、现场督查等方式，确保区政府各项决策部署的落实。全年共办理市、区领导批示件27件，承办市政府《督查通知》41期，开展各类督查活动30次，办理人大建议、政协提案256件，面复率和满意率均达到100%。行政事务服务。将行政服务作为提升服务水准的重要方面，全面落实24小时值班制度，运转各类来文4000多件，下发通知723个，确保了政令畅通。加强应急管理，组织各类应急演练32次，妥善处置突发事件16起。强化组织协调，全年承办、组织各类会议330次，接待上级检查考察50余次，没有出现任何失误和纰漏。史志工作成果丰硕，编纂完成《东营区年鉴》《东营区手册》《东营区老照片（第四辑）》《东营区大事记》四期，在东营区情网录入各类地情书籍11部400余万字，指导出版基层志书部。法治工作扎实推进，共受理行政复议案件7件，办理行政应诉案件7件，均在法定期限内提出答复和答辩意见。电子政务全面升级，完成了文秘人员内外网分类办公，试点推进移动办公应用，实现了电子公文的即时在线审阅签批，视频会议系统全面开工建设，智慧政务建设迈出坚实步伐。食安、人防打私、外事侨务和工青妇等工作也都取得了新进展。

（区政府办综合室）

【督查工作】 2016年，区政府督查考核办公室在区政府办公室党组的正确领导下，紧紧围绕“服务领导决策”这一中心，扎实推行“大督查”工作机制，督查力度显著增强，工作效率明显提高，政务督查水平有了新的提升。主要体现在以下五方面工作。围绕全区中心工作，实施定期督查。重点围绕区委、区政府的重要工作部署，及时将区人代会、经济工作会等全区重要会议确定事项进行立项分解，明确责任领导、责任单位，定期开展督查，及时掌握各项工作进展情况，并全区通报。对区政府常务会议、区长办公会议确定的阶段性中心工作，按任务和时间要求迅速落实到责任单位，确保各项重要决策贯彻落实到位。针对区政府领导关注的阶段性重点工作、重点项目和定量经济指标，组织开展跟踪督查或实地督查活动，通过专项督查、不打招呼现场督查、实地拍摄照片等方式，结合书面材料，如实详细掌握工作进展情况，及时撰写《督查专供》，上报区政府。及时运转传阅市政府督查办下发的各类通知、通报，准确把握上级指示精神，及时分解落实督查事项，严格按照办理时限汇总上报落实情况。全年，共分解落实市级《督查通知》41件，上报《督查专报》66期，下发政务督查通知20期，开展实地跟踪督查活动30次，撰写督查专供40期，为领导决策提供了第一手资料。围绕重大项目建设，实施动态督查。以服务重点工作为总抓手，将市、区重点工程项目建设和民生实事作为督查工作重中之重，对照项目时间任务进度表，灵活采取现场督查、跟踪督查、随机督查等多种方式，随时了解情况、掌握实际进度，及时通报工作情况，对严重落后于时间进度的项目实行挂牌督办，促其迎头赶上，按进度、保质保量推进工作。围绕领导批示事项，实施专项督查。高度重视并认真抓好领导批示件办理工作，凡是市区两级领导批办、交办事项以及上级领导机关交办的督办件，认真按照“一事一办、专人负责、严格把关”的原则，迅速转交有关单位办理，明确完成时限，跟踪了解办理进展情况，及时向领导汇报办理结果，做到事事有回音，件件有结果，有效发挥了领导批示件指导工作、推动落实的作用。共成功办理市区领导批示件27件，专项批办回复率100%。围绕社会关注热点，实施跟踪督查。人大代表建议和政协委员提案一般都是群众关心的热点、难点问题。督查办不断加大建议、提案办理工作力度，明确办理时限、程序与标准，要求各承办单位必须限期当面回复代表和委员，征求其对政府工作的意见，受到了代表和委员的好评。年内，区政府共收到市级建议提案72件，区级建议提案184件。至9月底，市、区建议提案全部办结，代表委员面复率和满意率分别达100%、99%。围绕基层诉求，抓好协调服务。以“提高文件运转的质量和效率”为目标，改革区直部门、镇街的各类请示运转模式，完善运转流程；由请示单位先行与请示事项涉及单位进行沟通对接，提出初步意见建议，报分管领导研究确定后予以运转；外单位的函件，准确掌握来文的目的和含义，拿出初步拟办意见，报区府办主要领导审签，对需要征求业务主管部门意见的，先行转业务部门在3～5个工作日内提出办理意见，报区政府领导阅示。在简化文件运转程序、提高运转实效的同时，为区政府领导科学决策提供了翔实依据。全年，共运转各类请示、报告和函件200余件。

（刘　廷）

【政务信息】　2016年，区府办信息室以“当好参谋助手，服务领导决策”为己任，健全信息网络，完善工作机制，信息工作在全市、全省名列前茅。紧紧围绕全区经济社会发展运行情况、重点工程项目、领导关心关注的重点工作，编发了《东营区政务信息》70期，《专报信息》39期，网站信息2860余篇。针对上级领导的关注点和需求点，及时收集、分析、反馈东营区经济社会建设中的新动态、新情况、新问题。全年共上报信息490条，被省政府采用62条，被市政府采用290条，被国办采用24条，被国务院领导批示3条。并有多篇信息被省政府信息调研室评为一等奖。

（李晓霞）

【电子政务】　加强门户网站信息保障，及时做好区政府门户网站各栏目信息更新，全年发布各类信息4800余条，视频信息260条，组织“在线访谈”活动6期。根据中央、省、市网站普查工作有关要求，进一步加强全区网站普查监管力度，全年发布网站通报11期，现场督导问题单位10个。与第三方机构签署了政府网站监测协议，引入第三方网站监测平台，为网站普查工作提供技术保障。

对新区各办公楼内光纤线路进行重新梳理，新增部分设备，提高网络稳定性和传输效率。将光纤线路日常维护进行外包，提高网络整体运维保障能力。与专业机构签署安全运维协议，实现电子政务内网全天候无间隙安全维护服务。组织实施1、2、3号办公楼机房升级改造项目，逐步实现全区信息机房的标准化、规范化建设。

为部分区级领导配备移动办公终端设备，实现电子公文的即时在线审阅签批，办公效率显著提高。根据全市统一要求，组织建设全区视频会议系统，新建2个主视频会议室，4个小型视频会议室和各镇街及商贸园11个分视频会议室，实现市、区、镇（街道）三级互联。根据全市统一要求，组织实施协同办公系统升级服务项目，新增12项功能模块，并将协同办公系统向市级云平台迁移。

根据省、市有关要求，以区政府办公室名义下发《关于印发2016年政务公开重点工作及责任分工的通知》，进一步细化工作任务，加大公开力度，提升公开成效。结合政府网站普查，重新优化政府信息公开平台栏目，删减部分不合理栏目，并督促各信息公开单位及时做好信息发布，彻底消除平台中的空白栏目。做好依申请公开回复。全年受理信息公开申请12件，全部按时答复。

（贾　培）

·政务服务中心工作·

【概况】　东营区政务服务中心使用面积2000平方米。进驻中心的区政府部门、单位27个，其中常驻单位19个，联系人单位8个，行政审批事项137项。中心管理人员12人，窗口工作人员76人。

2016年，中心接待办事、咨询群众19万余人次，受理各类行政审批事项12余万件，按时办结率100%。

【行政审批事项管理】 落实规范性文件，对审批服务事项动态化管理。对进驻中心的审批服务事项实时掌握变动情况。至年底，中心共进驻审批服务事项137项：其中89项行政审批事项，1项政府内部审批事项，47项其他行政权力；27项即办件，110项承诺件。优化审批流程，进一步压缩办理时限。不断引导各窗口对办理流程实行优化，努力提高审批效率。进驻中心的137项审批服务事项法定办理时限2608个工作日，实际承诺办理时限1409个工作日，平均每件审批服务事项压缩8.7个工作日，平均提速46%。积极应用电子监察系统。运用先进的网络技术手段对进入网上审批系统办理的行政审批服务事项实施全程监督，通过红黄灯预警机制，实时监控每件事项每个环节的办理情况，严格杜绝超时情况的发生，在办理流程上和办理环节上保证审批效率。

【服务窗口管理】 加大监管力度，落实督查通报制度。严格执行日巡查、月公示、季通报、年终考核总评的督查考核工作机制。坚持每天对大厅展开不少于4次的不定期巡查，将发现的问题及时通知到窗口予以纠正，并将问题进行记录。每半月将考勤情况予以公示，每月将窗口工作人员考勤、日常巡查情况量化，并将窗口办件量、分管领导到中心现场办公情况汇总进行公示。每季度末以督查通报的形式将季度考核情况通报全区，至年底，编发政务服务工作督查通报4期。加强规范化建设，提高效能管理水平。建立督查台账制度，严格执行大厅管理制度。对窗口人员进出状态作好记录，在巡查大厅过程中进行核实，发现异常，立即通知窗口负责人及当事人，确保不空岗、不脱岗。

全区行政许可事项梳理工作培训会议召开

【基层便民服务建设】 推进便民服务建设工作，构建和完善便民服务体系。持续推进分中心、镇街便民服务中心基础设施、办事制度、服务模式、服务质量等方面的标准化建设，推进便民服务中心硬件达标、软环境便民建设工作。加快推进基层便民服务网点建设。2016年，全区11家基层便民服务网点获得“市级基层便民服务示范点”荣誉称号，1家镇街（社区）级的便民服务中心通过ISO9001质量服务体系认证，10家村级便民服务站通过市便民服务示范点评选小组考核验收。向市政务办争取基层便民服务示范点扶持资金25万元。

（孙洪娟）

·机关事务管理·

【新区物业监管工作】 2016年3月，原物业服务公司合同期满，公开招录山东胜洁物业管理有限公司和深圳住宅物业管理有限公司两家服务企业，完成工作交接。重新制订东营区新区住宅区物业管理考核标准，细化量化评分标准，加大对物业公司日常监督管理力度，发放整改通知单48份，公示考核结果8次。协调处理物业投诉类事项55件，其中市、区长公开电话转办件51件，创城督办件3件，政协委员提案2件，主要涉及房屋渗漏水、楼宇可视对讲、物业服务质量不高、暖气不热等事项。

【基础设施建设工作】 区机关事务局始终致力于改善全区干部职工的

工作和生活环境。2016年，住宅区外墙防水维修1642户，维修面积55000余平方米，更换小区单元楼宇门381个；新区水系综合整治工程共铺设输水管线1020米，新建排水泵站1座，设置环流泵站1座、环流管道及溢流坝6处，沿河挡墙立面维修约230平方米，地面维修约1500平方米，防腐木刷漆完成约3000平方米，彻底改变新区水系现有脏差状况，实现水系循环，确保水质清洁。

【机关职工食堂管理工作】 区直机关职工食堂大力提倡“厉行节约反对浪费”的就餐理念，开展“光盘行动”“文明餐桌”等一系列推进文明就餐行为的活动，制作节约宣传展架，发放调差问卷1000余份。对全区干部职工每天就餐人数重新统计，约1100人次，根据就餐人数科学制定菜量标准，逐步实现科学化、集约化。确保每月2次对工作人员进行岗位培训，不断提高服务质量。完善食堂硬件设施，增设大容量热水器、增设视频监控设备、维修电子显示屏、疏通下水道管道等。

【公共机构节能工作】 2016年，开展公共机构名录库建设工作，对全区公共机构基本情况深入摸底，确保能源消耗统计范围覆盖全面，做到“应统尽统”。在全区公共机构中推广使用“山东省公共机构能源资源消耗统计系统”，实现全区能耗数据的系统化报送。开展以“节能领跑绿色发展”为主题的节能宣传周，制作节能宣传展架12个，发放节能宣传单800份，悬挂节能减排宣传标语4条，完成公共机构人均综合能耗、单位建筑面积能耗和人均水耗同比分别下降2%的年度节能目标。

【全区公车改革工作】 2016年6月，区委办、区府办印发《东营区党政机关公务用车制度改革实施方案》，并召开动员会议，全区车改工作正式启动。经统计，车改前，全区党政机关拥有各类公务用车681辆，其中涉改车辆543辆。车改后，全区党政机关共取消各类公务用车313辆，保留各类公务用车368辆，节支率37.35%。区机关事务局负责区公务用车集中管理平台配套建设，区级机关保留的机要通信和应急用车61辆、17部门外行政执法车辆17辆及调研接待用车2辆，全部过户到区机关事务局名下，纳入区公务用车集中管理平台统一管理。对纳入区公务用车集中管理平台车辆，由区机关事务局委托第三方东营交运集团对区公务用车集中管理平台进行管理运营，给予其适当的管理费用，成立东营区公务用车管理中心，为正科级事业单位，编制11人，对第三方管理和运行情况进行监管，区财政承担平台车辆的运营费用、管理人员工资、司勤人员工资等相关费用。

【新区平安内保】 加大安保力度，实行人防、物防、技防、联防“四防一体化”的新区安全防范体系，做到“无缝隙、全覆盖”；定期开展安全综合整治，建立健全安全整治工作台账；安全妥善处理上访事件，及时发现、及时应对、及时汇报，配合信访和政法维稳等部门做好处置工作。

【新区能源管理】 协调供水、供电、供暖等能源部门，做好新区能源供应管理工作。协调胜利油田供水公司中区三队，完成用水高峰季节适时调配供水流程工作，保证新区供水正常运行；积极处理供水事故，每天不定时巡线检查，及时处理各类管线抢修23起，把各类损失降到最低；做好对新区用水单位水费征缴工作，尽最大努力为供水公司收齐、收足水费。在完成新区2014～2015年度冬季供暖的基础上，协调热力九队，做好供暖设施设备夏季检修工作。2015～2016年度冬季供暖开始以后，公开供暖投诉热线0546-8261440，妥善处理居民供暖投诉46件，确保各项设施设备平稳运行。完成物业费及相关费用的拨付及扣款工作。

（张　锋）

中国人民政治协商会议东营区委员会

【政协第八届东营区委员会第五次会议】 1月16～17日，中国人民政治协商会议第八届东营区委员会第五次会议在蓝海国际大饭店召开。大会听取并审议政协第八届东营区委员会常务委员会工作报告；听取并审议政协第八届东营区委员会常务委员会提案工作情况的报告；列席区十三届人大五次会议第一次全体会议，听取并讨论区政府工作报告及其他报告；听取并通过本次会议提案审查情况的报告，通过政协第八届东营区委员会第五次会议决议。

【区政协常委会议提要】 1月8日，东营区政协八届十七次常委（扩大）会议召开。会议讨论《政府工作报告》（征求意见稿），审议通过关于召开政协第八届东营区委员会第五次会议的决定和政协第八届东营区委员会常务委员会工作报告和提案工作报告并推举报告人；审议通过政协第八届东营区委员会第五次会议秘书长、副秘书长名单，各讨论组及召集人名单，提案审查委员会组成人员名单；讨论通过有关人士任免事宜。

3月10日，区政协八届十九次常委（扩大）会议召开，会议书面传达全区经济工作会议精神；讨论通过《东营区政协2016年协商工作计划》和《东营区政协2016年工作要点》。

7月27日，区政协八届二十次常委（扩大）会议召开，会前就全区部分重点工程项目建设情况进行视察，会议听取区政府上半年工作情况通报和下半年工作安排。

9月28日，区政协八届二十一次常委（扩大）会议召开，会议听取区教育局、住房和城乡建设局、农业局、市场监督管理局工作汇报。

【协商议政】 区政协把促进发展作为履行职能的第一要务，不断强化中心意识、大局意识、责任意识，积极拓宽协商领域，丰富参政议政形式，履职成效显著提高。常委会议专题协商，对“促进创新驱动战略实施，提高全区科技创新能力”“加强城市基础设施建设，努力改善城市人居环境”等多项课题进行深入协商;在对口协商中，突出政协专委会人才荟萃、专业性强的特点，围绕东营区“加强食品药品安全监管，保障群众饮食用药安全”“加强生态建设，提高城乡生态绿化水平”等多个议题，通过视察、座谈、考察学习、撰写调研报告等形式，对全区经济社会发展起到积极的推动作用，促进协商成果转化;突出界别优势，重点围绕“加强城乡教育基础设施建设，完善教育资源，着力解决‘大班额’问题”“加强水气污染整治，打造碧水蓝天环境”等热点难点问题，开展界别内、界别间、界别与党政对口部门间的沟通协商，提出一系列合理化建议，彰显界别协商优势;创新基层协商方式，依托村委会和社区工作站为平台，通过政协委员进社区、进村居，对基层群众反映的民生问题，由政协委员、村委会（社区工作站）和基层群众组成三方协商平台，共同促进问题解决。辛店街道的周家村委会，利用基层协商平台，为村内10余户贫困家庭找到脱贫致富路子。

【民主监督】 区政协探索创新民主监督方式，不断拓宽监督领域，畅通监督渠道，坚持选题与大局、民生相结合，监督与服务相结合，提出意见建议与推进工作相结合，不断增强监督实效。在促进重点工程项目实施方面，区政协创新开展向全区重点工程项目委派民主监督组活动。围绕区委区政府确定的重点工程项目，由区政协主席、副主席带队，委员们深入基层，走进工地，实地查看工程进展，与企业和基层干部群众面对面交流，对项目建设进展情况开展民主监督，发现问题研究对策，及时建言献策，为推进东营区重点项目建设做出积极贡献。在推进提案办理工作中，区政协实行重点提案政协领导督办制度，由区政协主席、副主席牵头，各专门委员会主任、部分政协常委和提案者共同参与，采取上门走访、实地调研、现场评议等方式，深入提案承办单位，对主席会议确定的10余件重点提案认真督办，促进相关工作开展。

【视察调研】 区政协按照“党政所需、群众所盼、政协所能”的原则，精心组织视察调研、议政建言等活动，在服务发展、服务民生、服务中心工作中，尽职尽责，献计出力。按照“少而精、专而深、重实效”的原则，先后围绕创建国家公共文化服务体系示范区、社区便民服务、重点工程项目建设情况、小城镇规划建设、农村群众生产生活条件改善工作等多项课题，开展一系列视察调研活动，参与活动的委员达200余人次，提出可行性意见建议50余条，形成视察调研报告10余篇。

【提案办理】 区政协常委会坚持“围绕中心，服务大局，提高质量，讲求实效”的提案工作方针，狠抓提案征集、办理、服务三个环节，使提案工作逐步走上制度化、规范化、程序化轨道。区政协八届五次会议以后，收到委员提案147件，立案130件，立案率88.4%，全部办复完毕，委员满意率达99.2%。采取党政领导牵头批办、主席会议重点督办、提案委跟踪办理等举措，保障提案办理质量。十二五期间，东营区既有居住建筑节能改造完成建筑面积17.86万平方米。针对养老这一全社会民生热点问题，提出《关于加快社会养老服务体系建设》的提案，区政府结合实际，设立专项资金用于养老服务体系建设，并对符合条件的各类养老机构，根据不同标准给予建设和运营补助，初步构建起以居家养老为基础、社区养老为依托、机构养老为补充、信息化养老为辅助的社会养老服务体系。

【团结联谊】 区政协把联谊交流、增进团结、壮大爱国统一战线作为一项重要任务来抓。在重要会议和重大活动中，主动邀请各民主党派、工商联、各人民团体、无党派人士参加，就共同关心的重点热点问题，开展咨询论证、调查研究、视察考察10余次，高度重视并认真办理他们提出的提案、建议等，激发其建言献策的主动性、积极性，营造民主和谐、合作共事的良好氛围。在对外交流活动中，坚持“走出去”“请进来”的方式，分别与枣强县政协、灌云县政协、安吉县政协等10余个兄弟县区政协建立工作联系，就视察调研、民主评议、政协提案、文史宣传、机关建设等方面，进行相互交流学习，实现共同提高。

【文史宣传】 区政协在政协宣传工作中，坚持“彰显作为、营造氛围”的原则，充分发挥新闻宣传在传播政协理论、报道履职成果、展示委员形象中的作用，营造有利于政协事业发展的舆论环境。在《人民政协报》《联合日报》《东营日报》和《春秋》等报刊上发表稿件20余篇；通过东营区电视台的“委员风采”和“提案追踪”栏目，宣传政协委员的先进事迹和提案办理成果。2016年4月，区政协具体负责组织编辑《东营区乡村记忆》系列丛书，集中收集、整理东营区村庄的物质、人文和社会要素，保护这些珍贵的村庄文化遗产。召开《东营区乡村记忆》丛书动员会，对征编工作提出明确要求，加强督导和指导。至年底，《东营区乡村记忆》龙居卷，六户、胜利、东城卷编辑完成。

【社情民意】 坚持把做好社情民意工作作为察民情、表民意、解民忧的有效途径，在全区聘任30名社情民意信息员，构建起完整信息工作网络，多渠道、多途径、客观快捷地反映群众呼声。通过网络征集、委员反映、信息员报送等途径，全年收到涉及宏观调控、民生保障、特色农业、教育科技、旅游环境改善等方面的社情民意信息150余条，“关于建立综合治税体系的建议”“关于当前稳妥筹备数字货币的建议”等被省政协直报全国政协及中央相关部门、单位；“校园暴力频发，我们该如何反思”“关于强化法制建设，保护市场正常经营秩序的建议”等被省政协及相关部门单位采用。

（张晓萌）

人民武装

【党管武装】 人武部始终坚持把思想政治建设摆在首位，狠抓学习习主席关于国防和军队建设的重要论述、中共十八届六中全会和古田全军政工会议精神，组织开展“两学一做”专题教育，开展交心谈心活动，干部职工思想稳定、工作积极、学习进步。抓好古田全军政工会议精神贯彻落实，结合全面肃清郭徐流毒影响专项整治活动，严格落实上级要求，从严从实开展清理。落实党的组织生活。严格落实“三会一课”、主题党日等组织生活制度。注重结合当前政治形势、工作实际、思想实际灵活开展活动。

【军事训练】 针对未来作战任务，着眼油区特点，研究探索加快民兵预备役战斗力生成模式转变措施办法，提高民兵分队遂行非战争条件下多样化军事任务能力。突出军事训练地位。坚持党委议训制度，切实“学起来、训起来、严起来、强起来”。坚持现役干部军事训练制度，每周五组织进行，重点开展以一体化指挥平台为主的军事技能训练，坚持干部每天下午1小时体能训练。做好迎接上级考核准备工作。突出民兵整组工作。着眼战场与市场需要，按“满足急需、专业对口、就地就近、科技优先”原则，抓好民兵整组工作，拓展编组范围，调整组织布局，优化人员结构，打牢国防动员组织基础，确保在关键时刻能够及时征召人员、按时补充部队。突出在实践中锤炼民兵应急能力。着眼战场与市场需要，牢固树立“编为战、编为用”思想。社会治安、文明创建及和谐社会建设都注重锻炼使用应急力量，主动承担急难险重任务。

【政治教育】 贯彻“军政素质好、遵章守纪好、军人形象好、‘四个秩序’好、安全稳定好、完成任务好”六好标准要求。坚持把理论学习作为重要任务贯穿年度工作始终，把重大教育列入党委议事日程。开展学习型党委（机关）和学习型人武部活动，培育良好领导作风、工作作风、学习作风和生活作风，为推动单位建设科学发展营造良好氛围。开展“两学一做”教育整顿活动，着力强化党员旗帜意识、使命意识和表率意识，组织全体干部职工“读党史、学党章、学系列讲话、上党课、过党日、交党费”巩固深入活动成果。增强党员队伍和党组织的创造力、凝聚力、战斗力。全年被上级转发经验材料21篇，其中中央级9篇，省级15篇。

【征兵工作】 针对“当兵冷、征兵难”问题，坚决贯彻上级“一季征兵，全年准备”要求，切实提高平时征兵准备工作质量。基层武装部和预征对象开展座谈交流，引导适龄青年算好经济账、政治账、前途账，进行跟踪教育管理。在高学历比例低的情况下，人武部在胜利学院、东营职业学院设立征兵报名点，进行征兵政策宣讲，解答学生提问，为高学历青年入伍提供绿色通道，为提高大学生入伍比例奠定基础。重点抓好预征对象政治考核工作，政审名单确定后，采取分类指导、分片包干的方式，组织全体干部与基层武装部挂钩联系，共同完成走访调查工作，确保考核工作的针对性，年内无一责任退兵。

【拥政爱民】 以创建“全国文明城市”为目标，发挥桥梁纽带作用，开展拥政爱民活动，协调驻军为地方经济建设做贡献。组织和发动民兵带头宣传贯彻落实党的路线方针政策和区委、区政府决策指示，积极参与地方“创城”建设，推进东营区经济社会和谐发展，增进军政军民和谐关系。动员民兵参与社会主义新农村建设，发挥民兵预备役人员优势，确保建设工作取得新成效。

（范海军）

社会团体

·东营区总工会·

【困难职工解困脱困工作】 2016年，东营区总工会扎实开展困难职工解困脱困工作，发挥各级工会主体作用，通过“扶企业”，调动有爱心企业积极性，发动企业力量，妥善解决本企业困难职工解困脱困问题，海科集团、蓝海酒店集团等企业帮助18户困难职工家庭解困脱困；通过“抓单位”，发挥单位为自己困难职工解困脱困的主观能动性，教育局、建设局等单位认领帮扶任务，帮助15户困难职工家庭实现脱困；通过“属地管理兜底”，由各镇、街道总工会，商贸园总工会和各系统工会完成对辖区基层工会无法解困职工的脱贫工作。通过让服务主体“动起来”、让服务体系“强起来”、让服务项目“活起来”的举措，实现对困难职工的精准脱困。困难职工解困脱困工作获得区委认可，将困难职工解困脱困工作初步纳入政府扶贫攻坚精准脱贫工作体系。区总工会举办困难职工心理辅导讲座12场次，帮助困难职工扶“志”，增强创造美丽生活的信心；区总工会通过开展困难职工专项就业指导和技能培训6次，帮助困难职工扶“智”，增强本领。

【“查保促”活动】 2016年，东营区总工会将“查保促”活动作为年度“一号”工程来抓，通过制订可操作、可执行、可推广的实施方案，组织召开东营区2016年“查保促”活动集中行动动员会，举办培训班、召开调度会、督导座谈、安全消防演练等方式，深入推进活动开展。年内举办企业负责人培训班21期，举办相关培训179场、培训职工11000多人，开展消防演练130余次。年底，印制宣传挂历、彩页，使企业和职工将安全铭记于心。东营区各级工会组织全年制作各类宣传条幅630幅，发放各类宣传资料30000余份。依据《东营市总工会职工排查安全生产事故隐患奖励办法（试行）》，制定符合东营区实际的隐患排查奖励办法，对发现重大隐患的职工，给予一定物质奖励，年内东营区各级工会表彰奖励隐患排查职工330余人，发放奖励资金5万余元。

【职工服务工作】 东营区总工会围绕职工服务中心建设，开展职工服务工作。开展“帮扶送教育”活动，为12名困难女职工子女每人送去2000元慰问金和书包、台灯等文具用品；开展困难职工季度救助工作，对全区138名困难职工进行慰问救助，发放救助金10万元。推进“惠员工程”建设，在市总工会安排下，东营区总工会在海科集团、教育系统、区直部门单位和各镇街道开展会员采集工作，为6000余名会员办理惠员卡。开展“金秋助学”活动，对22名学生进行救助，其中5名应届生每人资助3000元，对往届生中的5名本科生每人资助2000元，6名专科生每人资助1500元，6名高中（中专）生每人资助1000元，共发放资助金4万元。

【劳模管理服务工作】 2016年，区总工会按照省总和市政府文件要求，开展省富民兴鲁劳动奖状（章）和市劳模推荐工作，东营区峰基建设荣获省富民兴鲁奖状，2人获省富民兴鲁奖章，8人被评为市劳动模范和先进工作者。4月11～28日，区总工会组织开展第十一届东营区劳动模范和先进工作者评选推荐工作，评选出31名区劳动模范和先进工作者。“五一”期间区总工会为4名先模人物和1家优秀单位拍摄劳模风采专题片，在东营市电视台和东营区电视台展播。11月，区总工会组织8名各级劳模参加市总开展的劳模疗休养活动。

（李　港）

·共青团东营区委员会·

【基层团建】 召开共青团东营区第九次代表大会，总结东营区过去五年的共青团工作，提出今后三年的工作展望，选举产生新一届团区委领导班子；健全团的基层组织建设，新建7家区直单位及企业团组织，扩大团组织有效覆盖，推进五星级团组织创建活动，提高基层团建整体水平；规范团员纳新工作，建立全区学生团员电子人才库，做好中学生入团管理，规范入团条件，严控入团比例，2015～2016学年新发展团员600名；推动少先队事业发展，持续实行辅导员任职资格考试制度，举办东营区第三届少先队辅导员技能大赛，提高广大少先队辅导员的综合素质和业务水平。

【志愿服务】 夯实阵地基础，搭建志愿活动平台，建立陈庄、东庞、汇泉3处社区青年志愿服务站，引进专业志愿者队伍常态化开展活动，实现社区志愿服务工作规范化、制度化、长效化发展，在商河路建立1处青年志愿服务驿站，与所在街道社区实行共建共管；强化人才队伍，汇聚青春服务力量，注册并成立东营区青年志愿者协会，选举产生协会班子，加强对全区青年志愿服务活动的组织领导，建立健全各项运行机制；丰富项目载体，深化志愿品牌内涵，承办第二届山东省青年志愿服务项目大赛，为全区志愿服务工作提供学习提高的载体和平台，东营区参赛项目获全省志愿服务项目大赛1金1银5铜，其中“寻访抗战老兵”项目获全国志愿服务项目大赛银奖，推进青春志愿扶贫、石油装备展志愿服务、“牵手关爱行动”等品牌志愿服务。

【青春建功】 推进青春扶贫工程，围绕全区精准扶贫中心工作，招募大学生、义工组织和社会爱心人士与东营区建档立卡贫困户结成帮扶对子，为牛庄镇陈庄社区、东庞社区和史口镇纪家村定期上门提供亲情陪伴、助老助残等扶贫工作，成为全区精准扶贫工作的重要组成部分和特色亮点措施；持续推进“青春助力重点工程项目”工作，在富海金港湾等项目工地指导建设团支部，与区爱卫办、区文广新局等单位开展端午送粽子、送卫生等活动3次，送电影进工地15场，结合“安全生产慎微意识教育”，全年开展青年工人安全培训班12期，培训工人3000余人次；深化青年文明号创建工作，各镇、街道团（工）委按照属地管理原则指导入围的34家行业青年集体参与创建，指导市级青年文明号区商务综合行政执法大队创建省级青年文明号；深化“青春共筑城市公共安全”行动，在全区开展“青年安全生产慎微意识教育”活动，并表彰一批青年安全生产示范岗和示范标兵，举办安全生产宣传活动12场，教育引导2000余名青工强化安全意识。

【青春导航】 科学理论武装思想、正面典型感召青年，引导青少年深入学习团章党章及习近平总书记系列重要讲话，开展青年素质提升培训6场次，开展“红领巾相约中国梦”等主题教育实践活动，覆盖影响2.5万余名青少年，参与全市“践行社会主义核心价值观争做‘最美青年’”评选活动，东营区3名青年获“东营最美青年”称号，王小玮获“齐鲁最美青年”称号；推进“青年之声”社交平台建设，邀请224人专家团入驻，接受青年创业、在职考试、党务知识、团务知识等领域咨询、求助和问题反映700余条，东营区“青年之声”平台被评为2016年山东省“青年之声”优秀平台；开展“到青年中去——团干部直接联系青年”系列活动，全区团干部走进创业青年、青年企业家、工地青年、毕业大学生、青年志愿者、金融挂职干部等群体40余次，关切青年诉求，助力青年成长，邀请社会各界优秀青年参加“学讲话话改革谋发展”机关开放日活动，听取青年声音，增进团青交流；壮大共青团新媒体阵地，打造官方微博、微信、政务头条号、企鹅媒体号、网易媒体账号、一点资讯媒体平台，构建起全媒体网络宣传新模式，@东营区共青团官方微博粉丝达350余万，连续3年获山东共青团系统十大政务微博，在今日头条上获2016年共青团政务头条号全国十强荣誉称号。

【青春创业】 推进“基层团干部创富行动”，在全区选取20名品德优、能力强、有闯劲的基层团干部进行重点培养，给予政策、资金、项目定向倾斜扶持，帮助团干部实现创业梦、致富梦、成才梦；继续做好金融干部挂职工作，召开创业青年座谈会3次，开展金融知识培训班5期，培训创业青年230人，以“鲁青基准贷”“东青基准贷”为依托，向广大创业青年提供绿色贷款通道，为创业青年发放贷款650万元；助推东营区青年企业家协会发展壮大，区青企协会员达72家，开展“政企对话”等学习交流活动9次，为企业家提供便捷贷款政策服务以及东营周刊“青春汇智专访栏目”等媒体宣传服务；搭建青年创业服务平台，在东营胜利大学生创业园成立东营区青年创业金融服务办公室和东营区青年企业家协会创业导师办公室，搭建创业项目展示和提升平台，组织开展创业项目交流会5期。

【青春同行】 推进东营区民生实事之关爱未成年人项目，实施“萤火虫”爱心计划，设立18处萤火虫学堂，为435名青少年提供暑期课业辅导、心愿达成等服务，实施“七彩阳光多维关爱”计划，走进社区、学校为青少年开展交通安全、性自护教育、禁毒教育等9个方面、253期青少年自护教育，开展“我是梦想家”少年儿童未来启蒙行动，在4个镇、街道建立6处梦想基地开展18期“大学窗”讲座及“360职业讲堂”；推进青少年服务平台建设，创造性采取“众筹”方式打造全市首家农村青少年服务中心——牛庄镇陈庄社区青少年服务中心，成功申报省级社工示范点，打造汇泉社区青少年服务中心、艺学汇社区青少年服务中心，成功塑造“守护者联盟”等青少年关爱服务品牌，开展各类青少年活动300余次；做好重点青少年群体服务管理工作，组织召开区综治委预防青少年违法犯罪专项组联席会议，组建合适成年人库，进行社会调查、提审及关爱服务，开展模拟法庭进社区、进学校3场次，900余名青少年受到法治教育；加大关爱青少年力度，擦亮“希望工程”服务品牌，发放各类资助40余万元，关注青少年生理心理健康，开展“阳光关爱助成长”心理疏导拓展18期，营造社会关爱氛围，拍摄《关爱困境儿童，我们在行动》《让爱回家》公益宣传片。

【青春绿色】 推进青年林建设，进一步扩大青年林建设规模，年内新增造林面积200亩，加大青年林建设管护力度，招募社会公益人士组建青年志愿者护林队，组织青年志愿者、社区居民和在校中小学生开展义务植树活动10余次，参与人数达1200人次；深化绿色公益宣传，利用新媒体平台开辟青春绿色行动的专题版块，传播绿色资讯与知识，全年发表绿色原创话题98条，最高单篇阅读数358人次，关注人数3万余人；广泛开展植树护绿活动，开展“小手拉大手共筑碧水蓝天”“种养纪念树，见证我成长”等活动，组织全区200余名青年干部和市民开展义务植树活动，提高青少年和社会公众生态建设意识和环保责任意识；开展绿色低碳活动，依托东营市青少年绿色教育实践基地开展“林中徒步”“林下拓展”等活动35次，参与青少年1100余人次，开展“绿色长征”公益健走活动，倡导广大青年绿色出行，践行健康生活，做生态文明的实践者和推动者，累计捐树6000余棵。

（卢　睿）

·东营区妇女联合会·

【女性素质提升工程】 2016年，东营区妇联举办各类培训1117场次，受益妇女达43063人次，其中市级课题培训384期，20207人次；区级课题培训135期，3752人次；镇街级课题培训298期，11133人次；广场舞培训158期，3957人次；舞前半小时培训198期，4171人次。女性素质提升工程实现有讲师、有课题、有场地、有典型、有长效。

进行专题调研并征求意见，对培训课题充实整合，以群团组织购买社会服务的方式，聘请专业机构师资研发亲子教育、科学胎教、健康保健系列培训课题，开展长效培训。依靠基层妇代会广泛宣传发动，坚持“妇联组织列单、社会机构竞单、妇女群众点单、政府买单”的四单运行机制，选拔优秀师资，丰富培训形式，确保培训效果。抓女性素质提升工程示范点培训。根据需求安排培训课题，确定培训时间，坚持长效培训，发挥辐射带动作用，举办92期，5285人次参加培训。每周六上午在东城街道辽河社区开展“生命的印痕”0～3岁家庭教育课题培训，全年开展培训59期，2020名家长和儿童参加；探索0～3岁儿童社区家庭教育的有效运作模式，召开“生命的印痕”座谈会1次，举办汇报演出1期，表彰优秀家庭和个人，展示学习成果。坚持每周一晚开展女性幸福工程辅导员成长工作坊，全年组织30场次，500余人参加，部分学员具备授课水平，为全区开展心理志愿服务做了人才储备。每周五下午举办“家庭教育艺术与科学”亲子教育系列专题讲座，全年举办16期，226人次参加，针对亲子教育中存在的问题，做个案咨询服务，解决亲子教育个性化问题。在山东大学威海分校举办科级女干部综合素质提升研修班，全区科级女干部、各镇街道妇联主席参加研修班学习。举办基层妇代会主任述职暨妇联干部培训班，360余人参加。举办工作品牌化发布暨品牌思想库建设嵌入式培训、“致敬清廉一席谈”家庭助廉活动报告会、妇联干部新闻宣传培训、巾帼志愿服务培训、公文写作和新媒体运营培训、《智慧父母高效育儿》《现代科学胎教与脑潜能开发》、关爱女性健康共享幸福生活等各类培训92期，3752人次参加。

开展家庭助廉活动，聘请专业人员设计“蓝莲花”家庭助廉教育品牌，与区纪委共同举办东营区“致敬清廉一席谈”家庭助廉活动。5月举行启动仪式和廉政品牌发布会，作“筑牢廉洁防线守护家庭幸福”专题报告；中秋节前夕，联合区纪委召开“在取与舍中找到平衡”现场观摩座谈会，全区科级正职领导干部配偶和科级女正职参加。全年“致敬清廉一席谈”家庭助廉活动共设计“家庭廉洁我做主”“权力观、利益观、地位观”“在取与舍中找到平衡”“我心中的榜样”“我是谁依靠谁为了谁”“我为廉政献一计”六大专题，每月围绕一个专题，开展互动式教育，有学习观摩也有讨论座谈，同时还要写廉政心得体会，变被动输入式学习为主动输出式学习，广大女干部在参与中接受教育，在家庭中担当起家庭助廉的重要责任。

开展系列文明创建活动，培育优秀妇女角色。“三八”节期间，在区电视台、《东营区报》集中宣传报道“巾帼先锋”各类典型。推荐省级文明家庭1户，在东营电视台《美丽东营》节目播出，并通过“东营区妇联”微信公众号发布，阅读人数1600余人。评选出东营区星级文明户1024户，发放星级文明户牌匾。“三八节”举办“激情舞动，魅力巾帼”四德歌广场舞大赛，全区320余人参加比赛。5月联合区委宣传部、区文广新局、鲁百集团举办首届历时一个半月的“舞动黄河口”广场舞大赛，全区32支代表队800余人参加比赛。全区38名草根讲师根据需求开展广场舞舞前半小时培训，全年举办培训198期，4171人次参加。区妇联、区文广新局联合成立广场舞联谊会，策划“越舞越美”广场舞联谊会品牌，叫响“芳邻舞动，心花盛开”宣传口号。邀请全国公益服务组织麦田计划志愿者刘铁就如何做好志愿服务，让志愿服务长效化、品牌化，培养“人人愿为、人人能为”的志愿服务精神开展专题培训，策划“璞石计划”巾帼志愿服务品牌，设计“璞心行动”“璞玉行动”“璞萤行动”“璞业行动”“璞泽行动”“璞晖行动”六大志愿服务项目，叫响“巾帼志愿者，情系千万家”口号。联合区商务局和区文广新局妇委会到东营某驻训部队举办“不忘初心，继续前进”主题文艺演出，为受训基层官兵带去文化盛宴，宣传军地鱼水情。

【巾帼创业工程】 成立东营区巾帼创业社群，聘请高校教授、专业技术人员和成功企业家组建巾帼创业导师志愿服务团，聘请创业妇女组建巾帼创业草根导师志愿服务团，帮助妇女创业。2016年，创业社群发展社员158名。社群成立后，举办“恋爱节”系列活动，设计嫁妆街、热恋大巴、恋爱基地、恋爱学堂、天堂午餐等活动版块；举办巾帼创业社群培训班，开展领袖特质训练、创业项目实地游学、私人董事会、创业门诊、大脑风暴、演讲与口才、法律等课题培训。举办巾帼创业社群年货节。发挥东营区产业优势，与山东农业大学签署战略合作协议，借助山东农业大学科技、人才优势为东营区农村创业妇女提供技术支持。创业社自成立以来，在东营区举办《如何发挥资源优势建设新农村》讲座2期，到巾帼创业项目现场指导6次。在东营职业学院成立东营区巾帼创业大学，在胜利大学生创业园建立女大学生创业孵化基地，邀请蓝海酒店集团党委书记安英作创业辅导报告1期，飞来广告公司董事长崔湘作嵌入式培训2次。利用社群微信群、区电视台、区妇联微信公众平台等新闻媒体连续播放微电影《狐狸姐的创业梦》，激发创业姐妹的创业热情。建立创业妇女案例库，发挥创业导师志愿服务团成员作用，为创业项目提供指导。为阳光庄园牧业项目做指导规划，利用现代农业技术开发场内闲置土地500亩，为牛庄镇指导规划宅基地恢复耕地项目。

“激情舞动　魅力巾帼”四德歌广场舞比赛

组织各类电商、微商创业培训班，协调银行给予贷款支持，为女大学生创业解决政策、信息等问题，扶持女大学生创业发展；帮助云端花海家教项目做宣传推介，与多家单位达成合作；帮助爱家伟业维情婚姻咨询公司成功注册，为其协调项目，指导项目发展；指导非常台北婚纱摄影拓宽服务领域，建设培训基地，搭建就业平台；帮助为民劳务市场争取工会扶持项目，投资10余万元建立起东营区第一家外来务工人员服务阵地，配备文体活动用品，购置图书，定期为外来务工人员送电影。

在全区确定10个巾帼创业重点示范项目，邀请区巾帼创业导师到项目现场进行实地调研，根据项目发展情况、发展需求和面临的困难，进行一对一指导，帮助项目解决实际困难；协调品牌策划专家实地考察，进行创业品牌策划，提高产品影响力。

根据全区扶贫工作安排，与4户贫困户结对帮扶，定期到贫困户家中走访，制定有针对性的帮扶措施。加大对各镇街道妇联扶贫工作开展情况的督查调度，实行周报制度，及时掌握贫困村情况。为10个省定贫困村中没有广场舞音响的村配齐音响设备3个，帮助贫困村组建起广场舞队伍，吸引贫困妇女走出家门，开展广场舞舞前半小时精短培训75场次，892人次参加。通过舞前半小时培训，向贫困妇女宣传党的扶贫政策、脱贫妇女致富经验，引导贫困妇女立志脱贫。举行女性素质提升培训46场，1458人次受益。在全区征集适合贫困妇女创业就业的项目汇编成册，发放到贫困妇女手中，引导贫困妇女参加观摩学习，选择适合自己的创业项目，拓宽脱贫致富渠道。全年组织贫困村妇女参与观摩39场次、462人次。根据贫困妇女需要，开展种植、养殖、手工、家政、缝纫等实用技能培训。帮助贫困村妇女新上项目15个，解决各类问题23个。针对贫困妇女年龄偏大、不能出门务工等现状，区妇联联合胜利大学生创业园举办免费缝纫培训，联系来料加工业务，全区200余人参加观摩学习，20人取得结业资格。发动巾帼创业社群成员与贫困妇女结对，建立巾帼创业项目负责人+贫困妇女帮扶模式，带动更多贫困妇女脱贫致富。16名巾帼创业社群成员与148名有创业就业意愿的贫困妇女或其子女结成帮扶对子。4名巾帼创业社群成员与5个贫困村结成帮扶对子，为贫困村妇女提供就业岗位、技术指导和学习基地。为贫困村妇女开展“两癌”免费筛查，将“两癌”患病贫困妇女全部纳入城乡“两癌”患病贫困妇女救助范围；发动创业社群成员和社会各界爱心人士与贫困儿童结对救助，为贫困儿童招募代理妈妈，为孩子送去关怀和温暖，陪伴孩子一起成长。

【妇女维权工程】 通过市妇女儿童发展规划终期监测评估。开展“反家暴赶大集”宣传活动，发放宣传单10000余份，悬挂条幅、电子滚动屏、黑板报等10余块；举办《中华人民共和国反家暴法》维权普法讲座30余期，参与妇女1700余人；在胜利油田中心医院成立“家庭暴力伤情鉴定中心”，在牛庄镇福利院成立“家庭暴力救助站”，为家暴受害人提供帮助。协调区委办公室、区政府办公室出台《关于建立东营区部门联动监管长效机制预防和制止家庭暴力工作的意见》。开展贫困母亲救助活动，把“两癌”农村低保贫困母亲救助列入政府利民实事。开展贫困母亲慈善救助，全年救助贫困妇女80名，发放慈善救助金10万元。为6名“两癌”贫困母亲争取市级“贫困母亲‘两癌’救助专项基金”6万元；为1名“两癌”贫困母亲争取国家级福利彩票公益金1万元；为38名“两癌”贫困母亲争取市慈善总会资金11.4万元。开展贫困儿童救助活动，走访慰问全区80名农村留守流动儿童，送价值8000元书籍和2.4万元慰问金。为贫困儿童招募“代理妈妈”79人，发放慰问品折合人民币3万元。全年救助贫困儿童188人，发放救助金9.07万元。春节、老年节等重大节日，走访贫困妇女和85岁以上高龄家庭20户，赠送价值8000余元的慰问品。开展“双合格”宣传教育实践活动，区妇联、区文明办、区文广新局联合在区第二实验幼儿园举办“建幸福东营做美德少年”少儿演讲暨第六届故事大王比赛。围绕“注重家庭、注重家教、注重家风”开展主题征文活动，报送413幅作品参加全省第三届儿童少年书画摄影大赛。参加全国乡村之声“乡村少年秀”征文活动，全区179篇征文参赛。开展中华民族传统家庭美德教育，在全区广大家长和儿童中开展“我的感恩故事”网络征文活动，86篇征文参赛。参加“齐鲁网民最喜欢的家风家训”活动，5人获奖。在全区留守流动贫困儿童中评选出市级“十佳自强好儿童”2名，“十佳代理家长”1名。

【组织建设】 加强机关规范化建设，在机关队伍建设上有新作为。以“两学一做”学习教育为契机，围绕全区妇女工作中心，服务“三大工程”发展，创新载体，讲好党课，依托区妇联女性素质提升工程，在村、社区开展基层上党课活动；推进党组织生活正常化运行机制，创新教育形式，抓好经常性教育，增强学习实效。加强作风建设，规范制度运行，坚持用制度管人管事，廉政勤政逐步向制度化、规范化迈进。

加强基层妇联组织建设，优化妇联工作环境。按照市妇联《扩大基层妇联组织工作实施方案》要求，各镇街道妇联、村居妇代会通过召开动员大会、组织竞聘演讲等形式扩大基层妇联建设，聘任30名优秀兼职镇街妇联副主席和执委、122名社区兼职副主席和执委、262名村居妇代会成员，充实基层妇联队伍。区妇联印发《关于在全区开展村（居）妇代会改建妇联工作的通知》，安排部署全区村妇代会改建妇联工作，80个城市社区居委会妇代会和11个村妇代会全部完成改建妇联工作。镇街妇联主席全部实现专职并列席党政联席会议，妇联工作经费全部实现单独列支。

【网上妇女群众工作】 区妇联顺应互联网发展趋势，开展网上联系、引导、动员、服务妇女群众工作，构建联系网、工作网、服务网整体合一的“互联网+妇联”工作新格局。加快推进妇联新媒体建设，2015年，在全市妇联系统和区直部门单位中率先建立微信公众号和官方微博，对妇联网站进行改版升级，将妇联各类工作、活动和服务纳入妇联网群矩阵，搭建包括法律政策咨询、妇女权益维护、创业就业帮扶、女性素质提升、家庭教育指导、巾帼志愿服务等于一体的网上综合服务载体，着力建设具有妇联特点、妇女特色和服务功能的妇女工作网上平台，让妇女群众在网上网下都能随时找到自己的组织、参加组织的活动、得到组织的服务，打造东营区女性的心灵家园。

（李远遥）

·东营区科学技术协会·

【推进创新驱动】 对接省科协开展的全省创新驱动助力工程，通过与东营市蜜蜂研究所合作，争取到省科协和省蜂业协会大力支持，获评2016全省创新驱动助力工程示范区。积极组织推报各类评选，东营海森密封技术有限公司的王选盈获得第八届东营市青年科技奖；第二十一届东营市黄河口科技论坛优秀学术论文评选，鸿港医院相健荣获论文三得奖；东营市第三届“最美人物”

评选，朱宝慧获“最美科技工作者”称号；在省级评选中，牛庄镇获2016年度三星级“科学·关爱·和谐示范乡镇”称号。

2016年山东省青少年科普报告百校行走进东营区

【推进科普行动计划】 在各个社区全面推行“四个一”（各社区建一处社区科普馆或科普角、一处科普书屋、一处科普教室、一处科普宣传栏）工程建设。东城街道辽河社区建成全市首家社区科普馆，牛庄镇东庞社区打造形成全市首家农村青少年科普实践基地，在2016年全国“基层科普行动计划”评选中，东城街道辽河社区被评为全国科普示范社区。加强校园科普设施建设，申请市流动科技馆在区二中布展100多天。2016年，全省校园流动科技馆巡展项目落户东营区一中。做好省级科普示范学校推报工作，东营区实验学校、东营区牛庄镇中心小学以及东营区史口镇中学获“山东省地震科普示范学校”称号。至年底，全区省级地震科普示范学校5所。12月6日，东营区三中被评为山东省科普示范学校。东营博瑞安达机器人培训学校被评为全国科普教育基地。

【《东营区全民科学素质行动计划纲要实施方案（2016—2020年）》编制】 12月初，完成《东营区全民科学素质行动计划纲要实施方案（2016—2020年）》编制工作任务，该纲要是东营区全民素质工作十三五期间的纲领性文件。

【科普信息化建设】 开通运营“东营区科普”官方微信公众号及官方微博，加强“东营科普网”网站建设，年内编发科普知识2287条，科普资讯176条，东营区科普新闻55条。加大东营区电视台科技传播力度，《科普大篷车》每周主播2遍，复播2遍。

【科普活动】 区科协针对“青少年、农民、城镇劳动者、领导干部与公务员”四大人群开展科普活动。在全国“防灾减灾日”，春夏季森林火灾高发季节，“六一”国际儿童节，全国科技周等时间节点，开展各类主题系列科普活动，在各社区开展专题科普讲座30场，科普宣传活动25场，发放科普宣传材料25000份，参与群众达7500余人次。开展“科普百校行”活动，把省内著名科技专家请到学校，科普报告团专家给学生们带来多样的科普报告，举办专家讲座4场，参与学生2400余人。

紧扣科普日“创新放飞梦想，科技引领未来”主题，开展线上线下科普活动。线上利用“东营区科普”微信公众平台举办“东营区科协科普知识有奖问答”活动，参与人数3000余人。线下联合教育局等机构，在开学之际举办东营区首届青少年科普知识电视大赛，组织全区在校小学生参加。同步开展流动科技馆巡展、科普讲座进社区、知识宣传等科普活动。

【科普志愿服务】 从律师事务所、电信、学校等各行业广泛招募科普志愿者，建成两支专业科普志愿者队伍，分别是“擦亮你的眼睛”反诈骗科普志愿服务队和“放飞科技梦想”科普志愿服务队。

（王　璇）

·东营区工商业联合会·

【基层商会建设】 按照“以会会友、服务企业、互助合作、和谐共富、共同发展”的办会理念和宗旨，全区10个镇、街道全部建立商会，其中8个镇、街道的商会会长由行政干部担任变为企业家担任。按“坚持标准、积极发展、确保质量、优化结构、加强服务、规范管理”原则，加快会员发展力度，把具有影响力和经济实力强的民营企业、个体工商户、各行各业优秀代表吸收到会员队伍中来。2016年，区工商联与临沂市临沭县工商联、江苏鼓楼区工商联、江苏邳州市工商联缔结友好商会，就加强双方企业交流合作，实现两地优势互补，共同促进经济社会发展达成共识。

【调查研究工作】 4月，对全区2015年度上规模民营企业经营情况开展调研，对全区民营企业履行社会责任情况开展调研，收集上报企业13家。组织6家会员企业参加2015年“山东民营企业百强”“山东民营企业公益之星”“山东创新型民营企业”申报工作。5月，利用一个多月时间，通过召开座谈会，发放调查问卷，分组深入会员企业开展调研，走访区工商联副主席、副会长企业及部分区工商联直属商会（协会）30余家，召开专题座谈会议3次，发放调查问卷30余份，全面了解企业发展现状，听取企业对工商联自身建设等方面的意见和建议。

【服务民营企业发展】 2月，组织企业赴长沙湘江机电集团考察低温发电项目。3～9月，在全区非公有制企业与非公有制经济人士中开展优秀非公经济人士和优秀非公经济组织“两优”、东营区民营企业公益之星、东营区民营企业诚信之星、东营区民营企业创新之星评选表彰活动。4月，组织相关企业负责人及商会代表等12人组成学习考察团，前往山东省临沂市、江苏省徐州市、江苏省邳州市等地区进行为期4天的考察学习交流。5月，组织50余名非公经济人士在东营美年大健康体检中心免费健康体检，逐步健全健康档案。区工商联创办“黄河商道”刊物，该刊物设置政策解读、会员风采、经济看点、经营之道、企业党建、精准扶贫等板块，服务东营区民营企业发展，年内发放四期2000余本。5月，组织企业赴青岛金石控股集团考察商会大厦建设项目。7月，组织50余人赴浙江大学参加东营区工商联非公经济人士培训班。

（吕晓东）

·东营区文学艺术界联合会·

【公益讲堂】 2016年，在前期公益大讲堂基础上，文联联合文广新局整合文艺资源力量，推出“新六艺”市民课堂活动，包含书法、摄影、太极拳等9门课程，全部向群众公益开放。书法公益大讲堂开课伊始新吸收学员20名。组织学员参加东营市纪念建党95周年书画摄影展、首届华东书院杯山东省书法展、东营区“地税杯”廉政书法美术摄影展。并刊印《东营文艺》增刊《东营区书法公益大讲堂学员作品选粹》1000册，集中展示学员的阶段性学习成果。年内书法公益大讲堂授课750余课时，培训20000余人次。摄影公益大讲堂利用周末时间，组织会员开设外拍技巧、后期制作、佳作赏析等课程，年内授课550余课时，参与学员10500余人次。太极拳公益大讲堂在讲授太极拳健身套路的同时，以太极拳文化内涵为主线让学员在健身的同时提高对传统太极拳的认识。年内授课近150课时，参与学员3000余人次。公益讲堂先进经验做法先后被中国文艺报专题介绍，省文联作为典型经验向全省进行介绍推广。

【文化“三进”活动】 2016年春节前夕，区文联邀请市知名书法家创作以中心城区社会风貌和地域文化特色为主题的春联样稿20套，联合各镇办继续做好春联惠民工程，印制惠民春联10万套，于春节前期发放到社区、村庄居民手中。组织“文明盈门走亲送福”春联下乡、下基层活动，先后走进牛庄镇辛集、车里、大杜社区、市二中写春联送福字1000余套。2月3日，年关来临之际，区文联协同牛庄镇、区二中、辛集村等在新闻媒体的见证下，将20000元书画义卖爱心款送到困难家庭张春华一家手中，为张春华看病就医及双胞胎儿子完成学业解燃眉之急。此次活动得到市书画名家的积极响应和大力支持，广大市民群众及爱心人士踊跃参与，收到23位书画名家作品46幅，作品一天时间全部售罄。4月文联组织市书画名家10人走进区二中胜园分校开展“区文联书画名家进校园”活动，创作书画精品60幅。

东营区地税杯廉政书法美术摄影展开幕

【主题活动】 6月7日，山东省书法家协会“王羲之书法特色社区”揭牌仪式在东营区胜利街道中山社区举行，成为全市首家获“羲之书法特色社区”殊荣的单位。区文联联合牛庄镇人民政府开展文艺扶贫活动，筹建牛庄农民书画院。为纪念中国共产党建党95周年，热情讴歌党的辉煌历程和丰功伟绩，7月1日纪念建党95周年全市工笔画精品展开幕，从征集的作品来看既有名家精品更有基层文艺爱好者的精心之作，题材广泛样式新颖。10月，接待韩国三陟市文化艺术交流团，并举办书画精品展和中韩书画交流笔会。11月23日，为迎接党的十八届六中全会胜利召开，畅述风清气正的廉政氛围，由区纪委主办，文联等单位具体承办的东营区地税杯廉政书法美术摄影展开幕，展出书画摄影作品163件。

【人才培养】 文联筹措资金14万元于5月16～20日在石油大学黄岛校区举办“东营区文艺人才素质提升研修班”，开设党的文艺政策和文艺理论、书法、美术、文学、哲学等课程。通过集中培训深化辖区各艺术类别和基层文艺工作者等广大参训人员的马克思主义文艺观学习教育，引导文艺工作者成为党的文艺方针政策的拥护者、践行者，成为时代风气的先行者、先倡者。在东营市第六届黄河口文艺奖评选中东营区微电影《创客教育发展纪实》获一等奖，另9部作品分获二、三等奖。作协会员尚长文撰写的国务院副总理康世恩的长篇报告文学，被省作协列为2016年度山东省重点扶持作品。刘英亭创作的以反映中共隐蔽战线斗争题材的中篇小说《薄冰》由北京联合出版社出版。美协会员刘洪峰《在希望的田野上》、任艳华《梵音夜月》、杨杰《天台胜景图》在2016年全国中国画大展中获奖。

【《东营文艺》】 区文联学习借鉴各地文学刊物成功经验，坚持纯文学办刊宗旨的同时让《东营文艺》成为宣传中共光辉历程和文艺政策的阵地。2016年《东营文艺》对封面设计、内容进行改版，新增设“党和国家领导人论文艺”“红色歌曲”栏目，同时深入挖掘当地文学创作人才，刊登中青年作家创作的本土文学作品。2016年，《东营文艺》出版四期，印刷4800册。

（刘国栋）

・东营区社会科学界联合会・

【区社科联成立】 2015年9月11日，区编办下文，在区文联加挂“东营区社会科学界联合会”的牌子。2016年10月11日，东营区社会科学界联合会

东营区社会科学界联合会第一次代表大会召开

东营区文联联合区教育局开展春联下乡活动

成立大会暨第一次会员代表大会召开。大会审议通过《东营区社会科学界联合会章程》，选举产生区社科联第一届委员会委员。在随后召开的第一届委员会第一次全体会议上，选举产生第一届委员会主席、副主席、秘书长以及常务委员。

【社科基地建设】 12月，省社科联命名山东省第三批社会科学普及示范县（市、区）、乡镇（街道）、村（社区），东营区获社会科学普及示范区称号，龙居镇徐家村、胜利街道庐山社区获社会科学普及示范村（社区）称号。

（刘国栋）

·东营区残疾人联合会·

【残疾人社会保障和扶贫救助】 与民政局、财政局联合印发《关于全面建立困难残疾人生活补贴和重度残疾人护理补贴制度的实施意见》，确定上半年两项补贴由残联按原来渠道发放，7月后，由区民政局按月发放，交接工作7月初完成，上半年发放补贴资金521.3万元。第二十六次全国助残日期间，走访慰问150余人次，发放救助资金10余万元。继续实施市级残疾人扶贫项目，扶持个体从业项目15人、庭院经济3人、贫困残疾人网上创业1人。落实本年度托养服务任务指标，上报机构托养42人，居家安养330人。

【残疾人就业】 组织全区有就业意向的残疾人参加"就业援助月"专项活动。加大对残疾人实用技术的培训力度，举办互联网+和会计培训班2期，培训人员55人次。

【残疾人康复】 8月，完成100例白内障复明手术。对2015年度康复训练救助的孩子进行回访，及时调整空缺名额，递补3名儿童；为85名0～9岁残疾儿童申请审批2016年度康复救助训练。

【残疾人辅助器具适配】 5月中旬，完成全区残疾人辅助器具需求调查统计和市场考察。6月20日，委托专业代理机构，按程序组织公开招标，确定中标企业，启动辅助器具购置工作。10月，购置工作完成，购置各类辅具345件，全部充实到区残疾人辅助器具服务中心展示和适配。实施听力无障碍工程，免费适配40例助听器。8月初，检验机构组织具有适配需求的听障人士进行听力测试并开展验配工作。10月，听力无障碍工程圆满完成。假肢适配工作于12月中旬全部结束。

【区残疾人辅助器具服务中心建设及运行】 审批落实正式机构，核定编制3人；配备电脑、复印机、空调等办公设施，逐步完善机构运营能力；于每月第二个周二在中心开展集中办理残疾人证工作，规范办证程序，提高办证质量；开展盲人按摩普及教学，邀请盲人按摩师定时在中心开展教学指导。

（周静静）

·东营区计划生育协会·

【概况】 东营区有计生协组织306个，会员34855人，其中村居社区计生协会270个，流动人口计生协会组织9个，企业计生协会11个。开展计生家庭意外伤害保险工作。制定出台《东营区部分计生家庭意外伤害保险》实施方案。为全区符合条件的计划生育家庭户21092户购买计生家庭意外伤害保险，资金632760元。年内，发生理赔139户，理赔金额28万元；组织开展五月集中宣传月活动。为纪念中国计划生育协会成立36周年和第18个全国“会员活动日”，进一步提升广大群众对人口计划生育知识的知晓率，增强全区卫生计生系统应知应会能力，5月，东营区计生协会举办全区人口和计划生育知识竞赛活动。此外，各镇街道结合各自特点，开展丰富多彩的集中宣传活动；开展二孩生育政策后村规民约修订试点工作。二孩政策实施以后，安排各镇街道根据实际情况，开展二孩生育政策后村规民约修订试点工作；开展生育关怀牵手助学活动。为推动生育关怀行动深入开展，帮助计生特殊困难家庭子女被大学录取后顺利入学，区协会于8月开展2016年度“生育关怀·牵手助学”活动。资助对象为本年度参加高考并被全日制正规大学录取的计生特困家庭子女，此次活动救助计生困难学生26人，每人救助金800元；举办科学胎教公益讲座。开展二孩政策全面放开后，许多大龄适育家庭对于孕育二胎宝宝存在许多疑虑，为满足广大育龄群众的优生优育知识需求，联合东营孕智宝教育科技有限公司，聘请北京医学权威教授举行大型科学胎教公益讲座。受益群众1000余人；开展青春健康教育工作。按照国家、省、市计生协会关于青春健康教育工作要求，以文汇、东城、辛店街道为重点，开展对辖区内10～24岁青少年的青春健康教育工作。组织开展全区青春健康教育培训大课堂，邀请国家二级心理咨询师与100多名青春期孩子家长就亲子沟通问题进行探讨培训。为促进全社会关注青少年身心健康发展，利用东营FM97.8广播电台，开展关注青少年身心健康公益宣传活动。为全社会关注青少年成长营造科学积极氛围；组织人口关爱一日捐活动。完成全区人口关爱一日捐捐助活动。组织全区卫生计生系统891名干部职工捐款139520元；加强人口关爱基金以及人口和计划生育公益金的管理和使用。帮扶救助独生子女死亡、伤残、大病及独生子女父母死亡、伤残、大病等九类计生困难家庭43户，发放救助金15万元。

（刘梅霞）

·东营区红十字会·

【红十字示范点】 安泰社区红十字示范点得到提升。进一步充实红十字仓库物资储备，强化宣传阵地，拓展红十字业务，“七个一标准”〔建成一处独立红十字办公场所、发展一批团体和个人会员、输送一批造血干细胞采集志愿者、成立一支红十字志愿者队伍、打造一个城市社区或农村示范点、登记一名器官、遗体（角膜）捐献者、组织一次救护员培训〕和“1+X”工作模式（红十字工作与社区党建、综治、计生、卫生、妇女等工作结合）被越来越多的基层红十字组织认可，引领示范作用更突出。在市会、胜利街道的支持帮助下，在胜利街道胜宏社区惠园小区进行博爱家园建设。

【加大宣传力度】 全方位宣传红十字工作，组织各类宣传活动51次，向各级报送信息96篇，发放宣传资料万余份。11月15日，《中国红十字报》以“博爱家园里的贴心人——山东省东营市东营区红十字会以志愿服务推动博爱家园建设纪实”为题报道了东营区博爱家园的经验。

【汇聚爱心善款】 2016年，吸纳社会善款、物资10万余元。争取省会“六个核桃”书屋项目1个。与宇航环保科技公司成立“航美红十字儿童救助基金”，与海科化工集团成立“海科红十字基金”。

【开展“三救”活动】 救灾方面，建立重大灾情直报省会机制，制订紧急救灾预案。在胜利街道胜宏社区举行火险居民紧急疏散演练。救护方面，培训救护员292名；普及培训5000余人，开展应急救护培训“五进”活动培训2000人。救助方面，与两家大型企业联合成立红十字基金，两家基金共救助困难家庭70户，发放救助资金物资计9万余元；与中凯驾校、优米传媒公司、东营代理商商会、龙凤祥酒店、米兰风情服装等爱心企业救助困难家庭65户，资金物资7万余元；帮助5名白血病患儿成功申请“小天使基金”；中国红十、字基金会“六个核桃.读书慧”项目落户区一中，获赠3万元书籍和配套书架；与新上新广告公司向2所幼儿园发放红十字爱心储蓄罐500个。

【壮大“三献”力量】 2016年，新增造血干细胞捐献志愿者60人，新增遗体、器官和捐献角膜志愿者18名。

【应急救护培训】 应急救护培训工作向项目化、行业化迈进。培训救护员285名。包括志愿者、导游、教师、社区工作者、健身教练等，都是对救护知识有直接需求的工作群体；普及培训7200余人。与团区委共同实施2016年青少年自护教育项目，全区11所中小学、18个农村社区的3000余名青少年参加培训。开展应急救护培训“五进”活动，培训2000人。走进安泰社区、辽河社区、胜宏社区，培训中老年居民；走进区审计局，培训在职机关干部；走进市实验中学、市育才学校、胜东小学、胜利幼儿园，培训师生和家委会成员。

（吕　玮）

法　治

- 综述
- 法治政府建设
- 公安
- 检察
- 审判
- 司法行政

法　　治

综　　述

【概况】　2016年，东营区政法综治系统牢牢把握“三大任务”，全力推进平安东营区、法治东营区和过硬队伍建设，扎实做好政法综治各项工作。深入推进立体化社会治安防控体系建设，推进矛盾纠纷化解，推进社会治理创新，推进基层基础工作创建，深化普法依法治理，维护了全区社会大局和谐稳定。

【安全保卫工作】　强化黄河路、西三路、区政府及市长途汽车站等重点路段、要害部位武装巡逻，提升突发事件快速处置能力，全面实现“全时段、全方位、无死角”。借助首个组织开展“全民国家安全教育日”宣传教育活动，发放宣传资料1000余份，悬挂横幅100余幅。圆满完成各级“两会”、党代会、黄河口（东营）国际马拉松比赛、中国（东营）国际石油石化装备与技术展览会等重要活动安全保卫工作。

【立体化治安防控体系建设】　先后组织开展“打霸治痞”和打击“打孔盗油”违法犯罪等系列专项行动，侦破各类涉恶涉霸案件298起，破获霸痞犯罪团伙25个，破获涉油积案67起，破案率达97.1%，清理输油管道占压136处，组建69人输油管线巡护队伍，开展24小时不间断巡逻，全部打通长输管线“巡护通道”。开展危爆物品寄递物流清理整顿专项行动，全面落实“开箱验视、实名登记、过机安检”三个100%制度，申通、中通、圆通等19家寄递企业30路视频监控均接入公安专网。狠抓社会治安动态视频监控建设，一类、二类、三类目标覆盖率分别为100%、98.70%、92.89%；继续深入开展“无命案镇（街道）无刑事案件村居（社区）”“五星级平安村（居）”“平安单位”等基层平安主题创建活动，社会平安和谐的根基更加牢固。

【社会矛盾纠纷化解】　全面推进重大决策社会稳定风险评估工作，探索建立重大决策社会稳定风险评估专家库，专家库初选人员81名；完善矛盾纠纷排查化解机制，积极发展专业性、行业性调解组织，建立区矛盾纠纷调处中心，成立259人的全区人民调解专家库，各级专业性、行业性调委会338个，专兼职人民调解员1015人，进一步健全完善党委政府领导、部门组织协调、社会广泛参与的“大调解”格局。共调处各类矛盾纠纷1423件，涉及当事人3300人，涉及调解金额1900余万元。

【基层基础建设工作】　推动区级综治工作平台规范化建设，区综治（平安建设）工作指挥中心运行有序。规范完善镇（街道）、村居（社区）

2016年6月2日，东营区法学会第一次代表大会召开

综治基层平台机构建设，镇、街道综治工作中心均完成建设工作，综治职能部门全部入驻，人员配备到位；各村居（社区）按照统一布局建设综合服务场所，为群众提供“一站式服务”。全面推行城乡社区网格化管理，基本实现了城乡社区网格化管理的规范化、信息化和标准化，逐步形成“区域划分网格化、管理服务精细化、工作运行规范化、人员队伍职业化、技术手段信息化”社区网格化管理服务新局面。

【社会治理创新】 以网格化管理为基础，壮大出租房屋与流动人口服务管理“专业化”队伍；研发“二维码”管理出租房屋系统，大大提高了工作效率。全面实施社区矫正工作，社区矫正管理教育中心承担矫正人员的报到接收、监督管理、教育矫正、心理帮扶等工作，重点凸显“执法、监管、教育和枢纽”四大功能，逐步形成了符合东营区特色的特殊人群管理服务模式，接收社区服刑人员1349人，至年底在册404人。组建了66人的政法系统网评员队伍，注册安装今日头条和新媒通政法新媒体矩阵客户端，提高网络宣传管理工作效能。

【深化普法依法治理】 深入推进司法体制和社会治理体制改革工作，司法责任制改革妥善推进，法官、检察官首批入额工作圆满完成。组建150人的普法志愿者队伍和37人的普法讲师团；联合团委、妇联、工会等组织开展集中法治宣传活动19场次，受众2万余人；联系市职业学院开展法治文艺展演展播，酝酿全区法治文化产品目录，策划法治文化产品23件；组织大学生村官走进村居、社区、学校普法3场次，受教育群众1万余人。

【东营区法学会成立】 2016年6月2日，东营区法学会第一次会员代表大会在蓝海国际大饭店蓝海厅举行，会议选举产生了第一届理事会、常务理事会和领导机构组成人员，标志着东营区法学会正式成立。

（李金刚）

法治政府建设

【政府制度建设】 2016年11月，印发《东营区法治政府建设实施方案（2016—2020年）》（东区发〔2016〕25号）。明确到2020年基本建成职能科学、权责法定、执法严明、公开公正、廉洁高效、守法诚信的法治政府的总体目标，推进依法行政，加快建设法治政府。

年内，开展规范性文件清理工作。对2012年1月1日以前区委、区政府及办公室发布的规范性文件全部进行清理。对2012—2016年度区委、区政府以及办公室现行有效规范性文件进行全面归类、梳理，并完成《东营区规范性文件汇编（2012—2016）》的编印工作，汇编分上下两册，收录2012—2016年规范性文件15件。

年内，制定出台《关于实行规范性文件统一登记统一编号统一公布制度的通知》，对区政府制定的规范性文件按要求及时报备，对区政府部门制定的规范性文件及时审查。

【法律事务性工作】 坚持合法性审查，完善重大行政决策机制。年内，审核政府、政办各类文件、专题会议纪要80余件，重大行政决策方案在区政府门户网站公布30件次。全面部署开展法律顾问制度工作，发挥政府法律顾问专业优势，参与区政府重大行政决策、涉法涉诉案件的处理，全年参与重大行政决策6件、行政复议案件8件、代理区政府涉法涉诉案件3件、审核各类合同20余份、接受单位和群众法律咨询服务30余人次。积极开展行政应诉工作，制订《东营区行政诉讼败诉报告制度》《东营区重大行政诉讼案件报告制度》，实行败诉案件一案一报告，全区共6件行政败诉案件，相关部门、单位均按要求向区政府上报。

【行政复议】 年内，出台《东营区行政复议联络员制度》等16项工作制度，确保行政复议工作制度化、长效化。全年收到行政复议申请9件，告知申请人通过其他方式处理2件，受理7件，审结6件。其中，维持2件，驳回1件，复议期间因调解或行政机关主动撤销或变更原具体行政行为，申请人要求撤回行政复议申请而终止审理3件，正在审理1件，行政复议纠错率达50%。

【政府法治监督】 年内，下发《关于审核确认行政执法主体资格的通知》，深入开展全区行政执法主体资格清理工作，对执法主体依法进行梳理确认。共确认40个行政执法主体，并在政府门户网站上对全区各部门行政执法主体进行公告。

年内，严格执法证件清理工作，对经审查不合格和需要注销的行政执法证件，及时公告。全年东营区36个部门单位共清理行政编制执法人员70人、参公事业编制执法人员2人、其他事业编制执法人员58人，共计130人。严格开展执法证件申领审验工作，全区347人参加行政执法证人员考试，年审行政执法证235件，新申领行政执法证57件，直接换发行政执法证332件。

年内，组织执法案件评查，成立案卷评查组，对抽查的行政执法部门报送的30余卷执法案卷进行集中评查，评出优秀卷宗10卷，促进行政执法行为规范化、标准化。

（丁建美）

公　安

【概况】 2016年，东营市公安局东营分局突出立体化社会治安防控体系建设，创新视频监控PPP模式，建设专职图侦队伍，推进公安“早八点”“网格警务”深度应用。落实简政放权“十三条”，大力推行“互联网+公安服务”模式，建设民生警务平台、“微警务APP”。适应诉讼体制改革，建设两级案管中心，利用执法闭环管理系统实现全网流转记载，扎紧规范执法的源头。建立局机关、派出所两级指挥平台和值班长制度，启动全警值班新机制，提高了重大警情先期处置及实战打击效能。

【安全保卫工作】 年内，立足“控警情、防风险、抓能力、保稳定”四大目标，组建分局敏感案事件应急处置指挥部，制定《应急处突工作预案》及分预案；加强专业处突力量建设，充实特警队员至150人，建设新区驻勤点，常态组织专项训练，积极参加全市多警合成“大拉练”，牵头组织分局“小拉练”12次，提高了快速反应能力。年内，处置各类突发事件、群体性事件67起。按照“严之又严、细之又细、实之又实”的要求，精心组织，周密部署，圆满完成了黄河口马拉松赛、石油技术装备展等重大安保任务80余批次，实现了党委、政府和上级公安机关提出的“绝对安全、万无一失”的工作要求。圆满完成各级“两会”、C20峰会、G20峰会、十八届六中全会等重大会议安保任务30余批次，彰显了分局民警“招之能来，来之能战，战之能胜”的战斗作风。

【严打整治】 年内，深入开展“打霸治痞”暨建筑市场治安秩序集中整治行动，累计侦破涉恶涉霸案件298起，抓获违法犯罪嫌疑人607人，打掉霸痞犯罪团伙33个，市、区重点工程领域连续5年刑事零发案。特别是经过近1年专项经营，争取部、省、市三级公安机关支持，联动河南、辽宁、江苏等省市公安机关，一举破获吴某某犯罪团伙，抓获成员39人，缴获枪支11支，全国及省打黑办专门致电祝贺，市委书记申长友、省公安厅副厅长槐国栋予以肯定批示。深入开展严厉打击“打孔盗油”犯罪专项行动，破获历年来的涉油积案67起，破案率97.1%，打击战果位列全市首位。11月25日，在全国重点地区打击整治打孔盗油违法犯罪专项行动现场推进会上，公安部党委副书记、副部长黄明对分局打击涉油犯罪成果给予充分肯定，并推介“东营经验”。组织开展破案攻坚会战，严打黑恶暴力、电信网络诈骗、“两抢扒窃”等犯罪活动，累计破获侵财案件1712起，年内发生的命案等有重大影响的案件、敏感案件全部被侦破。特别是及时侦破了“11·28”抢劫杀人案，副省长、省公安厅厅长孙立成专门批示祝贺。加大禁毒工作力度，禁毒工作在全省位次明显提升。严打严防经济领域违法犯罪，立案受理经济领域犯罪案件46起，破案16起，抓获犯罪嫌疑人41人，涉案金额6.2亿元，侦破了“E租宝”“汇友诚”等涉案金额亿元以上、受害人千人以上的涉众经济案件3起，为有关单位和个人挽回经济损失6500余万元。

【治安打防控体系建设】 年内，深入推进立体化社会治安防控体系建设，坚持做好群众身边的防控工作，推行“特警巡线打框，派出所保点管面，机关机动增援，社会力量补充”的布警方针，确保每天参与社会面巡防人员不小于200人，敏感节点不少于500人，最大限度地把警力部署在案件高发时段，投入防范薄弱的重点路段，同时大力推广高层住宅小区楼宇IC卡门禁、“防拉栓”等物防、技防措施。年内，接处有效警情41102起，同比下降1.2%。积极推进城市视频监控系统改造升级，提请区政府下发《东营区公共安全视频图像系统建设三年规划（2017—2019）》，推进视频监控体系建设和补点，并在牛庄镇、胜园街道试点视频监控建设PPP模式。积极与综治部门对接，制定《东营区公共安全视频图像信息系统技术标准》，明确各类区域视频监控建设标准，明确全区各职能部门的职责，避免建设标准不统一、制式不兼容、信息不共享等问题。立足“大数据”分析应用，建设专职图侦队伍，积极推动公安“早八点”应用和视频信息关联分析，提升社会治安科技管理效率和水平。全面推行“网格警务”，社区警务室与社区工作站一体运行，社区民警与综治网格员捆绑考核，网格员走访普查，反馈治安隐患、破案线索，民警组织检查、清查、破案，分流非警务事件处置，减轻民警工作负担，提升了工作合力。探索“二维码”管理出租房屋APP，加载“社区平板”“警务通”手机，业主“扫一扫”自行登录登记、修改人员信息，民警“扫一扫”查询信息，记录检查情况，提升了动态化、信息化条件下基础管控水平。年内，全区总接警量、治安警情、刑事发案，同比分别下降18.67%、31.73%和4.2%。

【执法规范化建设】 年内，积极适应以审判为中心的诉讼体制改革，建设了分局和派出所两级案管中心，推进运行执法办案闭环管理系统，实现了接报案、受案立案工作信息全要素网上记载、全流程网上运转，扎紧了规范执法的源头，把权力关在了制度的“笼子”里。进一步深化执法公开，将公开办（处）理、公开认定、公开听证等方式，运用到行政处罚决定、不予立案撤销案件、事故责任认定等重要执法环节上，最大限度地保障群众的知情权、表达权、参与权和监督权，真正把执法活动置于阳光之下，努力让公平正义以群众看得见的方式实现，群众对执法工作满意度达到85.6%，行政复议工作得到夏耕副省长充分肯定，文汇派出所被命名为“全省公安机关执法示范单位”。完善拘留所软件设施、医疗卫生专业化建设，健全从日常教育管理、夜间巡查、亲属探视、出所检查等全过程制度体系，全年拘留违法人员1893人，化解矛盾纠纷调解80余起，顺利通过2015年度全国一级拘留所验收。

【构建和谐警民关系】 年内，坚持警务围着民意转、民警围绕百姓干，把“做实派出所”作为深化基层基础工作的切入点，厘清派出所工作职责，进一步为派出所松绑减负，使派出所有更多的警力和精力投入到治安防控、化解矛盾、服务群众上来。认真落实公安部关于深化户籍制度改革的意见，全面推行居住证制度，推出了异地办理身份证、护照等改革举措，无论是本地人还是外地人都能享受“市民待遇”，共享全区经济社会发展成果。全面落实省公安厅简政放权“十三条”，大力推行“互联网+公安服务”模式，建设了分局民生警务平台、“微警务APP”，实现服务群众从“面对面”到“键对键”，再向“指尖对指尖”的延伸，有效解决了服务群众“最后一公里”问题。开辟绿色通道，推行延时服务、网上预约，全年办理出国（境）证件及签注21021人次，办理户口迁移7392人次，受理异地居民身份证申请952人次，开展特种行业审批314件次，窗口服务工作实现了新突破。

【队伍建设】 年内，建立党委理论中心组定期学习、“周四民警集中学习日”等常态化政治理论学习机制，精心组织开展“两学一做”学习教育活动，打牢“忠诚、为民、公正、廉洁”人民警察核心价值观。建立局领导联系派出所制度，所队长值班、办案、家访制度。坚持从小处着眼、细处入手，建立健全执法办案、行业纠风、公务用车、加班就餐等内部管理制度18项，加大对执法办案、遵守纪律、廉洁从警的现场监督，以制度建设促作风转变、能力提升。坚持廉政到家，所队长带头，常态开展民警家访活动，在解决难事中送去温暖，在交流嘱托中扯袖提醒。构建反腐倡廉“大宣教”格局，在分局机关、基层所队推进“三室一廊一院”廉政文化阵地建设，精心制作廉政格言展板，定期推送廉政箴言。编印了分局《廉政风险防控管理手册》《禁令规章制度汇编》，加强反面警示教育，编制小册子，观看教育片，剖析检查、撰写体会，触动了民警灵魂深处。启动“全警大培训”模式，采取内部民警讲解示范、邀请外地业务专家、实战能手来局授课等形式，把现场变课堂、依案件制课件、把庭审当考场，组织专题培训13类21场700人余次。

全国高考当日，特警队员在东营区一中执勤警戒

【消防工作】　年内，累计接处警812起，抢救、疏散群众845人，抢救财产1.13亿元。结合冬春火灾防控、夏季消防检查等专项行动，开展火灾隐患排查整治，检查社会单位2623家次，发现整改隐患2705处，罚款41.05万元，临时查封、“三停”、挂牌督办18家。安装独立式感烟火灾探测报警器1956个，完成率达130%。完成史口、牛庄、六户、龙居4镇消防规划编制工作，史口消防站完成投用，补建市政消火栓75个，33个社区95家消防安全重点单位初步建成微型消防站，25个超千人村庄建成志愿消防队。通过消防微信公众号，发送消防知识300余次；结合“消防进军训”“119宣传月”等活动，开展演练80余场次、宣传培训276场次，受教育群众12100人；在搜狐网、中国消防在线等主流媒体发稿40余篇。

【边防工作】　年内，加强船舶管治，巩固边防主业，列管渔船391艘，办理船民证483个，加大常态化巡查管理力度，夯实了边防稳定根基。扎实开展“固边系列行动”及“破案攻坚”等专项行动，先后侦办、查处各类案件196起，破获了“广利港系列盗窃电瓶案”“海堤路系列车内物品被盗案”等典型案件。深化爱民实践，组织党员为困难群众送温暖，帮扶帮困12人次，解决困难50余件，救助遇险船舶19艘，渔船民33人，化解矛盾纠纷63起。推进科技强警，投资50余万元，在进出广利港交通要道新安装4套高清抓拍单元；投资15万余元，研发完善三维地理信息平台，进一步提升应急处突和信息分析研判能力。

（高丽波）

检　察

【查办职务犯罪大要案】　2016年，东营区人民检察院坚持“无禁区、全覆盖、零容忍”，严肃查办领导干部犯罪。立查贪贿案件12件15人，渎职侵权案件5件6人，其中立查处级干部2人，科级干部6人。深挖窝串案，立查了一大批大要案。抓好立案的同时，全力做好案件消化处理工作，一批复杂疑难案件得到妥善处理。高度重视办案安全，狠抓文明规范执法，做好风险研判，确保了办案安全无事故。

预防局干警为小学生上普法教育课

【打击严重刑事犯罪】　年内，办理审查逮捕案件339件520人，批准逮捕262件409人，不捕78件108人；办理审查起诉案件919件1209人，提起公诉783件1008人。积极开展“打霸治痞”“净化油区治安环境”等专项行动，严厉打击影响群众安全感的暴力犯罪、环境资源犯罪和多发性侵财犯罪。

【民事行政检察】　以虚假诉讼监督、环保行政执法监督、道路交通安全行政执法监督专项活动为抓手，受理案件90件，其中，提请市院抗诉2件，发出各类检察建议43件，支持起诉30件，不支持监督申请决定7件。

【刑事诉讼检察监督】　监督立案、撤案14人，纠正漏捕19人，追诉漏犯39人，抗诉5件。扎实开展“破坏环境资源犯罪”和“危害食品药品安全犯罪”专项立案监督活动。

【刑事执行检察监督】　办理羁押必要性审查案件31件31人，发放纠正违法通知书14件，其中监内监外各7件，纠正减假暂不当案件3件。开展清理判处实刑罪犯未执行刑罚专项活动。加强社区矫正监督，对1名缓刑考验期内不服从管理的罪犯监督撤销缓刑。

【控告申诉检察】　妥善处理来信、来访234件次，涉法涉诉信访案件124件次。通过民生检察服务热线为群众解答法律咨询399件，更新热线微博632条，办理刑事被害人救助案件10件。化解了一批缠访缠诉积案。办理两起非访案件。

【预防犯罪】　创新开展预防职务犯罪工作，开展行贿犯罪档案查询3560次，为132个政府投资项目保驾护航。做好涉农扶贫职务犯罪预防，成立涉农预防志愿者工作站，研发涉农资金公开平台对涉农资金进行全程监督。撰写的涉农领域职务犯罪惩防调查报告，被评为全省“十佳”年度报告。

【派驻检察室工作】　发挥派驻胜利检察室与群众联系最密切、接触最广泛的优势，用心倾听群众呼声、回应群众关切、维护群众权益。受理群众来访55件16人，受理职务犯罪线索5件6人，解答法律咨询66件；走访群众500余户，化解矛盾纠纷7件；开展法制宣传32场，发放宣传资料5000余份。在办案过程中，经细致审查，依法要求侦查机关将认定为无业的被告人查清公职身份移交法院，并向侦查机关发出检察建议，维护了法律的尊严。

（刘婧君）

审　判

【概况】 2016年，东营区人民法院紧紧围绕"努力让人民群众在每一个司法案件中感受到公平正义"的目标，依法履行审判职责，全面加强自身建设，积极推进司法改革，从严从实改进作风，各项工作取得新进展。全年受理各类案件7555件，审执结7651件，结案标的额29.26亿元，同比下降2.2%、5.2%和上升98.5%；存案954件，同比下降9.1%；案件结收比101.27%，长期未结案件全部清理结案。

【刑事审判】 严格贯彻宽严相济刑事政策，审结刑事案件852件1056人，同比上升14%和10.7%。依法严厉打击严重危害社会治安的暴力犯罪，判处故意伤害、非法拘禁等案件88件125人；严惩危害人民群众生命财产安全的刑事犯罪，判处"两抢一盗"、诈骗案件113件179人；严惩打孔盗油违法犯罪，对37名涉油被告人判处严厉刑罚；严厉打击危害公共安全犯罪，判处"醉驾"案件428件432人；依法审理职务犯罪案件，审结贪污、贿赂、渎职等职务犯罪案件20件25人；在"国际禁毒日"对9名涉毒被告人集中宣判。

【民商事审判】 受理民商事案件4312件，审结4518件。审结劳动争议、婚姻家庭、侵权等民事纠纷案件1845件；审理了建设工程、商品房预售合同纠纷案件217件，规范民间借贷行为，审结借贷纠纷案件823件；审结合同、保险、证券等商事纠纷案件1817件。

2月14日，东营区人民法院开展廉洁司法集中教育活动

【行政审判】 受理行政诉讼案件57件，审结56件，受理行政非诉审查案件127件，审结127件。发布行政审判白皮书《东营区法院2013—2015年行政案件司法审查报告》，强化行政机关负责人出庭应诉制度，行政机关负责人出庭应诉率达到43.2%。

【解决执行难工作】 通过健全组织保障，调整工作思路，强化对失信被执行人的惩戒，强化强制措施的运用，积极主动争取支持，执行工作实现"三升一降"：结案率上升、实际执结率上升、标的到位率上升，执行信访率下降，全年受理执行案件2164件，执结2052件，执结标的额2.78亿元，过付案款2.23亿元。

【诉调对接平台建设】 与区司法局共同出台《关于健全人民调解司法调解衔接机制的若干意见》《东营区人民调解协议司法确认制度》，实现人民调解与司法确认的无缝衔接。在诉讼服务中心设立"指导分流室、人民调解室、法官工作室、司法确认室"，引导当事人进行诉前调解，分流案件，节约司法资源，诉前调解中心调处案件585件。建成辛店法庭诉讼服务站，设立辛店街道人民调解委员会驻法庭调解工作室，调解案件164件。2016年，民商事案件诉前分流26.3%，收案同比下降6.9%。

【司法便民服务】 制订《诉讼服务中心工作规则》，设置20个服务窗口，实现诉讼引导、登记立案、材料收转、法官接待等一站式服务；设立自助立案平台，建成二维码立案系统；诉讼服务中心实现卷宗网上查询、即时复制打印；立案窗口、道交庭、辛店法庭均配备开通缴费POS机；对困难群众依法缓、减、免诉讼费8万余元；成立司法救助委员会，向特困当事人发放救助资金20余万元。

【涉诉信访】 推行精细化接访，提高处访效率。接待初信初访当事人126件152人次，接待重信重访21件52人次，为320余人次提供法律咨询和判后答疑。坚持院领导接访制度，制定《院领导接访值班规定》，院领导接待信访人员281人次。严厉打击非访行为，涉嫌犯罪的依法严惩，对两名长期非访老户依法判处有期徒刑二年和三年。加大对长期信访案件的息访力度，协调街道办事处共同化解一名长期上访案。

【审判管理】 细化审判管理措施，建立审判绩效指标通报制度，坚持发改案件评析常态化，坚持上诉约谈规定，坚持案件质量通报制度；压实分管领导责任。将简易程序转普通程序的案件审批收归分管领导，严格执行审执限延长报批制度；强化院庭长办案。全年院领导办案88件，庭长、副庭长办案4028件，占全院总结案数量的52.6%，全院人均结案98件。严格规范案款管理。清理过付执行案款7061.47万元，其他涉案款项1337.89万元，清退保证金3089.49万元。发挥司法公开监督作用。裁判文书上网5446篇，庭审直播78案，人民陪审员参审案件1488件2610人次，一审陪审率达97.1%。全年结案均衡度63.9%，民行案件调撤率48.7%，简易程序适用率72.3%。

【繁简分流】 杨玉玲法官工作室结案434件，调撤率达64.33%。刑事简案速审团队结案392件，被告人服判息诉率100%。道交庭结案549件，服判息诉率90.35%，发改率0.4%。辛店法庭设立速裁组审结案件357件，服判息诉率达到97.61%。加大简易程序的适用力度，适用简易程序审理民商事案件3310件，适用小额诉讼程序审理76件。

【司法责任制改革】 着力完善审判执行团队建设，组建完善了6个审判团队和10个执行团队。做好首批法官入额遴选工作，产生首批入额法官43名。

（赵 洁）

司法行政

【普法与依法治理】 2016年，东营区立足普法固定阵地建设、普法工作载体创新和组织社会力量普法三个基本点，因地制宜布局“法律六进”示范点等市局部署任务，营造“七五”普法启动氛围。在继续巩固“六五”普法成果的基础上，稳步扩大全区普法示范点覆盖率，高标准建成东城街道安泰南区、牛庄镇东庞社区法治广场，全区首个法治公园——陶然法治文化公园顺利启用。注重普法工作载体创新，全区干部职工普法学习考试平台和短信普法平台建设进一步推进。出台并落实“谁执法谁普法”的普法责任制实施意见，明确区直部门单位普法责任，将120余部与经济社会发展、群众生产生活密切相关的法律法规的宣传责任，逐一明确到40余个成员部门。全年开展关于“全民国家安全教育日”、反家庭暴力法、非法集资宣传月、安全生产月、“12·4”宪法日走进职业学院、中小学模拟法庭巡回演讲等内容的多种形式的集中法治宣传活动23场次，受众达3万余人，营造了“七五”普法良好氛围。在拆违治乱、道路交通整治、农民工三项行动计划等中心工作中，继续发挥前期宣传造势作用，为确保全区中心工作开展奠定舆论引导基础。在全市普法知识竞赛中，东营区荣获团体第二名。组织大学生村官普法，针对基层群众需求，列出年度普法活动计划清单，实现专职普法与志愿普法的优势互补。全年组织大学生村官走进村居、社区、学校普法5场次，受教育群众1万余人。开展东营区“千场法治微电影进村居”放映活动

2016年8月3日，副省长孙立成（前右二）到东营区调研

1430场次，做到普法接地气，让群众感受到法就在身边。9月2日39次区人大常委会按程序表决通过七五普法“两个规划”意见。东营区被评为全国法治宣传教育先进县区。

【人民调解工作】 统一制作门牌、调解徽及各种规章制度，在每个镇、街道建成一处标准化人民调解委员会。统计329个人民调解委员会和1090名人民调解员的详细情况，发放人民调解员证。全年调解纠纷2254件，涉及当事人4751人。重点打造东城物业纠纷、史口劳动争议纠纷、六户旅游纠纷等专业性调委会。全区4个法律服务所、32名法律服务工作者通过年检。按照全省农村社区司法行政工作室的建设规范要求，在牛庄、龙居、史口建成6处工作室。

年内，接收刑满释放人员76名。

【法律服务】 开展公共法律服务体系建设，打造实体平台。依托东营区已经建立的司法行政工作中心，整合服务资源，东营区公共法律服务中心建设完成。依托司法所，100%的镇（街道）设立公共法律服务工作站。按照便民、利民原则，选取规模较大，人口相对集中，交通便利的村居（社区），建设完成10处司法行政工作室，安排律师定期值班，不断满足广大人民群众日益增长的法律服务需求。

推进法律志愿工作，搭建服务平台。在区属律师事务所、法律服务所招募具备专业法律知识的法律志愿者35名，倡导法律志愿者，在开展法律援助、普法宣传、爱心公益活动的基础上，通过“免费办案、法律咨询”等，发挥志愿者在“平安东营区”建设中的积极作用，让更多的律师加入到志愿服务中。

【法律援助】 建立法律援助业务台账，对来访、来电、来信、投诉、举报及处理进行登记记录。实行律师点援制。新建成东营火车站法律援助工作站，完善区劳动仲裁法律援助联络站，设专门办公室，并安排律师值班。律师办理法律援助案件和参与值班补贴标准大幅度提高，与市级补贴标准实现对接。充分利用辖区内广场电子屏，播放法律援助宣传口号。发挥网站、电台、电视台等媒体的作用，继续宣传播放法律援助公益广告。在黄河街道海信盈城社区开展法律援助进社区活动，在胜辉木业开展法律援助进企业活动。开展法律援助扶贫工作，以贫困村作为重点，印制连心卡，制作村居法律服务联系牌，进行发放、张贴悬挂，集中为群众解决法律问题。2016年，接待上门咨询群众710人次，电话解答法律问题4200余个，受理法律援助案件424件，其中刑事案件20件，民事诉讼案件223件，非诉讼181件。

【社区矫正工作】 年内，接收社区服刑人员353人，解除矫正365人，建议撤销假释1人，年底在册410人，建档率、个案矫正率、心理矫正率均为100%。依托“黄河驿站”框架，将社区服刑人员的过渡安置、教育培训、社区服务、电子手铐佩戴等工作融入其中，打造“四位一体”社区矫正平台，确保“三无”社区服刑人员顺利融入社会。

2016年东营区律师事务所情况表

序号	名称	地址	组织形式	负责人
1	山东平等律师事务所	西三路15号天成恒信科技大厦A座北区	合伙	李振才
2	山东东曦律师事务所	胶州路103号办公楼2楼	个人	于广涛
3	山东高格律师事务所	黄河路161号鲁班公寓45幢321室	合伙	张光春
4	山东龙合律师事务所	东三路111号都市中心写字楼B座3楼	合伙	崔　强
5	山东万东律师事务所	黄河路430-6号金领国际A座707室	个人	任万东
6	山东润超律师事务所	黄河路676号云鼎大厦1604室	个人	唐　超
7	山东胜东律师事务所	黄河路331号	合伙	李祥杰
8	山东城合律师事务所	东营区新区宁阳路8号	合伙	崔守星
9	山东崇义律师事务所	北二路石大北门向西200米（路北）	合伙	于海生
10	山东广道律师事务所	金瀚家园84号楼	个人	徐　波
11	山东准律律师事务所	济南路北、西三路东	个人	姜国义
12	山东九竹律师事务所	北一路378号	个人	朱子峰
13	山东万容律师事务所	黄河路38号生态谷37号楼4层	个人	张玉红
14	山东曦宁律师事务所	庐山路1036号	个人	李永刚
15	山东林索林律师事务所	黄河路684号玉景花园管理处3楼	个人	林索林
16	山东卓普律师事务所	黄河路430-6号金领国际B座804室	合伙	丁希民
17	山东鲁昌律师事务所	东营区新区宁阳路62号	个人	苏文军
18	山东钧钰律师事务所	南一路258号4栋113-301	个人	杜玉芳

（王　莹）

综合经济管理

- 黄蓝经济区建设
- 发展和改革管理
- 统计管理
- 财政管理
- 税务管理
- 物价管理
- 审计监督
- 国土资源管理
- 市场监督管理
- 质量技术监督
- 安全生产监督管理
- 招商引资
- 油区管理

综合经济管理

黄蓝经济区建设

【宣传推介】 2016年，围绕打造全市最大最强增长极和黄河三角洲地区最具实力和活力的中心城区等工作，通过东营市黄蓝两区网、东营区人民政府网、《东营日报》、《东营区报》、广播电视电台等多种媒体形式进行宣传，全年报送“两区一圈一带”、黄蓝网站和工作信息等各类宣传信息660余条，提报《实践与探索》《黄蓝经济区宣传画册》东营区篇等资料，为全区黄蓝经济区区域发展战略推进营造良好舆论氛围。

【政策规划】 融入黄蓝经济区建设发展大局，把《东营市东营区黄蓝经济区融合发展规划》和《山东东营胜利经济开发区发展规划》融入东营区经济社会发展中，细化并分解东营区2016年度全市黄蓝经济区建设目标任务，实行月调度、季通报，发现和解决工作推进中的困难和问题。进一步修改和完善《东营区黄蓝经济区区域发展战略推进督查考实施细则》，与东营区黄蓝经济区区域发展战略推进年度考核工作有机结合，确保各项规划落实工作有实际落脚点。

【“三争”活动】 开展以向上争取政策、争取项目、争取资金为内容的“三争”活动，加强深度研究，搞好筛选论证，找准切入点，举全区之力、集全民之智，借力发展，主动同国家、省、市有关部门汇报和衔接，争取更优的政策、更大的项目和更多的资金。

政策争取 牛庄镇西范村、龙居镇司家村增减挂钩项目通过上级部门验收，产生挂钩周转指标111亩。调整修改4镇土地利用总体规划，调整修改总面积1382.91亩，调整后方案报经市政府审批并完成省厅备案。全年申请新增建设用地计划指标1234.1亩，其中申请区级新增建设用地计划指标838.2亩；申请市级新增建设用地计划指标393.0亩；申请使用教育改薄计划新增建设用地指标2.9亩。东营泰尔石油技术有限公司钻完井流体工程研究中心被认定为东营市工程研究中心，山东德仕石油工程集团股份有限公司活性剂复合驱油工程研究中心被认定为省级工程研究中心。经多次对接，将涉及二手房的所有税种税款的征收全部协调到东营区地税分局。2016年5月1日起，东营市区涉及二手房交易环节的所有税种税款征收工作全部交由东营区地税分局管理。经山东省人民政府批准，胜利经济开发区纳入省级高新技术产业开发区管理序列，更名为东营高新技术产业开发区。

项目争取 优质农产品物联网标准化基地与品牌营销网络体系建设项目、高端石油装备配件加工基地项目等8个市级重点建设项目有序推进。龙居镇尚家片基本农田整理项目经市国土资源局、市财政局立项批复，项目区总面积5442亩，总投资981万元。山东科瑞石油装备有限公司乌兹别克斯坦CNG加气站建设项目申报省级总集成总承包示范项目，胜利油田胜动集团华纳万海建设股份有限公司地源热泵中央空调总承包项目申报2016年山东省工业提质增效升级项目。

资金争取 结合国家规划中明确各项资金政策，多方面、多途径争取更多扶持资金投入。据区财政部门统计，2016年，全区到位资金9.48亿元，省级以上无偿到位资金5.87亿元，同比增长12%。

【项目推进】 发挥项目建设在加快转变经济发展方式、推动黄蓝经济区建设、促进经济社会健康持续发展中的重要作用，2016年，全区确定110个重点建设项目，总投资374.15亿元。2016年计划投资100.41亿元，完成投资84.33亿元。

【督查考核】 做好市黄蓝经济区区域发展战略

推进督查考核相关工作。细化分解承担的2016年度黄蓝经济区区域发展战略推进目标任务，发现解决工作推进中的困难和问题，确保全年工作任务完成。在前几年黄河三角洲高效生态经济区督查考核机制初步建立的基础上，按照上级单位要求，进一步完善和修订东营区黄蓝经济区区域发展战略推进督查考实施细则，对黄蓝经济区区域发展战略推进的年度任务目标制订与下达、督查考核范围内容、评分标准、分值分配、组织实施、结果运用等方面进行明确，力求办法和细则有针对性、可操作性和适应性，加强对2016年黄蓝经济区区域发展战略推进各项重点工作的督查调度，进行各类督查活动4次。

（赵文斌）

发展和改革管理

【经济决策】 2016年，区发改局主导编制“十三五”规划纲要和2016年度国民经济和社会发展计划报告，明确东营区“十三五”期间和开局之年发展目标。面对经济下行、企业运营压力加大等困难和问题，采取针对性措施，强化经济运行分析监测，年内召开各类经济运行调度会议9次，形成各类经济运行分析报告12篇。在落实上级各项扶持政策的同时，制定出台《关于深入推进供给侧结构性改革的实施意见》《加快融入京津冀协同发展战略实施方案》《2016年深化经济体制改革实施方案》等一系列具体政策，保障企业平稳运行和经济健康发展，各项经济指标基本保持在合理运行区间。围绕中心工作和重大事项开展专题调研，2016年刊发各类综合信息和调研报告400余篇，其中4篇被省发改委网站采用，6篇在市政府网站刊发，16篇在区委、区政府《领导专供》和《专报信息》上刊载。

【政府投资项目】 年内，坚持抓住扩投资上项目这个“牛鼻子”，扩大有效投资，优化服务机制，促进经济稳定增长。把项目作为稳增长调结构促转型的重要抓手，建立全区PPP项目库，纳入项目28个，总投资12.65亿元。建立国家专项建设基金项目库，纳入项目22个，总投资50.05亿元，其中3个项目报国家待批，有望获得国家专项建设基金1.035亿元。制订2016年政府投资计划，确定全年实施政府投资项目83个，其中建设项目67个、推进项目16个，年度计划投资46.4亿元。严格招投标管理，凡属于国家确定的招标范围内的项目，均按照工程建设项目审批管理规定，落实招标方案核准，强化政府投资项目监管实施。出台优化重点项目前期审批手续的措施办法，建立东营区重大项目联审联批联席会议制度。年内，办理固定资产投资项目立项335个，总投资203.6亿元，其中审批191个，投资62.9亿元，备案125个，投资67.2亿元，核准19个，投资73.5亿元；招标核准230个，转报项目13个，节能评估和审查335项，办结率和满意率均达100%。

【区域发展】 年内，组团参加东营市融入京津冀协同发展推介会暨重点项目签约仪式，会上签约项目2个、会下签约项目4个、合同金额135亿元。牵头拟定《东营区加快融入京津冀协同发展战略实施方案》，确定12个方面的重点领域，印发全区贯彻实施，为东营区率先融入全市京津冀协同发展示范区建设打下基础。推进省外国内招商工作，提报省外国内招商项目16个，计划总投资304.94亿元，项目个数和计划投资位居全市各县区前列。

【重点项目】 年内，围绕8个市重点建设项目、110个区重点建设项目推进，创立“1+3+3+N”管理模式，即由区发改局牵头抓总，发挥区城市建设工程指挥部、区教育工程建设指挥部、区水气污染整治指挥部3个指挥部和区农业局、区经信局、区服务业办3个产业主管部门的能动性和积极性，带动各个项目责任单位全力抓好项目推进管理，形成上下一体、环环相扣的项目推进体系。在区行政办公中心楼2楼大厅设立项目进度展板，对110个重点项目进度情况公开展示，编发《督查通报》11期。年内区委常委会议、区政府常务会议专题听取全区重点项目推进情况汇报4次，区重点项目联席会议办公室组织召开专题调度会议6次，先后为28个重点项目协调解决土地、资金、前期手续、征地拆迁等方面的问题43项。

【供给侧改革】 年内，以供给侧结构性改革为主线，精准服务企业，加快产业转调，经济质量效益不断提高，三次产业比达3.7：38.9：57.4。提升现代农业，新增新型农业经营主体75家，6.5万亩生产基地通过“三品一标”产地认证。加快工业转型升级，8家化工企业关停并转，8个技改项目建成投产，新增规模以上石油装备企业7家，胜舟光伏太阳能组件、高佳动力锂离子电池一期建成投产，海科集团成为国内首家生产“京六”标准汽柴油的民营炼厂，东营胜利经济开发区成功获批省级高新技术产业开发区。提升服务业，实施投资过亿元项目22个，服务业增加值占GDP比重同比提高2.8个百分点，现代业态快速集聚，电子商务交易额突破226.3亿元，易瑞跨境电商平台上线运营，成为国内首家石油装备跨境电商平台。强化创新驱动、科技支撑，新增市级以上研发机构21家，各类孵化器、生产力促进中心达3家，建成省级以上众创空间2家，全区科技研发投入同比增长6.3%。

【重大事项】 年内，推进公务用车制度改革，实行“1+3”管理运行模式，建立1个区公务用车集中管理平台，以及机要通信和应急用车、行政执法用车、社会化保障3个管理单元，在全市各县区率先实现党政机关公务用车制度的平稳、快速、规范运行。推进铁路建设工作，德大铁路征地拆迁费用清理完毕，有关资料档案全部移交德龙烟公司，黄大铁路和淄东铁路电气化改造工程征地报件工作推进。促成东营光伏与上海神舟电力的战略合作，胜舟新能源组件车间完成自动化改造并于7月28日正式投入运营。《黄河三角洲（东营）高效生态光伏发电百万千瓦级基地规划》编制完成，通过省发改委审核，并报国家能源局待批，为实现东营光伏战略重组转产提供了政策支撑。

（赵文斌）

统计管理

【概况】 2016年，围绕“提高统计数据质量，服务经济和社会发展”这个中心，主动适应“新常态”，加快推进法治统计建设，推动统计改革创新。做好常规统计报表和企业联网直报工作及各类专项调查工作。常规统计报表和企业联网直报工作包括各专业的统计月报、季报、年报企业联网直报工作，并加强预警监测和分析研判，同步做好数据分析、跟踪。各类专项调查工作包括粮食测产抽样、城乡一体化住户调查、人口变动调查、劳动力调查、海洋产业调查、企业景气调查、小微企业调查、“众创、众筹、众包、众服”专项调查、非公有制企业（单位）人才资源抽样调查等专项调查工作。

【统计信息咨询服务】 紧密跟踪经济运行中的新情况、新问题，对全区各季度及每月经济运行情况深入分析，找出存在的问题，有针对性地提出建议，满足党委政府和社会公众对统计数据的需求。2016年，撰写发布统计信息370余篇、统计分析20余篇，有2篇统计分析被《中国信息报》采用刊登，充分发挥参谋助手作用。开通“统计服务百事通”网络查询平台，与《黄三角早报》合作设立每月一期的“中心城统计服务”专版，定期编制《东营区统计手机报》，进一步提升统计咨询服务水平，拓宽服务渠道。

【统计执法】 结合统计业务特点，认真抓好执法检查各项工作，狠抓统计法制建设。加大对《中华人民共和国统计法》和《统计违法违纪行为处分规定》等法律法规的学习宣传力度。认真组织实施统计法律法规进机关、进企业、进学校、进社区、进乡村的“五进”活动，进一步扩大《中华人民共和国统计法》的影响力和辐射面。加强统计执法检查，逐步实现统计法规理念社会化、统计执法规范化，2016年，对30余家“四上企业”进行执法检查，对100余家企业进行电话核查。

【普查工作】 做好第三次农业普查、1%人口抽样调查等重大国情国力调查工作。突出做好第三次全国农业普查工作，加强组织领导，印发文件，成立机构，落实经费，选聘1000多名普查员和普查指导员，层层签订责任状。利用报刊、电视、电台等传统方式大力宣传普查工作的同时，创新用统计手机报、电子说明书等方式宣传农业普查。以严格普查程序，确保数据质量为前提，有序推进普查工作。9月，在牛庄镇圆满完成区级综合试点工作；11月中旬，对近300名普查指导员进行为期3天的业务培训，划分普查区和普查小区，12月底前完成对全区近5万农户和涉农单位的入户清查摸底工作。2016年，1%人口抽样调查继续采用PDA电子终端设备现场采录上传调查信息，调查涉及全区10个镇街道51个调查小区、3300余户、10000余人。

【《东营区统计年鉴》】 《东营区统计年鉴（2016）》是全面、系统反映东营区2015年国民经济和社会发展情况的资料性年刊。全书收录2015年度东营区国民经济和社会发展方面的统计数据，分综合，农、林、牧、渔业，工业和建筑业，贸易业，固定资产投资，财政、金融，教育、卫生及计划生育，劳动工资，城镇和农村住户，其他等十部分。书末还附有《中华人民共和国统计法》《统计违法违纪行为处理规定》《山东省统计管理条例》和主要统计指标解释。《东营区统计年鉴（2016）》是研究东营区情、制定政策、指导工作的重要资料和历史性工具书。所列各项指标数据，除《政府工作报告》和《统计公报》使用的数据为快报数或初步统计数据外，其他均为正式年报数据，凡与《东营区统计年鉴（2016）》数据不符的，一律以该年鉴为准。

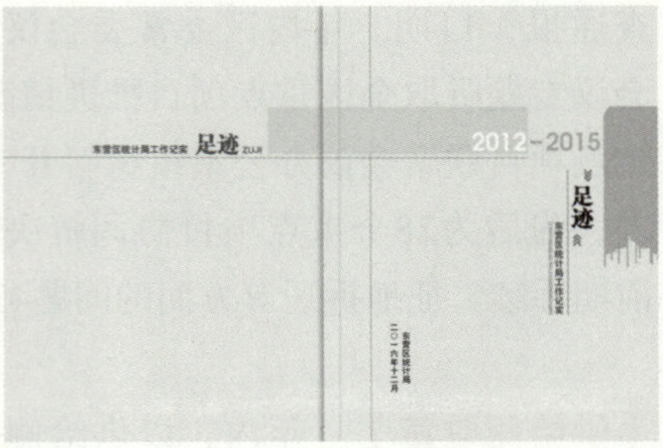

2016年12月出版统计工作纪实刊物

【统计基层基础建设】 稳定统计队伍，充实统计力量；加强培训，于2016年组织区内基层统计人员开展3期600人次业务培训；规范统计资料的档案化管理，深化企业统计工作星级管理工作，促进统计规范化纵向延伸，全区五星级企业达90家，组织完成全区10个镇街道市级文明统计站、星级统计站、示范统计站的申报、复审工作。突出做好企业纳限和基本单位名录库维护更新工作。2016年，新增纳限企业36家，退出8家，净增28家；查找核实新增注册企业7100多家，并增补入库录入到名录库维护系统；核实修改、变更名录库单位错误信息2万余条。

（马新蕾）

财政管理

【概况】 2016年，东营区一般公共预算收入完成262880万元，可比降低10.86%，支出287262万元，完成调整预算的109.20%。

【培植财源】 全年争取上级资金37006.31万元，支持东营区农村建设、生态环保、产业结构调整等26类项目；落实支持经济发展的一系列财政、税收、金融政策，清理政府定价涉企收费，全面降低企业运行成本，为经济发展财政增收注入持久动力。加快工业转型升级，做优做强服务业，通过列支专项资金、贴息、补贴等多种手段，支持第三产业发展，平衡三次产业收入贡献比重。坚持依法治税，推进收入专业化、精细化管理，夯实税收征管基础，规范非税收入管理，强化收入动态分析，堵塞征管漏洞，挖掘隐性税收，确保应收尽收。

【支持重点项目】 投入资金41643万元支持全区110个重点建设项目，占全年财力的11.72%，推动儿童乐园、石油装备产业基地、森林公园、庐山路、西一路、西二路等项目建设。投入资金1264.8万元，支持企业出口创汇、境外参展，促进外贸增长方式转变；统筹资金200万元，扶持企业资本创新，推动金融机构服务实体经济，促进辖区金融业创新发展。统筹资金4324.26万元，保证全区科学技术研究、人才培养、引进和激励人才等资金需要，为加快人才资源向人才资本转化提供财力保证；筹集资金866万元，支持东营胜利大学生创业园建设，搭建科技人才创业服务区，实施高层次、高技能人才培训工程。

【落实强农惠农政策】 投入资金2080万元，实施史口、龙居、辛店1.95万亩高标准农田建设项目；投入资金551万元，带动农业龙头企业及农业专业合作社发展，推动农业产业结构调整，产业层次升级。增加农民转移性收入，落实耕地地力保护补贴、种粮大户和种植粮食家庭农场补贴资金1953.69万元，受益农户2.39万户；补贴农机购置资金810万元，受益农户299户；投入资金531.32万元，推进政策性农业保险实施，并首次实现对全区小麦、玉米、棉花的保险全覆盖。加大精准扶贫力度，设立专项扶贫资金，落实各级财政资金300万元，达到每个省定贫困村30万元产业扶贫资金标准；筹措资金1125.5万元，建设3371千瓦光伏电站，产生的收益用于扶持脱贫工作；设立扶贫监管账户，落实市级财政资金95万元，提升金融扶贫质量。

东营区财政局科级以下党员干部德廉和党风党纪知识测试

【保障民生事业】 加大教育事业投入，实现城乡义务教育全免费后，城乡义务教育公用经费标准再提高，达到初中每生每年1010元、小学每生每年810元，远高于省政府制定的义务教育经费标准；投入资金1765.9万元，用于学前救助及中等职业学校公用经费、助学金等，保障各类困难学生的求学需求；落实教育扶贫资金100万元；筹措资金84800万元，为解决城镇普通中小学大班额问题提供资金保障。深化医疗体系改革，筹措资金8912.73万元，开展城乡居民医疗保险整合工作，惠及19.33万余人次，实现医疗保险无缝隙覆盖；拨付区级城乡医疗救助资金50万元、临时救助资金50万元、扶贫医疗救助基金160万元，完善城乡大病医疗救助体系，重点对低保对象、农村特困户、五保户、特困优抚对象及因病致贫人群中患重大疾病人员实施救助；投入资金1673万元，达每人45元的基本公共卫生服务补助标准，全年37万余人受益。完善社会救助体系，推进新农保和城镇居民养老工作，为60岁以上老年人发放基础养老金9741万元，受益4.44万余人次，覆盖率100%；城市低保、农村低保、农村五保标准提高至每人每年6960元、4200元、7300元，全年救助10万余人次；投入资金480万元，落实被征地农民个人社会保障费用；落实资金235万元，按照每人每月300元的标准为符合条件的老年人购买居家养老服务。落实文化惠民政策。投入资金1822万元，建设文化广场、文化大院，打造区级、村级历史展厅，深化国家级公共文化服务示范区创建；落实农村文化发展专项资金201万元，切实促进农村文化建设。

【财政改革】 加快财政支出方式改革，在养老、教育、医疗、卫生等领域大力推进政府购买服务，创新政府与社会资本合作模式，简称PPP，选定胜利经济开发区配套提升工程和西城暖气管线改造提升工程2个项目，进行政府与社会资本合作，鼓励和引导社会资本参与重大基础设施项目建设，着力解决公共建设资金不足问题。加强政府性投资项目管理，出台《东营区政府投资项目资金管理办法》，强化政府性投资项目关键环节管理，制定项目拨款程序和审核标准，严格政府投资预算评审、资金审核，全年编制预算报告127个，项目总投资220436.4万元。规范预决算执行制度，对结余结转资金进行分级分类清理，收回存量资金30000万元；对政府预决算、“三公”经费预决算和部门预决算，全部实现网上公开；收入预算从约束性转向预期性，促进税收依法征管；强化支出预算管理，推进预算管理重点由平衡状态向支出预算和政策拓展，硬化支出预算约束。健全政府采购管理体制，高效运转政府采购项目，按照规定程序审核项目前期手续并及时审批采购方式。全年完成政府采购项目319项，采购预算资金222670万元，实际采购资金208542万元，节约资金14128万元。加强日常财政监督检查，开展会计信息质量检查，牵头制订《东营区2016年“小金库”专项整治工作实施方案》，编制财政系统内控系列制度，进一步强化财政、财务管理。

2016年东营区公共财政预算收入执行情况表

单位：万元

预算科目	调整预算	累计完成		上年同期数
		数额	占调整预算（%）	
总计	260053	262880	101.09	311441
税收收入	181391	184839	101.90	218265
国内增值税	56500	58468	103.48	34008
营业税	37600	37898	100.79	74016
企业所得税	17400	17417	100.10	25217
个人所得税	8180	8229	100.60	7388
资源税	51	51	100.00	65
城市维护建设税	12790	12848	100.45	12719
房产税	5860	5880	100.34	4931
印花税	3210	3246	101.12	3237
城镇土地使用税	14700	15060	102.45	15270
土地增值税	6560	6728	102.56	8123
车船税	40	41	102.50	36
耕地占用税	680	683	100.44	967
契税	17820	18290	102.64	32288
非税收入	78662	78041	99.21	93176

续表

预算科目	调整预算	累计完成		上年同期数
		数额	占调整预算（%）	
专项收入	20233	20296	100.31	22372
其中：水资源费收入		87		7
教育费附加收入		5457		5450
行政事业性收费收入	7582	7586	100.05	8623
罚没收入	3156	3163	100.22	3050
国有资本经营收入				
国有资源（资产）有偿使用收入	25434	24734	97.25	56729
其中：海域使用金收入				161
其他收入	22257	22262	100.02	2402

（此表由东营区财政局编制）

2016 年东营区公共预算支出执行情况表

单位：万元

预算科目	调整预算	累计完成		上年同期数
	合计	数额	占调整预算（%）	
总计	289549	355266	122.70	311286
一般公共服务	34552	36835	106.61	40563
外交	—	—	—	—
国防	—	4	—	8
公共安全	11669	11778	100.93	10019
教育	45224	53256	117.76	46052
科学技术	697	1921	275.61	1930
文化体育与传媒	3710	4414	118.98	2750
社会保障和就业	42068	55085	130.94	49078
医疗卫生与计划生育	22650	38872	171.62	29951
节能环保	444	2788	627.93	4839
城乡社区支出	65134	66743	102.47	36476
农林水支出	30039	41495	138.14	53317

续表

预算科目	调整预算	累计完成		上年同期数
	合计	数额	占调整预算（%）	
交通运输	2146	5872	273.63	3541
资源勘探信息等支出	2982	5396	180.95	2905
商业服务业等支出	11922	12997	109.02	5736
金融支出	270	306	113.33	220
援助其他地区支出	1123	1123	100.00	1108
国土海洋气象等支出	95	95	100.00	1728
住房保障支出	2667	3308	124.03	3968
粮油物资储备支出	—	—	—	616
预备费	—	—	—	—
其他支出	10747	11568	107.64	16481
债务付息支出	1410	1410	100.00	—

（此表由东营区财政局编制）

（朱　萌）

·国有资产运营·

【概况】 2016年，东营区国有资产运营中心以“依法采购、廉洁高效”为目标，打造“阳光政府采购”，提升政府集中采购工作的科学化、规范化、精细化水平；创新投融资工作、服务区重点工程项目建设，确保区重点项目建设顺利进行；加强国有股权监督管理和经营性资产管理运营，确保国有资产保值增值，发挥国有资产运营的经济效益和社会效益，全年实现国有资产运营收入2.13亿元，为区重点项目建设融资 3.42亿元，完成年度任务目标。

【政府集中采购业务】 为适应业务需要，通过集中学习、邀请专业人员授课、组织到交易中心现场观摩等多种形式开展政府采购业务培训，加强采购队伍建设，提高工作人员的思想和业务素质。结合东营区实际，制定《工程类公开招标综合流程》《政府集中采购工作人员岗位职责》等4项流程、22项制度、14项

区城管局2016年春季摆花政府采购项目顺利开标

运营公司参股企业东营银行

岗位职责，建立起规范、完善的政府集中采购制度体系和工作流程，为政府集中采购工作提供制度保障。坚持深入探索的思想理念，完善制度、优化流程、提高效率，确保全区工程项目建设顺利进行。2016年，接收采购项目254个，计划总投资22.21亿元，其中开标项目208个，已开标项目总计划投资18.07亿元，中标总额16.71亿元，节约率7.53%。严格采购程序、把控重要环节，严把资格审查和资料审核关，规范招标采购文件，组织开标活动，实现“阳光采购”。加强廉洁自律教育和警示教育，杜绝暗箱操作等腐败行为，自觉接受各方面监督，确保政府集中采购工作“公开、公平、公正”。

【重点项目建设服务】 在政府融资平台受到政策限制的情况下，通过构建多元投资主体，创新融资方式，拓宽筹资渠道，突破融资瓶颈，加大对城乡基础设施、民生社会事业、企业发展等方面的投入。2016年，筹措资金3.42亿元，确保东营森林乐园、石油装备国际交流中心、“两馆一宫”等区重点工程项目建设的顺利实施。为进一步加强全区城乡基础设施和新型城镇化建设，促进社会、经济和环境的协调、健康、持续发展，为新区北部片区及黄河路钢木材市场道路贯通项目融资4.5亿元；为水质提升项目融资8000万元；为牛庄镇、史口镇改善农村人居环境居住项目融资3400万元。

【国有资本管理】 代表区政府履行出资人职责，落实财务监督、财务报表制度，对参控股企业的经济运行指标动态监控，对5家国有及控股企业进行定期财务审计，对10家参股企业以参加股东会、董事会的方式参与重大经营决策，充分行使股东权利，确保国有股权安全完整。2016年，实现国有股权收益2818.74万元。推进国有股本结构调整工作，经区政府批准，运营公司持有的胜利合行股份1000万元清算退出，收益率达65.39%。经区政府批准，运营公司出资5000万元参股东营海欣热力供应有限公司，持股比例为10%。

【行政事业资产规范处置】 对所有经营性资产加强管理、定期维护，确保资产安全完整，2012年至2016年年底实现房租收益5786万元，资产处置收益1479万元。2016年，对新区配套用房分两批拍卖，计19577.9平方米，获得收益15807万元。东营市公务用车制度改革会议后，认真拟定东营区车辆处置方案，按程序迅速开展车辆处置工作。为确保拍卖过程公平、公正、公开，先后委托东营市滨海拍卖行等4个拍卖行网上公开竞拍，应处置车辆313辆，报废21辆，拍卖292辆，拍卖成交率100%，评估值780.68万元，成交额1137.42万元，溢价收益率45.7%，确保国有资产保值增值。

（成艳艳）

·住房公积金管理·

【概况】 2016年，归集住房公积金29447万元，支取21899万元，发放住房贷款28093.3万元；累计归集住房公积金170447万元，发放贷款110080.9万元，为职工办理提取102451万元。

【公积金归集】 2016年，全区归集住房公积金达29447万元，完成年度计划的109%，同比增长16%。正常缴存单位达361个，缴存职工达25063人，全区当年新增开户单位51个，新增开户人数1486人。

【公积金支取】 2016年，全区支取住房公积金21899万元，占当年归集额的74%。其中购建房支取10182万元，还贷支取7868万元，退休职工支取10274万元，终止劳动关系支取2410万元，其他支取161万元。

【公积金贷款】 2016年，全区公积金贷款职工达833户，发放贷款28093.3万元，同比增长2%；个贷使用率113%；年末，贷款余额达78072万元，同比增加7274万元，增长37%；全年收回贷款6919万元。

（严　宏）

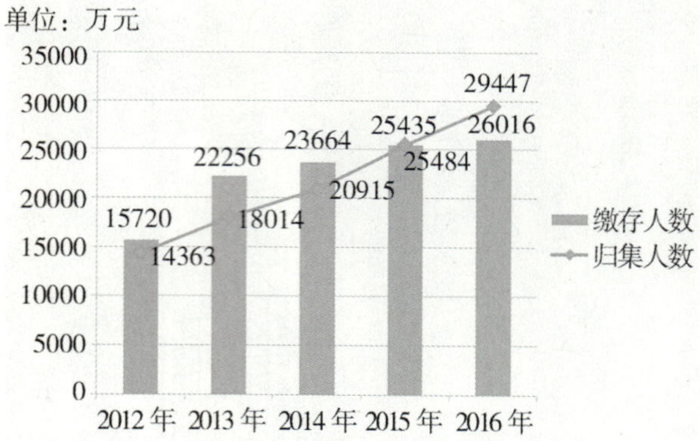

2012～2016年缴存人数及归集收入增长趋势图

税务管理

·国家税务·

【营改增试点】 坚持抓培训搞辅导、改软件调系统、优服务强管理、严督导促落实，接连打赢“开好票”“报好税”两场战役，“分析好”“总结好”阶段的工作交织进行。依托“互联网+”创新服务方式，组织团队开发全省首个“移动学堂”APP软件，纳税人足不出户通过手机、电脑等随时随地进行学习，“移动学堂”建设进驻国家税务总局信息广场。5月至年底，金融业、生活服务业、建筑业和房地产业四大行业14263户纳税人完成税制转换，实现应纳增值税46687万元。

【税收收入】 重点围绕营改增试点全面推开及预算级次调整对收入规模和级次结构产生的影响，开展税源调查，摸清经济税源，全面分析研判，对重点税源情况变动和增减收因素做到“底数清、分析透、预测准”，把握收入主动权，全面推进“营改增”后建筑业社会化管理实施综合治税，提高税源管理水平。2016年，组织税收收入410930万元，同比增长13.6%，增收49045万元。其中，区级收入55776万元，同比增长22%，增收10073万元。

【税务稽查】 以整顿和规范税收秩序为主线，加大稽查力度，优化稽查资源配置，开展税收专项检查和重点税源企业检查，惩治发票违法犯罪活动，重点惩治涉及出口骗税等发票违法犯罪行为，实施税收“黑名单”制度，提高纳税遵从度，进一步整顿和规范辖区税收秩序，全年查补入库税款8868.22万元。开展黄金票信息采集核查

全区同时也是全市首份生活服务业发票成功在东营宾馆开出

工作，采集、核查增值税专用发票2638份，涉及税款5156万元；接受网上协查案件33起，协查发票177份，协查金额7271万元，协查税额1250万元；接受来人来函协查案件11起，协查发票146份，协查金额1122万元。保持惩治发票违法犯罪活动高压态势，检查违规发票16357份，涉及金额7385万元，处理处罚入库税款1830万元。

【综合治税工作】 全面推进“营改增”后建筑业社会化管理，联合镇街成立协税护税组织，以委托代征和税源监控为主要手段，区分投资主体类别实行“源泉扣缴+网格管理”运行模式。对政府投资项目严格实行“先备案后施工”的监督模式和“见税票再付款”的支付款模式；对社会投资项目，发挥镇街管理优势，按属地管理原则，强化委托代征和税源监控，提高征管质效。

2016年东营市市区国税局税收收入完成情况表

单位：万元

序号	项目	全年累计收入	上年同期	同比 +-	同比 +-%
1	一、税收收入	410930	361885	49045	13.55%
2	其中：中央级	265244	258750	6494	2.51%
3	省级	7813	5071	2742	54.07%
4	市级	82097	52361	29736	56.79%
5	区级	55776	45703	10073	22.04%
6	（一）国内两税	302819	227060	75759	33.37%
7	1.增值税	261887	191944	69943	36.44%
8	其中：中央级	146586	127976	18610	14.54%
9	省级	7813	5071	2742	54.07%
10	市级	61694	30430	31264	102.74%
11	区级	45974	28467	17507	61.50%
12	2.消费税	40932	35116	5816	16.56%
13	其中：中央级	40932	35116	5816	16.56%
14	（1）四大部门两税	19661	20284	-623	-3.07%
15	增值税	19661	20284	-623	-3.07%
16	（2）非四大部门两税	283158	191944	91214	47.52%
17	增值税	242226	171660	70566	41.11%
18	消费税	40932	35116	5816	16.56%
19	（二） 企业所得税	75991	97966	-21975	-22.43%
20	其中：中央级	45608	58801	-13193	-22.44%
21	市级	20402	21930	-1528	-6.97%
22	区级	9981	17235	-7254	-42.09%

续表

序号	项目	全年累计收入	上年同期	同比 +-	同比 +-%
23	（三）个人所得税	5	6	-1	-16.67%
24	其中：中央级	3	4	-1	-25.00%
25	市级	1	1	0	0.00%
26	区级	1	1	0	0.00%
27	（四）车购税	32115	36853	-4738	-12.86%
28	其中：中央级	32115	36853	-4738	-12.86%

（此表由东营市区国税局编制）

（陈　晨）

·地方税务·

【税收收入】　至年底，组织各项收入176978万元，扣除“营改增”影响上年基数（2015年6至12月营业税入库56802万元），按可比口径计算，同比增收13866万元，增长8.5%。分级次情况：中央级收入19112万元，同比增收5558万元，增长41.01%；省级收入34万元，同比增收7万元、增长25.93%；市区级收入157832万元，扣除成品油上划等数据后，其中区级预算收入（含耕契两税）完成89153万元，扣除“营改增”影响去年基数，按可比口径计算，同比减收2727万元，下降2.97%（其中契税同比减收13247万元，下降42%）。

【税收征管】　严格非正常、停歇业、注销登记管理，深化国地税合作，开展纳税人信息差异联合管理，确保管理的一致性；贯彻商事体制改革，推进企业“三证合一”、个体工商户“两证合一”登记模式，加大联合办证推进力度，全局新增纳税人开业登记6721户次，其中，注册资金500万以上的新增企业367户；加强征管基础数据管理，做好金三优化版上线工作，搭建征管质量评价体系，提高征管质量；落实促进产业发展、残疾人就业等各项税收优惠政策，推进小微企业优惠政策落实；开展房地产、建筑、餐饮等重点行业和缴纳营业税的重点税源纳税人的欠税清查，入库税款7900余万元；创新开展企业所得税汇算清缴工作，尝试大范围引进中介机构，抽调业务骨干成立汇算清缴核查、审核、监督小组，增加税收3000余万元。

【体制改革】　经国务院批准，2016年5月1日起，在全国范围内全面推开营业税改征增值税（简称营改增）试点，建筑业、房地产业、金融业、生活服务业等全部营业税纳税人，纳入试点范围，由缴纳营业税改为缴纳增值税。为方便纳税人，国家税务总局决定，营业税改征增值税后由地税机关继续受理纳税人销售其取得的不动产和其他个人出租不动产的申报缴税和代开增值税发票业务。

东营区全面推开“营改增”试点工作，加强

工作人员收到纳税客户赠送的锦旗

组织领导和协调保障；拓展政策宣传和业务辅导范围，制作二手房交易税收政策明白纸；按照先行业、后属地的原则，分批次移交和确认11300余户纳税人相关数据；5月1日后，开具二手房交易和其他个人出租不动产代开增值税发票，完成“营改增”各项工作交接。

【纳税评估】 推行集团企业评估模式，组织开展建筑业、房地产业、金融保险、生活服务业和部分集团企业税收专项纳税评估工作，2016年度评估企业112户，评估各项税款5825.43万元；调整税收风险管理工作领导小组，对税收风险平台中的6508户风险任务进行风险评估，核实税款1576.03万元。

【税务稽查】 推行链条式稽查模式，完善查评机制。开展阳光稽查行动，落实重点税源企业“双随机”抽查工作，电子查账率100%，2016年度调账18户，结案18户，查补税款、罚款及滞纳金4109万元。

【纳税服务】 根据办税厅分布和税源管理现状整合办税资源，构建国地税共驻政务中心、人员互派互驻、共建大厅的分层次多模式国地税合作机制；开展纳税服务星级质量评价活动，每月组织1期；推行二维码一次性告知活动，利用新上线的山东地税税收服务平台，实现纳税服务多元化、精细化提升。

2016年东营区地方税收完成情况表

单位：万元

序号	项目	上年同期	全年完成	同比增收	增幅
1	各项收入合计	163112	176978	13866	8.50%
2	中央级	13554	19112	5558	41.01%
3	省级	27	34	7	25.93%
4	市区级	149531	157832	8301	5.55%
5	其中：区级预算收入	91880	89153	-2727	-2.97%
6	一、营业税	93023	54531	-38492	-41.38%
7	二、企业所得税	12484	17874	5390	43.18%
8	三、个人所得税	10105	12250	2145	21.23%
9	四、房产税	5427	7420	1993	36.72%
10	五、印花税	5032	5240	208	4.13%
11	六、资源税	129	102	-27	-20.93%
12	七、土地使用税	18348	19224	876	4.77%
13	八、土地增值税	11039	8349	-2690	-24.37%
14	九、城市维护建设税	16849	16788	-61	-0.36%
15	十、车船税	67	71	4	5.97%
16	十一、契税	31537	18290	-13247	-42.00%
17	十二、耕地占用税	967	683	-284	-29.37%
18	十三、增值税	0	1672	1672	#DIV/0!
19	十四、教育费附加	7217	7100	-117	-1.62%

续表

序号	项目	上年同期	全年完成	同比增收	增幅
20	十五、地方教育附加	4812	4724	-88	-1.83%
21	十六、文化事业建设费	7	23	16	228.57%
22	十七、罚没收入	109	99	-10	-9.17%
23	十八、残疾人就业保障金	403	220	-183	-45.41%
24	十九、地方水利建设基金	2357	2317	-40	-1.70%

注：表中上年同期数据为扣除“营改增”影响基数数据

2016年东营区各镇、街道税收完成情况表

单位：万元

单位	区级预算收入		
	全年完成	上年同期	增幅
黄河办	6812	6202	9.84%
文汇办	5621	5587	0.61%
辛店办	6166	4770	29.27%
胜利办	3897	3151	23.68%
商贸园	4172	3353	24.43%
东城办	5015	3271	53.32%
六户镇	960	957	0.31%
胜园办	4626	4571	1.20%
史口镇	3372	2128	58.46%
龙居镇	893	475	88.00%
牛庄镇	2394	1359	76.16%

（燕经波）

物价管理

【价格管理】 2016年，贯彻落实上级价格主管部门出台的价格改革政策，并跟踪调查，确保执行到位。降低一般工商业用电和农业生产用电销售价格、调整城市供水价格、完善峰谷分时电价政策、多次调整成品油价格、放开机动车驾驶员培训收费标准。做好价费备案工作，办理幼儿园收费公示审核6件；办理物业收费备案7件；通过价费备案和公示审核，规范经营者价格行为。

【收费管理】 加强行政事业性收费管理，对全区行政事业性收费进行清理，经核查，东营区现有行政事业性收费单位18个，收费项目40项；取消行政性事业收费项目8项；暂停行政性事业收费项目4项；免征行政事业性收费项目30项。按照全国收费动态监管系统要求，对全区收费单位进行网上审验，审验收费单位55个，审核行政事业性资金8136万元。推进医疗服务项目、价格对标工作。根据上级有关城市公立医院综合改革部署要求，按照“总量控制，结构调整”及“降低大型检查费用，提高体现医务人员技术劳务价值收入”的原则，依据《全国医疗服务价格项目规范（2012年版）工作手册》规定项目，决定在本辖区6家公立医院开展医疗服务项目、价格对标工作，为下一步推行医疗服务价格调整、优化医疗服务价格体系提供依据。

【价格监测成本调查】 加强市场价格采价员、企事业单位物价员、义务价格监督员、社区价格联络员、农村价格信息员等“五支”价格监测队伍的建设，监测人数增加到132名，使监测范围更广，监测数据更及时准确。对农产品常规调查（监测）品种重新调整，设置重点价格监测点15个，普通应急价格监测点35个，监测品种扩大到粮、油、米、面、肉、蔬菜等13类78个品种。采集价格变动情况监测数据624份，上报价格监测报表400余份，价格走势分析报告20份，为区委、区政府和上级价格主管部门制定价格政策提供依据。强化对重要节假日的监测频次和力度，通过节前、节中、节后的数据变化和同比数据等信息情况，提升价格监测预警工作水平。如对春节过后蔬菜价格持续高位运转进行监测，并将信息数据汇总对比分析，及时上报和对外发布，让人民群众了解蔬菜价格不断走高原因，稳定群众和市场情绪。对猪肉价格明显持续上涨进行监测，对生猪、仔猪、玉米饲料价格和白条猪出厂价等情况重点调查，将预警工作未雨绸缪，防患未然。年内，上报区委、区政府专项调查情况16项，被区政府信息室约稿信息10次。开展“晒价格”工作，突出中心城区价格特色，选取鑫昊批发市场、石大农贸市场、百大、银座、胜大中心店5个信息采集点作为“晒价格”信息来源；采集米、面、油、蛋、蔬菜等14个与居民生活息息相关的商品价格，每周二在东营区电视台《晒价东营》栏目、局网站中定期发布。全年发布《中心城区居民部分生活消费品价格信息》52期，通过各个市场的数据对比，帮助群众“货比三家”。开展农产品成本调查，合理设置农产品调查点，年内建立调查点21个，涉及10个调查品种。开展农户存售粮情况、农户购买农资情况、冬小麦成本直报、生猪成本价格、大棚蔬菜种植、棉花收购价格等专项成本调查，报送农民种植、养殖意向、农户购买农资等报表资料78份，搜集上报各种数据126份，为农产品成本核算提供基础性数据资料。

【价格服务】 开展价格认证工作，受理各类价格认定案件51件，其中刑事案件17件，车损案件34起，认证总额130余万元。做好商品房销售价格备案工作，对12家房产开发企业的33个楼盘办理商品房销售价格备案，并在东营区物价局网站予以公示。及时办理价格诉求，接受群众和企业咨询49件；受理群众反映的水、电、气、暖等价格投诉案件636件，办结率、回复率均为100%。

【价格监督检查】 对辖区内25家大型商场、超市进行明码标价专项检查，对发现问题的单位下达《责令整改通知书》，通过后期监督和检查有效提高商品房明码标价的信息公开，保障消费者知情权。开展涉企收费专项检查，根据省市文件要求，对区建设、交通、环保、工商、消防等部门2015年后的收费行为重点检查。经调查，东营区涉企部门收费符合现行政策，未发现乱收费现象。根据上级价格主管部门安排，在全区范围内开展医药价格重点检查。经查，各医疗单位价格政策执行情况良好，各类药品销售价格符合政府规定。加强节假日市场价格监管，在元旦、春节假日期间向各商家发放价格提醒告诫函，对液化气、成品油等民用能源价格，停车收费，以及商场超市、宾馆酒店等经营场所明码标价情况开展价格巡查，严肃查处经营者串通涨价、捏造和散布涨价信息、搭车涨价和通过抬高等级、短缺数量、以假充真、以次充好等价格违法行为。在元旦、春节、“五一”、中秋节重点对粮油、肉、禽、蛋、菜、奶、海鲜产品等重要食品价格进行监管。

（隋婷婷）

审计监督

【概况】 2016年，东营区审计局突出预算执行审计、经济责任审计、政府投资审计、镇街道审计、政策落实跟踪审计“五大板块”，把握审计质量控制和党风廉政建设“两个关键”，狠抓机关党建、干部作风、干部能力“三项建设”，全年开展审计项目285个，查出违规违纪和管理不规范问题金额73443.3万元，为财政增收节支18562.65万元，向纪委提供案件线索1起。

【预算执行审计】 重点从大局角度关注新《预算法》实施后，各部门单位预算编制、管理、实施、绩效情况和税务改革政策措施落实情况，持续关注中央八项规定精神贯彻落实情况，关注“三公经费”和会议培训费、津补贴发放等情况，从预算管理、分配和绩效等方面提出审计建议，规范政府收支行为。2016年，安排区财政局、区地税局、国库、区住建局、区教育局、区水利局、胜利街道等10个部门单位的预算执行审计，查处各类违规问题和管理及不规范问题57432万元，查处企业欠缴、漏缴税款1711.97万元，提出审计建议13条，审计决定执行率93.36%。

【干部经济责任审计】 以省经济责任审计报告模板内容作为审计重点，突出关注经济社会发展情况、目标责任完成情况、贯彻执行中央和省市区有关经济政策和决策部署情况、自然资源资产管理使用和环境保护情况、重大政府投资项目情况、财政财务管理情况、保障和改善民生情况、履行党风廉政建设第一责任人和个人遵守廉政规定情况等。2016年，受市审计局、区委组织部委托开展领导干部经济责任审计项目14个，查出违规违纪问题和管理不规范问题金额10161万元，提出审计建议和意见35条，向纪委移送案件线索1起。

【镇街道审计】 加强对各镇街道审计所的业务指导，强化对村居干部权力运行的监督，重点关

审计人员现场审计保障性安居工程建设情况

注村居干部遵守法律法规和落实上级决策部署、完成经济责任目标和社会事业发展目标、重大经济决策及基层组织管理、财务收支及相关经济活动的真实合法效益、遵守有关廉政规定等情况，进一步促进基层党风廉政建设，密切党群干群关系。在全区221个村居全面开展村居干部经济责任审计工作。其中，选定39个村居实行区级直审，选定9个镇街21个村居开展试点工作，2016年审计发现问题23项，查出违规违纪和管理不规范问题金额5850.3万元。

审计人员到被审计单位督查审计整改情况

【政府投资审计】 突出全过程跟踪审计，重点关注工程招投标控制价、预算、竣工结算等环节。加强政府投资信息化建设，专门开发审计施工工程信息管理系统，加强对工程变更签证的监管。做好中介机构服务政府投资项目合法性、真实性的监督工作，制定完善中介机构千分制考核制度和复审办法。2016年，实施跟踪审计项目239个，工程总投资387922万元，竣工结算项目81个，送审值39364.37万元，审定值33173万元，审减6191.37万元，审减率15.73%。开展招标控制价审计项目175个，工程总预算260160.72万元，审定值249501.41万元，审减值10659.31万元。

【政策落实跟踪审计】 根据审计署统一安排，开展稳增长、调结构、促改革、惠民生、防风险等宏观政策措施贯彻落实情况跟踪审计。2016年，抽调15人次完成保障性安居工程、社会救助资金、城市基础管线建设等5个跟踪审计项目，提出审计建议7条。先后抽调9人次，配合市审计机关开展精准扶贫、养老服务业政策落实跟踪审计，促进国家政策落地生根。

【服务政府中心工作】 为全区中心工作提供审计服务，派出13人次参加贯彻执行中央八项规定精神情况检查、“小金库”检查、国际石油石化装备与技术展览会、供销社破产清算、信访案件调查等工作。

（周云霞）

国土资源管理

【国土资源保护】 *耕地保护* 落实政府耕地保护目标责任制，将耕地保护责任层层分解落实到镇（街道）和村（居）。严格基本农田保护管理，进一步完善基本农田六项管理制度。2016年，市政府下达东营区耕地保有量和基本农田保护面积指标为23980公顷和17773公顷，至年底，全区耕地保有量25926公顷，实际划定基本农田保护面积17773公顷，均超额完成市政府下达的年度任务。全年非农业建设占用耕地164.01公顷，全部做到“先补后占”，实现耕地总量动态平衡。

矿产保护 东营区矿产资源蕴藏丰富。主要矿种有石油、天然气、地热、天然卤水、岩盐、贝壳及少量砖瓦黏土；地热资源及固体岩盐开发利用前景广阔。

执法监察 健全执法机制，提升国土资源保护水平。贯彻落实省市国土资源执法监察管理办法相关规定，全年立案查处违法用地99宗，收缴罚没款374.04万元，提出党纪处分建议10人。针对动态巡查和卫片检查发现的问题，协调镇、街道和相关部门开展综合执法，组织集中整治行动54

次，动用机械85台次，拆除违法用地132宗，退出土地40.05公顷。2016年土地卫片执法监督检查工作通过省级验收，全区违法占地占用耕地面积比例控制在7.5%，低于市级制定的10%的问责标准。

【建设用地管理】 按照全区重点工程用地需求，区分不同类别，实行责任到人，协调推进，全程代办的方式，保障各类项目用地。办理完成城市建设用地征转用批次手续10个，面积93.92公顷；办理南一路快速路即华山路至西一路建设工程项目、35千伏唐家变电站工程项目、德州路道路工程西四路至东八路东营区段项目等单独选址项目5个，面积247.11公顷。为文化公园片区学校建设项目、东营区阳光水韵幼儿园建设项目等62个项目预审土地面积116.47公顷，保障市、区重点项目顺利立项。年内，上报40个项目用地，土地总面积三千余亩。东营国土分局为区三中南校区、龙居和六户卫生院、市级机关战时人口疏散基地、东营革命烈士陵园、胜林小学、新区北部片区和钢木材市场片区11条道路等15个项目办理划拨手续；为龙居镇黄河南展区新型农村社区二期、龙居方家沥青储运、牛庄镇和六户镇6个村卫生室、5个村文化大院，1个村幼儿园等14个项目办理集体使用手续；为牛庄褚家村集中居住、石化总厂试修车间、史口万通热电联供等8个项目办理公开出让手续；为文汇街道东营社区居民委员会办理3宗村居改造用地的协议出让手续。协助油田完成新上井77口，完成油田孤罗东三条管线施工任务；调处油田钻井工程较大工农纠纷4起。

【地籍与测绘管理】 全年办理完成国有土地使用权登记5812宗，抵押土地登记751宗、查封土地登记168宗。完成2015年度全区757个遥感监测图斑的调查、核实、变更及数据库更新上报工作，涉及土地面积702.1公顷。

【地质矿产监督管理】 强化监督管理，督促地热开发企业依法办理地热采矿权登记手续；依法办理建设项目压覆重要矿产资源情况查询12件；组织实施东营市东营区地热资源潜力评价与开发利用、东营市东营区地下淡水环境调查评价和东营市东营区地热水溶气调查评价3个矿产资源专项收入转移支付资金项目；组织开展地质灾害防治、矿业安全生产检查专项行动和地热资源勘查开采专项整治工作，全面排查治理矿业安全隐患。

【国土资源市场建设】 坚持攻坚克难，按照年度土地储备计划和市、区重点项目用地布局情况，配合市土地储备中心对中心城区及四建制镇范围内土地进行储备，签订土地储备协议75份、土地置换协议2份、拆迁包干协议12份，储备土地总面积254.67公顷，落实安置用地9.73公顷。配合市局完成区三中南校区、龙居和六户卫生院、东营革命烈士陵园、胜林小学、新区北部片区和钢木材市场片区道路等项目办理划拨手续。为牛庄褚家村集中居住、石化总厂试修车间、史口万通热电联供等项目办理公开出让手续。完成供应土地56宗，面积180公顷。配合市局完成东营市档案局、市级机关战时人口疏散基地、东营市城市管理局污水泵站、生态新城等项目的地籍调查工作。清理2012～2015年批而未供土地137宗、766.06公顷，清理闲置土地13宗、71.56公顷，清理低效用地3宗、40.4公顷，全部制订出处置意见。按事权下放要求，全年征收地租384.07万元。

【土地综合整治】 牛庄镇土地综合整治项目农用地整治部分完成并通过验收，整治农用地3351.87公顷，实际新增耕地114.34公顷。龙居镇司家村、牛庄镇东张村、西范村增减挂钩项目推进，年内全部验收完成，新增可周转建设用地指标15.24公顷。龙居镇大孙村基本农田建设项目稳步推进，该项目总规模244.66公顷，至年底，工程施工完成。龙居镇大张片高标准基本农田建设项目推进，建设总规模1979.59公顷，至年底，完成施工任务和项目规划设计变更工作及施工审计工作。

【“三争”工作】 “三争”即争项目、争政策、争资金。拓展思路争取用地指标，保障区域经济发展。发挥中心城区平台优势，将东营区部分项目用地规模列入中心城整体用地指标分配计划，实现市区用地一体化。年内，全区项目使用农用地指标103.27公顷，保障了东营区重点项目用地需求；争取东营市东营区龙居镇尚家片基本农田整理项目，批复建设规模345.26公顷，投资981.02万元，至年底，上级拨付项目资金800万元。

（张　琦）

市场监督管理

【概况】　2016年2月，工商、食药机构“二合一”，整合为区市场监督管理局，挂食品药品监督管理局牌子。8月，完成基层所和内部股室整合，设基层市场监管所11个、机关股室15个。2016年，东营区市场监管局围绕维护公正市场经济秩序和保障公众饮食用药安全两个重点，坚持“管打建”三措并举，推进商事制度改革，强化市场监管，深化治理整顿，加强技术支撑和基层基础建设，全区食品药品安全形势保持良好态势，市场环境、消费环境不断改善。全年新发展企业4981家、个体工商户8626户、农民专业合作社52户，新增国内注册商标584件，办理食品经营许可证2932件。承担2016年区政府民生实事食品安全保障项目建设工作，为100所学校食堂配备食品安全快检设备，为11个基层所和2个农产品批发市场建设快检室。完成药品监督抽验165批，不合格8批；完成区级食品安全监督抽检2000批，不合格33批。组织开展市场监管业务培训，执法水平不断提升，2个行政处罚案卷分别被评为省食品药品监督管理局推荐优秀案卷、全市食品药品行政处罚优秀案卷。

【商事制度改革】　在2015年“三证合一”基础上，2016年10月1日起，实施“五证合一、一照一码”（五证合一即营业执照、组织机构代码证、税务登记证、社会保险登记证和统计登记征五证合一；一照一码即由原来五个证变成一个营业执照和一个统一社会信用代码）改革。2016年，全区新办和换发企业9318家。12月，正式实施个体工商户营业执照、税务登记证“两证整合”工作，发放“两证合一”执照1296份。落实工商注册登记便利化各项措施，降低市场准入门槛。年内新发展企业4981家、个体工商户8626户、农民专业合作社52户。至2016年年底，全区市场主体总量达到65858户，同比增长22%。强化事中事后监管，抽查各类市场主体1370家，做好年报和即时信息公示工作，全区12813户企业、34828户个体工商户、159户农民专业合作社报送年度报告信息。

【商标品牌战略】　坚持政策拉动、培训推动、典型带动、指导驱动，促进商标品牌尤其是马德里商标国际注册的快速发展。至年底，全区共国内注册商标4076件、中国驰名商标3件、山东省著名商标13件。其中，2016年新增国内注册商标584件。2016年新申报商标国际注册31件，马德里国际商标注册成功21件，单一国家国际商标注册9件。

【食品药品日常监管】　落实网格化监管，加强对“四品一械”（四品指食品、药品、化妆品、保健食品，一械指医疗器械）企业的日常监管。年内，发放食品经营许可证2932件。在食品生产

东营区市场监管局开展“12331”宣传（每年3月31日为食品药品投诉举报宣传日，12331为全国食品药品投诉举报电话）

东营区市场监督管理局举办东营区食品安全快速检测设备应用培训班

环节，对全区44家食品生产企业实现日常检查全覆盖。在食品经营环节，对全区25个农产品、副食品批发市场和农贸市场不间断巡查。全区19家食品经营单位被评为第二批“食安山东”食品流通示范单位，25家餐饮单位获省级“清洁厨房”称号。深化药品不良反应监测，审核提交药品不良反应341例、医疗器械不良事件134例。

【食品药品专项整治】 针对群众关心关注的热点难点问题，围绕学校食堂、肉及肉制品、疫苗等重点领域，开展专项整治。年内，立案查处211起，其中经营使用假药案件8起。依法向公安部门移送假药案件2起。在食品生产经营方面，对肉制品、白酒、糕点等重点企业进行专项检查。按季度开展学校食堂食品安全整治，春季、秋季开展学生小饭桌检查，检查校食堂520家次、小饭桌170家次。开展羊肉及其制品“规范整治打击”专项行动，检查食品经营单位735家。在药品医疗器械方面，针对疫苗事件，对区疾控中心和16家疫苗接种单位进行全面检查。开展药品零售连锁企业专项整治，约谈13家连锁总部及31家外地连锁门店的质量负责人。开展医疗器械整治2016行动，立案查处22起。

【优化市场经营秩序和消费环境】 对消防器材、家具、家用小电器、针织服装类等进行4次集中抽检，抽检商品119批，立案查处3起。查处3起侵犯注册商标专用权的案件。开展成品油市场专项整治，完成抽检149批。排查投资担保类企业285家。开展网络商品交易市场监管，对辖区内2860家企业的网站、网页进行建档。开展烟草、医疗广告和非法集资广告资讯排查清理，检查沿路广告牌300条块。深化“无传销城市”创建，与公安部门联合开展“防止传销进校园”活动。全面完成“守重”企业申报、年审工作，全区共有“守重”企业151家，其中国家级1家、省级25家、市级125家。为企业融资做好抵押登记服务保障工作，2016年，办理抵押登记47件，主债权金额79.46亿元。

【强化食品药品技术支撑能力建设】 承担2016年区政府民生实事食品安全保障项目建设工作，为100所学校食堂配备食品安全快检设备，为11个基层所和2个农产品批发市场建设快检室。开展食品药品抽检和快检，2016年，完成药品监督抽验165批，不合格8批；完成区级食品安全监督抽检2000批，不合格33批；完成市级及以上食品抽检750批。

【完善社会共治体系】 广泛开展维权和食品药品安全宣传，开展“3·15”消费者权益保护日宣传、“12331”食品药品投诉举报宣传日活动、食品安全宣传周、安全用药月宣传等活动，讲解了消费维权和食品药品科普知识。3月，开展消费维权“进农村”活动，在耿井村居委会举行“倡导诚实守信，共筑消费和谐”的宣传活动及知识讲座。6月初，举办学校食堂食品安全知识专题培训，对152所学校食堂的分管负责人（园长）和食品安全管理员208人进行培训。发挥“12315”“12331”投诉举报平台作用，进一步优化投诉举报处置流程，落实节假日值班制度，及时处理各类案件。2016年，受理各类咨询、申诉、举报3043件，食品药品投诉537件，为消费者挽回经济损失64.42万元。

【服务个体私营经济】 区个体私营经济服务中

心对辖区非公企业开展党建情况进行统计调查。东营区登记注册的非公有制企业共6000余家，从业人员55000余人，其中党员人数370人，党员人数约占职工总数的0.67%。至年底，东营区非公有制经济组织中建有党工委或者党支部的企业30余家。开展商事制度改革后小微企业年度活跃度调查工作，对中国个协在东营区抽取的2015年新登记注册的小微企业400家、省个协抽取的小微企业114家，进行年度活跃度调查。东营区市场监督管理局个体私营经济服务中心被国家工商行政管理总局、中国个体劳动者协会授予全国个私协会系统先进单位称号。

2016年东营区集市情况表

单位：平方米、万元

集市名称	市场类型	集日（农历）	地址	占地面积	年成交额
辛店集	消费品综合市场	一、六	淄博路西首	30000	6500
西范集	消费品综合市场	一、六	牛庄镇	500	700
刘集集	农副产品综合市场	一、六	史口镇刘集村	1000	300
韩楼集	农副产品综合市场	一、六	龙居镇韩楼村	450	300
牛庄集	消费品综合市场	二、七	牛庄镇	11000	3000
盐坨集	农副产品综合市场	二、七	龙居镇盐坨村	1800	300
麻湾集	农副产品综合市场	二、七	龙居镇麻湾村	2000	200
西商集	农副产品综合市场	二、七	史口镇西商村	1200	200
西营集	消费品综合市场	三、八	西四路北首	8000	9000
油郭集	消费品综合市场	三、八	史口镇油郭村	4000	500
龙居集	消费品综合市场	三、八	龙居镇龙西村	18000	500
史口集	消费品综合市场	四、九	史口镇政府驻地	4000	2500
现河集	农副产品综合市场	四、九	五干渠南西四路西	2000	600
陈庄集	农副产品综合市场	四、九	牛庄镇	300	1000
杨集集	农副产品综合市场	四、九	龙居镇杨集村	500	500
六户集	消费品综合市场	五、十	六户镇	8500	1800
南王集	农副产品综合市场	五、十	史口镇南王村	800	500
张店集	农副产品综合市场	五、十	史口镇张店村	2500	400
曹店集	农副产品综合市场	五、十	龙居镇曹店村	2000	300
卢家集	农副产品综合市场	五、十	胜利园区街道办卢家村	1000	500

2016年东营区城区主要农贸市场情况表

单位：平方米、个、万元

市场名称	位置	面积	摊位数	年交易额
东营市水产调味品批发市场	商河路西首	30000	590	53000
盛大农贸市场	八分场	4000	260	2520
科技新村农贸市场	西三路与北一路交汇处	3800	320	2880
景苑农贸市场	钻井六干和平路8号	2000	90	1000
唐家农贸市场	胜利采油厂胜凯小区	14000	245	1000
胜华农贸市场	北二路以北，西二路以东426号	1500	150	2000
中王屋农贸市场	济南路以北，海通路中部的222号	5000	200	1000
石大农贸市场	北一路以北，济南路以南，太行山路以东	13335	454	5000
鑫昊农产品批发市场	西二路与西三路之间、五干渠以北，广蒲沟以南	110000	650	69350
西营果品批发市场	东营区西营村	20000	466	21000
鲁班公寓农贸市场	东营区黄河路161号	3500	70	1725
明月农贸市场	东营区沂河路中段	10000	150	6000
辽河农贸市场	东营区黄河路33号	12000	37	2000
海河农贸市场	东营区辽河路西段	8000	110	8000
科达农贸市场	东营区沂州路与金辰路交叉口西南	28260	174	3000
万和农贸市场	东营区惠州路中段	4000	12	240
辛镇农贸市场	天目山路东侧万象城北邻	1500	12	1000
黄河口汽配城农贸市场	燕山路东侧中建八局小区南30米	2000	15	1200
淄博路农贸市场	淄博路38号	5119	16	1800

2016年东营区专业市场情况表

单位：平方米、个、万元

市场名称	位置	面积	摊位数	年交易额
东营区西营果品批发市场	东营区西营村	20000	466	11000
山东鑫昊农产品批发市场	西二路与西三路之间、五干渠以北，广蒲沟以南	110000	650	69350
东营市友谊服装城	西四路240号	32828	430	43000
东营市水产调味品批发市场	商河路西首	30000	590	53000
东营市东都小商品批发市场	商河路463号	16000	800	3000
东营市东亚灯具市场	太行山路359号	10000	25	900

续表

市场名称	位置	面积	摊位数	年交易额
东营金大地五金建材市场	黄河路与太行山路交汇处	140000	700	62000
东营区聚龙亨小商品批发市场	黄河路南 100 米	45000	470	33000
刘家副食品批发市场	济南路西首	5750	210	15000
金辰副食百货针织批发市场	八分场转盘南 300 米	9000	80	760
东营区金陶泽五金建材市场	北二路北、立新村东	26387	250	170
天成恒信机电五金专业市场	北一路与太行山路交叉路口	10000	10	5
天诚恒信电脑耗材批发市场	西三路与淄博路交叉路口	15000	300	4000
友谊广场电子商贸城	济南路与西三路交叉路口西 200 米	10746	460	3000

（秦振敏）

质量技术监督

【名牌战略】 2016年，东营银座商城有限公司、山东蓝海酒店集团、东营新世纪人才开发中心、山东德仕石油工程集团股份有限公司四家企业获山东省服务名牌称号，东营区包揽全市新申报的山东省服务名牌。中石化胜利石油工程有限公司井下作业公司技能大师范玉斌获山东省省长质量奖称号。

【特种设备监督管理】 推动安全隐患“大快严”集中行动，结合特种设备安全生产主体责任专项检查，督促企业建立隐患自查自纠方案，并根据企业隐患排查台账开展现场核实和执法检查，对企业未开展自查自纠或未上报自查自纠情况严厉处罚并督促限期整改，存在重大安全隐患的，实行挂牌督办，明确整改时限和整改责任，督促企业整改到位，对拒不整改或整改不到位的单位和个人以及存在严重违法违规行为的，采取有力措施予以处理，全年下达《企业安全生产主体责任落实情况专项执法检查自查自改指令书》460份，发现特种设备超期未检、未注册登记等隐患112项，整改106项，整改率95%。开展锅炉安全与节能集中排查整治攻坚工作，引导企业选用节能型锅炉，配套好炉外水处理设备和高效除尘设备，对部分高耗能且没有技术改造价值的锅炉，依据相关法规规定予以限制使用，全年对全区197台锅炉建立普查台账，并及时更新金质特种设备管理系统，保证实际数据与网上数据一致，为锅炉使用单位节能减排改进工作提供技术数据。加强“飘红”数据专项治理，对特种设备动态监管信息系统中的超期数据进行清理，清理未在东营区或已迁出东营区特种设备694台，现场核查超期特种设备907台，责令特种设备使用单位管理人员立即申请检验，不断提高特种设备定检率。认真做好特种设备使用登记、告知受理工作，全年受理特种设备告知946起，审核特种设备使用登记1351起，受理各类变更、注销登记216起，办理车用气瓶过户、换发标签等业务2283个。

【质量监督】 加强对成品油生产企业的监督检查，对山东海科化工集团有限公司、山东神驰化工集团有限公司、山东万通化工集团有限公司等7家重点炼化企业进行专项检查，通过检查，督促相关企业在日常生产过程中严格按照工业产品许可证要求做好生产条件、检验手段和生产工艺方面的管理工作，认真落实产品质量安全主体责任，确保产品符合国家标准要求。开展全区重点炼化企业成品油质量提升调研工作，通过调研，分析查找炼化企业在产品质量提升和品牌建设等方面存在的困难问题和需求，进行针对性帮扶指导，不断增强炼化产业的影响力和贡献率，为争创全国成品油质量提升示范区奠定良好基础。4月22日，新华社驻山东、北京、天津站3位记者对山东海科化工集团公司油品升级工作进行采访，采访内容在新华社内参上发表，为中央领导的决策提供参考。开展重点工业产品质量安全状况分析，编制《全区2015年度工业产品质量监督抽查分析报告》，通过对监督检查、检验检测工作产生的数据进行汇总整理，从整体上分析东营区主导产品的质量状况，从相关数据中发现一些规律性问题，为下一步开展质量提升、产品质量专项整治提供依据。

【计量监督管理】 组织开展寄递物流行业计量专项检查，检查韵达、申通、中通、宅急送、德邦、顺丰等寄递物流公司34家，在用强检计量器具台数27台次。开展医疗机构专项计量监督检查，对辖区6家医疗机构在用计量器具周期检定情况进行监督检查，检定在用医疗计量器具140余台件。开展“5·20”世界计量日宣传活动，现场检定血压计70余台，人体秤30余台，发放各类宣传材料1200份，发放500克标准砝码60个。5月21日，在中山社区开展免费检定家庭用血压计和人体秤义务活动，现场检定血压计50余台，人体秤10台。

【标准化管理】 东营区新增一家AAAA级标准化良好行为企业，山东宝莫生物化工股份有限公司顺利通过AAAA级标准化良好行为企业验收。胜利油田胜利动力机械集团有限公司、山东科瑞石油装备有限公司两家公司分别通过AAAA级和AAA级标准化良好行为企业复审。东营嘉扬精密金属有限公司、山东胜邦塑胶有限公司、胜利油田胜利泵业有限责任公司参与的国家标准修订获得市政府扶持资金400万元。全年指导企业在企业标准信息公共服务平台备案产品标准79个，208个产品进行登记。

（袁 慧）

安全生产监督管理

【安全生产运行情况】 2016年1～12月，全区发生事故5起、死亡7人，其中道路运输行业事故2起、死亡2人，建筑业事故1起、死亡1人，其他行业事故2起、死亡4人。

【组织建设】 年内，召开全区安全生产工作会议、全区安全生产工作座谈会、全区政法维稳暨安全生产工作会议、“大快严”集中行动调度会议、全区安全生产暨安委会第二次会议等多次区级会议，对全面落实责任、“大快严”集中行动、风险管控排查等重点工作进行调度安排。制定出台《关于进一步加强安全生产工作的意见》《东营区生产经营单位安全生产主体责任实施细则》《东营区安全生产行政责任制规定》以及重大隐患挂牌督办办法、安全生产“黑名单”、安全生产约谈及举报管理办法等12个制度文件，既涉及责任落实、部门联动、量化管理、监督检查等安全生产“面”上的共性工作，又涉及安全生产约

全区安全生产谈心对话会

谈、举报、黑名单管理、隐患挂牌督办等“点”上的工作，为开展安全生产工作提供重要依据。层层签订责任状，区政府与各镇街、各行业部门51个部门单位签订安全生产目标管理责任状和承诺书，将责任状签订到村居、企业、岗位，全区签订责任状963份，实现安全生产定人、定岗、定责。

【“大快严”集中行动】 全面摸排底数，开展自查自纠。按照“一镇街一册”“一行业一册”要求，对全区生产经营单位逐一进行详细摸排登记，落实实名制企业14597家。督促生产经营单位开展隐患自查自纠，全区10个镇街道、21个行业安全组全部建立起企业基础信息和隐患整改台账，并汇总建立起区级企业基础信息和隐患数据库，对数据库实行动态管理。推进专项执法检查。年初，根据重点突出、全面覆盖、上下联动原则，各镇街、各行业组分别制订详细的专项执法检查计划并严格组织实施，5月，对前期执法情况开展“回头看”，查遗补漏，跟踪督查隐患整改。年内，全区组织检查组100余个，检查企业4888家，查出隐患10173项；检查事业单位80家，隐患121项；检查个体经营组织9582家，查出隐患11435项，隐患整改率全部100%。8月，开展打非治违专项行动，全区检查生产经营单位3450家，查处问题1396项，对136家生产经营单位实施行政处罚。

【重特大事故防治】 狠抓企业本质安全水平提升。70家化工企业完成转型升级评级评价，38处重大危险源全面完成普查备案登记。年初，根据上级要求制订全年90家的标准化达标创建任务；至年底，完成160家，其中工贸企业121家、非煤矿山37家、烟花爆竹企业2家，超额完成任务，市级配套资金拨付25.2万元。推进风险管控和隐患排查治理双重预防机制建设。区安委会印发《关于做好城乡公共领域安全生产风险源排查摸底工作的通知》，召开全区城乡公共领域安全生产风险源排查摸底工作会议，明确各镇街及各重点行业领域牵头单位和配合单位，对重点部位组织开展一次全面深入的安全生产风险源排查。年内，全区排查城乡公共领域风险源168处，429家企业上报风险点摸排情况，摸排风险点832处，初步建立区级安全生产风险源摸底名册。坚持防治并举，遏制重特大事故。针对全国各地较大事故频发态势，结合上级文件精神，制订《东营区标本兼治遏制重特大事故工作指导方案》。针对东营区实际，在道路交通、危化品、建筑施工、消防、校车等13个重点领域实施，推进“五个一批”，即主动退出一批、倒逼清出一批、优化整合一批、转移消化一批、改造提升一批，从源头上减少重大风险点，降低区域性安全风险。

【国务院安委会巡查迎检】 10月，国务院安委会对东营市安全生产工作进行专项巡查，区安委会办公室积极做好上级业务对接，严把资料审核。全区21个重点部门单位提供各类资料119盒，共计150余套，2000多份文件，涵盖各行业领域制度建设、专项行动、隐患排查、宣传教育等内容。各镇街、专业委员会牵头部门对各辖区、行业领域重点企业进行全面排查、重点盯守，指导企业完善工作制度，整改问题隐患，确保巡查期间安全生产形势。

【数字监管】 推进安全生产数字化监管，加强全市数字化监管平台应用，将315家企业纳入监管平台，建立起区、镇街、企业共356名的监管平台管理员队伍，邀请市局专家针对安监系统人员、企业管理人员组织5次平台推广使用培训。加强安监队伍建设，新成立4个安监执法中队，实施片区安全生产综合监管；各镇街安监中队以委托执法形式，行使区级安全生产行政执法职能。在村居设立325名安全生产协管员，打通安全监管最后一公里。在危化品集中区域，依托史口消防站建设区应急救援中心。加快重点安全保障项目，史口消防站建设主体完成；商河路及光彩大厦消防安全示范街建设工程部分基础设施建成。

（耿梦杰）

招商引资

【概况】 2016年，全区引进新建、续建过亿元项目28个，计划投资总额177亿元，到位固定资产投资69.3亿元，完成年度目标任务的138.6%，2016市级任务50亿元。其中，新建项目12个，到位固定资产投资23.5亿元；续建项目16个，到位固定资产投资45.8亿元。

【专业招商】 年内，瞄准世界500强、国内100强和行业50强企业，向美国埃克森美孚、法国欧尚、中国机械工业集团公司等世界500强和国内行业领军企业发送商务联络函120余份，吸引德国博世、台湾润泰、山东杰瑞集团等10余家世界500强和行业领军企业到东营区投资考察。紧抓京、津地区产业转移，联络中国机电产品进出口商会、北汽集团、联想集团、中国兵器集团、北京城建集团等90余家机构和企业，了解产业转移信息70余条，邀请新兴际华集团、清华大学国服院、中国网库集团等40余家知名企业100余人次到东营区考察洽谈，达成北大燕园特色小镇、中国网库东营电商谷、国家服务外包人力资源研究院跨境电子商务产业孵化中心等意向、在谈项目11个。做好“融入京津冀协同发展”推介会相关工作，邀请国家部委领导、著名高校专家学者及国内知名企业高管21人参加推介会；达成高端农业种植、水环境处理、科技成果转化等意向项目9个；确定新兴际华天然气产业园、颐高电子商务产业园等签约项目6个，签约合同金额134.9亿元，列全市第二位。联系“长三角”，以上海、南京、杭州等城市为重点，组织小分队招商活动7次，与月星集团、红星集团、威泰医疗集团等10余家企业进行双向考察，达成星艺佳MALL城市综合体、月星环球港等意向项目4个。围绕涉油企业上下游产业开展招商活动。对全区及胜利油田相关涉油企业进行调研，搜集和整理相关供应和采购企业信息50余条。先后与兰石集团、上海神开石油石化装备有限公司、盐城精工阀门集团等20余家企业建立密切联系。至年底，全区储备新兴际华天然气产业园、颐高电子商务产业园、碧桂园城市综合体等在谈、意向项目22个，计划总投资207亿元。

【招才引智】 全面调研掌握区内产业人才需求。根据全区产业发展现状，对全区装备制造、石油石化、现代服务业、战略新兴产业等行业发展现状和人才供需状况调查摸底，了解人才合作项目信息。全年走访、联系企业300余家，获取高层次人才信息76个，洽谈推进人才项目5个。组织开展招才引智活动。利用参加展会、外出招商等方式，拜访、联络国内外知名企业和高端人才，宣传东营区人才扶持奖励政策，多渠道、多层次收集海内外高层次人才信息，发布东营区人才需求信息。先后与马士基集团、礼来制药有限公司、贺利氏投资有限公司等20余家国内外知名企业和清华大学、北京大学、中国农科院等30余家知名高校和科研院所建立人才合作关系。鼓励拥有先进技术、科研成果和管理经验的人才在东营区创办企业。

【服务市、区重点项目】 年内，区招商局负责牵头推进计划总投资5.3亿元的市、区两级重点工程新邦创富中心项目。在推进过程中，区招商局会同相关责任单位和职能部门，主动想办法、靠上做工作，全程跟踪服务，帮助企业解决建设、运营中的困难和问题11个。至年底，创富中心18层的两栋主体建筑封顶，内外装修基本完成；项目区内道路及其他配套设施完成施工；特色商业街区部分11栋独立商业别墅全部营业；完成固定资产投资5.1亿元，完成年度目标计划的100%。

【招商引资重点项目简介】 胜利电厂三期项目 该项目位于南二路南，胜利电厂院内，为外来投资项目，占地面积50亩，总投资24.7亿元，其中固定资产投资21.8亿元，总建筑面积11万平方米，主要采用600兆瓦级超临界热电联产机组，同步建设脱硫、脱硝装置，配用高效布袋除尘器，环保措施完善。项目建成投产后年发电量可达33亿千瓦时，供热能力1400万平方米，年供热量508万吉焦。

该项目2016年年初动工，至年底，立项、土地、规划、建设手续办理完毕，厂房、烟囱、冷却塔三大主体建筑土建施工全部按期到顶。设备安装已经完成50%。

东营市融入京津冀协同发展推介会暨重点项目签约仪式

高佳新能源项目　该项目位于南二路北，胜利经济开发区196号院内，属外来投资项目，占地面积200亩，计划总投资27亿元，其中固定资产投资20.8亿元，总建筑面积9.6万平方米，其中一期投资5.8亿元，是鲁北地区规模最大、产业链最齐全、拥有自主知识产权核心技术的现代化、高科技新能源产业基地。项目建成后，具备年产10亿瓦时高能锂离子动力电池、2万吨正极材料的产能规模，拥有实力强、功能全的锂电池及锂电池材料工程试验及检测技术中心。

该项目2016年1月动工，至年底，立项、土地、规划、建设等手续办理完成。购置正负极自动投料系统、混浆机、测厚仪、碾压机等生产设备213台/套，一号车间、二号车间大型设备安装基本完成，车间防尘处理等投产前工作完成，到位固定资产5.7亿元。

利源25万吨混合烷烃脱氢项目　该项目位于郝纯路西、五干渠南、史口镇生态化工循环经济产业园区内，属市内企业转型升级项目，总占地面积12600平方米，总投资16.4亿元，其中固定资产投资15.7亿元。主要建设年产25万吨混合烷烃脱氢生产装置一套及配套设施。项目工艺技术属于国家鼓励类项目，采用的是国内外已工业化、成熟、先进的工艺技术，产品质量好、收率高、能耗低，且环境污染小。项目建成投产后，年可实现销售收入20亿元，利税7亿元，利润3.6亿元。

该项目2015年年初动工，至2016年年底，安评、环评、立项备案登记办理完毕；基础设施建设完成。

永发石油装备项目　永发石油装备项目位于东营区牛庄镇新型农民创业园，属外来投资项目，占地面积115162平方米，建筑面积86600平方米，计划投资5.5亿元，该项目主要生产研发井下工具、采油工具、非标铆焊件和油管钻杆修配维护等。公司拥有数控机床、平锻机、车床、铣床、热处理机等各类机械设备40多台/套，拥有机械性能测试实验拉伸机、冲击试验机、漏磁探伤仪器等检验、测试设备十多台/套。年可实现销售收入7亿元，利税1.7亿元，利润0.9亿元。

该项目2016年年底动工，项目立项、土地、规划和建设手续办理完毕，三栋厂房建设完成。

龙源14.8万吨/年润滑油精制项目　该项目位于郝纯路东、消防路北、史口镇生态化工循环经济产业园区内，属市内企业转型升级项目，总占地面积195亩，总投资10亿元，其中一期4.3亿元。项目主要建设年产30万吨润滑油精制生产装置及配套设施。项目工艺技术属于国家鼓励类项目，采用的是国内外已工业化、成熟、先进的工艺技术，产品质量好、收率高、能耗低，且环境污染小。年可实现销售收入6.7亿元，利税1.6亿元，利润0.8亿元。

该项目2015年12月动工，至2016年年底，立项、土地、安监、环评等手续办理完毕；土建工程、主体框架结构和设备安装完成，2016年11月投入生产。

方圆国际金融中心项目　该项目位于南一路北、东三路西，属外来投资项目，总占地面积26497平方米，总投资6亿元，其中固定资产投资

5.5亿元，总建筑面积61397平方米。项目主要建设集金融办公、商业零售和娱乐休闲于一体的综合商业楼。项目建成投产后，年可实现销售收入8亿元，利税2亿元，利润1亿元。

该项目2015年11月动工，至2016年年底，立项、土地、规划、建设等手续均办理完毕，28层主体封顶，与原黄河大厦连廊工程基本完工。

（宋　健）

油区管理

【油区工作】　2016年，区油工委加强与各采油厂、矿联系沟通，为油田生产搞好协调服务。严抓协议油生产运销各环节，堵塞跑冒滴漏，最大程度地挖潜增效。改革协议油工作模式，根据区国资委会议纪要安排部署，成立东营区油气技术服务有限责任公司，具体负责协议油生产运销和油地能源合作开发等相关工作，实施原油销售公开招投标制度，足额缴纳各种税费，规范完善全区协议油运营。重点推进位于牛庄农民创业园的“9000立方米原油储存项目”建设，于年内完工并投入运营。发挥区油田物资稽查大队作用，在做好协议油单井巡逻管护工作的基础上，协同政法、公安部门开展“打击打孔盗油违法犯罪，净化油区治安环境”专项行动，加强油地联防联治，严厉惩治哄抢、破坏、盗窃油田原油和物资的违法犯罪行为。始终保持对私拉乱接油田水电气、非法“三小一点”等治安突出问题的高压态势，集中力量瞄准治安相对混乱区块，重点清查整治，坚决杜绝违法现象死灰复燃。完善“事前摸排、事中服务、事后回访”全过程跟踪服务制度，全力保障油田孤罗东、孤永东输油管线改线、胜利发电厂扩建等工程项目顺利施工。与现河、东辛、胜利三个采油厂及物探公司、油气集输总厂、供电公司等油田单位保持密切联系，及时化解油田日常生产中发生的工农矛盾纠纷，全年处理纠纷200余起。按照市政府及市油区办有关要求，认真落实油田施工作业核准证审批发放制度，严格按照流程办理施工作业核准证。

按照全市油气管道安全隐患整治工作统一部署，推进油气管道安全隐患整治。在详细调查摸排的基础上，按照“一线一策、一处一案”原则，科学制订整改方案，确保各项整治任务落实。针对2016年省、市重点督办的孤罗东、孤永东输油管道隐患治理工程，召开专题油地协调会，做到“快审、快批、快建”。落实镇街和管道企业安全隐患整改责任，成立督导组，建立通报制度，于年内全部完成市区下达的管道整治任务。加强管道日常巡护，督促镇街和油田管道企业充实管道巡护力量，对安全敏感区域实施24小时全线巡查管护，做到巡护防控无缝隙、无间断。完善油气管道施工报备制度，掌握油气管道规划和建设情况，杜绝管道监管盲区，避免形成新的管道占压安全隐患。

冬季安全生产大检查

【油地结合工作】　做好创建生态文明和谐油区乡镇（街道）工作，找准帮扶着力点，协调解决创建工作实际问题，形成油地共同负责、共同参与、共同决策的长效创建机制。密切联系油地工作处、热电联供中心、胜利电厂等油田部门和单位，面向油田积极争取政策资金支持，推动胜利大学生创业园、西城热电联供四期工程等一批油地共建项目顺利实施。发挥油地沟通桥梁作用，协调胜大集团、东辛采油厂、现河采油厂等油田单位，在土地征用、厂房管线迁移等方面给予大力支持，为黄大德大铁路、新区周边片区改造、黄河路钢木材市场片区改造等重点项目迁占工作创造条件。

（王　杰）

农　业

- 综述
- 农业综合开发
- 种植业
- 林业
- 龙居生态林场
- 畜牧业
- 海洋与渔业
- 农业机械
- 地方水利
- 黄河河务

农　　业

综　　述

【概况】　2016年，全区实现农林牧渔业总产值35.3亿元，比上年增长4.5%；第一产业增加值17.2亿元，比上年增长4.3%；农民人均可支配收入17615元，比上年增长8.0%。全区种植业总产值128602万元，比上年增长2.3%。林业总产值6665万元，比上年增长47.7%；牧业总产值118885万元，比上年下降1.8%。渔业总产值70868万元，比上年增长8.5%。农林牧渔服务业总产值27550万元，比上年增长5.3%。

【科教兴农】　实施基层农技推广补助项目　年内制定项目实施方案，成立项目领导小组、实施小组及专家组。全区培育农业科技示范户240户（其中，玉米110户、棉花90户、蔬菜40户），辐射带动周边农户4800户，建设村级农业技术服务点15个，选聘农民技术员20名。向科技示范户发放技术资料及物化补助。建设农业科技试验示范基地2个，集中培训基层农技人员30名。组织30名基层农技人员赴陕西杨凌农业高新技术产业示范区考察学习现代农业。围绕小麦、棉花、蔬菜等主导产业，筛选、推广主导品种48个，主推技术38项，主导品种、主推技术入户率和到位率达到98%以上。通过项目实施，全面提升东营区基层农技推广服务的能力，为保障粮食等主要农产品有效供给、促进农民持续增收提供了有力的科技支撑和人才保障。

实施农业科技入户工程　制定印发《东营区2016年农业科技人员下乡服务活动实施方案》，结合粮棉高产创建活动，组织农技人员深入示范基地、田间地头，开展农业主推技术、主导品种以及新技术、新成果的推广应用。全区科技人员下乡46人次，开展面上普及指导培训35次，培训农民3000余人，发放科技书籍600余册，技术资料3000余份。组织市、区农业专家开展科技赶大集活动，发放科技书籍、技术材料、宣传画6000余份，现场咨询300余人。组织50名新型职业农民优秀学员到临沂市考察学习现代农业发展情况。加强《科技苑》专题栏目建设，购置农业科技光盘300余张，在区电视台科教频道播出80余期。

培训农村带头人　12月，选拔60名优秀村两委干部和种养大户、合作组织负责人、家庭农场主，到市技师学院开展为期6天的农村政策、现代农业发展和创业技能等知识的培训。

参加全省扶贫工作重点村农民体育骨干培训　7月，组织全区17名扶贫工作重点村体育骨干及所在镇街体育骨干，开展农村体育科学健身知识、健身路径锻炼方法及运动技能培训。

2016年科技示范户培训班

【农业产业结构调整】　2016年，东营区推进农业供给侧结构改革。在稳定粮食生产的基础上，调优产业结构，调减玉米、棉花种植面积，大力发展高品质瓜果、蔬菜、畜牧、渔业产品，积极发展生态林、苗木、花卉等生态农业产业。全区新增标准化蔬菜基地3300亩，调减棉花面积5万亩，新建现代农业园区3处，园区总数达到45处，面积12.10万亩；现代农业产业综合园区达到7处，休闲观光农业园区15处，面积2.3万亩；标准化设施蔬菜基地9处，带动能力强的农业龙头企业、农民专业合作社、家庭农场达到29个。累计流转土地9.88万亩，实现经济效益6，7亿元，带动农户12877户。

【人工防雹降雨】 2016年的防雹降雨工作4月1日起至10月底结束，历时7个月的时间，进入三级作业准备37天，开展防雹增雨作业13次，发射37高炮弹1260发。辖区没有出现雹灾，没有出现因防雹增雨作业引发的任何安全事故。通过及时作业，挽回经济损失1500余万元，增雨140万立方，创经济效益近百万元。3月下旬，作业人员报市人影办和区公安分局备案，利用电视台和发放明白纸等宣传渠道，切实加大防雹作业期和作业范围的宣传力度，在东营区电视台公示一周，发放《关于开展防雹降雨注意事项的公告》6000余份，做到人人皆知。3月中旬，对高炮进行检查和保养，并对炮手进行业务培训和安全常识教育。4月初，对防雹上岗前准备工作进行梳理和检查，针对不足及时进行了纠正和改进，确保岗前准备充分，对全区炮点各项规章制度以及张贴进行了统一，重新绘制了禁射图。邀请省人影办专家对全区8门高炮进行全部检修、保养，年检合格率100%，全区32名炮手全部持证上岗。积极组织人员看管维护自动站设备，确保全区10处自动气象观测站的正常运作。防雹降雨安全提升工程项目开展顺利，按照要求，积极组织炮点改造、视频系统项目申报、落实作业人员待遇和防雹降雨火箭车购置等四项工作，至年底，除炮点升级改造因天气原因没有如期完成，其他三项工作均已落实完毕。

【农业龙头企业建设】 2016年，东营区新增加5家农业产业化区级重点龙头企业，分别是：东营御龙苑农业开发有限公司、东营天然农牧业科技开发有限公司、东营自然之子农业科技有限公司、山东欣厨食品有限公司、东营宇浩农业开发有限公司。至此全区省级重点农业龙头企业达到5家，市级重点农业龙头企业达到32家。农业龙头企业总数增加为93家。基本上涵盖了东营区农林牧渔等现代农业发展的优势和主导产业。东营区连续几年出台的加快农业产业化发展的政策和措施，使农业产业化进入了快速发展的轨道，一批成长好带动能力强的农业龙头企业迅速崛起，带动了一大批农户，在延长产业链的同时，提高产品的附加值，也提高农民的收入，促进整个农业产业结构的调整，推动农业产业化的发展。从26家重点龙头企业的经营统计数据来看，2016年尽管受大气候的影响，各行各业普遍存在经营困难的情况下，东营区的农业企业还是保持了较高的发展速度。全年实现产值约33亿元，比上年同期增加2亿元，增加6.5%。此外，固定资产投资方面也比上年有所增加，带动农户的数量和增收方面也都有所提高。

【重点农业龙头企业简介】 东营天然农牧业科技开发有限公司　东营天然农牧业科技开发有限公司，始建于2009年，注册资金500万元，总投资2000万元。公司有生态猪养殖园、生态禽类养殖园、畜牧类生态养殖园、有机蔬菜种植园、水果采摘园、绿色健康餐饮园。公司引进野猪与莱芜黑猪作为种源，杂交自繁自育，并以此为样本注册了“畜牧康”品牌猪肉。生态禽类养殖园包括生态蛋鸡、生态蛋鸭、生态肉公鸡、肉鸭、鹅、生态南美雁鸭，全部露天养殖，大棚御寒，乘凉，规范化驯养，使它们的肉质更加紧实和鲜美。畜牧类生态养殖园包括生态羊、马、牛、驴、骆驼养殖园，分别圈养，棚养，并设有充足的活动训练场所。百亩蔬菜、水果种植园，不施用任何化学肥料、化学农药。肥料全部使用有机肥，生物治虫，采用保护地种植和露天地种植相结合。一年四季都有时令有机新鲜蔬菜。绿色健康餐饮园全部使用生态养殖园和有机蔬菜种植园的产品，并确保了各种菜肴特有的美味和新鲜程度。

东营自然之子农业科技有限公司　东营自然之子农业科技有限公司是一家系蔬菜种植、畜禽养殖、水产养殖等多种生产形式的产销一体的科技类农业公司。公司有连栋温室两栋，占地2000平方米，主要用于蔬菜种植，包括黄瓜、番茄、薄皮甜瓜、多种叶菜等，年产无公害蔬菜60吨。

山东欣厨食品有限公司 山东欣厨食品有限公司，前身为原东营市酿造厂，是生产酱油、食醋、豆瓣酱及各种调味品的专业酿造企业。注册资金400万元，公司占地面积40000平方米；是东营市酿造行业的旗舰企业。旗下拥有“食康园”“御天厨”“好爱人”“黄三角”四个自主品牌，60余种单品。

东营宇浩农业开发有限公司 东营宇浩农业开发有限公司位于东营区东八路与北二路交汇处东南角，成立于2013年6月，占地面积500亩，注册资金500万元。公司按照高效生态循环农业经济模式，走农牧结合、资源化利用、安全优质、可持续发展的路子。该公司获得“东营市市级现代农业园区”及养鸡场“省级标准化示范场”荣誉，鸡蛋已通过无公害畜产品认证并颁发证书。

【重点农业科技项目介绍】 **测土配方施肥项目** 2016年是东营区实施国家测土配方施肥资金补贴项目的第十一个年度，按照项目要求，全区共采集化验耕地土样220个，填写农户施肥调查表100份，化验有机质、碱解氮、有效磷、速效钾等土壤养分3100项次。安排小麦田间试验4个。在测土化验基础上，根据化验结果制定施肥配方6个，指导群众在生产中应用。积极宣传推广配方肥，全区共推广配方肥1053吨，取得了明显的增收节支效果，增加了农民收入。

粮食高产创建项目 2016年，牛庄镇（黑泥洼片）粮食高产创建示范方，包括该镇的褚家村、牛庄村、东隋村、西隋村、小宋村、解家村、曹家村在内的10500亩粮食种植田。“四至”：西至小宋村西、东至小辛集、北至广蒲沟、南至四干。该项目区承担东营区2014年国家现代农业示范区旱涝保收标准农田示范项目。共计新建支渠2050米，衬砌斗渠9190米，新建衬砌农渠11310米，维修支渠7400米，硬化道路1300米（6米），硬化道路1660米（5米），完成各类建筑物152座，排沟疏挖和林带整平共动用土方40.5万立方米，新建土质渠31480米，新建土质路41360米，新建石灰碎石土路2140米，四干路改造工程2040米，土地整平270亩，植树1.4万株；购买仪器设备8台（套）。方内旱涝保收面积率达100%。通过大面积示范展示，辐射带动，促进小麦高产创建工作的顺利开展，较好地实现了示范效果。小麦、玉米测产均采用随机抽取地块，现场测量面积，现场收获并称重，测量水分，计算出实际产量。经市农业局组织有关专家现场实测，小麦单产591.37公斤/亩，玉米单产658.79公斤/亩，两季粮食单产达1250.16公斤/亩，超额完成两季作物单产1100公斤/亩的产量指标。

2016年东营区主要农作物面积产量表

作物	面积（公顷）	单产（公斤/公顷）	总产（吨）
小麦	9854.74	7010.7	69088.63
水稻	526.67	7824	4120.67
玉米	13866.67	7390.05	102475.38
大豆	8.9	2701.2	24.04
绿豆	4.41	2606.1	11.49
花生	78.14	3589.4	280.48
棉花	3722	1399.5	5208.94
蔬菜	2700	46500	125550
瓜类	400	108000	43200

【农村能源开发】 2016年，围绕农村面源污染防治，结合全区主导产业发展，从农业投入品施用、农业洁净化生产、农林废弃物综合利用等方面入手，扎实推进农村清洁能源工程，不断优化农业生产环境，加快全区生态循环农业的发展，积极支持服务于乡村生态文明建设。

加强农林废弃物综合利用，发展循环农业。以加快推进年产600万立方米生物质天然气试点项目、年产1000吨生物有机肥项目、农作物秸秆收贮运体系建设试点项目3个农作物秸秆综合利用重点项目建设为依托，加快推进农林废弃物的综合利用，进一步转变农业生产方式，延长农业生产链条，提高农业生产效益。年内，完成农作物秸秆综合利用25.95余万吨，秸秆综合利用率92.38%，做好农业面源污染的产后污染控制，全区农作物秸秆综合利用率呈现出良好的发展态势。

推进农村社区集中供气工程。围绕长安宝力牛庄镇陈庄社区生物燃气及循环能源农业示范工程项目建设，积极探索农村社区集中供气和以大型秸秆沼气为纽带的生态循环农业模式，推动户用沼气向大型沼气工程建设转变，支持全区天然气下乡工程开展。年内，该公司生物有机肥项目已试运行，陈庄社区等2000户农户用上管道沼气；拟建设年产600万立方米生物质天然气试点项目已列入国家2016年生物天然气工程中央预算内资金投资建设项目，项目水解和厌氧发酵装置等构筑物部分已开始施工建设，完成基础设施投入500万元。

推进东营市利用世界银行环球发展基金赠款淮河流域海域污染防治项目实施。按照市局项目办要求，在不断加强4家农民环保协会建设的同时，加快推进东营区沿广利河流域哨头村农村生活污水处理工程建设。哨头村农村生活污水处理工程全面完工，铺设污水收集管网3419.85米，建设检查井146座、雨水进水井142座，动用土石方9183.25立方米，完成投资152.74万元。

推进农作物秸秆综合利用项目建设。针对农作物秸秆综合利用产业化水平不高的实际，围绕农作物秸秆收、田间处理、储、运、加等环节，在扎实推进农作物秸秆综合利用工作的同时，启动实施3个秸秆综合利用项目建设，完成2个，累计完成投资3824.37万元。一是山东宝力生物质有限公司承担的年产600万立方米生物质天然气试点项目列入国家2016年生物天然气工程中央预算内资金投资建设项目，项目用地使用权已挂牌出让，项目水解和厌氧发酵装置等构筑物部分已开始施工建设，完成投资500万元。二是山东宝力生物质有限公司承担的年产10000吨生物有机肥项目设备安装调试及试运行完毕，完成农作物秸秆收集、运输、贮存1万余吨以上，完成投资401.5万元。三是根据年度小麦玉米秸秆田间处理机械装备提升项目方案，依托农机购置补贴政策的落实，实施农作物秸秆收储运体系建设试点，示范引导农机经营主体购置大型复式农作物联合收获机及青饲料收获机械等秸秆粉碎效果好的田间农作物秸秆处理机械，探索解决农作物秸秆综合利用收储难的问题。山东宝力生物质能源公司围绕解决农作物秸秆收储难的问题，投资222.87万元，建设秸秆青储池，按照公司出资85%，金丰农场出资15%的出资比例，与金丰农场共同经营联合购置10台玉米穗茎兼收型玉米联合收获机、11台套小麦联合收获机及6套秸秆收集打捆机械，通过采用"公司+农场+农户"和"公司自运作"形式，探索建立"联结紧密、运作规范、分工精细"的秸秆收储运体系，完成小麦玉米秸秆收储1.3万余吨，示范带动社会完成资金投入2700万元，购置小麦玉米联合收获机92台套、秸秆田间粉碎收集处理机械27台套。

（张丽丽　栾　娜　周福涛）

农业综合开发

【概况】 2016年东营区共承担农业综合开发项目9个，其中土地治理项目5个，产业化经营项目4个。

【土地治理项目】 史口镇0.75万亩高标准农田建设（提质）项目　项目涉及史口镇大宋、东寨等6个行政村，耕地面积0.75万亩，总投资644万元，争取市级以上财政资金566万元。项目计划动用土方36.91万立方米；新建泵站1座，修建各类水工建筑物93座；衬砌及维修节水硬化渠道7.4千米；修建机耕硬化干道19.80千米；植树3.3万株。6月，完成全部建设任务，并通过市级验收。

龙居镇0.6万亩高标准农田建设项目　项目涉及龙居镇尚家、银王等10个行政村，涉及耕地面积0.6万亩，总投资708万元，争取市级以上财政资金622万元。项目计划动用土方41.17万立方米；新建泵站1座，修建各类水工建筑物117座；新建节水硬化渠道8.05千米；修建机耕硬化干道3.25千米；植树1.8万株。6月，完成全部建设任务，并通过市级验收。

辛店街道办事处0.6万亩高标准农田建设项目　项目涉及东营区辛店街道办事处周家、北田等六个行政村，涉及耕地面积0.6万亩。总投资708万元，争取市级以上财政资金622万元。项目计划动用土方26.19万立方米；新建各类水工建筑物119座；衬砌及维修节水硬化渠道9.22千米；修建机耕硬化干道13.33千米；植树2.4万株。良种推广及配方施肥500亩。6月，完成全部建设任务，并通过市级验收。

史口镇1.1万亩高标准农田建设项目　项目计划投资1313万元，其中市级以上财政资金1238万元。项目涉及林家村、纪家村等12个行政村，项目计划新建泵站2座，架设高压输电线路1.1千米；开挖疏浚沟渠及渠道压实动用土方36.11万方；新建衬砌渠道15.51千米；新建各级水工建筑物309座，植树1.39万株，修建机耕硬化干道5.77千米。项目于10月开工建设，至年底，完成总工程量的45%。

龙居镇吕家村、打渔张村1500亩高标准农田建设项目　项目计划投资215万元，其中市级以上财政资金202万元，项目涉及吕家、打渔张2个行政村，计划新建移动泵站2座，动用土方9.41万立方米，新建衬砌渠道3.33千米，新建各级水工建筑物30座，植树4000株，修建机耕硬化干道5.84千米。项目于10月开工建设，至年底，完成总工程量的55%。

【产业化经营项目】　东营市东营区500头肉牛良种繁育基地扩建项目　该项目由东营市华盛畜牧养殖有限责任公司承担，总投资273万元，其中财政补助资金127万元。项目计划改造牛舍3栋，采购基础母牛300头，购置全日粮饲料制备机1台、兽医产科器械包5套、牛用输精枪10支、牛用腟镜灯2个。至年底，完成项目建设任务。

东营市东营区3500头生猪养殖基地扩建项目　该项目由胜利油田方圆农业科技有限公司承担，总投资257万元，其中财政补助资金127万元。项目计划新建2栋各490平方米自动化猪舍，改造420平方米母猪舍，混凝土硬化厂区地面1600平方米、猪舍内配套内部饲喂设备2套，新建料塔一座；配套改造一座冷库580平方米，制冷设备由氨气制冷改为氟利昂制冷，进行肉类存放。至年底，完成项目建设任务。

东营市东营区4000只优良银黑狐示范基地扩建项目　该项目由东营市东营区红火毛皮动物养殖农民专业合作社承担，总投资190万元，其中财政补助资金93万元。项目计划引进300只优良银黑狐，购进毛皮动物饲料加工设备6台套，修建饲料车间进出道路1140平方米。至年底，完成项目建设任务。

东营市东营区1100头奶牛养殖示范基地扩建项目　该项目由东营市阳光庄园牧业有限责任公司承担，总投资330万元，其中申请财政补助资金153万元。项目计划新建主体工程为钢结构饲料库1座，辅助及配套建设工程包括疏挖排沟958米；新建生产桥2座；新建硬化道路2条，总长510米；棚前地面硬化1800平方米。至年底，完成项目建设任务。

2016年度农业综合开发统计表

序号	项目名称	建设规模	建设地点	总投资（万元）								本年度完成投资（万元）
				合计	各级财政拨款					自筹	银行贷款	
					合计	中央	省	市	区			
1	东营市东营区史口镇0.75万亩高标准农田（提质）建设项目	0.75万亩	史口镇	644	601	428	120	18	35	43	0	423
2	东营市东营区龙居镇0.6万亩高标准农田建设项目	0.6万亩	龙居镇	708	660	471	132	19	38	48	0	350
3	东营市东营区辛店街道办事处0.6万亩高标准农田建设项目	0.6万亩	牛庄镇	708	660	471	132	19	38	48	0	455
4	东营市东营区史口镇1.1万亩高标准农田建设项目	1.1万亩	史口镇	1313	1313	938	263	37	75	0	0	590
5	东营市东营区龙居镇吕家村、打渔张村0.15万亩高标准农田建设项目	0.15万亩	龙居镇	215	215	152	43	7	13	0	0	118
6	东营市东营区500头肉牛良种繁育基地扩建项目	500头	东营市华盛畜牧养殖有限责任公司	273	127	90	25	4	8	146	0	273
7	东营市东营区3500头生猪养殖基地扩建项目	3500只	胜利油田方圆农业科技有限公司	257	127	90	25	4	8	130	0	257
8	东营市东营区4000只优良银黑狐示范基地扩建项目	4000只	东营市东营区红火毛皮动物养殖农民专业合作社	190	93	65	19	3	6	97	0	190
9	东营市东营区1100头奶牛养殖示范基地扩建项目	1100头	东营市阳光庄园牧业有限责任公司	330	153	108	31	5	9	177	0	330
10	合计			4638	3949	2813	790	116	230	689	0	2986

（高　彬）

种植业

【概况】 2016年全区农作物播种面积27970.08公顷，其中粮食作物总播种面积24248.08公顷，总产175684.68吨，粮食作物面积、总产分别比上年增加4%和24.06%。粮食作物中，夏粮播种面积为9854.74公顷，总产69088.63吨，秋粮播种面积14393.34公顷，总产106596.05吨。经济作物中棉花播种面积3722公顷，总产皮棉5208.94吨，面积比上年减少了48.21%，总产比上年减少了31.56%；瓜菜播种面积3100公顷，总产168750吨，其中蔬菜面积2700公顷，总产125550吨；油料作物播种面积91.45公顷，总产316.01吨。

【粮食生产】 2016年，全区粮食作物播种面积24248.08公顷，总产175684.68吨，单产7245.3公斤/公顷，面积、总产分别比上年增加4%、24.06%，单产比上年增加19.3%。其中，小麦播种面积9854.74公顷，总产量69088.63吨，平均单产7010.7公斤/公顷。秋收粮食播种面积14393.34公顷，总产量106596.05吨，平均单产7405.92公斤/公顷。2015年，国家对惠农政策进行调整，将农作物良种补贴、种粮农民直接补贴和农资综合补贴合并为“农业支持保护补贴”，政策目标调整为支持耕地地力保护和粮食适度规模经营。东营区种粮农民可享受支持耕地地力保护和粮食适度规模经营补贴政策。

【棉花生产】 2016年，东营区棉花播种面积5.58万亩，比上年减少5.2万亩。经测产，平均亩株数3765.4株，比上年减少762.7株，单株铃数11.6个，比上年增加2.9个，亩铃数43790.5个，比上年增加4334.8个，折算铃重6.1克，衣分41.4%，籽棉亩产225.4公斤，比上年增加49.5公斤，皮棉亩产93.3公斤，比上年增加22.7公斤，皮棉总产0.53万吨，比上年减少0.24万吨。

【国家现代农业示范区建设】 该项目是农业部批复的2014年东营区国家现代农业示范区旱涝保收标准农田示范项目，项目区位于牛庄镇东北部，以辛河路为主轴线，东西分别与东营区六户镇和东营区史口镇地界相接，南起牛庄镇镇府驻地，北抵新广蒲河。项目区总面积2.35万亩，其中耕地面积2.0万亩，共涉及王庄、中武、辛集、解家、褚家、牛庄、东隋、西隋、小宋等9个行政村。项目总投资2800万元，其中申请中央财政投资2240万元，地方配套投资560万元，建设期限2年。共计修建沟渠305条，长166.78千米，建桥、涵、闸建筑物291座，新建土质机耕路83.66千米，新建及维修硬化道路14.48千米，土地整平530亩，共计动用土方75.17万立方米，植树2.8万株，购买仪器设备17台套。经过各级的共同努力，至年底，已完成新建支渠4150米，衬砌斗渠18990米，新建衬砌农渠22620米，维修支渠1590米，硬化道路2700米（6米），硬化道路3360米（5米），完成各类建筑物292座，排沟疏挖和林带整平共动用土方80.5万方，新建土质渠62880米，新建土质路83660米，新建石灰碎石土路4240米，四干路改造工程4180米，土地整平530亩，植树2.8万株；购买仪器设备17台（套）。工程按实施方案设计内容已经全部完成，通过了区级完工验收，对前期完成的工程量进行审计。该项目完成投资2388.35万元，完成田间工程量的100%。结余资金约411.65万元。经区政府研究同意，计划利用结余资金在原区域内实施提升工程，结余资金项目实施方案编制已完成，省农业厅以鲁农发规字〔2016〕45号对上报的实施方案进行了批复。

【地力保护补贴】 在区财政局密切配合下，东营区2015至2016年度小麦种植面积核定工作，从2015年11月中旬展开，经过种粮农民自报小麦折实面积，村级核实、公示、确定、统计上报及镇（街道）统计、公示、确定上报阶段，2016年3月底全面结束。经统计，东营区粮食直接补贴工作共涉及村（居）个182村、10个油田单位、1个农场，种粮农民20237户，小麦种植总面积为147821.14

亩。2016年，国家对耕地地力保护补贴坚持每亩125元，补贴资金通过财政涉农一本通发放到农户手中。

【粮食适度规模经营】 按照上级相关通知，东营区对2016年凡种植并收获小麦50亩及以上的种粮大户和种粮家庭农场基础信息进行了审核统计，经核实东营区符合要求的共153户，种植面积为22265亩。

【瓜菜生产】 2016年，全年瓜菜播种面积4980公顷，产量27.17万吨，产值4.26亿元。甜瓜、西瓜、莲藕面积进一步扩大，西瓜、甜瓜面积达到300公顷，莲藕面积达到870公顷。新增标准化蔬菜基地1个，扩建3个，面积新增220公顷，年内申报的6个蔬菜产品通过农业部农产品质量安全中心无公害农产品认证。

【植物保护】 2016年，全区农作物病虫草害发生面积78.57万亩次，准确预报病虫草害并发布病虫情报20期1000余份，有效地指导农民搞好大田病虫草害防治，防治面积86.51万亩次，其中挽回粮食损失12090.17吨。准确预测预报东亚飞蝗出土始、盛期，积极组织培训基层治蝗员搞好飞蝗查治工作，圆满完成4.5万亩地面防治任务，确保辖区内蝗虫不起飞、不成灾。加强植物检疫，控制植物检疫对象侵入。清理整顿农药、农资市场，严厉打击不法商贩。

东营区主要农作物病虫害一览表

作物	主要虫害	主要病害
小麦	麦蚜、麦蜘蛛、麦叶蜂、棉铃虫、灰飞虱、吸浆虫、地下害虫	白粉病、锈病、全蚀病、赤霉病、纹枯病、根腐病
玉米	玉米螟、玉米蓟马、灰飞虱、玉米穗虫、黏虫、二点委夜蛾	黑粉病、大小叶斑病、褐斑病、粗缩病、玉米弯曲霉叶斑病
棉花	棉铃虫、蚜虫、红蜘蛛、二斑叶螨、斑潜蝇、棉蓟马、盲蝽象、甜菜夜蛾	立枯病、炭疽病、红腐病、枯/黄萎病、角斑病、棉铃病、红叶茎枯病
水稻	稻飞虱、二化螟、稻纵卷叶螟、稻水象甲、红线虫	恶苗病、稻瘟病、纹枯病、条纹叶枯病
大豆	豆天蛾、豆荚螟、造桥虫、豆蚜、棉铃虫、红蜘蛛	花叶病、角斑病、孢囊线虫病
蔬菜	菜青虫、菜蚜、菜螟、美洲斑潜蝇、飞虱、甜菜夜蛾	霜霉病、疫病、病毒病、根结线虫病
潜在暴发性病虫害	草地螟、二代黏虫、小麦条锈病	
主要检疫性有害生物	稻水象甲、美洲斑潜蝇、小麦全蚀病、小麦腥黑穗病、蔗扁蛾、棉花黄萎病、黄瓜绿斑驳病毒病，假高粱	

（张丽丽　栾　娜）

林　业

【概况】 2016年，全区共完成成片造林1030公顷；林业育苗1703公顷；全民义务植树60万株；果园建设实施规范化管理337公顷；果品产量4680吨。

【“三年增绿”工程】 “三年增绿”即东营市2016～2018年三年增绿计划。年内，东营区重点实施中心城防护林，德大铁路绿化，荣乌高速等干线公路绿化，沿黄生态工程，农田林网建设，生态林场完善提升等6项市级调度工程，以及油麻路等县乡路域绿化，新广蒲河等县乡水系绿化，村镇厂矿校园绿化，片林基地建设等4项区级工程。至年底，完成投资8056.1万元，流转土地

1.59万亩，完成造林1.28万亩，超额完成市级任务。

2016年11月1日，全区三年增绿集中会战动员大会

【经济林产业】 突出经济林产业发展，规划打造“三横一纵、以点带面、多点增彩”（“三横”：打造南二路、牛庄产业路、油麻路三条生态观光经济林产业带。“一纵”：提升完善六户繁荣路旅游观光林业带。“以点带面”：以龙居朱家村新梨七号为引领，带动盐垛管区种植产业化，实现与牛庄产业路休闲观光带的对接。“多点增彩”：改造提升龙居大孙红梨果园，打造龙居龙栖湖湿地水生植物精品观赏区，为龙居生态旅游业增加亮点）的城郊高效生态休闲观光现代林业发展产业，力促产业提档升级。至年底，全区发展经济林面积8240亩，其中，葡萄3500亩，苹果900亩，梨1000亩，桃1740亩，其他1100亩。

【种苗花卉】 2016年，东营区有林业育苗基地37处，育苗总面积28695亩，其中年内新育苗1500亩。全年办理种苗生产、经营许可证11份。各类花卉智能温室大棚8万平方米，出售盆栽花卉4466.56万盆。

【林业产业及技术指导】 2016年，全区有林业龙头企业22家，其中国家级龙头企业1家，省级龙头企业6家，市级龙头企业8家；林业专业合作社19家，其中省级合作社2家，市级合作社5家；办理林权抵押贷款460万元；积极开展林业科技下乡，培训林农120余人次。

【林业有害生物防治】 年内，在胜大种业公司苗圃新建太阳能杀虫灯诱杀示范区1处，在华林庄园新建数字化监测站1处。全年释放周氏啮小蜂蛹2万枚，安装太阳能杀虫灯200盏，实施飞防5000亩，实现了有虫不成灾的目标。

【生态公益林】 建立市、区两级公益林管理数据库，及时掌握全区公益林动态。2016年，全区市级生态公益林面积11710.02亩，区级生态公益林面积7294.15亩。

【林政资源管理】 年内，全区森林资源管理工作按照规范化、法制化要求，大力宣传林业法律法规，提高全民法制观念和保护森林资源意识，加强林业行政执法队伍建设。依法办理采伐证159份，办理木材运输证2份，木材经营加工许可证1份。联合森林公安东营分局，加大对乱砍滥伐林木案件的查处力度，全年依法受理各类案件13起，挽回直接经济损失2万余元。在春季苗木出圃高峰期，区林业局及时组织检疫人员进行苗木产地检疫和调运检疫，先后对8家大型苗圃进行产地检疫并发放产地检疫合格证，签发森林植物检疫证书64份。

【森林防火】 年内，为进一步加大森林防火宣传工作，制定并印刷法律法规宣传手册，在重点林区粉刷防火宣传标语和生态林场制作森防宣传标识牌，向全社会发放宣传单和明白纸1000余份。狠抓森林防火能力建设，督促重点镇、街道、林场落实物资库标准建设和水灭火管网建设，组建半专业队、义务扑火队；向重点镇、林场转发80万防火物资，确保了森防装备扑救。全区连续多年没有发生一般以上森林火灾。

（杨　英）

龙居生态林场

【概况】 龙居生态林场是东营市规划建设的十一大林场之一，位于龙居黄河南展区，规划面积4.1万亩，概算投资6.8亿元。2016年，龙居生态林场生态旅游效应全面显现，龙居黄河森林旅游区被评为国家AAAA级旅游景区。

【林场改革】 2016年，结合国有林场改革方案、省深化农村改革实施方案，龙居生态林场积极探索创新林场经营管理体制，逐步完善新形势下生态林场经营管理制度。森林资源经营方案、生态效益监测评估报告正在编制，《龙居生态林场——国有林场改革实施方案》上报市政府，进入审批阶段。

【生态建设】 生态是龙居生态林场最大的特色和优势，开发建设过程中龙居生态林场牢固树立“生态优先”的理念，全年协调林地灌溉用水100万立方米，完成森林抚育1100亩，超额完成“三年增绿”计划，补植和提升改造低标准林分1123.5亩，栽植各类苗木30余种，20万株。近4万亩林地所产生的森林生态总效益十分可观，据科学测算，整个林场年可吸收二氧化碳6万余吨，释放氧气5万余吨，可满足200多万人的氧气需求，是一个天然的“森林大氧吧”。同时，龙居生态林场在涵养水源、防风固沙、调节气候、净化空气等方面也将发挥其不可替代的作用。

【旅游发展】 2016年，龙居生态林场瞄准建设国家一流森林旅游度假区的目标定位，高层次规划，高标准建设，大手笔实施，着力打造旅游精品工程，突破旅游服务业发展。按照国家AAAA级景区建设标准，龙居生态林场不断完善景区基础服务设施。投资670万元，完成景区监控、观光车、电子显示屏、游客接待中心入口改建工程。经过努力，龙居黄河森林旅游度假区顺利被评为国家AAAA级旅游景区。为进一步提升景区层次，《东营区全域旅游发展规划》《龙居镇全域旅游发展规划》和《小麻湾村旅游开发规划》正在结合《东营龙栖湖省级湿地公园总体规划》编订中，四项规划同步实施将进一步促进龙居黄河森林旅游度假区的知名度。至年底，龙栖湖省级湿地公园项目完成投资1560万元，累计修复湿地1500多亩，修建自行车绿色赛道5公里，木栈道1500米、景观桥4座和游船码头2个；利丰温泉拓展中心项目完成投资1.5亿元。建成游客接待中心、户外拓展基地、职工宿舍、辅助接待楼和660亩林业特色经济产业园，温泉休闲中心正进行设计评审；桃花岛开心农场完成投资1.2亿元，建成的滑雪场、快乐农场和青少年运动拓展基地正式营业。以西部黄河文化带、东部湿地观光带、南部旅游度假区，北部游客集散地为基本框架的旅游格局初具雏形。

2016年，龙居森林旅游服务设施不断完善，旅游文化内涵不断丰富，实现生态效益和经济效益的“双赢”。“2016东营·龙居乡村旅游文化节”成功举办，累计接待游客15万人，拉动消费1000余万元，在宣传黄河文化、龙居文化、森林旅游度假等方面取得成功。

森林旅游

（陈树滨）

畜牧业

【概况】 2016年，全区畜牧业产值118885万元，与上年基本持平。全年完成肉类总产1.88万吨，蛋类总产1.49万吨，奶类总产0.53万吨，分别比上年增长-17.5%、-8%、-66.3%。出栏牛2.72万头、猪8.46万头、羊26.7万头、家禽376万只，分别比上年增长-12.4%、31.5%、-0.2%、-15.5%；至年底，全区存栏牛2.7万头（其中奶牛3417）、猪5.0万头、羊12.8万只、家禽143万只。

【畜牧产业化】 山东宏润农业科技公司奶牛养殖基地申报2016年国家标准化规模奶牛养殖场区建设项目，获批复实施，项目总投资160余万元，主要用于牛舍、粪污处理设施等建设，可争取中央补助资金80万元。东营市华盛畜牧养殖公司肉牛场实施的基础母牛扩群项目完成既定内容，累计投资330余万元，可争取中央补助资金110万元；申报并获批复实施2017年基础母牛扩群项目，可争取财政补助资金120万元，其中企业拿出20%的财政补助资金用于产业精准扶贫。积极争取省、市支持，11月底组织9家企业申报山东省现代畜牧业示范县项目，重点加强肉牛、奶牛及草畜产业基础设施配套建设，计划总投资1600余万元，争取省级财政补助资金800万元，已通过省级专家组评审，等待批复。

【动物疫病防控】 精心安排部署。制定防控工作意见和免疫计划，明确工作目标和任务要求；结合全区实际制定疫苗需求计划，调拨各类疫苗400余万毫升，在保证工作需求的同时，最大限度地避免疫苗浪费；各基层防控所分别与208名村级防疫员签订了《免疫工作目标责任状》，举办7期村级防疫员业务培训班，压实工作责任，为全面完成防疫任务奠定了基础。

狠抓集中免疫。春、秋两季集中免疫中，全区畜禽持证率达100%，牲畜挂标率达100%，做到“应免尽免、不留空当”和“真苗、真打、真有效”。对畜禽免疫进行动态管理，建立了完整的畜禽养殖档案和免疫档案，对新补栏畜禽做好补免，圆满完成了集中免疫任务。

开展抗体检测。为全面掌握免疫情况，对全区所有规模场和部分散养户进行抽样检测，共采集样品2380份，其中牛270份、羊340份、猪370份、禽1400份，发现抗体不合格的及时反馈，进行补针、补免，用科学手段确保免疫工作质量。

做好疫情监控。不断健全完善村级动物疫情报告体系，充分发挥村级动物防疫员的作用，加强对全区动物疫情监控力度，发现可疑疫情及时上报分析。根据疫病流行形势和养殖场户需求不定期开展日常监测和流行病学调查分析，及时进行疫情预警，杜绝疫情流行和扩散。

【畜产品卫生安全监管】 加强投入品监管。加大对兽药饲料生产、经营、使用环节的监管，强化市场监督检查；指导养殖环节合理使用兽药，严格执行休药期规定；组织辖区4家饲料和饲料添加剂生产企业按时完成“中国饲料工业统计信息系统”网上年度信息报送和备案；严厉打击超剂量超范围用药、违规使用原料药、不执行休药

生态养猪

期、无兽医处方使用兽用处方药等违法行为。年内，出动执法人员283人次，检查兽药饲料生产企业13家次、经营企业26家次、畜禽规模养殖场（小区）179个次，暂未发现违法行为。

做好抽样检测。实行区例行监测与国家、省、市随机抽检相结合，协助省、市畜牧兽医局做好各项抽检工作。完成监测猪尿样品58份、牛尿样品26份、羊尿样品22份、禽蛋样品88份、生鲜乳样品15份、兽药产品样品10份、饲料产品样品6份；猪肉、牛肉、羊肉、禽肉样品分别为8份、1份、4份、2份。检测反馈结果均合格。累计“瘦肉精”抽检生猪、肉牛、肉羊尿样5395批次，检测结果均为阴性，未发现添加使用“瘦肉精”等非法添加物的违法犯罪行为。

强化市场监督检查。与市场监管、公安、质监等部门配合，深入开展元旦、春节、中秋、国庆等节日期间的专项整治活动，严防病害动物产品上市流通。理顺生猪定点屠宰管理工作，对正常生产的生猪定点屠宰场实行驻场检疫，加大对私屠滥宰的打击力度。出动执法人员85人次，出动执法车辆41台次，取缔私屠滥宰窝点3个，查扣私宰肉品3200公斤。加强奶牛养殖场、奶站及运输车辆的监管，对全区各奶牛养殖场、5个奶站、4生鲜乳运输车全部完成证件年审工作。做好收购许可证、准运证和直供牧场审核工作，严查奶站“两证一单”，无不合格情况。

认真落实国家病死生猪无害化处理政策，依法监督养殖户对病死畜禽实施无害化处理，全年累计无害化处理病死猪1573头，既消除了疫病传播风险，又使惠农政策落到实处。

【科技兴牧】 年内，坚持“实用、需用、能用”的原则，结合畜牧发展实际，围绕生态畜牧业发展、畜产品质量安全、重大动物疫病防控、畜牧兽医法律法规等方面，积极开展形式多样的技术培训和推广。依托2016年农技推广补助项目，采用现场指导、集中培训等方式，做好肉羊规模化育肥技术、肉羊规模化饲养疫病综合防治技术、蛋鸡标准化健康养殖技术等先进畜牧技术的推广应用，加快了良种良法普及配套。利用农业科技网络书屋、畜牧科技短（彩）信群发平台等系统软件实施畜牧技术数字化服务。短（彩）信群发平台发布先进技术、市场信息、重要天气预警等300余条。年内，组织举办村级防疫员、畜牧兽医推广项目技术人员等各类培训班11期，发放技术资料4200余份，培训畜牧从业人员780人次；制作新型农校科教片2部；完成区级新型农校申报课题高端培训——生态畜牧养殖培训班各项任务。

（温培源）

海洋与渔业

【概况】 2016年年底，全区有水产养殖面积20900公顷，其中淡水养殖面积5000公顷、海水养殖面积15900公顷，分别比上年增长-10.17%、0%和-12.95%；有海洋捕捞渔船359艘，计15582千瓦，总吨位9287吨。全区水产品总量6.9281万吨，比上年增长-6.51%，其中海洋捕捞产量1.8306万吨，海水养殖产量3.3421万吨，淡水产品产量1.7554万吨，分别比上年增长0.82%、-13.64%和1.76%。

【淡水渔业】 年内，以农民增收、渔业增效为目标，紧紧围绕渔业产业结构调整主线，优化品种结构，根据市场需求，在淡水养殖方面，进一步扩大南美白对虾、泥鳅养殖规模，史口、牛庄、龙居等镇新增南美白对虾精养池1000亩，推广池塘南美白对虾混养技术，亩产量可达500～750公斤；试验成功罗氏沼虾池塘养殖，产量在100公斤每亩。巩固发展文汇街道北王屋发展泥鳅养殖。抓好史口镇休闲观光渔业园区项目建设，推广藕池套养泥鳅模式，面积500亩。

【海水渔业】 海水养殖实施渔业标准化生产，

重点发展对虾、海参、梭子蟹养殖，其中对虾养殖4万亩，海参养殖0.6万亩，海参亩产200公斤以上，亩效益近万元。经过对养殖池塘及配套设施的修整，形成了占地面积5万余亩的海水示范区。

渔港渔船安全生产联合大检查

【渔业技术推广】 申报实施省级农业技术推广项目《刺参池塘设施优化技术与示范推广》，实施面积1000亩，完成验收。共举办各类渔业技术推广培训班3期，培训学员210人次，发放养殖技术宣传材料800余份。

【渔船渔港建设管理】 做好广利渔港综合性渔港经济区申报工作，编制《广利渔港综合性渔港经济区建设实施方案》，通过专家评审，被省厅列为2016年全省14个重点推进实施的综合性渔港经济区之一。做好渔船年审及涉外渔船管理工作，辖区渔船登船检验率100%，加强全区14艘具备涉外生产能力渔船的管控。做好渔民转产工作，全年计划减船转产渔船34艘，减少功率数1254.1千瓦，更新改造渔船4艘。做好渔业安全工作，年内为渔民发送天气预警信息5.6万条，禁渔禁航信息2.9万条；以安全生产“大快严”行动为载体，出动检查人员280人次，检查渔船986艘次，查找整改渔船安全隐患8处；沿码头设置防火隔离带12处，组建防火巡逻队，布置7处应急消防点，配备大型灭火器30个、消防水泵6台；投资120万元，对辖区430艘渔船全部配备CDMA信息终端，对142艘大马力渔船配备气胀式救生筏。

【海域管理及海洋执法】 大力实施广利岛综合整治修复项目，项目总投资1796万元，2015年12月1日开工建设，2016年10月底项目全部竣工，至年底完成项目初步验收，正在按程序申请市级复验。通过本项目的实施，可避免广利岛海岛资源遭到破坏，改善现有岸线生态环境，遏制海岛岸线被逐步侵蚀，保护海岛海岸线、广利港及其出入船只的安全。积极做好海域使用金征收工作，全年征收海域使用金180.3135万元。坚持落实好“属地监管责任制”和“旬巡（督）查，旬报告”制度，严格执法监察、规范用海秩序。每月对东营区辖区全岸段陆地巡查8次，重点区域、重点项目增加巡查4次；每周2次对广利港区收回海域进行全方位巡查，对出现的苗头性违法用海及时给予制止，保证了广利港区工程顺利施工。2016年，在巡查中及时解决群众来电来访2次，严厉打击各种违法围填海行为，有效地规范了海域开发利用秩序。投资11万元，建设了海监快艇浮动码头，为海监船能随时停靠码头提供了有力保障。

【水产品质量安全】 年内，省级农产品质量安全渔业示范县项目顺利通过省级绩效考核验收；举办水产品质量安全培训班2期，培训渔民165人次；完成水产品（含苗种）监督抽检任务共93个样，抽检的样品合格率为100%；引导1家农业合作社申请产品扩项，帮助1家完成复查换证；开展放心农资下乡进村宣传周、食品安全宣传周等活动，发放水产品质量安全资料362份；深入养殖一线检查水产企业、养殖户70余次。

（胡德萌）

农业机械

【概况】 至2016年年底，全区农机总动力32.41万千瓦，农用拖拉机保有量5700台，同比新增50马力以上大型拖拉机151台，新增小麦联合收获机32台，玉米联合收获机60台和秸秆还田机21台。全年共完成机耕面积16225公顷，机播面积23873公顷，其中小麦精少量播种9741公顷，玉米贴茬直播8432公顷；机收面积18329公顷，其中小麦联合收获9741公顷，玉米联合收获和秸秆还田24545公顷。

【农机供应与维修】 根据省、市、区有关文件精神，结合“3·15”消费者权益日，继续深入开展“打假维权保农业安全生产”活动，与有关部门联合，对全区70余个农机销售网点和修配网点进行集中治理整顿，查处假冒伪劣农机产品。依法对全区农机修配网点进行资格审查，对从业人员进行职业技能鉴定，有效地维护农机供应，维护两大农机市场。

【农机培训与推广】 区农业机械化学校有专职教师6名，兼职教师3名，其中具有中级职称的有3人，承担着全区拖拉机驾驶员、修理工、农机具操作手以及农机管理人员的培训工作。2016年，培训各类技术人员2000余人，其中复训驾驶员350人，培训大中型拖拉机驾驶员，235人、小麦、玉米联合收获机驾驶操作员115人、农机管理人员25人以及其他人员50余人。在抓好玉米联合收获等常规技术推广的同时，继续重点推广适合东营区发展的深松机械化、保护性耕作、棉花机采技术。在中央财政补贴资金的导向下，通过宣传发动，政策驱动，2016年全区落实中央农机补贴809.952万元，补贴中大型拖拉机151台、补贴小麦、玉米联合收获机91台、补贴秸秆粉碎还田机21台、深松联合整地机16台、深松机械16台、捡拾压捆机6台、免耕播种机6台及其他机具12台套，受益农户303户，推动了全区大中型农业机械的优化配置。2016年，东营区的玉米机收率达到97.5%，玉米机收实现全程机械化。东营区的农机化发展水平已进入高级发展阶段。

【农机管理】 区农机管理服务中心积极开展创建“交通安全文明村”“农机安全示范合作社”以及“七类重点车辆、七种违法行为”、道路交通“平安行·你我他”行动、“大排查、快整治、严执法”集中行动、城市公共安全专项整治、重点领域安全整治和“打非治违”“安全生产月”等安全专项整治活动；加强对执法人员的职业道德教育和业务培训，公开业务程序、收费标准和收费项目，增强工作透明度；深入基层服务有机户，同时加大农机管理执法力度，严格查处“无牌、无证、违章载人”等违法违规行为，保障农业机械安全生产。年内，挂发拖拉机、联合收获机号牌247副，办理驾驶证191本，年检拖拉机、联合收获机454台，查处纠正违章46起。落实服务承诺，实行限时服务，推广文明用语，设立监督台、监督电话、意见箱、意见本，公开接受社会监督。

2016年东营区主要农业机械拥有量统计表

单位	总动力(千瓦)	拖拉机		配套机械	自走式小麦联合收获机	玉米联合收获机
		大中型	小型			
合计	324133	总计5700台 2093	3607	14563	443	476
辛店街道	17104	45	148	419	11	6

续表

单位	总动力(千瓦)	拖拉机		配套机械	自走式小麦联合收获机	玉米联合收获机
		大中型	小型			
胜利街道	24795	52	116	314	1	8
文汇街道	10349	35	6	104		5
牛庄镇	72154	560	956	3446	128	177
史口镇	69696	543	449	1817	157	124
六户镇	51610	378	1340	5762	70	81
龙居镇	41736	277	326	1895	65	54
黄河街道	20687	41	39	195	1	5
东城街道	6408	20	75	164	1	4
胜园街道	9594	142	152	447	9	12

（张丽丽）

地方水利

【概况】 2016年，全区共安排水利基本建设项目7个，计划投资4880万元，其中建成项目5个，完成投资3880万元。全区改善灌溉面积8.167万亩，新增节水灌溉面积1370公顷，全年引黄水量5946万立方米；全区抗旱灌溉农田32万亩。

【农水会战】 4月，完成2015～2016年冬春农水会战工程，共计实施农田水利基本建设项目13项，动用土方277.26万立方米，总投资6492.6万元。

【农村饮水巩固工程】 投资200万元，对龙居镇、史口镇、牛庄镇及六户镇的14个农村村居的自来水工程设施进行维修改造。共计更新村内供水管线13.3公里，新建水表房69座，新建水表池175座，更换分水器168个，更换PE主管线7210米，更换入户管线9540米，更换水表及配套闸阀2606个。该工程10月28日完成开标，11月4日开工建设。工程实施后，可实现14个农村村居全天不间断供水，解决2469户，0.81万人的饮水安全问题。

【水气污染治理工程】 年内，区水利局承担3项水气污染治理工程。投资2000万元，实施史口化工园区生态水系建设工程，7月15日完成招投标。至年底，基本完成主体工程建设；投资800万元，实施五干排水质提升工程，7月29日完成招投标，至年底，基本完成主体工程建设；投资500万元，实施牛庄新型农民创业园污水处理厂配套湿地建设工程，9月2日完成招投标，至年底，基本完成主体工程建设。

【防汛设施改造工程】 投资50万元，建设14处雨情遥测终端站点、改造中心平台，改造区防汛物资仓库道路、监控设施等基础设施。10月27日完成招投标。至年底，全部完成工程建设任务。

【支脉河邵桥生产桥改扩建工程】 投资530万元，拆除邵桥生产桥旧桥、新建新桥，2月24日完成招投标，3月5日开工建设，8月12日完成建设任务。

【东营区小型农田水利基本建设工程】 投资800万元，对涉及南四镇约5000亩的大项目未覆盖“边缘片区”“夹缝地带”土地内沟、渠进行清

3月22日世界水日进行水法宣传

淤疏浚，维修配套桥、涵、闸等田间水利设施。该工程于9月29日完成招投标，10月11日开工建设，至年底完成建设任务的50%。

【水利移民后期扶持项目】 投资300万元，实施东六户自来水工程、刘三村道路工程、西南史农田水利设施配套工程等2014年小型水库移民扶助基金项目和王岗、朱家村道路工程等2015年大中型水库移民后期扶助结余资金项目。4月上旬开工，9月下旬完工。

【抗旱防汛】 7月6日，区政府召开全区防汛工作会议。按照分级负责的原则，严格落实目标责任制，落实行政责任人和防洪重点工程责任人，修订完善各类防汛预案，对防汛物资储备情况进行清理核查，备齐备足防汛物资，落实防汛抢险队伍，加强防汛遥测系统的维护与管理，保证汛期信息及时传输，制定计划对水利设施雨季安全隐患进行及时排查与排除。全区落实常备编织袋20万条、编织布1.5万平方米、铁丝5吨、救生衣100件、土工布2000平方米、木桩600根，组建民兵黄河抢险队11支、550人，基干班148个、1776人，护闸队18个、216人，群众防汛队伍8224人，防汛组织总人数10766人。组织实施一批防汛重点工程，确保汛期排水通畅。从组织、预案、队伍、料物等方面精心准备，落实各项防汛措施，实现全年安全度汛。2016年，全区平均降雨387毫米，比常年554毫米少167毫米，是常年降雨量的69.9%，未形成洪涝、干旱灾害。

【引黄灌溉】 针对春灌工作特点，早部署、早落实、科学调度，赢得了春灌工作的主动权。通过财政补贴农业水费的方式，减轻农民负担，提高基层镇、街道的节水意识。全区春灌工作3月14日开始，至5月5日结束，历时53天。共引蓄黄河水5946万立方米，灌溉农田32万亩。

【水利综合执法】 加强法律法规的宣传工作。充分利用“3・22”世界水日与“中国水周”的有利契机，深入宣传水利法律法规，通过张贴横幅标语、发放宣传材料，为依法治水营造了良好的舆论氛围。严格水资源管理工作。认真贯彻落实中央和省两个“一号”文件精神，严格水资源管理，实行总量控制，提高用水效率，加强水资源论证，依法开展取水许可审批工作。年内，全区共办理水资源论证项目8个，征收水资源费63.15万元。加强水土保持监督管理。严格按照《关于加强生产建设项目水土保持方案审批管理的意见》（东区水发〔2012〕28号），依法做到未经水行政主管部门批准，环境保护行政主管部门不予审批其环境影响评价，建设项目不得开工建设。年内，共批复水土保持方案报告书8份，编报水土保持报告表3份，征收水土保持补偿费146.50万元。

（李　强）

黄河河务

【概况】　东营区境内黄河河段上接博兴界自老于村入境（189+121），以麻湾险工为顶点，由东向西陡转90度为南北走向，沿区界流经龙居镇，由吕家村进入垦利段（201+300），境内流程12.179千米。2016年，利津站径流量为82.3亿立方米，多年平均径流量为302亿立方米，自2000年后无断流情况。东营区河务部门全称为黄河河口管理局东营黄河河务局，下设南坝头、麻湾、曹店三个管理段，共管辖黄河堤防18.929千米，其中临黄堤长12.179千米，南展堤长6.750千米；险工三处（南坝头险工、麻湾险工、打渔张险工），坝岸93段，工程长度4.3千米；引黄涵闸2座（麻湾引黄闸、曹店引黄闸），设计流量90立方米/秒。

【防凌防汛】　2015—2016年度凌汛期，受极强冷空气影响，东营区出现了多年未见的低气温，1月17日最低气温达到-17℃。黄河凌情发展迅速，封河2段，长5.3公里，冰厚7～15厘米，封河段总冰量21.7643万立方米。在上级防总和区委、区政府的正确领导下，东营区从防御最严重凌汛出发，积极进行各项防凌准备，认真做好防凌值守、冰凌观测、防凌调度、浮桥拆除、工程巡查、防凌检查等各项工作，在各级各部门共同努力下，安全度过凌汛期。

2016年汛期，河务部门认真贯彻“安全第一、常备不懈、以防为主、全力抢险”的方针，汛前修订完善《东营区黄河防洪预案》《东营区麻湾分凌分洪闸应急度汛预案》《东营区黄河调水调沙预案》等方案措施，实行专项预案政府做；加强黄河防汛的非工程措施，及时召开黄河防汛工作会议，落实行政首长负责制，组织落实防汛队伍，进行骨干技术培训和工具、料物、照明设备准备，确保黄河防汛微波干线正常运行。全区组织防汛队伍8750人，其中一线群众防汛队伍4375人（包括：民兵基干班200个，2400人；民兵抢险队4支，200人；护闸队4支，200人；企业抢险队6支，300人；后勤保障队640人），二线队伍4375人。继续推行民兵抢险队驻防，6月13日，由龙居镇精选的30名民兵抢险队员和22名职工队员，开始上堤驻防，时间为5个半月。驻防期间，强化训练，严格管理，在工程管理、黄河防汛等重点工作中发挥了积极作用，为驻防管理积累了新的经验。7月18日，在利津王庄险工参加2016年油地军黄河防汛联合演习，进一步提高了抢险队的实战能力。

2016年整个汛期，东营区出现最大流量的时间是7月28日，利津站河道出现最大流量1530立方米每秒，利津站水位11.64米。麻湾站最高水位为13.21米。

【防洪工程建设】　“十二五”防洪工程占地处理及移民安置工作，在初验的基础上，于2016年6月30日、9月27日，分别通过档案专项验收和移民专项验收，“十二五”移民迁占工作圆满完成。

“十三五”防洪工程占地处理及移民安置工作，地面附属物全部清理完成，共完成临时占地221.8亩、树株清理6286棵。

【水利工程维修养护】　2016年，上级批复东营河务局全年维修养护经费407.26万元。全年完成日常维修养护土方0.413万立方米，石方0.1778万立方米、草皮养护45.46万平方米、草皮补植1.56万平方米、树株养护3.614万株，日常维修养护投资289.90万元。南展堤（3+750–5+750）堤坡整修工程完成土方1.4624万立方米，完成投资43.29万元；南坝头险工5#、8#坝根石台整修工程完成石方0.0462万立方米，完成投资12.50万元；南坝头险工1#–4#坝坝顶道路整修工程完成土方0.0744万立方米，完成投资27.92万元；根石探测工程，完成投资3.58万元；大孙排灌闸安全鉴定，完成投资30.06万元。

民兵驻防防汛演练

【水资源管理调度】 由渠首管理单位和灌区管理单位签订引黄供水协议书，严格按上级的调水指令和引黄供水协议书的要求供水。由于实行上级统一调度供水，保证了黄河连续十五年不断流。麻湾灌区引水以农业灌溉为主，曹店灌区引水以注库为主。全年麻湾灌区和曹店灌区共引水3.23亿立方米。

【黄河来水来沙情况】 2016年汛期，东营区黄河出现了一次洪水过程。本年度黄河调水调沙由于本年度黄河径流量比往年偏少52.3%，小浪底水库蓄水量不足，没有调水调沙。2016年整个汛期，东营区出现最大流量的时间是7月28日，利津站河道出现最大流量1530立方米/秒，利津站水位11.64米。麻湾站最高水位为13.21米。从洪水水位过程线上看出，水位的升涨表现比较平稳，没有出现大起大落的现象。涨水快，退水速度也快，到达东营区时间基本上是按预定时间到达，洪水传播速度基本正常。由于历经数次调水调沙，河道进一步刷深，洪水下泄顺畅，洪水期间东营区河道工程运行正常，没有出现险情，滩区没有出现串沟、漫滩等情况。

【水行政执法】 深入开展“七五”普法及“世界水日”和“中国水周”宣传教育活动，收到较好效果，营造和谐的水事环境；加大河道巡查和案件查处力度，提高水政执法的震慑力；严格执行水行政许可制度，提高建设项目管理水平；利用模拟办案、以案释法、科室范围内的水法规业务考试、邀请业务经营授课等形式对水政人员进行培训，参加上级及本单位组织的培训7次；加大重点区域监控，安装了浮桥视频监控系统，进入调试阶段；突出抓好水行政综合执法改革试点工作，水政、大队、派出所密切配合，大力开展巡查防控工作，有效控制水事违法行为的发生，全年巡查138次，出动巡查人员370人次，累计行程14500余公里，现场制止各类违法行为12起，清除违章树株300株，清理柴草垛40余垛。

（庞小龙　李聪聪　何英娥　刘晓雪）

工　业

工　业

综　述

【概况】　2016年，全区125家规模以上工业企业累计完成工业总产值1321.6亿元，同比增长4%，增加值增长3.5%，主营业务收入1268.9亿元，同比增长-9.7%，利税49.3亿元，同比增长-51.8%，利润28.6亿元，同比增长-58.1%。产销率为98%，两金占用为39%。全区有47家工业企业主营业务收入过亿元，山东海科化工集团有限公司、山东万通石油化工集团有限公司、山东神驰化工集团有限公司3家企业过百亿元，分别达到263亿元、237.8亿元、156.9亿元。3家企业入选中国民营企业500强。海科集团成为国内首家生产“京六”标准汽柴油的民营炼油厂。全区原油一次加工能力达到1330万吨，神驰化工获得252万吨的原油进口指标。

2016年，全区累计完成工业投入60.5亿元，其中技改投入9.4亿元。实施各类工业项目55项，其中5000万元以上项目16项，亿元以上39项。

【技术改造和技术创新】　2016年，以企业发展和项目建设为中心，重点抓“转方式、调结构”工作。东营区工业投入保持平稳增长，全区地方工业在建项目55个，其中结转12项，新开工43项，完成工业投入60.5亿元，其中，5000万元以上项目16项，亿元以上39项。胜利方兰德高端石油装备配件加工基地、利源环保25万吨/年混合烷烃脱氢、冠通金属制品加工项目、龙源14.8万吨/年润滑油精制、高佳年产5亿瓦时动力锂离子电池等一大批优势项目相继开工建设，对加快工业转型升级，推动产业健康持续发展具有重要意义。

技术创新方面，以增质增量为目标，加强技术创新工作。一是山东科瑞油田服务集团股份有限公司碳酸盐岩油藏提高采收率技术研究、山东德仕石油工程集团股份有限公司针对高含沥青质原油破乳剂的研究、东营百华石油技术开发有限公司抽油杆防磨扶正器研究等31个项目成功列入省企业技术创新项目计划。二是引导企业中心上档升级，年内新培育山东正辉石油装备集团有限公司、山东广域科技有限责任公司2家省级企业技术中心，山东科瑞控股集团有限公司1家省级工业设计中心；新培育山东普瑞思德石油技术有限公司、山东国丰君达化工科技股份有限公司、东营泰尔石油技术有限公司、山东荣创机械科技有限公司4家市级企业技术中心。至年底，东营区有省级企业技术中心16家、市级21家；省级工业设计中心3家、市级5家；三是狠抓产品质量提升。山东恒业石油新技术应用有限公司荣获首批工信部“制造业单项冠军培育企业”称号。该公司生产的制氮设备市场占有率连续4年居全国第一，其中膜分离制氮设备占据国内80%的市场份额；变压吸附制氮设备占据国内70%的市场份额。同时该公司油田系列高压制氮设备项目获批2016年山东省首台（套）技术装备及关键核心零部件项目。

【节能降耗和资源综合利用】　强化节能目标责任评价考核，节能降耗工作取得新突破。“十二五”期间东营区万元GDP能耗下降25.81%，超额完成市政府下达的节能任务。继续实施节能示范工程。积极支持节能科技创新，对优秀节能项目、节能成果以及节能工作突出的企业进行表彰奖励和资金支持。山东海科化工集团有限公司获得“山东省节能先进企业”荣誉称号。胜利老年公寓、东营区二中的利用太阳能项目列入省太阳能集热系统财政补贴项目。促进循环经济环保产业发展，强化资源综合利用认定管理工作，落实好国家鼓励资源综合利用的财税政策。3家企业共利用粉煤灰47.37万吨、脱硫石膏2.13万吨、磷石膏0.29万吨，电石渣0.73万吨，实免增值税575万元。持续开展清洁生产审核工作。完成4家企业清洁生产审核任务。企业通过实施清洁生产，年可实现经济效益154.17万元，节水270吨，减排二氧化碳301.15吨，二氧化硫2.5吨，减排标煤123.83吨。

【中小企业培育】 创新企业培育方式，加大企业培育力度，引导企业走“专精特新”发展之路，对纳入管理的150余家企业，利用中博会、APEC博览会等展洽平台，帮助企业开阔视野，提高市场知名度；组织企业参加山东省巡回大讲堂等各类培训辅导600余人次，帮助企业不断提升管理水平，进一步增强竞争力和影响力；鼓励企业持续研发投入，增强技术创新能力，加快建立以企业为主体、市场为导向、产学研相结合的技术创新体系。2016年，省市级中小企业“一企一技术”研发中心和创新企业已达47家。扩大石油装备产业、石油化工产业两个省级产业集群影响，进一步凸显集聚发展效应。2016年，山东石油装备产业集群入驻企业163家，年实现营业收入500余亿元。东营区（史口）化工产业集群入住企业109家，年实现营业收入700余亿元。积极培育以胜利大学生创业园、东营胜利石油科技创新园为代表的创业孵化载体建设，提升孵化企业能力。2016年，胜利大学生创业园通过省级小企业创业辅导基地认证，东营胜利石油科技创新园通过市级小企业创业辅导基地认证。对接信誉度高的社会化服务机构，通过“政府支持中介，中介服务企业”的政策，为中小微企业提供创业辅导、培训等公共服务。

【“两化”融合】 大力实施“互联网+工业”行动计划，加快信息化技术在企业研发设计、生产、营销等各个环节的应用。东营区有3家工业企业发展电子商务应用，建成运营1家工业电商平台企业，易瑞跨境电商平台上线运营，成为国内首家石油装备跨境电商平台。东营商贸园获批山东省第二批智慧园区试点单位。山东海科化工集团成功申报“互联网+工业”专项资金，获智能设备补助100万元；储备“互联网+工业”项目17个。两化（工业化、信息化）融合管理体系贯标工作进展顺利，山东海科化工集团工信部认证工作顺利完成，胜利油田森诺胜利工程有限公司被省经信委遴选为2016年省级两化融合管理体系贯标试点企业。

【化工产业转型升级及“打非治违”】 将“三评级一评价”结果及整改建议反馈给各镇街道，由各镇街道负责企业的整改和督导。要求企业按照安全、环保、节能评级和综合评价情况尽快制定整改方案，并将整改方案上报领导小组办公室。安监、环保、节能部门根据评级中发现的问题，逐家下达整改执法文书，对优中类企业限时整改，对差等企业停产整顿，要求年底前所有企业必须整改完毕。至年底，全区70家化工生产企业的整改验收工作全部完成。深入开展“打非治违”工作。全区摸排非法企业276家，其中小储油加油点63家、非法气体充装点17家、非法调油、洗油、加油点33家、小炼铝7家、小电镀4家，其他行业152家。至年底，完成清理取缔276家。

【成品油市场管理】 2016年，完成全区8家仓储、批发企业，83家零售经营企业的成品油证书年检工作。制定《全区成品油生产经营企业综合整治行动方案》，建立东营区成品油监管联席会议制度，发挥镇、街道主体作用，协调各成员单位按照工作任务分工认真履行职责，加强协作配合，增强信息共享交流，规范落实成品油执法监管行为，形成协调联动合力推进的工作格局。组织人员对辖区内油品生产、运输、经营企业进行全面摸底调查，按照合法经营、整顿改进、予以取缔等手段分门别类建立工作台账。全年组织联合执法5次，出动执法人员280人次，检查成品油生产经营企业129家，依法取缔非法加油站点65家，扣押非法加油车9台，没收非法加油机23台，始终对成品油整治保持高压态势，有力推动整治工作顺利推进。

【煤炭高效利用及散煤清洁化治理】 加强组织领导。召开推动煤炭清洁高效利用及散煤治理工作会议，传达上级有关会议精神，部署东营区煤炭清洁高效利用及散煤治理工作。下发《东营区加快推进煤炭清洁高效利用工作方案和东营区散煤清洁化治理实施方案》（以下简称《方案》），成立煤炭清洁高效利用和散煤清洁化治理工作两个指挥部，具体负责督导推进工作。开展摸底调研。对东营区10蒸吨/小时及以上工业锅炉和散煤清洁化治理基本情况进行调查摸底。据统计，全区10蒸吨/小时以上工业锅炉18台，额定蒸发量在10～40蒸吨/小时之前，年能耗折合标煤约9万吨，年耗电量约1300万千瓦时。东营区有散煤替代户46376户，需替代环保型煤61648.03吨。拟定补贴标准文件，经调研初步确定东营区清洁化煤炭集散地，待各级有关部门审批。突出典型带动。重点推进煤改气治理。结合村居改造，逐步推进燃气“村（居）村（居）通”工程。选取文汇街道4个村（居）开展煤改煤工作试点，制定详细整治方案，市、区每户每年给予200元补贴，文汇街道每户每年给予100元补贴。

（曹玲玲）

东营高新技术产业开发区

【概况】 东营高新技术产业开发区（前身为东营胜利工业园区）于2002年1月成立，是以服务于胜利油田和中国石油工业为主的综合性开发区。2011年6月10日，经山东省人民政府（鲁政字〔2011〕156号文件）批准，山东东营胜利工业园区正式更名为山东东营胜利经济开发区；2016年8月，山东东营胜利经济开发区被省政府正式批复为省级高新技术产业开发区，更名为东营高新技术产业开发区。至2016年年底，累计引进项目224个，过亿元项目80余个，实际到位固定资产投资256亿元。

东营高新技术产业开发区位于东营市西城西南侧，交通便捷，城市干道构成开发区的外部交通框架，220国道、辛河路两条城市主要出境干线以及张东铁路贯穿开发区。通过东青高速公路到济青高速公路与国家高速公路网相连接。距东营火车站5公里、东营飞机场35公里、东营港80公里。山东东营胜利经济开发区配套优势明显，按照供水、供电、通信、排水、供气、INTER网、广播电视、道路及场地平整等“九通一平”的条件进行配套。开工建设后，开发区凭借优越的区位优势、优惠的招商政策和优良的招商环境赢得了广大投资者的信任和青睐。

2016年，东营高新技术产业开发区规模以上工业企业完成工业总产值300亿元、主营业务收入270亿元、利税26.3亿元，利润18.9亿元。石油装备产业优势明显，完成工业总产值308.5亿元，实现主营业务收入284.8亿元，分别占高新区总量的85.7%、86.3%。全年完成进出口总额30亿元，其中出口29.4亿元。

【产业项目】 2016年，紧抓产业项目建设不放松，17个重点项目快速推进。利丰石油环保装备制造项目科研楼、车间基础施工完成；生物科技产业园一期土地整理PPP项目27项手续全部完成，正在组织地上附着物拆迁招标工作；海科新源碳酸二甲酯装置升级改造项目，车间钢结构框架及

胜舟新能源500兆瓦高效组件项目签约仪式

设备安装完成90%；海关监管场站的联检大楼、1#物流仓库、2#保税仓库及堆场建设完成，全面通过济南海关验收，正式封关运行；易瑞国际电商平台成为国内唯一的“石油天然气制造+互联网”的大型电子商务平台，累计引进供应商2000家，交易额突破4800万美元。

【发展环境】 2016年，高新区“大工厂、城郊村”的形象正在悄然改变。产城融合步伐不断加快，村居改造二期后续7栋楼房全部分房到户；紫荆花园一期工程11栋楼房主体建设完成。基础配套工程加快推进，嵩山路南延竣工通车，年内“三网绿化”任务超额完成，城南、城西防护林共完成流转土地2400亩、栽植苗木650亩；深入开展“拆违治乱”集中行动，拆除违章建筑201处、4.5万平方米，清理户外广告牌20处，3处土地违法治理全部完成。

【安全环保】 年内，切实做到安全环保检查责任层层压实，全年没有重特大事故发生记录，安全总体形势平稳。以“大快严”集中行动开展为主抓手，全年检查企业528家次，查出隐患1343项，整改1185项，复查整改率达到88%；继续保持打非治违高压态势，组织各类执法行动20次，出动人员600人次，取缔关停非违企业40余家，涉油企业15家，全力肃清非法违法生产行为；安全环保项目建设有序推进，投资548万元，新上安全生产监控应急指挥系统；投资120万元，与国家安全生产总局科学研究院合作，对辖区企业开展安全生产总体评估和危化品企业进行安全生产评价，实现辖区安全生产隐患排查和安全生产评价的全覆盖。污水处理厂竣工并投入使用，累计完成投资2400万元。

（郭春晓）

电　力

【概况】 2016年，区供电公司完成售电量12.37亿千瓦时，同比增长17.36%；综合线损率4.35%，同比降低0.45%；营业收入7.01亿元，同比增长8.2%；电费回收率100%；供电可靠率99.9369%；至12月31日，实现连续安全生产1827天。

【安全生产】 全力保障全区电力可靠供应，组织“三查三强化”（查责任落实、查基础管理、查风险隐患、强化制度执行、强化反措落实、强化责任追究）、五轮全员隐患排查等安全活动，查改隐患637处，控制外破隐患点133处，清理树障2.7万棵，安装驱鸟器2100只，电网跳闸次数同比降低14.43%。持续开展“四不两直”（不发通知、不打招呼、不听汇报、不用陪同接待、直奔基层、直插现场）安全督察，各级管理人员、安全督察队到位监督618人次，查禁违章和不安全行为28起。高质量完成春、秋季电网检修，消除隐患缺陷423处。居民用电安全保护提升工程列入2017年东营区民生工程。开展安全知识进农村、进校园，发放资料15000份，安装展板229套。完成石油装备展、中高考等重要保电任务23次，获评“市级安全文化建设示范企业”。

【电网建设】积极服务全区发展大局，滚动修编东营区“十三五”电网规划、2015～2020年配网项目，储备110千伏及以上项目5项，规划资金9.29亿元。220千伏曹家变通过立项核准，110千伏博昌变取得土地权证。全年电网总投资1.1亿元，完成大修技改、农网升级改造等工程98项，新建改造10千伏线路154.61公里、0.4千伏线路61.63公里，城区线路手拉手联络率达到100%。48个小城镇（中心村）电网改造单体工程全部竣工，新增配变容量10.69兆伏安。首个35千伏电压等级客户工程竣工投运。供电可靠率达到99.9369%，配网自动化线路N-1通过率达到100%。

【优质服务】 持续提升供电服务水平，完成高压业扩报装容量6.23万千伏安。接转油田客户容量3.2万千伏安，新增售电量3000万千瓦时。更换老旧终端6235台，安装表计1.1万只，采集成功率99.83%。定期开展“量价费损”专项检查，联合电力公安开展反窃电行动4次。推广电力微信、电e宝、掌上电力，新增邮政代收网点230个、自助缴费终端7台。7个光伏扶贫项目验收并网，5个汽车充换电站项目具备开工条件，完成电能替代电量3628万千瓦时。开展行风飞检13次，4个供电所全部达到星级标准。深化“五个一”（一个用户报修、一张服务工单、一支抢修队伍、一次到达现场、一次完成故障处理）标准化抢修，抢修复电平均时长降低20%。（马　腾）

盐　业

【概况】　2016年，全区生产原盐15万吨，实现原盐生产产值1820万元；全年累计销售进食盐3435.63吨，完成年计划的110%，其中：累计销售小包装食盐2330.98吨。2016年累计实现税金总额205.40万元。

【原盐生产】　2016年，受经济环境影响，盐业经济不景气，严重影响各制盐企业生产热情，东营区盐务局积极应对。成立盐场服务领导小组，由分管领导带队，与各制盐企业负责人座谈，及时为各制盐企业负责人提供准确的国家政策及价格信息，同时，提高服务质量，在业务办理中给制盐企业争取优惠政策。

10月22日，东营区滨海盐区37副盐场受风暴潮侵袭，引发沟坝、池堰坍塌、线路损坏等灾害，盐区被海水浸泡，盐场结晶池、蒸发池、池堰全部坍塌淹没且每个结晶池塑苫也全部被拉毁，生产道路损坏严重，导致全部停产。灾情发生后，局分管领导带领行管科有关人员第一时间赶往滨海盐区各盐场指导救灾，将受灾情况及时上报市盐务局及区政府，同时，各盐场全部启动应急预案，全力投入排涝救灾和损毁设施抢修，将损失降到了最低。

【盐政执法】　加强盐政市场管理，做到盐政稽查全覆盖。针对社会舆论对盐业市场经营秩序的不利影响，涉盐违法案件明显增多的现象，开展假冒复合膜食盐专项整治行动，行动中共查获假冒复合膜食盐案件3起，没收假冒复合膜500克/袋、400克/袋食盐合计2.16吨。为确保全区食盐品种结构调整工作顺利推进，防止发生食盐安全事件，联合公安局、市场监督管理局等部门开展多次联合执法行动，形成联合执法合力，全年联合办案7起，查没盐产品0.28吨，罚款0.47万元。严查调运手续。鉴于盐业经济形势不景气，制盐企业全部亏损，形成的盐资源税大幅减少，及时调整思路，稽查重点向生产盐区倾斜，抓源头管理，一方面对盐场制盐进行量坨统计，一方面加大盐区对运盐情况的检查，确保了“一车一单”的执行，通过计量统计原盐近20万吨。

年内，查处盐业违法案件44起，比上年增加

食品安全宣传

29起，其中简易程序案件13起，一般案件31起。查获私盐2.515吨，罚款3.17万元。盐政执法继续保持无错案、无复议案、无诉讼案件。

【食盐专营】 全面落实食盐结构调整，满足人民群众身体健康需求。坚持舆论先行，创造食盐品种结构调整的良好氛围。一方面借助主流电视台、报刊等主流媒体，采取刊发新闻、产品简介、在朋友圈转发信息等形式，加大对舆论的正确引导，筹措资金3000余元，制作新品种食盐立式展板20余块，在各大型超市展示，提高新品种食盐认知度。另一方面积极开展“3·15”、第二十三届碘缺乏病宣传日、“食品安全周”、进社区、进农村等宣传活动。摸清市场情况，维系客户资源。全市食盐品种结构调整工作会议后，将全局工作重心转移到食盐品种结构调整上来，成立三个市场维护小组，划分三个片区，对全区销售网店进行拉网式排查，建档立卡，建立更加翔实的客户基础档案库，掌握每月的用量及销售量。丰富食盐品种，及时铺货到位。

【碘盐普及宣传】 5月13日，东营区盐务局积极参与东营市盐务局、卫计局等部门在西城商业大厦开展的以“坚持科学补碘，建设健康中国”为主题的“全国第23个防治碘缺乏病日”大型宣传活动。活动现场设立拱门，悬挂条幅标语、设置盐业知识咨询台、摆放碘缺乏病防治知识展板，现场发放《弱碱食盐、一品海晶食盐、澳盐简介》《盐产品鉴别与使用方法》《少吃盐，吃好盐》等碘盐知识宣传资料2000余份，免费发放各类食盐500余袋。

6月24号，东营区盐务局在中山社区举行食品安全宣传周集中宣传活动。活动中，现场摆放“消除碘缺乏危害”“坚持科学补碘，建设健康中国”相关展板2块，设立4个咨询台，出动人员8人，接待来访群众500人次，现场发放宣传材料1000余份，向广大市民推广介绍新品种食盐的特点，引导人们根据自己需求购买所需盐品种，进一步提高消费者对多品种食盐和非食用盐的认知度。

（薄楠楠）

服务业

- 概述
- 商务工作
- 东营商贸园
- 供销合作商业
- 粮食流通与管理
- 烟草专卖
- 旅游
- 金融

服务业

概述

2016年，东营区围绕黄河三角洲生态高效经济区开发总战略，以打造黄河三角洲现代服务业基地和全市服务业发展增长极为目标定位，主动适应经济发展新常态，坚持以扩大规模、优化结构、提升档次、拓宽领域为主线，集中力量、攻坚突破，全面提高服务业发展质量和水平，推动现代服务业新一轮跨越发展。年内，全区服务业增加值262.2亿元，占GDP的比重到达57.4%；完成服务业固定资产投资373.9亿元，同比增长7.5%，占全区固定资产比重达72.8%。区服务业办公室会同发改局制定了《关于下达2016年全区服务业发展绩效考核指标的通知》，将服务业发展指标、重点任务、政策落实、项目推进等层层分解，落实到镇街和相关部门，纳入综合考核体系，提高考核比重，调动各级各部门加快服务业发展的积极性和主动性。完成服务业“十三五”规划编制。加强新闻宣传，年内，共在省级刊物、党报党刊、电视台等新闻媒体上发布服务业宣传稿件60余篇。

商贸流通市场活跃，消费品市场保持平稳较快增长态势，对经济增长的拉动作用逐渐加强，年内实现社会消费品零售总额363.9亿元，增长6.9%。现代物流体系日趋完善，黄河三角洲建材仓储园、博奥奇物流园、九州通现代医药物流中心等一批现代物流企业已建投用成；东营城南仓储物流中心、科瑞石油装备海关直通监管场站、东营国际红酒文化博览园保税区等现代物流项目建设正在稳步推进。年内，交通运输、仓储和邮政业实现增加值14亿元，增长13.3%。

服务业重点项目有序推进。与区重点项目建设管理办公室紧密结合，加快对全区重点服务业项目的招商、推进和建设，协调解决项目建设中的有关问题。年内，全区共实施重点服务业项目23个，总投资229亿元，其中重点建设项目17个，重点推进项目6个。年内，17个重点建设项目完成投资34.2亿元，全面完成年度计划。其中揽翠湖温泉旅游度假区、明佳财富广场、东银大厦、新邦涌金广场创富中心、山东食尚仓储物流、科瑞海关直通场站7个项目超额完成年度任务，东营大连万达广场、东营城市主人城市综合体等10个项目按计划圆满完成年度任务。

（李文文）

商务工作

【概况】 2016年，东营区实现进出口总值63亿元，同比下降11.1%。其中，出口总值44亿元，同比下降19.9%；进口总值19亿元，同比上升19.2%。实现外商直接投资2969万美元。

【对外贸易】 外贸进出口形势严峻。2016年全区实现进出口63亿元，同比下降11.1%。原油进口实现零突破。山东神驰化工集团有限公司从阿曼、马来西亚进口原油22.23万吨，货值5.37亿元人民币，占全年进口总额的28.2%。外贸企业队伍不断发展壮大。2016年，全区新备案对外贸易经营企业114家，同比增长25%，新备案企业注册资本共计12.4亿元。其中，注册资本过亿元企业3家，注册资本过千万元企业32家，百万元以下小微企业56家。易瑞国际电子商务有限公司、山东国网启明电力勘察设计有限公司等一批注册资本过亿元大企业加入外贸队伍，为培育龙头外贸企业奠定了基础。重点企业拉动作用明显。2016年，东营区进出口超过500万元的企业79家，实现进出口总额10.35亿元，占全区进出口总额98%，其中，山东科瑞控股集团实现进出口21.39亿元，占全区进出口总额33%。

【利用外资】 利用外资质量不断提高。实现外商直接投资2969万美元。鼓励东营区外商投资企业利用境外股东贷款、引进外债、外资并购和境外上市等方式解决融资困境。山东华元融资租赁有限公司实现债转股1亿元，山东瑞基融资租赁有限公司引进外债1000万美元，为区内企业提供融资支持30多亿元。同时，充分利用东营区打造高端石油装备产业基地和现代服务业基地的优势，发挥政策引导作用，引导外资向石油装备和现代服务业两大产业延伸，两个产业实际利用外资占到全区实际利用外资总量的95%以上。

【市场体系运行】 加大商务执法力度，努力营造繁荣稳定的消费环境。深入开展商务法律法规、商务举报热线宣传活动，出动宣传人员40余人次，发放宣传材料3000余份。受理群众举报、投诉、咨询40余件，回复和办结率达到100%。围绕零售商有无向供应商违规收费、拖欠供应商货款问题，对辖区内银座商城、百货大楼、胜大超市等10家大型零售企业进行联合执法检查。累计出动执法人员65人次，检查大型零售企业32次。牵头组织城管、工商等部门开展废旧物资回收清理整顿工作，取缔非法站（点）13家，整改规范45家。以商务部6大商贸流通统计系统为基础，组织东营区26家大型商贸流通企业及时提报相关数据，建立节假日市场监测分析日报制度。积极争创省级青年文明号，被团省委授予“2016年度省级青年文明号”。强化安全生产网格化与实名制管理，将辖区内56家大型零售企业划分7个安全监管责任区，形成监管网格，实行定人、定岗、定责的实名制管理。

【第九届中国（东营）国际石油石化装备与技术展览会】 第九届中国（东营）国际石油石化装备与技术展览会2016年9月27～29日在东营黄河国际会展中心举办。本届展会总展览面积5万余平方米，布展企业379家，摊位1216个。参观采购企业2000余家，参展展品涉及2600余个品种、15000余件。来自66个国家和地区的1万余名客商参加；总参观人数突破5万人次，比上年增加2万人次。展会期间，先后举办中国石油装备产业发展峰会、一带一路国家石油化工领域投融资论坛等8个专场活动。展会签订外贸合同（意向协议）82个，协议金额27.7亿美元，比上年增长34%。签订内贸合同（意向协议）117个，协议金额37.5亿元人民币，比上年增长32.5%。展会首次采用“互联网+展会”线上线下宣传相结合的方式，同时，引入国内最先进的电子会议系统，展会的信息化水平得到提升。（陈安成）

东营商贸园

【概况】 2016年，东营商贸园区实现销售收入74.2亿元，同比增长10%，实现综合税收3.74亿元，同比增长22%，新增固定资产投资12亿元。

【产业转型】 编制完成园区中长期产业发展规划，制定重点产业扶持政策，设立200万元产业扶持资金，重点为电子商务、特色市场、文化创意、金融服务等现代服务业发展提供政策扶持。在商贸园一期闲置区块，拟利用两年时间打造东营文化产业园，委托专业运营公司先期在鲁能方大商城启动文化市场，已有豫鲁文苑、祥龙阁等20余家商户入驻。依托“互联网+”、大数据平台，建设网上商贸园电商平台，推动传统业态转型升级。网站平台建设完成，运营公司入驻运营，即将正式发布运行。以万海金地第六空间创业基地为核心，建立开放性创业服务平台，吸引更多新型业态入驻园区，入驻企业达60余家。联合协会商会举办根石文化博览会、首届家装节等活动，开展“非你莫属”大型人才招聘会，为转型升级搭建良好载体。

组织企业家参加上海财经大学高级研修班

【重点项目建设】 重点推进万达广场项目、万通海欣盈园项目、华凌国际大厦、海翔苑4个产业项目建设。完善跟踪服务机制，班子成员包靠联系重点项目，及时协调解决项目难题。至年底，万达广场项目正在进行住宅B区建设，其中两栋住宅主体封顶，购物中心、酒店已全面运营，写字楼、SOHO公寓、金街、住宅A区及C区竣工交付使用；万通海欣盈园项目开工30万平方米，正在进行内外装修；建筑面积5万平方米的海翔苑和4万平方米的华凌国际大厦全面竣工。2016年各项目实现投资12亿元。

【基础设施改造】 实施太行山路改造提升工程，投入资金3000万元进行立面改造、道路提升、亮化绿化，打造全市亮点示范街。道路改造工程2016年8月份开工建设，至年底电缆沟改造、高压线入地改造、污水管道、灰土垫层及路沿石均全部完成，铺装完成90%。针对商贸园一、二期基础设施老化的问题，实施二期监控工程、一二期部分支路修复、地下垃圾箱改造等工程，顺河路两岸停车场改造完成规划设计，一二期电力改造即将进入招标程序，将逐步提升园区基础设施水平。

【环境整治】 联合物业、执法、警区等部门，全年开展春节环境整治、市场综合整治月、集中整治周等大规模活动5次，联合执法中队下发限期整改单90余份，清理违规铁皮房4处、移动广告牌60余块、店外摆放80余处，全面清理店外经营，彻底整治交通秩序，切实规范市场秩序。完善物业管理服务，提高保洁标准，理顺管理体制，切实提升管理服务水平。扎实开展拆违治乱专项行动，全面排查，深入整治，针对排查出的项目临舍、沿街违建、广利河仓储等8处共计22318平方米违建，12月全面拆除。

（张文文）

供销合作商业

【基层组织体系建设】 按照“发展和规范”并重的原则，强化专业社建设。通过基层中心社牵头，农民入股的方式，领办创办农民专业合作社，让更多地农民参与农业产业化经营。年内，领办创办农民专业合作社3家，规范提升农民合作社2家，辐射带动新入社农民98户。开展示范基层社建设活动，继续巩固龙居中心社农资主营业务优势，先后与安徽六国化工股份有限公司、鲁西集团、五洲丰科技有限公司、云农场集团有限公司等国内领先单位建立良好的合作关系，保障农资产品质量；同时，投资15万元购置职能配肥机一台，投资10万元改善仓储运输条件，在提高为农服务水平的基础上增强自身竞争力。

【创新农资经营服务模式】 把“卖农资”变成“卖服务”，打通科技推广“最后一公里”，

供销社举办新型农民素质提升专题培训班

为农业集约高效、可持续发展插上科技的“翅膀”。围绕做好“减”字文章，大力开展测土配方、精准施肥，完成测土配方面积3.8万亩，智能配肥面积3.1万亩。积极参与农村社区服务中心建设，年内，先后规范改造日用品农资超市2家，新建农资超市1家。

【开展放心农资惠万家活动】 利用一周时间，在全区四个农业镇巡回开展“放心农资惠万家”活动。各活动现场设立化肥直供点和专家咨询台，由农业技术专家，与群众面对面传授测土配方施肥、病虫害防治和科学用药等相关知识。现场接受咨询300余人次，发放化肥农药宣传资料1000余份，并以每吨化肥低于市场价350元的标准，优惠供应给化肥150余吨。

【打造农业社会化服务体系】 为农服务中心建设工作稳步推进。按照服务半径3～5公里，服务面积3万至5万亩的标准和要求，积极整合社会涉农服务资源，扎实推进为农服务中心建设。牛庄镇为农服务中心和烟农为农服务中心主体工程和配套设施建设基本完工，具备了挂牌运营的条件。土地托管工作成效显著。立足于促进农业适度规模化服务，围绕大田作物的耕种收、储加销等环节，积极开展土地的托管和半托管服务。年内，完成土地综合服务面积14.12万亩，其中全托管2.45万亩。

【“村社共建”工作】 以共建项目为切入点，依托鸿丰专业社、丝源桑蚕专业社，分别与史口大宋、龙居林家“村两委”联合合作，建设村社共建联系点2处，成为助推村集体和农民增收、农业增效的新平台。

【新型农民培训】 本着“分类培训、服务产业、创新机制、注重实效”的原则，围绕农村产业发展和农民群众需求，对农民专业合作社、家庭农场负责人等开展培训。2016年，举办培训班12期，培训农民800余人次。

（蒋金晟）

粮食流通与管理

【粮食安全责任制】 2016年，区政府出台《关于贯彻落实粮食安全责任制的实施意见》，同时针对夏粮收购工作，专门制定出台《东营区2016年夏粮收购工作方案》，为做好粮食工作提供了有力的政策支持。

【粮食调控】 强化粮油市场监测，按时上报粮油市场价格，及时准确掌握区内粮油市场行情。加强镇街社会粮食统计调查员考核培训，按照考核等次兑付2015年的劳务报酬，对统计岗位变化人员重新进行调整。做好国家粮油统计系统启用、操作培训、信息维护工作，保证统计月报、年报及系统启用工作顺利进行。开展2015年度社会粮油供需平衡调查，掌握全区产销存情况。按照每个乡镇、街道（社区）确保至少有一个应急供应网点的要求，结合供应网点的经营状况，对原有的应急供应网点进行必要调整，做到粮食应急供应网点乡村、社区全覆盖，确保特殊时期，特定状态下全区的粮油应急供应。调整后，确定46个应急供应网点。其中，大型超市专区专柜22个、放心粮油示范店21个。规范管理、签订协议，与2个应急加工企业、2个应急配送中心、46个应急供应网点重新签订管理协议，确保区内应急状态下的粮食应急加工、配送和供应。

【依法管粮和爱粮节粮活动】 严格执行全国粮食库存检查的方法和程序，对粮食储备库储备粮实物与账务进行检查，储备粮全部达到“一符、三专、四落实”（账实相符，专人、专账、专仓，品种、地点、数量、质量落实）的管理要求。4月，顺利通过省检查组对辖区内粮食储备库存检查验收。对全区5家已取得粮食收购资格的单位和个体经营者进行收购粮食资格审核。深入开展爱粮节粮宣传教育活动，世界粮食日和爱粮节粮宣传周之际，组织3家企业参加全市粮油展销会和政策宣传活动，让爱粮节粮宣传教育走进农村、社区、家庭、学校。

【放心粮油工程和农户科学储粮工程】 加强放心粮油示范店的建设和管理。投资6万元新建8处放心粮油示范店，提升8处放心粮油示范店。对不符合条件的4家放心粮油店进行摘牌。使全区的放心粮油示范店达到27处。加强对放心粮油示范店的监督管理。按照季度检查的相关要求，对27个放心粮油示范店全面进行季度检查，通过检查、现场评分，评选流动红旗单位，及时整改问题，进一步提升示范店形象。6月，邀请区物价管理办公室、区质监局、区商务局、营园社区等部门、单位的6名社会监督员对全区的山东食尚粮油配送公司、友兴粮油食品店、旭东粮油食品店、良友粮油食品店的管理和经营情况，进行现场督导。

年内，按照省粮食局的通知要求，对全区贫困村贫困户农户科学储粮仓需求情况进行摸底调查，及时上报农户需求情况。共调查全区4个乡镇10个贫困村，其中有意愿的2个乡镇（史口、龙居）、5个村省定贫困户132户中79户需求安排储粮仓。

【粮食项目建设】 分别争取省级财政资金160万元和140万元扶持的山东半球面粉有限公司东营分公司计划投资335万元进行技术改造、设备更新和功能提升，东营市鲁通米业有限责任公司计划投资301万元进行技术改造、购置设备和功能提升及新建、改造成品仓的应急体系建设项目全面完成，并通过了验收。争取省级财政资金200万元扶持的山东食尚仓储物流有限公司计划投资550万元的主食产业化建设项目完工投产。

【夏粮收购】 制定出台《东营区2016年夏粮收购工作方案》，成立由区领导任组长的夏粮收购领导小组。做好收购准备。对检验、计量等设备检修，先后腾空仓容6.6万吨。区内设立中储粮东营直属库、东营市粮食储备库2个最低价收储库点，保证农民售粮需求。在新小麦上市价格走低的形势下，7月2日及时启动小麦最低收购价执行预案，结束全区连续多年没有启动小麦托市收购的历史。托市收购启动后，小麦收购价格快速回升，粮食加工企业小麦收购价格每公斤2.38元，比启动前每公斤上涨0.08元。7月25日后，小麦市场价格一直高于国家规定的每公斤2.36元，6月12日开秤收购到9月30日，收购小麦7.1万吨。其中：储备轮换收购3.63万吨、托市收购1.55万吨，粮食加工经营企业收购1.92万吨。（韩其成）

烟草专卖

【概况】 东营区烟草专卖局（营销部）主要负责东营区十个街道办事处（乡镇）的专卖管理、卷烟营销工作，下设综合办公室、财务科、法制科、专卖管理科、内管派驻组、稽查大队、三个稽查分队（所）、营销科等十个职能科室和东营泰山壹伍叁贰物联商贸有限公司东营区分公司。

2016年，辖区有2847户卷烟零售户。区局（营销部）有干部职工78人。

【卷烟营销】 2016年，销售卷烟29574箱，实现销售收入73183万元，实现利税19900万元。卷烟人均销量12.23条，在全省140个县、区（市）中排第12位。组织开展企业家座谈会、消费者联盟活动、品牌市场分析会、卷烟新品上市推介会等活动；组织开展专题婚庆活动，发展婚庆新人103对；优化终端建设，建立品牌、特类市场、标准终端示范店。开展客户服务站建设，优化客户经理“6+4”工作法，提炼形成“双6+”工作法，建立“片区1+5、重点1+1”团队，打造“钉钉”信息互通平台，研发针对打印标价签的“扫易得”手持打印系统，并获得国家版权局颁发的计算机软件著作权。

【专卖管理】 2016年，东营区共查获各类涉烟违法案件205起，同比减少42.9%。查获卷烟187.6万支，同比增加81.3%；查获涉烟案值139.44万元，同比增加5.3%。查获1万元以上市级大要案件39起，5万元以上省级大要案件3起，刑事拘留7人，逮捕2人。2016年，东营区烟草专卖局（营销部）以市场监管为载体，密切多部门执法协作，召开全区整顿和规范烟草市场秩序联席会议，结合“齐鲁之盾”2016专项行动开展，组织协调规范烟草市场秩序联席会议各成员单位召开联席会议，联合公检法、工商等相关部门开展联合行动。先后开展了“互联网和物流快递渠道涉烟违法犯罪专项整治行动”等4项专项整治行动，出动检查人员2037次，车辆518车次，检查零售户5131户，检查物流快递企业52个，检查车辆80辆。至年底，东营区共有持证卷烟零售户2847户。

（东营区烟草专卖局）

旅　游

【概况】 2016年，东营区全年接待国内外游客将达570余万人次，增长13%左右；实现旅游消费收入42亿元，增长14%左右，占全区GDP比重约为8.8%～9%。全区“一带一区六大板块”的全域旅游发展格局已经拉开，生态、石油、文化三大旅游要素亮点凸显，资源得到进一步优化整合，“生态石油城、大美东营区”旅游目的地品牌逐渐打响，提升了全区旅游产业的可持续发展动能。旅游业已发展成为现代服务业的龙头绿色产业。

年内，区旅游局联合区电视台制作了“聚焦——东营区游玩赏景不出城”专题宣传片，区旅游局官方网站、微信、微博及时更新，万象城游乐园、龙居桃花岛等景区借助大众网、掌上东营、嗨周末等媒体开展线上宣传促销。11月，东营区首部“大美东营区公益广告片”“大美东营区旅游宣传片”制作完成，并在东营市旅游政务网、东营市旅游发展委员会、东营区旅游政务信息等多个微信公众号上推送。

依托东营区旅游监察大队，区旅游局组织开展“安全隐患大排查快整治严执法”集中行动、旅游安全生产主体责任等专项检查，覆盖辖区内80余家旅行社（含分社）、12家星级饭店、13家AA级以上景区。重要假日前后开展10次的旅游企业安全检查行动，组织开展4次旅游市场秩序整顿和安全检查活动，年内全区未出现1例安全生产事故。

【旅游项目建设】 通过政策引导、资金扶持、指导创评等方式，加强跟踪服务，搞好提档升级，在服务旅游项目建设中建功立业。召开全区重点旅游项目发展暨国家专项基金申报座谈会，为全区13家重点旅游项目企业负责人讲解项目融资、基金申报等政策精神，助力企业向上争取涉旅政策资金；发挥旅游职能优势，通过实行台账化管理、提供政策咨询、强化营销宣传等方式，主动为项目主体搞好协调服务。利丰温泉旅游度假村已成为全国优选旅游项目，利丰温泉旅游度假村、桃花岛旅游度假区已申请纳入省级重点文化企业项目库，并积极申报省级重点文化企业发展专项资金。另外，对于“七星乐”乡村旅游观光项目、万象游乐园、揽翠湖旅游度假区、红酒文化博览园等其他20余旅游项目，积极帮助提档升级，完善配套设施，搞好扶持引导，促进项目发展壮大。

【发展乡村旅游】 年内，开展乡村旅游景区创建工作，桃花岛旅游度假区、牛庄蓝海逸园、利丰温泉旅游度假村成功创建为国家AAA级旅游景区，龙居黄河森林旅游度假区通过省旅发委验收，创建为国家AAAA级旅游景区；旅游厕所建设工作进展顺利，区旅游局调度的15座旅游厕所全部建设完工，并通过市政府的初步验收，在前期召开的市级旅游厕所调度会议上，受到市政府点名表扬；完成乡村旅游扶贫村和扶贫户统计上报，确定牛庄镇邵桥村、史口镇楼李村、纪家村和张店村等4个乡村旅游扶贫村以及57个乡村旅游扶贫户114人；开展乡村旅游争创专项资金工作，上报龙居镇人民政府、牛庄镇邵桥村、龙居镇谢何村分别争取省全域旅游示范镇、省旅游精准扶贫村、省乡村旅游示范村等创建奖励资金；以龙居镇创建全市唯一的省级全域旅游示范镇为抓手，着手编制全市首部镇域全域旅游规划——《龙居镇全域旅游发展总体规划》。

【旅游线路】

生态休闲游

线路1：Mini未来城—万象游乐园—黄河三角洲动物园—揽翠湖旅游度假区—丽日锄禾—龙悦湖旅游度假区—广利渔港

线路2：东营黄河公园—森林乐园—史口清塘荷韵—龙栖湿地公园—利丰旅游度假区—桃花岛旅游度假区

石油工业游

线路1：新世纪广场—清风湖—揽翠湖旅游度假区—华八井—山东胜利石油科技馆—胜利电视塔—胜利广场

线路2：华林庄园—胜利工业园—龙栖湿地公园—利丰旅游度假区—桃花岛旅游度假区

吕剧文化游

线路1：新世纪广场—清风湖—万象游乐园—迷你未来城—黄河三角洲动物园—森林乐园—国际蓝海大酒店

线路2：揽翠湖旅游度假区—华林庄园—史口清塘荷韵—牛庄大杜村吕剧故乡—蓝海高效农业生态基地—王营一家人生态园

【主要景区（点）】 Mini未来城 Mini未来城位于东西城交界处，新区万象城商业广场。项目总面积1.5万平方米。项目内容共分三层，涵盖0～18岁的儿童年龄，主要有亲子过家家、铁血英雄拓展基地、Mini未来城儿童职业体验馆、十二星座KTV和欢乐庄园。

万象游乐园 国家AAA级景区。东营万象游乐园有限公司成立于2010年12月，是东营市第一

揽翠湖湿地高尔夫

家大型专业游乐园，是集游乐和体育健身于一体的多功能游乐园。主要有：摩天轮、体能拓展、太空漫步等20余件（套）游乐设备，能够满足所有年龄段的消费群体。2013年，水上乐园投入运营。项目东邻东营市唯一的高速公路——东青高速，南北紧靠东营市中心干道——黄河路和北一路，西邻天目山路。与长途车站仅五分钟路程，与飞机场15分钟行程，交通便利，四通八达。

黄河三角洲动物园　国家AAA级景区。是集野生动物观赏、科普教育、休闲游乐于一体的综合性乐园。园区采用国际标准的规划设计风格，重点打造非洲区，亚洲区，澳洲区及风格各异的动物馆舍，通过全新的动物展示方式，全新的参观方式，全新的景观元素，突出科普教育性。

龙栖湿地公园　位于龙居镇黄河南展大堤西侧，总长度4.3公里，总用地面积约173.3公顷。湿地公园是龙居生态林场休闲旅游的重要组成部分，整合森林、湿地、文化资源，突出龙文化、宋文化滨水休闲娱乐和滨水休闲体验项目。

揽翠湖旅游度假区　位于东营区政府南、南二路201号、东营市中心商务区内，占地5000余亩，已建成了水上活动、特色商务休闲、生态植物、中老年康体等几大区域，12个项目。度假区内郁郁葱葱，四季常绿，其间，分布着170多种植物、160多万株树木和60万平方米地被植物，拥有市区内最大的绿地、最美的湖面，因而得名“揽翠湖”。2015年，被评为国家AAAA级旅游景区、山东省农业旅游示范点。

龙悦湖风景区　国家AAA级旅游景区。是一所集旅游度假、休闲娱乐为一体的大型水上游乐园。总占地面积达63平方公里，为亚洲最大的人工平原水库。龙悦湖水域辽阔，景点繁多，环境优美，秀丽动人。龙悦湖作为黄河三角洲生态环境保护区内的主体部分，拥有丰富的渔业资源和鸟类资源。这里鸟类品种繁多，尤以国家二级保护动物天鹅著名。

华林庄园　国家AAA级旅游景区。主要划分为两大功能区块，即旅游集散中心综合服务区和现代休闲观光农业区。旅游集散中心综合服务区占地1000余亩，现代休闲观光农业区规划建设规模约为2800余亩。

清风湖风景区　清风湖公园是山东省最大的城市公园，是全国首个以展现黄河文化为主题的公园。拥有山东省最大的8000平方米市民健身广场、国内最高的音乐喷泉之一、中国唯一的黄河水体物理模型。清风湖公园坐落在市政府的中轴线上，与市政府的新世纪广场遥相呼应，共同组成东营市政府核心区的标志性区域。

森林木屋　国家AA级旅游景区、山东省农业旅游示范点。景区坐落在六户镇，总占地5000亩，分布着152种植物、65万株树木和269万平方米绿地，建筑风格独特，集农业观光、休闲娱乐、餐饮、商务会议为一体，现初步建成木屋饭庄、镜水湖垂钓中心、无公害蔬菜采摘园、私属菜园、生态植物区五大区域。

龙居黄河森林旅游度假区　国家AAA级旅游景区，位于东营区龙居镇境内，总面积达到41129亩。度假区依托龙居生态林场建设，由龙栖湿地公园、利丰旅游度假村、桃花岛旅游度假区、聚拢山庄等组成。

丽日锄禾　国家AA级旅游景区、山东省农业旅游示范点、山东省乡村旅游示范点。景区坐落在东营区新区政府南。由私属菜园、瓜菜采摘园、柴火居餐饮中心、青少年农业科普区，农产品展览区和休闲拓展区等区域组成。

新世纪广场　东营市东城标志性建筑。位于东城府前街与胜利路交汇处，占地面积17万平方米，中心广场面积3.2万平方米，其中绿地1.28万平方米。主体建筑由中心广场和总建筑面积4万平方米的广场建筑群组成。广场群众文化活动十分活跃，连续多年被评为山东省十佳群众文化活动广场。每到节假日，广场游人如织。

黄河公园　东营区新区的主题公园，位于东营区新区城市主轴线上，占地24万平方米。由南到北贯穿一条轴线，黄河路入口、主题雕塑、行政办公中心，形成轴线上的几个主要景观视点，相互间既分别独立，又互相成为对景。按照区域功能的不同，黄河公园从南到北主要分为文化休闲区和中心活动区。黄河公园主题雕塑《凝聚》，是新区的标志性景观。

胜利广场　位于胜利石油管理局机关大楼南，占地总面积74880平方米。广场地面部分有音乐喷泉、室外大型电子显示屏、水幕电影、雕塑、儿童乐园、全民健身场等，地下有购物商场。广场集休闲、娱乐、购物于一体，是旅游、购物、拍照的理想场所。

山东胜利石油科技馆 展馆面积近7000平方米，是一个具有鲜明石油科技文化特色、集石油地质科普、石油地质勘探开发历程、石油科技成就及胜利油田发展史于一体的综合性国家AAA级景点、山东省三星级科普教育基地、山东省工业旅游示范点。

蓝海高效农业生态基地 位于东营市东营区牛庄镇政府南3公里处，总占地面积约2000亩，总投资约2亿元。园区分为餐饮区、展示观光区、工作区、高温棚栽培区、低温棚栽培区、露地种植区。另一处园区位于东营市广饶县丁庄镇王道村以南，总占地面积约1500亩，以现代农业生产为主。

2016年东营区境内A级景区情况一览表

名称	等级类别
揽翠湖旅游度假区	AAAA级景区
华林庄园	AAA级景区
龙居黄河森林旅游区	AAAA级景区
东营万象游乐园	AAA级景区
胜利油田科技展览中心	AAA级景区
桃花岛旅游度假区	AAA级景区
蓝海逸园	AAA级景区
利丰温泉旅游度假村	AAA级景区
雪莲大剧院	AAA级景区
东营园博园	AAA级景区
黄河三角洲动物园	AAA级景区
东营区丽日锄禾	AA级景区
黄河口古玩城	AA级景区
胜利油田胜大实业森林木屋饭庄	AA级景区

2016年东营区境内主要旅行社情况一览表

序号	旅行社名称	地址
1	山东毓龙航空国际旅行社有限公司（出境组团社，AAAAA级旅行社）	淄博路东首毓龙航空大厦
2	胜利油田青年国际旅行社有限公司（出境组团社，AAAA级旅行社）	济南路胜利广场北面
3	东营利丰国际旅行社有限公司（出境组团社，AAA级旅行社）	北一路1232号胜大中心超市西邻
4	胜利油田豪威国际旅行社有限责任公司（出境组团社，AAA级旅行社）	西三路133号

续表

序号	旅行社名称	地址
5	东营鲁风国际旅行社有限责任公司（出境组团社；AAAA级旅行社）	东三路180号东营宾馆谊宾楼
6	东营市九州国际旅行社有限责任公司（出境组团社）	淄博路86-4号05025
7	山东传奇国际旅行社有限公司（出境组团社）	西四路牛庄段文化街中段
8	东营市金色假日国际旅行社有限公司（AAA级旅行社）	青岛路锦绣家园东
9	东营市胜利国际旅行社有限公司（AAA级旅行社）	北一路246号胜利软件大厦一楼
10	东营工益假日旅行社有限公司（AAA级旅行社）	黄河路胜大超市东
11	东营市江川国际旅行社有限公司（AAA级旅行社）	沂河路136号
12	东营联合假日国际旅行社有限责任公司（AAA级旅行社）	济南路鑫都财富中心503室
13	东营市国际旅行社	东城府前街96号
14	东营胜油国际旅行社有限公司	济南路106号
15	东营神州旅行社有限公司	东三路138号银座广场B2区111号
16	东营渤海假日国际旅行社有限公司	长途汽车站9楼
17	东营海外国际旅行社有限责任公司	东三路121号
18	东营青年旅行社有限责任公司	淄博路82号
19	东营市交通旅行社有限责任公司	济南路85号胜中商务楼2楼216室
20	胜利油田白云旅行社有限责任公司	西城北一路188号（白云饭店西）
21	东营市胜中明珠旅行社有限责任公司	北一路中段
22	东营市华夏国际旅行社有限公司	府前街73号东营日报社
23	东营市阳光旅行社有限责任公司	北一路南侧10号
24	东营市中力假日旅行社有限责任公司	胜利广场东侧新华大厦601室
25	东营市康辉国际旅行社有限责任公司	淄博路97号
26	东营市山水旅行社有限责任公司	东城沂河路171号
27	东营华旅假日旅行社有限公司	东营区西四路636号
28	东营市交运旅行社有限责任公司	黄河路355号汽车总站二楼
29	东营天驰旅行社有限公司	西四路东胜大厦北邻

东营区境内主要旅游星级饭店一览表

	单位	星级	地址
1	东胜大厦	5星	西四路616号
2	蓝海国际大饭店	5星	黄河路与庐山路交汇处
3	新悦大酒店	4星	西城济南路1号
4	东营宾馆	4星	东城东三路104号
5	大明大厦	4星	西城济南路172号
6	蓝海大酒店	3星	东城府前街158号
7	聚丰大酒店	3星	西城北一路1232号
8	西城宾馆	3星	西城淄博路200号
9	东方俱乐部	3星	东城府前街127号
10	白云饭店	3星	西城北一路188号
11	东营大酒店	2星	西城商河路166号
12	海安饭店	3星	北一路与东一路交汇处东侧50米
13	长兴宾馆	3星	长途汽车站对面

（吴　娜）

【文物古迹】 大佛寺遗址　大佛寺，位于今辛店街道前进村。耆老相传，该寺始建于元朝末年。旧时，每年正月十五和二月二为烧香拜佛日。其建筑规模、样式不详。明清两代，大佛寺香火旺盛。民国时期，大寺衰败。30年代，在战乱中拆除，仅留遗址。

金代大铁钟　大铁钟原在史口镇史口村北积水塘边，1983年被垦利县文化馆收藏。此钟，高1.88米，钟口直径1.19米，钟壁平均厚度0.07米，重约1500公斤。钟顶端双交龙钮，肩上贝叶纹饰，肩下锦云纹，腹饰穗格纹饰。钟口呈曲形八角，钟口沿饰有“八卦”图案。钟肩下部有铭文，因年久腐蚀过甚，只有“积智佛”和“千秋”5字可辨认。据《博兴县志》记载和有关专家考证，确认该钟系金代铸物，其年代约在金太宗天会十年至金完颜亮贞元四年（1132—1156年）之间，距今已有800余年的历史。此大钟是佛、道一体的产物，在山东省内属罕见。

真武庙　此庙位于牛庄镇辛集村北侧，是一座殿堂式建筑。建于明朝末年。清代乾隆年间（1736～1795），举人张永和、张二南等捐资重修，并铸大铁钟，庙内塑真武大帝像，一度有道士居住。至清末，庙内香火渐绝。1919年，省参议员张振西带动全村集资扩建庙宇，正殿、偏殿皆全，并立碑刻，两年竣工。之后，战乱叠起，真武庙连遭损毁，几乎殆尽。新中国成立后，该庙受到保护，被列为县级保护文物。1986年，政府拨专款进行修葺，保留至今，已失去原貌。

诰封圣旨　此文物是清代道光皇帝诰封户部云南司主事隋藏珠（今牛庄镇人）之父母的“圣旨”，横长0.76米，竖宽0.323米，黄绫裱装，用汉、满两种文字书写内容，字迹、图案大部清晰，上书“奉天诰命”，加盖两方玉玺大印，背面有“圣旨”字样。时为道光三十年（1850年）正月二十六日。1992年5月，史口镇刘营村干部刘培英将此物献给区政府，今收藏在区档案馆。

【革命遗址】 渤海区抗战烈士祠　位于牛庄镇北隋村北，辛河路西侧。是中共渤海军区为纪念英勇牺牲的抗日烈士，于1945年7月建成的。整体上为土木砖石结构四合院。院门是牌坊式门楼，门正方悬挂着题为“浩气长存”门匾，门楼顶上塑有抗日战士站像。正厅是祠堂，东西宽30米，南北长50米，总面积1500平方米，分5间。祠堂内屹立10块烈士纪念碑，上面刻有3914名抗日烈士英名，著名的有黑铁山起义领导人、八路军山东纵队三支队司令员马耀南，清河军分区副司令兼专署专员马晓云，清西独立团参谋长韩子恒等。正堂正面墙上悬挂“气壮山河”等3块横匾，东西墙上挂着“忠勇壮烈”“万古流芳”匾额。东西厢房各9间，内有文字、图片，介绍著名烈士的英雄事迹。南厅房存放着当年中共渤海区各地党政军民敬送的挽联、挽幛、匾额55幅。1995年，值抗日战争胜利50周年之际，为纪念岳拙园烈士，区政府在牛庄烈士祠内修建岳拙园烈士纪念碑。1996年4月13日举行隆重的揭幕仪式。2007年，区政府按照原址原貌的形式对烈士祠进行重建。2008年开始，区民政局组织搜集整理有关文史资料，对烈士祠进行装修布展。2009年清明节，正厅对外开放；2010年清明节，烈士祠全部对外开放。

三里庄战役指挥部旧址　该址在史口镇卢家村内。1943年5月，清河军区司令员杨国夫指挥著名的三里庄战役，指挥部就设在卢家村的一所农舍里。今在旧址保留了当时用过的桌椅。被列为区级文物保护单位。

（区史志办）

金　融

【政银企合作】　2016年，东营区积极搭建政银企合作平台，不断深化政银企沟通协作。至年底，全区各项存款余额2519.19亿元，较年初增加208.68亿元，占全市新增69.61%；贷款余额1813.52亿元，当年新增351.69亿元，占全市贷款增量的73.88%，贷款增速为2.6%。东营区中长期贷款比重提高明显，信贷结构得到进一步优化。

【地方新型金融组织】　年内，新型金融组织运营有序，监管力度不断增强。小额贷款机构方面，辖区内的六家小额贷款公司截止至年底累计新发生贷款额13.41亿元，贷款余额8.31亿元；2016年累计上缴税收1553万元；辖区内两家融资性担保公司至年底在保责任余额160万元。地方试点金融组织东营区胜融资金互助专业合作社年度发放互助金646万元，综合收入115.07万元；东营市路通民间资本管理股份有限公司是东营市第一家由投资公司转制成立的民资公司，也是东营区首家民间资本管理公司，注册资金5000万元，2016年累计实现投资5303万元。

【证券与资本市场】　2016年，东营区加大工作指导力度，最大限度推动企业上市。2016年，有2家企业在新三板挂牌，3家企业在齐鲁股权交易中心挂牌，挂牌融资、再融资、债券融资、资产支持证券融资等直接融资金额19.83亿元。上市挂牌后备资源企业37家，其中进入上市挂牌程序的企业8家，其中山东德仕石油工程集团股份有限公司进入上市辅导程序拟在创业板上市。

推动规模企业规范化公司制改制。年内，制定了《东营区推进规模企业规范化公司制改制工作方案》，确定5年完成全区50%以上的规模企业（45家）完成规范化公司制改制。制定《支持规模企业规范化公司制改制若干政策措施》，对企业因改制增加的负担，由区财政给予适当补偿，并对完成改制的企业给予奖励，充分调动企业积极性。建立规模企业规范化公司制改制联席会议制度，协调解决企业改制过程中遇到的问题。2015和2016年完成16家，圆满完成年度目标任务，改制取得明显成效。

债券市场融资。帮助符合条件的企业运用更多债务融资工具，扩大债券融资规模，山东万通石油化工集团有限公司分两期总共发行15亿公司债券，万通石化在债券市场融资方面是东营区利用资本市场实现多元化直接融资的有益探索。

推动大宗商品交易市场发展。山东休斯顿石

油装备交易中心注册资本1亿元，至年底，客户370家，累计完成交易量5375笔，成交总额达到225亿元。

【打击非法集资】 加强组织协调，扎实做好防范打击非法集资工作。区政府出台了进一步做好防范和处置非法集资工作的实施意见，深入推进防范和处置非法集资工作，近年来，组织多部门全面开展非法集资风险排查活动，查找风险隐患和薄弱环节，积极落实对主（监）管行业和领域的监管和整治责任，对投资公司、非融资性担保、农民专业合作社、私募股权投资、民办教育机构、养老机构等重点整治行业和领域深入开展集中排查工作，排查机构949家。

（周安娜）

·东营农村商业银行股份有限公司·

2016年3月26日，东营农村商业银行股份有限公司（简称东营农商银行）正式挂牌开业，是在原河口农村商业银行、胜利农村合作银行基础上发起设立的股份制商业银行，注册资本12亿元，内设10个职能部室，下辖1家营业部、62家分支机构，其中一级支行5家、二级支行32家、分理处25家，在职员工739人，是东营区营业网点最多、从业人员最多、服务范围最广的金融机构。至2016年年底，全行资产总额159.33亿元，其中各项贷款105.90亿元；各项存款136.48亿元。在2016年全省农村信用社法人机构综合实力排名中，东营农商银行位列第24位。在2016年山东地方金融企业绩效评价中，东营农商银行获得“AAA”级（全省35家），还先后荣获省级文明单位、全市平安建设先进单位等荣誉称号。

在深化改革的同时，全面加快业务发展，充分发挥杠杆撬动作用，与地方经济和广大企业同呼吸、共命运，积极应对当前复杂的经济形势。抓信贷投放。不断加大对农户、个体工商户、小微企业和全市重点项目建设支持力度，共支持小微企业455家，支持大中型企业151家。抓风险防控。针对当前经济下行，部分企业效益下滑，融资困难，积极探索扶持企业的新思路、新方法，为企业“雪中送炭”，推出“速贷通”信贷产品，解决企业贷款集中到期导致流动资金紧张的问题，确保企业资金链不断裂。抓产品创新。为满足个人消费和经营资金需求，推出“福安居—新时贷”“消费通·诚易贷”“家庭贷”、个人信用经营贷款、青年创业贷款等业务，并在全国率先试点推行农村土地承包权抵押贷款业务。在公司类信贷产品方面，为促进当地企业融入保税区，推出了出口订单融资业务，与税务局联合推出“税银联—诚易贷”，与人社局联合推出创业贴息贷款。抓金融服务。大力改善农村支付服务环境，年内在东营区增设物理网点7处；加大自助机具布放力度，全行布放自助设备166台、农金通28处、POS机1635台。履行社会责任。年内，参与组织2016年“扶贫日”捐款活动，一天时间捐款近10万元；举办“东营农商银行杯”2016年东营区社会文艺团体调演大赛、“进千村 乐万家”文化惠民活动，还开展了“感恩母亲节”“真情服务·助力高考”“农信伴您过六一”“温情端午进社区”“快乐宝宝评选投票”等一系列社会公益活动，树立东营农商银行新形象。

（缪金青）

·中国工商银行股份有限公司东营新区支行·

中国工商银行股份有限公司东营新区支行成立于2010年1月，地处东营城区中心地带区政府驻地。2016年，与中国工商银行股份有限公司东营石油大学支行机构合并。2016年年底共有员工101人，下辖8个营业网点。2016年年底，该行人民币各项存款余额50.6亿元，各项贷款余额13.58亿元，实现中间业务收入4169万元。

（韩　锐）

·中国农业银行东营区支行·

中国农业银行东营区支行地处东营区人民政府驻地，辖有9个营业网点，130名在职员工。2016年年底，全行各项存款余额42.69亿元，较年初增加7.29亿元，完成年度计划的247.62%。各项贷款余额32亿元。实现中间业务收入3601万元，完成年度计划的100%；实现拨备后利润9547万元，完成年度计划的111.87%。

2016年，东营区支行累计向辖内石油化工、石油装备、基础设施以及新兴产业发放30亿元的资金支持；积极融资支持东营区新能源、石油化工等重点骨干企业转型升级；将小微企业单列专项信贷计划，并通过创新特色产品、提高审批效率等措施累计投放小微企业贷款3亿元，并减免中间业务收费，切实降低小微企业融资成本。2016年，东营区支行保持了全国农行文明单位、山东省精神文明单位称号；荣获全国农行2016年度运营基础管理先进单位，石大分理处荣获山东省分行青年文明号等荣誉称号。

（崔小平）

·东营银行股份有限公司东营区支行·

东营银行股份有限公司东营区支行成立于2006年2月，地处东营区人民政府驻地。至2016年年底，东营区支行存款总额将近10亿元，其中对公存款1.5亿元，储蓄存款8.38亿元，较年初增加1.3亿元，贷款总额17539万元，国际业务结算量实现965.68万美元，实现人民币中间业务收入71万元。

（王若武）

城建·环保

- 住房和城乡建设
- 城市管理
- 交通
- 环境保护

城建·环保

住房和城乡建设

【概况】 2016年，全区建筑业发展平稳，总产值突破71.3亿元，实现增加值17.6亿元。保障性住房建设工作有序推进；农村巷道建设、农村旱厕改造和农村危房改造工作全面落实，新型城镇化工作迈出更加坚实的步伐。行业管理不断规范，不断加强招标投标监管力度，全力实现应招标项目招标率、工程质量监督覆盖率、合格率及综合竣工验收备案通过率均达100%。

2016年，牵头负责区城市建设指挥部的组织协调工作，全面做好城市建设改造项目年度计划提报、可行性研究及财政投资项目的规划设计、土地、规划、建设等工作，统筹推进重点项目策划包装、政策争取、资金筹措、征地迁占以及项目施工等手续协调推进工作，为城建项目建设推进创造优良条件，城市主人、新区片区等项目作为观摩项目迎接全市年度观摩。

【项目建设服务】 2016年，区住建局直接牵头负责区片区道路配套、黄河路钢木材市场片区道路配套等10个工程项目，建设道路20余条、里程约46.8公里，总投资10.8亿元。工作中，对市级办理的事项，安排专人追办、催办、盯办，努力提高办事效率。对牵头负责的项目，盯靠工地，一线办公，快速推进。对区内审批的事项，发挥职能作用，从服务入手，开辟绿色通道，推行并联审批，缩短办理时限，努力提质加速。印制《关于进一步规范行政审批和服务事项办理有关事宜的意见（试行）》《行政审批事项办理指南》《城市建设项目手续办理工作手册》《征收拆迁工作流程及配套政策文件汇编》等配套文件，为项目手续办理提供便捷服务。牵头负责区城市建设指挥部的组织协调工作，全面做好城市建设改造项目年度计划提报、可行性研究及财政投资项目的规划设计、土地、规划、建设等工作，统筹推进重点项目策划包装、政策争取、资金筹措、征地迁占以及项目施工等手续协调推进工作。全年实现通车道路6条，12条道路正在施工，累计完成投资3.1亿元，工程开工率达80%以上，城市主人、新区片区等项目作为观摩项目迎接全市年度观摩。

【新型城镇化工作】 坚持城乡统筹发展理念，以“中心城为龙头，中心镇为骨干，新型农村社区为依托”，坚持城区片区改造、城中村改造及四镇驻地提升、农村社区建设双轮驱动，城镇综合承载力显著提升，城乡面貌发生深刻变化。城市建成区面积达到92平方公里，小城镇建成区面积由2011年的8.5平方公里增至19.18平方公里，全区城镇化率89%以上，领先全省30个百分点左右。把中心城作为新型城镇化的龙头，以城中村和城

农村街巷硬化

市片区改造为重点，全面提升城市建设水平。启动新区片区、黄河路片区、文汇街道机关片区、胜利大厦等片区改造工程，推进中心医院、胜动集团、油城广场等油田片区项目改造，胜建花苑、金宇都市公馆、宝龙城市广场、大连万达广场等项目进展顺利，银座中心店改造扩建项目和胜利大厦片区改造项目稳步推进，除2户外已全部签订拆迁补偿协议。推进韩家村、周家、东营3个村居改造项目，建设住宅2500余套，总建筑面积20余万平方米。新区、胜利经济开发区等重点区块建设稳步推进，着力打造布局合理、功能健全、环境优美的现代化新城区。四镇总体规划及牛庄、史口、龙居3镇驻地详规、史口生态化工循环经济产业园区、牛庄新型农民创业园等详规及史口镇供热、牛庄镇燃气等专项规划编制完成，为推进新型城镇化提供了指导和依据。

2007年后，先后投入资金4亿多元，修建西龙路、牛六路、油麻路等县乡公路及连村路200余公里，修建农村街巷720公里，全部完成硬化的村庄108个，占四镇农村总数的62.7%。四镇通电供水普及率均达100%，水电路通信等基础设施建设不断完善。区二中改建、胜园中学等学校工程顺利投用，史口镇中心小学、龙居镇中心学校等工程进展顺利，区三中、区实验学校新校区等工程正在组织实施，城乡教育逐步实现均衡发展。开工建设牛庄镇、史口镇、龙居镇、六户镇污水处理厂，史口镇污水处理厂已投入使用。小城镇基础设施不断完善。按照“城区村向社区聚集、城郊村向城区聚集、镇周边村向镇驻地聚集、偏远小村向中心村聚集”的思路，调整优化村居、社区布局。加强城市社区建设，先后完成文昌、辽河、府前、燕山、锦城、福兴等社区工作站建设改造。稳妥推进农村社区建设，先后启动陈庄、东庞、西范、龙居、北辛、史口等8处新型农村社区建设，建设住宅8984套。新开工建设黄河南展区龙居社区（E、F区）1194套住宅，正在组织主体框架施工；西范社区近500户住宅楼竣工。截至2016年年底，牛庄镇陈庄社区、东庞社区，史口社区一期和龙居社区B区已搬迁入住，入驻群众约3800户，逐步实现农民居住社区化、农村生活城市化。

【民生工程建设】 2016年，着力推进六大民生工程。一是老旧小区维修改造工作。将全区55个小区纳入维修改造范围，涉及黄河路、辛店、文汇、胜利、东城5个街道办事处、约1.15万户居民，总建筑面积约93.55万平方米，总投资2.05亿元。黄河路、辛店、文汇、胜利街道共44个小区全部完工；东城街道负责的11个小区完工3个，府前小区、清风小区等5个小区完成总工程量的85%。二是住房保障工作。2016年，市里下达的任务指标为新开工建设3571套棚户区改造住房，新增租赁住房货币补贴30户。小刘家村居搬迁、龙居社区二期等7个项目均已开工建设，完成年度任务的100%。完成租赁住房任务693户，其中复核货币补贴437户，新增补贴66户，新增实物安置190户，超额完成年度任务。三是农村旱厕改造工作。全区农村改厕任务共计2584户，其中六户镇582户、史口镇511户、牛庄镇359户、龙居镇1132户。至年底，全部完成目标任务，总投资310万元。四是农村道路建设及危房改造工作。62个村庄累计硬化街巷80.61公里、安装路灯2000余盏，全部竣工验收；改造农村危房110户，其中贫困户80户，圆满完成年度任务。五是农民工工资清欠工作。全面推行“一书两金一卡”制度，加大清欠工作力度，全年协调发放农民工工资近3000万元，惠及农民工3500多人，保障了农民工合法权益，维护了社会和谐稳定。六是建筑扬尘治理工作。以“城市生态环境建设年活动”为契机，扎实推进建筑工地扬尘治理工作，增设围挡4000余米，增加洗车机24台，硬化进场道路近2.5万平方米，规整覆盖土方、物料2.8万立方米，覆盖裸露地面3万平方米，城市生态环境持续改善。

【行业管理】 工程质量管理。认真贯彻执行强制性标准，坚决落实设计、勘察、施工、监理等一系列质量管理责任制，全力为工程建设提供技术指导和服务。全年监督在建工程项目169个、建筑面积近600万平方米，全区工程质量监督覆盖率、合格率及竣工验收备案通过率均达100%。狠抓建材检测工作，坚决杜绝不合格建材进入施工现场，累计出具检测报告3.3万份，其中混凝土试块检测量1.3万组、钢筋检测量7746组。

施工安全生产。严格落实网格化管理和实名制管理，深化安全生产一岗双责制，压实项目各方安全生产主体责任。按照“谁主管、谁牵头，谁检查、谁负责”的原则，强化工程安全生产监管，完善立体检查网络，突出重大危险源防控，对深基坑、高支模、起重机械、高处坠落等重点环节和关键部位，抽调人员、聘请专家，严把方案论证、现场检查、集中整治各个关口，全力保障施工安全。全年累计检查工程项目200余处，下发安全隐患整改通知书158份，排查安全隐患1500余条，隐患整改率达到95%以上，连续12年未发生安全责任事故。同时，推行建筑工地远程监控系统，实施现场管理人员电子考勤措施，对工程建设重点部位及加工区、生活区全面监控，真正消除监管盲区，有15处工地完成监控系统安装并正式运行。

建筑市场整治。持续推进打非治违工作，加大执法检查的力度和密度，严厉打击未批先建及违法发包、层层分包、资质挂靠等违法行为，全年检查工程项目325项次，下发限改通知书106份，停止违法行为通知书65份，立案、结案37起，建筑市场秩序更加规范。

物业管理。不断理顺物业管理机制，以街道物业管理办公室为基础，形成“两级政府、三级管理、四级网络”的物业管理模式，强化物业企业日常监管。实施监管的物业企业147家，实施专业化物业管理小区226个、管理面积1887万平方米，累计争创国优示范项目5个、省优示范项目23个、市优示范项目34个。

招标投标监督。全年依法监督建设工程招标投标140场次、301个标段，涉及房屋建筑、市政工程、建设监理、园林绿化、工程设计、维修改造等7个方面，总建筑面积66.9万平方米，总造价25.01亿元。房地产开发和工业企业厂房、自用办公等项目按有关规定自行发包工程备案104个项目，141个标段，总建筑面积204.69万平方米，总造价34.85亿元。

建筑企业养老保障金收缴。严格收缴标准，强化资金管理，累计收缴10546.56万元。

房产管理。加强开发经营管理工作，核发房地产开发经营许可28个，房地产企业资质61个。加强房地产市场监管，组织开展中介机构（经纪机构）检查活动，检查中介机构（经纪机构）83个。承接房屋交易业务，开始办理新区周边房屋交易手续。妥善做好职工建购住房专项审计整改，基本完成整改工作。

【重点企业简介】 山东金达源建工有限公司 山东金达源建工有限公司位于东营区北一路726号，成立于2003年8月，公司注册资本15800万元。企业具有国家房屋建筑工程施工总承包一级资质、建筑装修装饰工程专业二级资质、市政公用工程施工总承包三级资质、石油化工工程施工总承包三级，是一家以建筑业为主的民营企业。公司注重综合能力的提升，得到各级建设主管部门的认可，获得“东营区建筑业企业先进单位”“东营市建筑业先进企业”“全国优秀施工企业”“省级守合同重信用单位”等称号。

山东金茂建设集团有限公司 山东金茂建设集团有限公司成立于2002年，注册资金50006万元。集团公司主要业务分为城市基础设施投资建设、建筑建材生产与销售、汽车后市场服务、金融业务四大产业板块，集团公司下设金茂建设工程公司、坤元建材公司、金茂汽车检测公司、绿之园园林公司、宝德汽车服务公司、宝德置业公司、上海方木投资基金公司等分子公司，是一家集工贸实业于一体的综合性集团公司。公司通过三标体系认证，先后荣获东营市建筑业先进单位、山东省优秀市政工程施工企业、国家级“守合同、重信用”企业、市劳动关系和谐企业奖、山东省水利工程施工诚信AAA级企业、全国AAA级质量、安全、诚信企业，多项工程被评为省市市政金杯示范工程、优质结构奖、“优质诚信、用户满意”奖、安全文明工程奖等。

（张　进）

·城乡规划·

【概况】 2016年，东营市城乡规划局东营区分局完善规划编制体系，指导城市建设发展。结合《东营市城市总体规划》修编，参与完成东营高新技术产业开发区片区控制性详细规划调整，优化用地布局，为建设发展提供依据。开展东营高新技术产业开发区片区、油田一中新校区片区城市设计规划编制工作。

提升规划管理效能，服务经济社会发展。优化审批流程，提高审批效率，全年接收项目报建230件，核发用地规划设计条件17个；建设用地规划许可证18个，总用地面积45.5万平方米；建设工程规划许可证24个，总建筑面积37万平方米；市政类建设工程规划许可用地面积15.4万平方米；工程竣工验收面积41万平方米。完成现场踏勘140次，接待各类规划咨询600余次。加大批后跟踪，从规划审批、公示、放线、验线、竣工核实等方面实行全过程跟踪监管，确保项目建设与规划审批一致。严格规划核实程序，加大现场踏勘力度，对在用地内出现的违法行为，未按照程序进行处理之前，不予办理有关规划验收手续。

围绕重点工作，强化规划服务，扎实推进重点项目规划手续办理。在教育工程项目手续办理中，主动开展规划论证，确保项目顺利落地。东营区第三中学新校区、东营区三中北校区、阳光水韵幼儿园、胜园东升幼儿园核发规划手续。区一中北校区选址与住建部进行协调，按程序调整该片区控规；为满足区实验学校西校区建设需要，报市规划咨询委员会对该片区规划路网进行调整。积极参与拆违治乱专项行动，完成违章建设项目现场踏勘和规划核对，提出处理建议。做好住建部规划遥感图斑督查工作，现场核实辖区内各类疑似图斑32个，配合城管部门对2处重点规划图斑依法予以拆除。做好其他重点项目规划手续办理工作，完成东营高新技术产业开发区污水处理厂及配套工程选址；办理完成祁连山路南延工程、辛店社区居民委员会村居改造、商贸园、新区职工住宅规划手续办理；完成韩家村等村居改造规划设计条件延期和调整工作。

（张　健）

·村居改造与市政工程·

【城中村改造工作】 2016年，东营区重点实施周家、辛店、刘家、东营、官屋、耿井、沙营7个城中村改造项目，开工面积130万平方米，估算总投资46亿元。至年底，沙营、周家、官屋3个项目主体完成，正在施工配套；东营、耿井、辛店3个项目正在进行主体施工；刘家1个项目正在加快推进拆迁迁占。已投入建设资金约16亿元，年内建成面积43万平方米，通过实施改造，3200余户村居民将得到妥善安置。

【重点项目服务】 2016年，东营区村居改造与市政工程服务中心牵头承担31个市、区重点建设项目的迁占工作，包括13个市属重点项目和18个区属重点项目，涉及房屋、构筑物面积约45万平方米，青苗3万余亩，各类树木130万余株。至年底，拆除各类建、构筑物42万平方米，迁移苗木等3万亩，115万株，签订补偿协议820份，兑付拆迁补偿资金4亿元。

市属重点项目迁占服务。西一路北延工程、南一路快速路建设工程、孤罗东孤永东输油管线改造工程、中心城森林湿地公园项目、东二路综合改造工程、东营飞机场拓展项目等6个工程项目迁占工作基本完成；市级战时机关疏散基地项目、“一水库两管线”项目、东一路绿化项目、德州路西延工程、高速公路生态廊道（东侧）、南二路绿化改造工程6个项目实施迁占，正在加快推进；东营河、北二路环境综合整治工程1个项目完成前期基础调查，等待项目确定后实施。

南一路施工现场

区属重点项目迁占服务。西二

路基础设施配套建设工程、西五路绿化工程、宝龙城市广场片区道路工程、天目山路绿化工程、蒙山路绿化工程、黄河路钢木材市场片区道路建设工程、西一路基础设施配套建设工程、南二路绿化改造工程（高速路以西）、太行山路绿化工程、东二路绿化工程、庐山路绿化工程、云门山路贯通工程、新区北部片区道路工程等13项重点工程迁占工作基本完成；燕山路南延工程、新区西部片区道路建设工程、潍坊路建设工程、高速公路生态廊道工程（西侧）、玉山路贯通工程等5项工程迁占工作全面铺开。

（王福民）

城市管理

【市政环卫】 2016年，区城市管理和行政执法局以“全国文明城市”和“国家卫生城市”复审为抓手，加强市政设施养护和环境卫生管理。做好市政设施日常管养工作，疏通道路排水管道155余公里，清理收水井4200余个；维修路灯1216余盏，排除各类故障549起，确保亮灯率和设备完好率达到98%以上。做好防汛工作，对16条道路的坑、沟、槽等20余处及时进行维修，对机厂1号、2号桥梁进行维修。强化环卫管理，深化城市精细化管理，建立专业化、标准化、精细化管养体系，生活垃圾无害化处理率达到100%。累计清理垃圾死角600余处、小广告4万余处，累计出动作业车辆45360余车次，用水39.2万余立方，清理道路淤泥22万余平方米，共收集清运生活垃圾91250余吨，抽吸污水、粪便300余吨，清理河道垃圾220余方。

【行政执法】 依法审查行政处罚案件，对证据不规范，程序不到位的，提出审查意见，由办案人员补齐补正。在依法查处违法行为的同时，充分听取当事人的意见，保障当事人的合法权益，降低行政处罚的矛盾风险。共审核行政处罚案件69起，处理行政复议案件2起，举行听证2次，移交法院强制执行案件44起。

【园林绿化】 及时做好绿化补植、浇水、施肥、行道树修剪以及病虫害防治，对重要节点进行提升改造，完成城市增绿544.9万平方米。做好绿地的浇水和施肥工作，确保苗木正常生长，全年施肥252吨，浇水约120万立方米。做好生物防治，研制改进了防治蛀干害虫的新型工具，在传统背负式喷雾器杆的基础上作了进一步改进，做成了可伸缩式杆，出药孔末端做了弯曲处理，投入使用后提高了工作效率，收到了良好的防治效果。

【监督指挥】 强化监督指挥中心职能，畅通投诉举报渠道。强化监督督导职能，确保问题及时发现，及时整改。为各级城市管理责任单位下发城管委督办单340余份计2800余项督办任务、印发《督查专报》42期计3360余项城管问题信息，同时做好反馈、答复情况统计，并积极督导有关责

天目山路绿化工程

便民摊点建设

任单位做好整改落实。充分利用指挥中心平台受理各类投诉举报，处理督导反馈信息，及时解决群众反映的热难点问题。年内，“8230111”热线受理案件720余件，受理处置区民生服务热线4300余件，城管服务热线760余件，市数字化城管平台派遣195000件，市长信箱传阅件20余件，局长信箱70余件。

【燃气热力】 开展安全隐患治理，全面加强燃气热力管理。全面开展燃气安全专项整治活动。聘请专家开展安全生产大检查活动5次，对燃气经营企业的安全管理、设施设备检测检修和维护保养、经营管理、安全检查和抢险抢修制度的建立和落实、隐患排查整改等情况进行全面细致的检查，下发安全隐患整改通知书128份，消除安全隐患420余处。督导各燃气企业对燃气设施、燃气管网进行隐患排查整改，重点对燃气管道违章占压、市政管网与燃气管网交叉等进行排查整治。整治燃气管线占压5处，燃气管网与市政管网交叉隐患10处。开展燃气工程专项治理行动。对在建、新建、已建的CNG加气站、LNG加气站、小区燃气工程进行集中摸排检查，查处并取缔私建LNG加气站1处。加强小区居民燃气用户安全管理。督导6家管道燃气企业定期组织入户安全检查和开展燃气安全宣传活动，设立宣传展板60多块，发放宣传材料2万余份，入户安检31200户，问题整改260户。

【重点工程】 2016年，区城市管理和行政执法局承担市区重点建设类项目20项、推进类项目6项及民生实事项目2项。天目山路绿化、耿井片区（菏泽路）、街头游园建设项目、东二路（五干排—武家大沟）绿化、新承接的绿地内苗木补植工程和新区绿地改造工程6个项目基本建设完成，高速生态廊道、庐山路、南二路和西五路4个续建项目完成2016年的建设任务。西一路、西二路、西五路、庐山路等主干道改造提升全面开工，维修改造桥梁4座。西城桥梁维修工程完成机械总厂跨五干排桥及西二路跨广利河桥，完成年度建设任务。督导相关街道加快中心城老旧住宅小区雨污分流改造。实施32个西城小区供暖改造以及住宅小区雨污分流改造三年计划，妥善解决一批影响群众生活的历史遗留问题。改造公厕完工，装配式公厕安装完成并投入运行使用，新建公厕变更为货物采购，已开标。西城地方小区集中供热设施改造2016年完成对22个小区51.75万平方米的改造任务。

【拆违治乱】 深入开展拆违治乱专项行动、土地卫片整治、户外大型广告牌清理等集中执法行动。全年拆除各类违建1808处、120.1万平方米，拆除大型户外广告牌359处，违建势头得到全面遏制，先后有17个地市到东营区学习拆违治乱工作经验。同时，主动服务市区重点工程项目建设，累计拆除各类建构筑物50万平方米。

（马营营）

交　通

【农村公路网化工程】 2016年，积极争取省交通运输厅、财政厅全省第三批农村公路网建设项目，东营区被列为省村级公路网化示范县（区）。项目计划建设改造农村公路195.8余公里，分2016、2017、2018三年年实施，总投资2亿元。其中，省级补助资金2412万元，市级补助资金1000万元，利用政府购买服务政策积极争取银行融资贷款1.1亿元。项目涉及全区9个镇街（东城街道除外），直接惠及172个村庄、受益人口13.86万人。

【农村公路生命安全防护工程】 以安全发展为理念，按照“边查边治、示范引领”的工作方针，认真排查安全隐患，科学制定整治规划，全面推进农村公路安全生命防护工程。2016年，完成投资2100万元，共治理公路里程327.5公里，其中提升防护等级里程160.4公里，治理隐患点86处，完成年度目标的110.6%。

【农村公路养护】 以“畅安舒美”山东路创建活动为契机，进一步明确各镇、街道和交通运输、公安交警等部门的职责分工，稳步推进农村公路养护管理体制改革，全面提升东营区农村公路综合管理和服务水平。共计日常养护县道77公里，乡村道路120公里，挖补县道1500余平方米，修复水毁1800余立方米；挖补其他乡村道路1000余平方米，修复水毁2000立方米。

【寄递安全信息服务】 根据市、区的安排部署，2016年5月，成立东营区寄递安全信息服务中心。建设37平方米监控室，配备6台60英寸电视机、1台电脑和服务器等设备，为辖区内17家寄递企业提供信息和安全技术支持，有力保障了寄递渠道的安全畅通。

【行业管理】 超限超载治理和城区交通秩序集中整治工作，全年查处各类违章车辆223台次，依法从严从重查处危险化学品运输车辆等违法行为，坚决遏制重特大道路交通安全事故发生。严格道路运输行业行政审批，完善市场退出机制。全区有道路普通运输企业99家，车辆2684辆，道路危险货物运输企业39家，道路危险货物运输车辆2559辆；驾校11家，教练车410余辆；维修企业302家。加强水路行业监管，严厉打击辖区“三无”船舶、船舶非法营运和超范围经营行为，配合市港航局和海事部门，对广利渔港、清风湖、龙悦湖、世博园等水域开展旅游船专项整治3次，安全隐患排查6次，查处安全隐患11起，整改率100%。

（李　磊）

牛六路建成通车

环境保护

【环境质量】 2016年，东营区空气质量良好，达到国家Ⅱ级标准；工业废水排放达标率达98%以上；城市生活垃圾无害化处理率达到100%；集中式饮用水源水质达标率为100%；各类噪声均符合相应功能区划要求。

【主要污染物减排】 2016年，全区化学需氧量和氨氮排放总量分别控制在484.74吨和52.92吨以内；二氧化硫和氮氧化物排放总量分别控制在79.04吨和19.73吨以内。东营胜利中亚化工有限公司淘汰10吨/小时燃煤锅炉，接石化总厂蒸汽，完成大气污染物减排任务。西城南污水处理厂6月份验收通过，正常运行，同时关停23家规模化养殖场，完成2016年水污染物减排任务。

【环境管理】 加强源头控制。严把新上项目审批关，2016年审批建设项目180个，验收项目95个，预审项目20个，对105个市区重点工程项目进行绿色通道审批。做好危险废物和辐射安全管理工作，完成57家单位2015年度放射性同位素及射线装置的安全和防护工作的评估自查报告。完成5家企业的辐射安全许可证的延续工作，3家企业的异地源转回工作，保证辖区内辐射环境安全。确保全区不出现环境安全事故。

【污染治理】 10家企业完成VOCs治理任务；全面清查辖区内“土小企业”，清查土小企业22家，全部取缔。2016年接访1800件，案件处理率100%，群众满意率95%以上。夜间巡查常态化，领导干部带队，每天夜间值班，接到信访，及时到达现场，出动人员3800人次。提高信访处理效率，避免越级上访和群体性上访事件的发生。对70家化工企业78个项目开展“两评级一评价”工作，形成评级报告。

【环境监测】 自动在线监控运转正常，在线监控8个废水重点源和18个废气重点源。完成辖区内大气降水、饮用水源地、3条河流地表水、11条道路交通噪声、8个功能区噪声、156个点位的区域环境噪声、6家重点废水污染源的例行监测，对辖区内重点废水、废气污染源进行监督性监测，完成辖区内5条河流14个考核断面的监测工作，共计报出监测数据19000余个。

【生态环境保护】 完成10个村居的环境整治任务，争取省环保厅75万元专项补助资金；对农村畜禽养殖污染进行调查，调查20家规模化畜禽养殖场、40家养殖专业户，为整治规划的制定提供支撑材料；积极协调土地、林业、建设、规划等部门完成东营区生态红线划定工作。

【水气污染整治专项行动】 成立水气污染整治专项行动指挥部，由区政府主要领导牵头负责，环保、城管、水利等部门及相关镇街为责任单位，全面推进各项重点工作。制定《2016年东营区水气污染整治专项行动实施方案》，确定水气污染整治重点项目50个，其中水治理项目31个，气治理项目19个，概算总投资3.64亿元，完成投资2.86亿元。在五干排、老广蒲沟、六干排、东营河等河流沿岸累计排查封堵排污口127处，并采取截污导污措施，缓解河流两岸污水直排问题。五干排老广蒲沟生态补水、明港闸水产养殖区污水治理、博新路东侧排污口整治、王营村六干排穿涵改造、西六路生态河贯通、农村污水处理设施、史口化工园区生态水系建设等项目全部完成。40个小区雨污分流改造任务完成。淘汰燃煤小锅炉淘汰27台、超低排放改造5台，12家企业完成第一轮泄漏检测与修复工作，10家企业完成挥发性有机物治理任务、牛庄新型农民创业园区集中供热改造工程、二氧化硫治理项目、营海集团烟（粉）尘治理项目均完成、企业污染排放在线监控项目全部按时完成。

（徐海霞）

社会事业

- 科技
- 教育
- 文化体育新闻出版
- 卫生
- 计划生育
- 人力资源和社会保障
- 民政
- 老龄事业
- 社区建设
- 人民生活
- 民族宗教事务

社会事业

科　　技

【科技计划】　年内，新列各级各类科技计划项目7项，获无偿资金440余万元，其中省级1项，获无偿资金200万元；市级6项，获无偿资金240余万元。

【科技成果】　全年共有10项科技成果获市科技进步奖，其中山东科瑞机械制造有限公司“1000HP交流变频整拖式钻机研制”、东营海林密封技术有限责任公司“高温泵用气膜润滑非接触式机械密封”、东营汉威石油技术开发有限公司“智能油田数据采集平台开发及应用”3项成果获经济发展类科技进步二等奖，东营市盛基环保工程有限公司“无甲醛竹木胶黏剂的研发与应用”、山东恒业石油新技术应用有限公司“低压低渗气藏压裂酸化技术研究与应用”等7项成果获经济发展类科技进步三等奖。胜利油田华胜环保产业有限责任公司总经理刘华伟获科技成果转化促进奖，清华大学教授于慧敏、中国石油大学教授肖文生获科技合作奖。山东科瑞机械制造有限公司的“1000HP交流变频整拖式钻机研制及产业化”、东营汉威石油技术开发有限公司的“智能油田数据采集平台开发及应用”被列入2016年市科技成果转化资金项目，获无偿资金117万元。

【高新技术产业发展】　2016年，全区实现高新技术产业产值488亿元，占规模以上工业总产值36.98%，同比上升17%，高新技术产业统计企业66家，新认证高新技术企业10家，高新技术企业发展到44家，产业领域主要包括新材料、新能源与节能、电子信息和新医药。全年全区高新技术企业实现工业总产值210亿元，营业收入183亿元，研发投入6.4亿元，占销售收入比重为3.5%，落实企业所得税减免5300余万元。

【产学研结合】　联合中国石油大学（华东）举办“校企产学研对接活动”，来自东营区20多家企业负责人通过专业培训、专业论坛、成果推介、座谈交流等形式与中国石油大学专家教授进行无缝对接。东营石油经济技术研究院管理中心联合全国六大石油高校共同打造的专业化、信息化、智能化科技成果转化服务平台——中国石油高校科技成果转化中心已经申报东营市创新公共服务平台计划。第九届中国（东营）国际石油石化装备与技术展览会期间，承办中国石油石化科技成果展示暨技术交流系列活动，包括高校专家东营企业行、中国石油高校科技成果发布会、中国石油高校科技成果转移中心专家座谈会，并将中心最新出版的季刊《石油科技动态》装备篇和石化篇发放给企业。与中国石油大学（华东）、中国石油大学（北京）、西南石油大学、西安石油大学、长江大学、东北石油大学确定双方加强科技成果及技术难题交流活动，积极推动科技成果转化及科技难题解决等事宜，发布6大石油高校科技成果600余项。

【知识产权工作】　2016年，全区发明专利申请906件，同期增长11.2%，占全市申请量的73.9%，

中国石油高校科技成果发布会

发明专利授权179件，同期增长16.2%，占全市授权总量的49.7%。全区拥有有效发明专利770件，同期增加22.4%；在全省140个县市区中列第15名。为企业和金融机构密切联系搭建桥梁和纽带科瑞集团利用25项专利进行质押，获得贷款2.4亿元，并获得市级专利质押融资贴息贷款20万元。德仕、百华2家企业通过2016年山东省知识产权优势企业认定。百华于12月14日通过中规（北京）认证有限公司技术专家委员会的评审，成为东营区第一家通过知识产权贯标外审的企业。组织区内企业知识产权管理人员参加省、市知识产权管理部门组织《企业知识产权管理规范》标准培训班、专利布局实战培训班、专利信息分析培训班、专利保护、专利系统能力提升等培训5次，受训人数达到100余人次。到鲁百等大型商业企业开专利执法日常检查，检查专利产品203余项，查处假冒专利3件，向企业送达立案和整改通知，优化市场公平竞争秩序。11月，恒业石油新技术应用有限公司的“油田高压系列制注氮设备的研制”项目获得第九届国际发明展览会“发明创业奖.项目奖”金奖。胜利油田胜机石油装备有限公司获得市级专利实施补助项目资金30万元。

【地震工作】 在区电视台滚动播放防震减灾宣传标语，大力营造开展防震减灾宣传活动的社会氛围。5月10日，在牛庄镇中心小学组织开展地震应急避险综合模拟演练活动，1200多名师生参加演练。5月11日，在中山社区和万达广场举办地震科普宣传活动图片展。发放“防震减灾”知识宣传手册600多本、防震避险宣传单张1000多张。5月12日，在东营区一中举办地震应急逃生演练以及科普知识图片展。5月13日，在中山社区为居民播放防灾文化电影。联合区人武部对东营区民兵地震应急救援分队进行春季大练兵。第一批参训人员来自辖区内十个镇街共计100余名民兵预备役官兵。联合区武装部对志愿者队伍进行及时补充更新。按照中国地震局《关于共同推进国家地震烈度速报与预警工程项目建设和运行管理工作的通知》要求，3月，在东营区组织开展地震预警项目选点工作，确定7个一般站点，标志着东营区地震预警已纳入国家烈度速报与预警工程项目。5月东营区实验学校、东营区牛庄镇中心小学以及东营区史口镇中学又被命名为“第七批省级地震科普示范学校”。东营区已建成省级“地震科普示范学校”5所；市级“地震科普示范学校”1所。做好“12322”防震减灾热线及卫星电话的值守工作。共接到群众热线电话120人次。

【农村科技】 成功组织申报省重点研发计划等各类项目4项，获省级专项资金400万元。重点加强“滨海盐碱地高耐盐经济植物筛选与规模化繁育”“山东滨海盐碱地淡水渔业开发与产业化示范”等项目的实施，突破制约东营区农业发展的盐碱地等关键共性技术难题。成功创建省级农业科技园1个，获省级专项资金100万元。通过园区的创建和示范推广，建设盐生植物种源繁殖基地。山东宝力生物质能源股份有限公司承担省重点研发计划项目“年产1000万立方米千杆沼气关键技术研究及示范工程”，获省专项资金100万元。通过项目实施建立生物天然气制备、社区应用、提纯压缩车用燃气集成示范工程，实现秸秆的生物气化，促进农业一、二、三产业融合。

【研究院管理中心】 引导企业联合大学科研院建设山东胜利石油装备产业技术研究院、山东石大石油化工技术研究院有限公司、黄河三角洲绿色可持续发展研究院等3家产业技术技术研究院，申报专利20余项，转化科技成果48项。建设孵化器、众创空间等创新创业平台5个，其中国家级孵化器1家，胜利大学生创业园被科技部备案，东营胜利科技创新园区被省科技厅备案。不断加大创业导师队伍建设，推荐徐清华、高洋2人申报国家级创业导师，创业导师已达52人，开展“创业学院”“创业大讲堂”“创业培训班”等各类创业培训20余次，参加人员800余人次。发展“东营石油装备高新技术创新联盟”，已发展会员60余家，召开联盟会议9次，举办交流活动23次，实现科技成果对接210余项。实现区域内企业间的技术共享、业务交叉、产品融合、信息传递，促进区域石油装备产品尽快形成有竞争力的产业链，推进企业快速发展，为东营区打造高端石油装备基地提供强有力的科技引擎。

2016 年东营区各类科技计划项目表

序号	项目名称	项目类型	承担单位	立项年份
1	山东省采油生产信息化工程技术研究中心	市创新公共服务平台项目	山东广域科技有限责任公司	2016—2018
2	非常规油气公共创新研发平台	市创新公共服务平台项目	山东胜利石油装备产业技术研究院	2016—2018
3	基于异构数据库的大数据集成技术研究与软件开发	市重点研发计划项目	东营汉威石油技术开发有限公司	2016—2018
4	航空发动机用机械密封关键共性技术研究及应用	市重点研发计划项目	东营海森密封技术有限责任公司	2016—2018
5	基于海量大数据挖掘的油田生产指挥中心应用研究	市重点研发计划项目	山东胜软科技股份有限公司	2016—2018
6	海上边际油田移动式采储修一体化平台研制及产业化	省重点研发计划（重大关键技术）	山东科瑞机械制造有限公司	2016—2018
7	中国石油大学（东营）创新广场	市创新公共服务平台项目	中国石油大学科学技术研究院	2016—2018

2016 年东营区科技成果表

序号	奖次	获奖项目名称	获奖单位	主要完成人
1	东营市经济发展类科技进步二等奖	高温泵用气膜润滑非接触式机械密封	东营海林密封技术有限责任公司	郝木明　王选盈
2	东营市经济发展类科技进步二等奖	1000HP 交流变频整拖式钻机研制	山东科瑞机械制造有限公司	许益民　马向明
3	东营市经济发展类科技进步二等奖	智能油田数据采集平台开发及应用	东营汉威石油技术开发有限公司	杨权一　朱平伦
4	东营市经济发展类科技进步三等奖	无甲醛竹木胶黏剂的研发与应用	东营市盛基环保工程有限公司	杨蓂基　石延芳
5	东营市经济发展类科技进步三等奖	新型酚醛胺树脂类破乳剂的研究与应用	胜利油田胜利化工有限责任公司	崔黎黎　陈育红
6	东营市经济发展类科技进步三等奖	抑制防塌可循环微泡沫钻井液技术研究	东营泰尔石油技术有限公司	隋跃华　张建阔
7	东营市经济发展类科技进步三等奖	低压低渗气藏压裂酸化技术研究与应用	山东恒业石油新技术应用有限公司 山东科瑞石油装备有限公司	孙兴旺　张　健
8	东营市经济发展类科技进步三等奖	勘探开发生产信息可视化系统开发及应用	东营汉威石油技术开发有限公司	杨权一　朱平伦
9	东营市经济发展类科技进步三等奖	油田注水生产智能化系统	山东广域科技有限责任公司	王景泉　樊金丁
10	东营市经济发展类科技进步三等奖	油田高压系列制氮设备的研制及应用	山东恒业石油新技术应用有限公司 山东科瑞机械制造有限公司 山东科瑞石油装备有限公司	安同武　王玉军

2016年东营区获奖科技成果表

序号	项目名称	完成单位	鉴定时间	技术水平	主要承担人
1	基因工程重组菌多级连续催化法生产丙烯酰胺	山东宝莫生物化工股份有限公司	2016.3.5	国际先进	刘　皓 梁　欢
2	水平井砾石防砂充填工具研制	东营百华石油技术开发有限公司	2016.8.14	国际先进	尚兴宾 尚俊涛
3	WAT02-JYB简易变智能监控装置	山东广域科技有限责任公司	2016.12.18	国内领先	孙江华 孙会浩
4	WAT02-HJ变电站环境监控装置	山东广域科技有限责任公司	2016.12.18	国内领先	王景泉 孙会浩

（隋园园）

教　育

【概况】 2月，体育工作由文广新局划转教育局，教育局新增业余体校、体育彩票两个股室。9月，史口镇第三小学并入中心小学，东营区义务教育阶段学校变为28所。全区在校生28512人，小学、初中适龄人口入学率保持100%，小学年巩固率保持100%，初中年巩固率保持在99.2%以上。公办及公办性质幼儿园36所，在园幼儿5077人，学前三年入园率99.17%。中等职业学校1所，在校生4764人。全区中小学、幼儿园在编在岗教师2417人，教师学历达标率100%。

【教育重点工程建设】 为切实解决城镇普通中小学大班额问题，积极推进第二期学前教育三年行动计划，2016年东营区规划建设区三中南校区、区三中北校区、文化公园片区学校等10所学校，区阳光水韵幼儿园、胜景幼儿园、六户镇田庄幼儿园等14所幼儿园，计划总投资15.6亿元，总占地面积64.6万平方米，总建筑面积33.4万平方米。10个学校建设项目、11个幼儿园建设项目完成项目立项。其中，辛店康都幼儿园、史口镇张店社区幼儿园2个项目建设完成，龙居镇中心学校完成主体施工；胜景学校、辽河幼儿园等2个项目进入施工阶段；其余项目按工程建设程序加快办理项目开工前期手续。

9月6日，东营区人民政府与东营胜利一中合作办学签字仪式

【教育精准扶贫】 制定出台《东营区教育扶贫救助基金管理使用

暂行办法》，设立200万元教育扶贫救助基金，对脱贫攻坚期内全区154名建档立卡贫困家庭困难学生实施教育资助，年度发放救助基金77.35万元；充分发挥教育优势，制订《东营区教育局智力扶贫实施方案》，对全部建档立卡贫困家庭困难学生实施“一对一”帮扶，确保家庭困难学生不辍学。

【教育配套提升工程】 投资240万元实施数字化校园二期工程，配备教师机180台，多媒体45台；投资290万元实施课桌椅更新工程，为全区中小学统一购置课桌椅、储物柜6658套；投资400余万元启动信息化一期工程，大力实施基础教育网络扩容升级和网络试题库及云阅卷分析系统平台建设，教育网络环境不断优化。

2016 年东营区教育情况表

类别	数量（处）	班数（个）	在校生（人）	毕业生（人）	专任教师（人）
幼儿园	36	180	5077		275
小学	17	240	8906		713
初中	2	27	1049	275	137
九年一贯	3	86	4235	541	401
教育集团	3	263	14322	1776	891
职业中专	1	116	4764	795	201
总数	113	1156	42565	3387	2618

2016 年东营区境内部分民办学校情况表

	学校	类型	地址
1	东营金色摇篮全程实验学校	小学	东营区西二路与潍坊路南侧万家新城
2	东营胜利黄河双语学校	小学	云门山路 7 号
3	东营惠营美术培训学校	培训机构	东营区济南路 100 号
4	东营华艺艺术培训学校	培训机构	东营区北一路万达广场 SOHO D2 五楼
5	东营博瑞安达机器人培训学校	培训机构	东营区东三路 138 号银座广场 B 座二楼
6	东营尚品艺美术培训学校	培训机构	东营区东城银座广场 B 座
7	东营方州教育培训学校	培训机构	东营区东城银座广场 B 座二楼
8	东营和贝蒙氏教育培训学校	培训机构	东营区新区万象城 A102
9	东营泰华教育培训学校	培训机构	东营区北二路 330 号
10	东营学新教育培训学校	培训机构	东营区西三路 152 号
11	东营娃娃邦幼儿园	幼儿园	东营区胜利大街 221 号
12	东营蓝天幼儿园	幼儿园	东营区章丘路 6 号
13	东营宝威幼儿园	幼儿园	东营区新区滨溪北路 33 号
14	东营成长故事幼儿园	幼儿园	东营区大渡河路 513 号
15	东营新元素幼儿园	幼儿园	东营区东三路安泰南区 139 号

（郭红兵）

文化体育新闻出版

【省级公共文化服务体系示范区创建】 区级公共文化服务设施网络，改造文化剧场1处，区历史文化展厅顺利开工；区图书馆儿童馆完成改造提升，区文化馆、图书馆分别建成文化馆分馆11个、图书馆分馆12个；尼山书院东营区一中实践基地被评为山东省“尼山书院建设示范单位”。镇、街道公共文化服务设施网络，通过新建、改建、扩建等方式，建成单独设置的综合文化站10处。村居文化广场新建提升项目，2016年新建提升文化广场96处。村居文化大院新建项目，全区2016年新建文化大院26个，涉及4个镇。已建成7处，7处开工建设。历史文化展示工程，镇街建成9处展室（厅），在建1处；村级已建成39处。示范创新项目有数字文化广场建设项目、城市书吧、“新六艺”公益培训项目。文化惠民活动，开展“魅力中心城、文化基层行”系列活动。以实现“一村（社区）一年五场戏” 为目标，通过社会文艺团体调演评选优秀团体参与演出1430场。开展“一村（社区）一月一场电影”放映工程2412场，受益群众20万余人次。

【群众文化活动】 1月25日，“魅力中心城 文化基层行”东营区社会文艺团体贺岁展演举办。1月28日，东营区“春到农家文化惠民”活动在牛庄镇陈庄社区、大杜社区、东庞社区举行。2月19日，东营区2016年“金猴献瑞闹元宵”元宵节群众文艺展演在黄河公园健身广场举行。2月22日，东营市2016年元宵节民间文艺会演活动在新世纪广场举行，东营区组织300人队伍参加汇演，表演的《金猴献瑞闹元宵 歌舞呈祥中心城》。2月26日至3月7日，2016年东营区“百姓欢乐大舞台”社会文艺团体文艺会演活动演出50场。3月8日，东营区“激情舞动 魅力巾帼”四德歌广场舞大赛举办。4月18日，东营区“新六艺”市民课堂公益培训开班仪式。6月1日，东营区图书馆开展“六一”儿童节阅读活动。5月16日，“东营农商银行杯”东营区2016年社会文艺团体调演活动，在辛店街道辛鸿家园、神树社区、耿井邻里广场、南李邻里广场四个场地隆重开演，本次调演活动有46家社会文艺团体参加，共评选出10个“十佳文艺团体”、10个“优秀文艺团体”、15个“参演文艺团体”。6月11～13日，“记忆乡情”东营区2016年非物质文化遗产宣传展示活动开展。6月29日晚，东营区2016年庆祝建党95周年专场文艺演出举行。7月1～7日，庆祝建党95周年工笔画精品展在区文化活动中心举办。7月2～13日，东营区2016年消夏广场群众文化活动举行，演出13场。7月28～29日，开展庆“八一”——军爱民、民拥军文化进军营慰问演出活动。8月24日、26日、29日，举办3场夏季“送清凉”文化进工地、进社区专场演出活动。9月26~27日，全区2016年“群文之星”才艺大赛海选活动在市园博园组织举办。10月22日，首届“青岛银行杯”城市书吧羽毛球邀请赛举办。11月23日，东营区“地税杯”廉政书法美术摄影展举办。12月15～16日，利

消夏广场演出

用流动演出车组织实施“送文化进基层”公益文化活动，分别在牛庄镇东庞社区和胜园街道科苑社区进行演出。12月30日，庆元旦“寻找最美阅读地”摄影展开幕式活动举办。

【网吧管理】 加强网吧和校园周边环境的监管，建立实名登记不规范台账，三次记录不规范的网吧，列入“黑名单”，依法严厉查处并重点监控。在加强对网吧日常巡查的基础上，积极开展突击检查，重点区域实施重点监控，加大学校中午、下午放学时间、“双休日”“节假日”等非正常工作时间的检查力度，时刻保持严查强管的高压监管态势。加大对“净网先锋”是否在线的监控力度，对不在线的网吧建立台账，对警告后仍未按规定安装客户端的网吧按相关规定进行查处，努力提高客户端的安装率，要求因装修、搬迁等原因超过一周的网吧到执法大队备案，净网先锋服务器在线率保持在90%以上。严格审批在校园周边设立的出版物经营单位，严禁在校园周边设立电子游艺室、歌舞厅、台球厅等娱乐场所，严厉查处涉及校园周边文化环境的文化市场案件，坚决打击校园周边游商地摊兜售盗版书刊和音像制品的等不法现象，净化校园周边文化环境。年内，出动文化市场执法人员800余人次，检查各类文化市场经营场所800余家，查出违规网吧40余家次，责令停业整顿网吧15家，现场整改存在安全隐患的网吧19处，下发安全隐患整改通知书20个，整改率100%。

【文化市场建设与管理】 4月21日，东营市2016年侵权盗版及非法出版物集中销毁活动举行，东营区文化市场综合执法大队全体执法人员及辖区内图书、音像、印刷企业负责人100余人参加，将收缴的2万余册（盘）非法出版物进行集中销毁。11月10日，全市文化市场综合执法技能比武活动在市文化市场综合执法局举行，东营区三名执法队员组队参加此次活动并获得团体第一名。12月27日，2016年度举行全省文化市场综合执法技能大比武活动，东营区2名文化市场执法人员代表东营市参加，荣获团体总分第三名、集体项目网络办案第二名。在个人单项比赛中，两名执法人员分别获得法律法规第二名、打字速记第三名。

【电影发行】 年内，累计放映农村公益电影2412场，受益观众20万余人次。充分发挥农村公益电影的作用，开展“红色教育影片展映活动”，先后订购200场红色教育影片进行展映，并通过固定放映点宣传栏，海报等途径进行宣传；开展农村公益电影“你选我演”群众投票活动。通过网络投票的途径，将公益电影由原先的“我演你看”转变为现在的“你点我演”，真正把文化“点餐”权利交到群众手中。开展为期一个半月的“忆峥嵘岁月、铸辉煌明天”庆祝建党95周年优秀电影展映活动，展映教育影片300场次；联合区司法局、区住建局开展“千场法治微电影进村居”放映活动，把法制微电影送到百姓家门口。开展“送电影进工地”活动，先后送电影进工地100余场。开展“送电影进福利机构”公益电影放映活动，先后走进福利机构送去公益电影100余场。

【非物质文化遗产】 年内，东营区文化馆继续加大非物质文化遗产保护工作力度，从精品创作、项目展示及宣传展览等方面进一步加强东营区非物质文化遗产的保护传承工作。4月，经由东营区组织部批准，成立东营区非物质文化遗产保护中心。依托国家级非物质文化遗产项目——吕剧的专项资金，东营区文化馆继续加强吕剧小戏精品生产工作，与牛庄镇合作创作廉政题材小吕剧《三送鱼》，邀请省著名编剧、省著名吕剧作曲家创作的吕剧进课堂题材吕剧小戏《乡音校园》和委托东营天一艺术团创作的以庄户剧团爱戏唱戏的小吕剧《嫁妆》也在稳步推进创作工作。吕剧题材微电影《老马与小马2》完成剧本创作的工作。6月11日至13日，依托第十一个国家文化遗产日，东营区文化馆组织全区13个县区级及以上非物质文化遗产开展“记忆乡情”东营区2016年非物质文化遗产展示活动，并依托本次活动开展首届“童心绘非遗”少儿绘画展示活动；依托东营区文化馆流动演出车，先后举行6次东营区非物质文化遗产项目流动展示活动。于8月、9月分别组织刘氏布偶、黄氏酒坊酿酒技艺及龙居丸子制作技艺三个市级非物质文化遗产项目参加全省第九届文化艺术博览会和全国第四届非物质文化遗产博览会。9月至10月，配合省委宣传部吕剧纪录电影《梨园明珠——吕剧》完成在东营区相关拍摄工作。10月20日，吕剧进课堂进入东营区第一中学开始授课。

（王文文）

东营区广播电视台工作人员正在制作播出节目

【体育工作】 大力倡树全民健身理念，积极深化“教体结合”工作，实现全民健身与竞技体育协调发展。成立区体育总会，审批成立区青少年足球协会及4个基层民办非营利性体育俱乐部。组织举办第六届全民健身运动会，组队参加省、市第六届全民健身运动会，全区累计参与各级全民健身运动会2300余人。10月举行的山东省第六届全民健身运动会上，东营区获得“山东省第六届全民健身运动会先进区”荣誉称号。在2016年东营市青少年田径比赛中，东营区获得金牌总数和团体总分第二名；在青少年足球冠军赛中，东营区男、女子足球队均获得甲组冠军。区一中代表东营市参加山东省青少年田径锦标赛，获得女子乙组100米亚军的好成绩，实现田径比赛新突破。体育彩票销售实现新增长，全年销量总额1.53亿，超额完成省市下达的体育彩票销售任务。

·广播电视·

【概况】 2016年，区广播电视台坚持新闻立台、改革兴台、管理律台的原则，紧紧围绕全区中心工作，加大新闻宣传、推进精品生产、创新节目改革、加快事业建设，开创广播电视发展新局面。新闻宣传，全年制作播出《东营区新闻》312期，播发稿件2500条。在东营电视台《东营新闻联播》发稿600条，《联播东营》近860条；山东电视台248条，中央电视台新闻频道发稿6条；市电台发稿500条，省电台发稿312条，广播、电视均排名全省前列，全市第一，其中《山东新闻》和《山东新闻联播》发稿取得全省第8名。精品生产，全年共有3件作品荣获区政府扶持奖励，14件作品荣获市级奖项，其中1件作品荣获东营市政府奖——黄河口文艺奖，3件作品荣获山东省广播影视大奖，制作播出志愿服务公益宣传片2部，区情片1部，电视散文1部，促进了东营区广播电视宣传的提档升级。其中，东营区新版区情宣传片《生态宜居幸福新城》，综合运用高清、航拍、3D等多种影视技术，全面展现东营区区情概况、高效生态产业、湿地风光、城市风貌、人文历史等，塑造秀美宜居、富有魅力的城市形象。节目改革，坚持党管电台，积极探索广播节目改革新路子，围绕中心、服务大局，强调新闻资讯的主流权威、生活服务的健康向上和文艺娱乐的时尚多样，不断拓宽听众面，使FM97.8已成为东营广播听众的新宠。全天播音时间20小时，主要开办《都市快车道》《让娱乐飞》《一点遇见》《都市顺风车》等十档节目，节目质量和效果实现重大突破和创新。电视拥有新闻综合与科教影视两个频道，坚持以人为本，服务群众、服务基层，不断提升自办节目质量，丰富广播电视荧屏声频，重点打造《东营区新闻》《聚焦》《东营故事》《乐活东营》《看天下》等节目，深受广大观众喜爱。事业建设，不断加大基础设施投入，投资30万元，购置广播节目直播设备和调音处理系统，对电台直播间设备进行全面更新。对发射机房进行通风改造，对现有广播电视发射塔进行安全维护，时时在线监测，有效防范安全隐患的发生。全力做好市、区两级重要工作观摩的转播和解说，圆满完成纪念建党95周年系列大型活动、第九届国际石油装备展、“黄河口之春”文艺晚会、“两学一做”知识竞赛和微党课等重大活动的录制和播出。

（宋晓春）

【广播电视节目传输】 2016年，山东广电网络有限公司东营区分公司履行职责，保证全区电视节目安全、清晰、稳定传输，使12万有线电视用户（不含油田）看到高清数字电视节目；城区干线建设80余公里，新建和升级改造机房12个，农村干线建设161公里，设立光交箱191个，实现广电宽带“村村通”，城乡骨干网络框架基本形成，城乡发展宽带共计5474户；采取“智慧社区+平安乡镇建设+镇域干线光缆铺设+广场无线覆盖”四位一体立体化营销模式，实现“有线电视—宽带—监控—智慧社区—广场无线覆盖”全业务渗透；创新公司承建、政府购买服务的经营模式，承接全区152个文化广场的数字化建设项目，打造无线网络覆盖、高清视频互动回传、实时远程教学等多功能综合性文化广场；承接9个银行专线、区实验学校、旅游度假村以及东营最大户外游乐场所万象城无线Wi-Fi覆盖、电子阅报屏安装等集团业务。

数字文化广场建设项目，以东营市创建公共文化服务体系示范区为契机，争取省公司支持，确立“文化社区及公共场所无线覆盖”为省公司2016年重大项目。区政府第13—50次常务会议确定，由东营区分公司投资建设，以政府购买服务、分期付款的方式，对确立的152个广场实施广电网络Wi-Fi覆盖建设，实现文化广场“六个能”，即能无线Wi-Fi上网、能看有线电视节目、能看山东有线APP、能远程实时视频培训、能播放图文文化教育资源、能实施安全监控。实现把室内、馆内的文化资源传到室外，向外延伸，把电视大屏移到手机小屏。数字文化广场由概念变成现实，得到文化部公共文化司的认可和推广，成为全国、全省文化事业发展年会的典型经验，在《文化报》、齐鲁网、东营网、东营电视台等各级媒体上竞相报道。

（孙瑞雪）

·档案管理·

【档案服务】 年内，结合全区“两学一做”学习教育工作开展，从抗战时期的《群众报》《渤海日报》中整理出当时东营区各级党组织开展党员学习的相关材料，在《东营区报》上开辟“红色记忆·抗战时期的党员学习”专栏进行连载。结合纪念建党95周年，坚持“市区一体，联合创作”的原则，推进《档案春秋——东营区历史人物连环画》系列丛书编研。积极与区发展改革部门、项目主管部门对接协作，选派业务骨干人员跟进指导，积极推进全区重点项目档案工作服务。抓好司法、教育、婚姻、医疗、住房、社保、水利工程等领域民生档案管理，推进《镜头记录你我他——东营区民生照片档案集萃（2014）》编研。

【依法治档】 推进依法管档，严格执行省档案局制定的《山东省档案行政执法检查办法》和《山东省档案行政执法责任制实施办法》。结合“国际档案日”和“机关开放日”活动，坚持市区联动，积极开展档案法制宣传，提升档案执法检查的规范化管理。规范依法治档，按照档案科学化评估要求，严格落实档案年检制度，进一步规范档案执法程序，完善档案执法文书体系，提升档案执法人员专业水平，积极开展汛期安全、行政执法等相关行业档案专项执法检查2次，确保档案实体和数据的绝对安全。依法行政，理清档案部门行政权力清单，认真落实好行政权力，严格执行档案行政处罚材料基准，扎实做好档案执法监督和行政管理工作。结合东营区实际，健全完善东营区地方性档案法规体系建设，加强对辖区各级档案工作的指导、监督。

【档案业务】 加强档案馆室建设，完善区档案馆基础设施、展览服务设施、查阅利用设施，大力开展档案利用服务。结合“档案开放日”活动，组织中小学生深入开展感知档案、了解档案、参与档案事业的展示展览活动，推进中小学档案社会实践教育活动。加强档案资源建设，对散存在社会上的抗战老照片、吕剧老资料和实物档案等进行征集，征集各类档案资料300余件；开展2015年档案资料的归档工作，完成86个部门、单位年度归档，整理各类档案1056盒。加强档案信息化建设，全面梳理现有馆藏数字化档案，统一标准、查缺补漏、整合存储、规范备份，健全完善目录、全文、视频、照片、实物等档案资源数据库。进一步整合档案管理软件，完善民生档案查询系统，推进档案综合应用服务平台建设。

（张士强）

·党史研究·

【概况】 2016年，完成《中共山东年鉴》《中共东营市委纪事》等组稿工作，整理资料7万余字。完成纪录片《人民的选择——山东历史上的大支前》东营区拍摄任务。联合区委组织部、区档案局等部门，开展记录老同志、老革命口述史工作，记录十多人的口述。修改完成《改革开放实录（东营卷）》东营区相关专题撰写工作。积极向市委党史研究室报送宣传稿件，在东营党史网站发表信息3篇。拓展宣传新平台，将党史宣传教育纳入全区“两学一做”主题教育。完成纪录片《周家连》的拍摄和后期制作工作。在市建党九十五周年征文活动中，结合“党史进校园”活动，动员广大教职工参加，取得较好成绩。在中小学开展“网上祭英烈，共铸中华魂”清明网上公祭活动，组织党员干部到渤海区抗战烈士祠重温入党誓词。

（区党史研究室）

·地方史志·

【概况】 2016年，基层志、专业志编纂工作进展顺利。至年底，《牛庄镇志》《孙路村志》进入印刷程序，《辛店街道志》基本完成定稿，《西营村志》形成评议稿，《东营区纪律监察志》《南李村志》《北高村志》《辛店村志》等基层志正常推进。《东营区年鉴》2016年卷编纂工作，上年年底下发征集资料通知，3月完成资料征集工作，之后对收集的100余万字的基础材料进行编辑，形成50万字的年鉴送审稿。对《东营区年鉴》2016年卷继续增加插图用量，增强年鉴的可读性和资料性。确定由中国文史出版社出版发行。通过招标确定印刷企业，6月交付印刷厂排版制作，8月出版发行。7月，《东营区年鉴》2014年卷获全国特等奖。12月，《东营区年鉴》2016年卷获全省优秀年鉴奖。《东营区手册》2016卷编纂出版工作，该手册是自2009年创刊后连续出版的第8卷，8月出版发行。《东营区老照片》（第四辑）编纂工作，上年年底资料征集、编辑工作。区史志办公室通过各种形式搜集线索，通过不断外出采访、电话寻访，与有关老领导及家属建立联系，为深入推动全区老照片资料征集工作奠定基础。在做好外出采访的同时，积极到区内有关镇街、村居采访，搜集老照片资料。12月，《东营区老照片》（第四辑）由山东画报出版社出版。开展东营区抗战系列人物志的编纂工作。年内，启动刘梅村人物志的编纂工作。通过到刘梅村成长地采访、和刘梅村亲属加强联系等搜集刘梅村资料，至年底，完成《刘梅村》初稿编纂工作。区方志馆和区情网建设。继续做好志、鉴等各类地情书籍的交换、购买工作，丰富方志馆藏书。至年底，区方志馆有各类志、鉴及地情丛书等藏书6950册。健全东营区情网维护管理制度，网站资料录入、信息更新实现常态化，每周更新内容，及时发布重要信息。加强信息上报工作，年内，在省情网、市情网发布信息30余条。《东营区大事记》季刊年内出版4期。年内，为《东营市志》《山东年鉴》《山东史志年鉴》《东营年鉴》等提报东营区有关资料30余万字。

【年鉴荣获全国特等奖】 7月，在中国地方志指导小组通报表扬的全国地方志优秀成果（年鉴类）中，《东营区年鉴》（2014）被评为特等奖，是山东省唯一获此殊荣的县区级地方综合年鉴，也是全国荣获特等奖的14部县区级综合年鉴之一。《东营区年鉴》自2000年创刊后，已连续出版17卷，极具资料性、权威性、实用性、可读性和美观性，成为给各级领导、社会各界提供东营区情信息服务、宣传介绍东营区的权威工具书。

（区史志办公室）

卫　生

【医药卫生体制改革】 公立医院改革，全面落实各项改革任务，统筹推进区级医院管理体制、补偿机制、人事分配等综合改革。实行人员总量控制，区编办核定区人民医院总量备案人员821名，在人员控制总量和年度进入计划内，公开招聘工作人员，招聘70人。完善药品供应保障机制，省平台挂网的药品和高值医用耗材实行挂网采购。积极鼓励和引导社会资本办医，近年来新增社会办医疗机构70余家。加强公立医院重点数据监测，区人民医院业务收入、门诊人次、出院人次较上年同期增长24.36%、4.71%、24.03%，药占比降至27.53%。落实惠民医疗举措，为6143名患者减免费用22.68万元，9617名患者享受到“先诊疗、后结算”惠民政策。分级诊疗制度建设，制订推进分级诊疗制度建设实施方案，出台《东营区人民政府办公室关于推进分级诊疗制度建设的实施意见》和《关于印发东营区2016年推进分级诊疗工作实施方案的通知》，采取专科医师、全科医师、健康管理师“三师共管”服务模式，在医保支付、药品使用等方面破题，分级诊疗试点工作基本落实到位。积极探索城乡医疗机构协作模式，区人民医院与牛庄镇卫生院建立医疗联合体，胜利油田中心医院与龙居中心卫生院结成共建对子，上级医院人员、技术、管理等方面优质资源下沉，基层首诊、双向转诊、急慢分治、上下联动的分级诊疗模式逐步建立。药品供应保障体系，严格执行新版《国家基本药物目录》、“东营市基层医疗机构增补目录”以及相关配套政策，基层医疗机构可配备使用基本药物和增补药物共670个品种、1587个品规，基层用药需求基本得到满足。加强监督管理，对基层医疗卫生机构2015年度实施国家基本药物制度情况进行绩效考核。统筹推进各项配套改革，扎实开展基本公共卫生服务，推进政府购买城乡基本公共卫生服务，向社区居民免费提供12类国家基本公共卫生服务及省级附加项目。建立居民电子健康档案32.92万人份，建档率达88.56%；高血压健康管理18436人，糖尿病健康管理6113人，65岁以上老年人健康查体20519人，管理重型精神病1171人，各类资料记录完整，管理规范。优化和稳定乡医队伍，出台《关于解决老年乡村医生生活补助的实施方案》，为年满60岁离岗乡村医生发放生活补助金。出台《关于建立完善乡村医生队伍管理工作的意见》，实施乡村医生准入退出机制和养老保险制度，对因离岗和其他原因空出的岗位组织招聘和返聘工作。年内新招聘54人，返聘36人。为全区村卫生室购买医疗责任险，为所有在岗乡村医生购买意外伤害险。扎实推进中医药服务能力建设，加强国医堂建设，8家镇卫生院、社区卫生服务中心列入省、市“国医堂”建设项目。

【公共卫生服务体系】 全力推进妇幼公共卫生服务项目。深入实施婚前医学检查、孕前优生健康检查、孕期优生监护、新生儿疾病筛查、新生儿听力筛查、城乡适龄妇女“两癌”筛查、叶酸

健康扶贫医疗巡诊

增补、住院分娩补助为主的“六免两补”项目，提高妇女儿童健康水平和出生人口素质。疾病预防控制工作有序开展。突出抓好手足口病、艾滋病、结核病、中东呼吸综合征等重点传染病防控工作，全区未发生重大传染病暴发流行。继续推进国家扩大免疫规划工作，提升预防接种服务水平，全区国家免疫规划疫苗的全程接种率均在90%以上。做好慢性病与重性精神疾病防治工作，圆满完成第五期脑卒中高危人群筛查与干预项目、全省精神障碍流行病学调查任务。强化卫生应急管理，加强卫生应急队伍建设和应急物资储备，强化突发公共卫生事件的监测与分析，提高突发公共卫生事件应对水平。提高卫生监督执法水平，积极开展卫生计生综合监督提升年活动，查处各类社会举报118起，案件办结率100%。全力做好迎接国家卫生城市复审工作，大力整治公共场所“四小”行业。全区公共场所“四小”单位取得卫生许可证1011家，持证率87.7%；监督检查公共场所“四小”单位3700户次，发现问题并进行整改242家，卫生管理水平进一步提高。同时，不断健全卫生监督网络体系，全面做好传染病防治、学校卫生等各项监督工作，全区公共卫生安全水平进一步提高。

【卫生计生惠民工程】 卫生强基惠民工程，实施镇村卫生基础设施建设工程，投资4000万元，建设龙居、史口、六户、牛庄4镇卫生院和村卫生室5处。牛庄镇卫生院改造工程竣工启用，完成史口中心卫生院建设工程主体，龙居中心卫生院病房楼建设工程完成三层主体框架，六户镇卫生院建设工程完成立项及同期手续，5处村卫生室2处完工、3处在办理前期手续。实施区人民医院信息化建设项目，投资657万元建设配备医疗远程会诊服务系统、医院感染实时监控系统等软件系统及必要的硬件设备。实施医疗卫生机构设备配备项目，投资1640万元，为区人民医院配备乳腺机、过敏源检测治疗仪、组织脱水机等设备，为史口中心卫生院配备生化、X线等大型仪器设备，不断提升医疗机构服务水平。实施基层卫生专业技术人员素质提升工程，委托三甲医院、高等院校，采取镇街卫生技术骨干进修、卫生技术人员培训和乡村医生培训三种方式分类实施培训。选派11名基层卫生技术人员进入胜利油田中心医院、市人民医院进修学习，并圆满完成基层卫生专业人员和乡医培训任务。创建计划生育幸福家庭工程深入推进。实施“两癌”免费筛查项目，为城乡适龄妇女实施宫颈癌、乳腺癌免费筛查，年内开展“两癌”筛查31675人次。实施免费孕前优生健康检查项目，为待孕夫妇提供体格检查、风险评估等19项检查和全程优生随访服务，年内已为2815对待孕夫妇提供免费孕前优生健康检查。实施免费孕期优生监护项目，为全区所有孕妇开展全程孕情跟踪服务、B超及唐氏综合征、爱德华氏综合征和神经管畸形等疾病筛查，年内开展孕期B超优生监护4671人，开展产前疾病筛查3119人。实施新生儿疾病、听力免费筛查项目，为新生儿免费提供四种疾病筛查及听力筛查，年内开展疾病筛查5181人、听力筛查5186人。

【健康扶贫】 成立脱贫攻坚工作领导小组，出台《东营区健康扶贫实施方案》及《配套文件》，多次召开健康扶贫工作专题会议和推进会议，将贫困人口医疗巡诊作为健康扶贫工作的总抓手进行全面安排部署。建立“三师共管”服务模式。区级专科医生对患病贫困人口逐个制定个性化诊疗方案，镇级全科医师根据诊疗方案实施医疗巡诊，村级健康管理师负责患病贫困人口日常随访和健康教育。完成贫困家庭巡诊588户、1167人，全面巡诊工作完成。巡诊初步筛查出患病贫困人口602人，已为自愿接受服务的422户、527人制订个性化治疗方案，纳入“三师共管”服务范围，健康扶贫工作取得阶段性成果。落实卫生计生行业扶贫专项任务。开展省级贫困人口调查摸底，录入省健康扶贫信息系统。大力推进分类救治，对87名患37种疾病贫困人口和134名患其他疾病贫困人口落实救治措施，并及时录入省健康扶贫信息系统，完成率91.32%。全面落实“八个一”工程，确定区人民医院为定点医疗机构，为全区650个贫困家庭全部确定家庭医生团队、建立健康档案，开展全面巡诊查体。

【志愿服务】 创建“天使之家”志愿服务品

牌，打造区医院、美年大健康查体中心等3处志愿服务示范基地，成立东营区医疗卫生计生志愿服务总队，下设7支志愿服务队，招募570多名专业志愿者。积极组织志愿服务活动，先后开展“2016年中医中药齐鲁行”义诊、广利港老年人健康查体、流动人口卫生计生关怀、乡镇健康教育普及和义诊查体等形式多样的志愿服务活动20余次，免费发放各类药品1万余元，开展免费健康查体5000多人次。初步制定积分回馈制度，根据市志愿服务网上的记录，全区所有注册志愿者每服务1小时积1分，可按“1积分1元钱”的标准到东营区所有能提供体检服务的公立医疗机构和部分民营医疗机构兑换健康查体服务。其中，美年大健康体检中心兑换标准为“1积分10元钱”。

东营区境内主要医疗机构情况表

医疗机构名称	地址	联系电话
东营区人民医院	东营区济南路333号	8990796
东营区新区医院	东营区新区庐山路1020号	8260120
龙居中心卫生院	龙居乡政府驻地	8111077
牛庄镇卫生院	牛庄镇政府驻地	8296722
史口中心卫生院	史口镇政府驻地	8281138
六户镇卫生院	六户镇政府驻地	8372967
辛店街道社区卫生服务中心	东营区淄博路285号	8995515
胜利街道社区卫生服务中心	东营区北二路586号	8360079
黄河路街道社区卫生服务中心	东营区章丘路17号	8215951
文汇街道社区卫生服务中心	东营区海通路中段王屋市场9号	8219863
胜园街道社区卫生服务中心	东营区胜园街道办事处驻地	1595469066
东城街道社区卫生服务中心	东营区东城曹州路16号	8326706
东营西郊医院	东营区郝纯路史口段	15154639393
东营仁济医院	东营区西四路836号	8236776
东营真爱医院	东营区北一路1378号	8276658
东营华山医院	东营区北一路936号	8781166
中国石油大学（华东）医院	东营区北二路271号中国石油大学（华东）院内	8393536
东营东康医院	东营区西二路158号	8797332
东营同济医院	东营区西四路与北二路交叉口东北角	7080886
东营八局医院	东营区燕山路401号	7896609
东营百草堂中医院	东营区中乐路99号	8176969
东营华东中医院	东营区北二路468号	8766120
东营华瑞中医医院	东营区东二路68号伟浩假日广场H6-11号	7265678

续表

医疗机构名称	地址	联系电话
东营爱尔眼科医院	东营市东营区 675 号	7770025
东营中西医结合医院	东营区西城北二路 717 号	8237826
东营起风正骨医院	东营区西四路 838 号	8787328
东营滨海中医医院	东营区黄河路 161 号附 25-1-24	8061968
东营博爱妇产科医院	东营区西二路 593 号	7080085
东营华健糖尿病肾病医院	东营市东营区北一路 375 号	8207120
东营文俊骨病医院	东营区东二路 323 号	13954636066
胜利石油管理局油建卫生院	东营区西四路 324 号	8776225
胜利石油管理局测井卫生院	东营区北二路 313 号	8761252
胜利石油管理局东辛卫生院	东营区北一路 59 号	8531771
胜利石油管理局胜东医院	东营区金辰路锦华小区	8769302
胜利石油管理局电厂卫生院	东营区南二路 207 号	8594596
胜利石油管理局机厂卫生院	东营区西三路 929 号	8611946
胜利石油管理局汽修卫生院	东营区南一路 193 号	8612637
胜利石油管理局石化卫生院	东营区郝纯路胜花物业小区	8596120
胜利石油管理局现河卫生院	东营区济宁路 4 号	8776290
胜利石油管理局集输卫生院	东营区西三路 179 号集翠园小区	8783700
胜利石油管理局供应卫生院	东营区东平路运全街	8554728
胜利石油管理局运输卫生院	东营区黄河路 779 号运兴小区	8554357
中国石化集团胜利石油管理局胜北医院	山东省东营市东营区德州路 150 号	8722693
胜利石油管理局胜采医院	山东东营市西四路 483 号	8623019
胜利石油管理局肛肠病防治院	山东省东营市锦霞路 22 号	8642608
胜利石油管理局妇幼保健院	东营市东营区北二路 683 号	8555445
胜利石油管理局锦苑卫生院	东营区北一路锦苑小区	8837809
胜利油田机关医院	东营市东营区胜泰路 169 号	8556988

（董燕青）

·疾病控制·

【概况】 2016年，全区共上报法定传染病病例4137例，全部为乙类、丙类传染病，无甲类传染病发生，传染病发病率为531.29/10万，占前三位的分别是手足口病1916例，其他感染性腹泻777例，乙肝522例；完成常规预防接种20万余针次、食品风险监测样品采集97份、碘盐检测300

份、艾滋病病毒抗体检测534人份、生活饮用水水质检测59份、餐饮具检测14份、公共场所监测44家；报告伤害病例15480例，调查处置食源性疾病842例。

【艾滋病防治】 积极开展高危行为干预、自愿咨询检测和重点人群监测工作。年内，干预高危人群1830人次，其中：干预暗娼1105人次，农民工332人次，男同393人次，发放安全套4300个，自愿咨询检测601人次。加强对艾滋病感染者和病人的管理，定期为感染者及病人检测CD4细胞，检测170人次，落实“四免一关怀”政策，对全部艾滋病感染者和病人进行免费治疗。开展大型宣传活动2次，累计发放各类艾滋病宣传材料2万份；举办医务人员培训班1期，培训26人。

【结核病防治】 认真做好肺结核患者的发现和登记治疗工作。年内，共接诊可疑肺结核患者559例，痰检431人，累计涂片1329张，摄胸片546张，发现并免费治疗活动性肺结核病人36例。对发现的肺结核病人及时进行网络直报，对需要追踪的肺结核病人及时进行追踪，追踪率100%，追踪到位率100%。筛查密切接触者21例，筛查率100%。督导定点医院12次，督导镇、街道7次，督导村28个，管理督导访视病人72例。

【手足口病等重点肠道传染病防治】 落实手足口病防控措施，不断加强宣传，做到层层培训，科学处置，取得好的成效。年内，报告手足口病病例1916例，重症11例，无死亡病例；报告腹泻病13214例，快检133例。举办肠道传染病防治知识师资培训班1期，培训26人次；开展肠道传染病防治知识宣传活动6次，发放宣传单2万份；调查处置聚集性疫情4起，采集标本58件。

【国家扩大免疫规划】 东营区免疫规划工作以落实扩大国家免疫规划为重点，在做好儿童常规免疫的基础上，不断巩固消灭脊灰工作成果，加速消除麻疹进程，全区免疫规划法制化和规范化管理水平得到较大提高。全区建成数字化预防接种门诊4处、省级示范门诊8处、市级规范门诊16处，全部实行定点定时接种，基本满足全区儿童预防接种的需要。完成三价脊灰疫苗向二价脊灰疫苗的转换工作，启用冷链车，将疫苗全部冷链配送到各预防接种点，保证疫苗的质量。注重加强对疫苗使用的督导和管理，在“济南疫苗”事件中，东营区无一涉及。年内调查处理AFP病例2例、麻疹疑似病例121例、疑似预防接种异常反应62例，完成常规预防接种20万余针次，国家免疫规划疫苗八苗全程接种率达90%以上。

【食品安全风险和伤害监测及卫生应急】 认真做好食品安全风险和伤害监测工作。年内，完成食品风险监测样品采集97份、碘盐检测300份、艾滋病抗体检测534人份、生活饮用水水质检测59份、餐饮具检测14份、公共场所监测44家；报告伤害病例15480例，调查处置食源性疾病842例。实行24小时突发公共卫生事件及传染病疫情值班制度，及时补充和更换应急物资，加强对基层医疗机构的督导检查和培训，年内，督导检查12家，下达督导意见书12份，举办突发疫情应急处置培训班1期。

【健康教育与健康促进】 积极向广大居民宣传健康知识，倡导科学、文明、健康的生活方式，养成良好的卫生习惯。组织开展世界结核病防治日、全国儿童预防接种宣传日、世界无烟日、全国高血压日、世界精神卫生日、世界艾滋病日等健康教育宣传活动。累计发放各类宣传资料20000余份、宣传品3000余件，接受群众咨询1500余人次。走进建筑工地、学校、车站等场所积极开展控烟知识宣传活动，举办东营区“全民健康生活健行齐鲁大地”职业人群万人健步走激励大赛。

（宋立敏）

·爱国卫生运动·

【爱国卫生月活动】 安排春季爱国卫生月活动、卫生清洁志愿服务活动，发挥单位职能作用，开展卫生清洁志愿服务。活动中，发动广大群众积极参与环境卫生集中整治，重点是农贸市场、“五小”行业的卫生监管、彻底清除城中村、城乡接合部、背街小巷的卫生死角，努力为广大居民创造一个良好的卫生环境。活动参加人员共3000多人，清除小广告1800余处，擦拭公交站牌30余个、护栏2000余米，清除卫生死角50余处，清运垃圾540余立方米。

【国家卫生城市复审】 2016年是国家卫生城市复审年，东营区作为国家卫生城市复审工作的主战场，承担着全市80%以上的复审任务。成立迎接国家卫生城市复审工作领导小组，召开东营区迎接国家卫生城市复审动员大会，传达市迎接国家卫生城市复审会议精神，印发《东营区迎接国家卫生城市复审工作实施方案》，与各镇、街道及有关责任部门签订责任状。全力推进市容环境、“五小”行业、农贸市场、交通秩序等十项专项整治活动。加大环境卫生管理力度，全力治理乱搭乱建、乱贴乱画、乱停乱放、乱倒垃圾、乱摆摊点、乱设户外广告牌等“六乱”问题，坚决取缔露天烧烤，规范夜市大排档，积极开展公共场所环境卫生秩序整治活动，城区环境卫生保持较高水平。迎检期间，全区开展村、社区及居民区卫生死角专项清理活动160余次，清除各类卫生死角432处个，清运各类垃圾65600方，组织单位、社区居民开展卫生大扫除活动36次，清理乱贴乱画20000余个，清扫路面58000平方米；建立实体围墙3500米；粉刷墙面2.64万平方米。联合执法部门共整治规范沿路商户1532家，拆除影响市容广告牌和门头865块，拆除沿街外建门头511家，清理店外加工制作业户457家，取缔马路市场8处、露天烧烤26家，拆除违章建筑10245平方米，清理取缔辖区内废品收购站点65处，拆除沿路洗车台63处，治理带泥路口322处，查处带泥上路车辆598辆，粉饰墙体、路沿石及相关设施等65000平方米。加强“五小”行业管理，食品卫生、公共场所卫生工作成效显著，迎检期间，发放各类卫生许可证100套，其中食品60套，公共场所40套，健康证明500份，培训从业人员500人，调离职业禁忌人员50余人，责令改正30余户，发出整改意见书300份。组织开展市场专项治理活动22次，规范卫生不合格业户356户，清除市场垃圾18659立方米，规范乱停乱放车辆1542辆次，清理市场污水49次处，整治下水道3600米。组织开展辖区内主要河道的卫生保洁和河道绿化工作，清理辖区河道垃圾1500余方，捡拾废弃塑料袋20000多个，绿化河道面积8000平方米。通过一系列的检查，顺利通过国家卫生城市复审。

【卫生单位创建】 区广播电视台、区机构编制委员会办公室、区第三中学、区实验幼儿园、胜园街道中心幼儿园、区三中教育集团文汇分校、胜园街道办事处、东城街道安宁西区、东城街道安宁北区、东城街道安慧西区、东城街道安泰南区、东城街道安兴北区、东城街道安兴南区、东城街道安盛南区、东城街道安盛北区、东城街道水城国际、东城街道永兴花园、东城街道科达华苑C区18个单位被评为市级卫生先进单位（居民小区）；龙居镇尚家村、龙东村、崔家村、谢何村、董王村、马三村、打渔张村、吕家村、三里村9个村被评为市级卫生村；东营区司法局被评为市级无烟单位。

【病媒生物防治】 坚持标本兼治、科学除害的原则，根据“四害”习性和繁殖高峰，组织各镇街和居民开展“四害”滋生地治理和科学除害防病工作。精心组织安排，广泛宣传动员。制定下发《中心城区病媒生物防制工作实施方案》。增强广大群众对“四害”危害的认识，开展宣传、咨询活动，举行集中宣传活动3次，展出展板60块，横幅15余条，发放宣传单2000余份。采取集中统一行动，实施灭鼠控蚊。坚持“一条主线、双管齐下、灭防并举”的原则开展工作，不断加大灭蚊工程投入力度。每年5月，集中时间对全区各居民小区进行越冬蚊集中消杀工作；对全区原有的灭蚊灯进行维修保养；进入夏季蚊蝇孳生旺季，按照蚊蝇孳生的规律和生活习性，加大力度对居民小区、广场以及各类垃圾站点、城区公厕、公用绿地、农贸市场、建筑工地等场所蚊蝇孳生地治理进行药物消杀，并根据气候变化情况确保每周进行3次喷洒。灭鼠投药前，通过发放宣传资料、借助报纸和电视传媒，提醒广大市民注意灭鼠用药安全。要求各街道、社区居委会、各单位进行灭鼠安全告知。对灭鼠投药人员，制定安全操作规范。加强检查督促，促进工作开展。对冬春两季集中灭鼠活动和控蚊工作开展督导检查。与区疾控中心协作，采用粉块法、鼠迹法等监测方法开展灭前、灭中、灭后密度监测，有效掌握集中灭鼠工作开展情况并为灭鼠工作提供数据支持。

【健康山东行动】 推进健康山东行动各项活动的开展，启用疾控中心的健康教育所，协调爱卫会成员部门及各街道设立健康教育联络人。上半年开展形式多样的健康教育活动，悬挂横幅500余条，举办各类健康讲座20余期，接受健康咨询1000余次，各单位、公共区域显要位置以及各小区出入口电子显示屏滚动播出各种健康教育知识。开展控烟禁烟，印制控烟标志1万余份，发放到相关的公共场所，全区38个部门单位先后创建全市无烟单位。

（曲永红）

计划生育

【概况】 2016年自然年度内，全区（不含油田）共出生6336人，出生人口性别比109.37，人口出生率16.21‰，人口自然增长率12.71‰，各项指标运行良好。全面两孩政策稳妥有序，完善人口出生预警监测机制，及时开展政策实施情况分析评估和跟踪监测，加强政策宣传，引导群众合理安排二孩生育，全面两孩政策得到稳步有序实施。出生人口性别比综合治理工作，严格落实住院分娩实名登记和信息共享制度，准确掌握出生人口基础信息。实行孕期跟踪随访和流引产备案审批制度，定期为孕期妇女提供跟踪管理和随访服务，从源头上防止“两非”行为的发生。积极开展打击“两非”专项行动，完善有奖举报制度，鼓励全社会对“两非”行为进行监督和举报。计划生育基层基础夯实，开展“基层基础提升年”活动，加大宣传教育、违法生育查处、社会抚养费征收等工作力度，扎实开展人口信息核查，基层基础工作进一步夯实，基层管理服务水平不断提高。对镇街孕情上报等七项工作实行月通报制度，督促各单位根据各自工作进度，强化措施，狠抓落实。强化计生协会组织建设，形成“网络健全、结构合理、功能强化、活动经常”的城乡基层计生协会组织网络。结合生育政策调整，指导村居修订完善计划生育村规民约，深化计划生育群众自治。印发《关于做好全区流动人口基本公共卫生和计划生育服务的实施意见》，积极推进流动人口基本公共卫生和计划生育服务。计划生育利益导向政策完善，全面落实各项计生奖励扶助政策，为全区3112名奖励扶助、特别扶助对象发放扶助资金446.16万元。落实破产企业退休职工独生子女父母一次性加发30%养老补助金制度，完成2015年市、区破产企业203名退休职工补助资格审查，发放补助资金353.12万元。建立“计划生育家庭意外伤害保险”机制，免费为2.1万户计划生育家庭投保意外伤害保险，赔付22.1万元。

（董燕青）

东营区人口和计划生育知识竞赛

人力资源和社会保障

【就业创业服务】 2016年，全区城镇新增就业人数12775人，农村劳动力转移就业6542人，城镇登记失业率控制在3%以内，离校未就业应届高校毕业生就业率达到90%以上，发放创业担保贷款1007笔1.44亿元，发放各类补贴资金918万元。大力推进职业技能培训和创业培训，共培训各类技能人员2863人，创业培训585人。积极做好公益性岗位开发工作，新开发公益性岗位46个，安置就业困难人员174人。发挥就业创业在精准扶贫中的重要作用，共为40余户贫困家庭提供就业创业援助服务。积极推进创业示范平台、创业型镇街（社区）创建工作，东营好宜家小商品城创业园等4家单位被评为市级创业示范平台，获得奖补资金380万元；胜园街道和新兴社区、福兴社区、南里社区、安泰社区被评为省级创业型街道（社区）；东城街道、文汇街道和胜宏社区、嵩山社区、辽河社区被评为市级创业型街道（社区），获得奖补资金29万元。大力实施农民工3年3项行动计划，农民工综合服务水平进一步提升。

【社会保障】 全年征缴社保基金10.4亿元，其中企业养老保险基金54930万元，机关养老保险基金13135万元，职业年金2839万元，医疗保险基金25066万元，工伤保险基金2467万元，生育保险基金2205万元，失业保险基金3359万元。受理工伤认定申请169起，做出认定决定164起。连续第12年调增企业退休人员养老金，由2015年月人均1676元提高到1837元；提高居民基础养老金标准，60－89周岁的每人每月达到了175元，90周岁以上的每人每月205元，待遇位居全省前列；积极完善落实被征地农民养老保险政策，共为全区11.7万失地农民落实养老保险资金19765.5万元；完善居民大病保险和职工长期护理保险政策，居民医保人均财政补助由2015年的400元提高到430元；失业金由每人每月900元提高到1000元；实施“全民参保登记计划”，开展企业养老保险补缴工作，社会保险参保人数有较大增长。着力加大基金现场和非现场监督力度，各项基金实现安全平稳运营。

【人才队伍建设】 实施专业技术人才培养工程，备案教育、卫生等47个部门单位的继续教育50项，组织全区企事业单位专技人员3900余人参加全市公需科目培训和考试。大力加强高层次人才和高技能人才队伍建设，新增省有突出贡献的中青年专家2人、市有突出贡献的中青年专家1人，新评选区有突出贡献的中青年专家5人，新增市首席技师工作站1家、齐鲁首席技师3人、市首席技师2人，新增留学回国人员14人，新评选区首席技师10人。开展职业技能鉴定2521人，新增高技能人才813人。实施黄蓝经济区人才补助项目、高端引智项目，东营汉威石油技术公司“基于云计算的油井智能地质设计软件系统开发”和胜利方兰德石油装备公司“海上带压作业装置研制与产业化”通过验收，获得省人社厅人才项目资助经费36万元。

2016年3月，东营区举办2016年公务员培训班开班式

【人事制度改革】 为东营区招考公务员及参照管理人员5人，上报公务员新登记人员21人。完成全区机关事业单位5314人的年度考核备案工作。拟定政府任免文件和提请人大议案16份。严格股级干部任免，为区社区办等11个部门单位87名中层干部办理任职手续。严把表彰奖励关口，审核上报先进集体6个、先进个人43个。严格落实事业单位公开招聘制度和全员聘用制度，公开招聘事业单位工作人员280人；公开招聘合同制教师和公立医院工作人员45人、副高级及以上专业技术人员高层次人员1人，招募农村社区专职人员32人、海关监管场站协管人员4人。核准区编办等25个单位的岗位设置方案。完成公车改革涉及的司勤人员安置工作。集中开展干部人事档案专项审核，共审核干部档案2823卷，补充材料2万余份。切实抓好军转干部和“三支一扶”人员管理服务工作。完成机关事业工作人员工资晋级晋档工作；调整全区机关事业单位工作人员基本工资标准和增加离休人员离休费；为1613名退休（退职）人员调整退休金，为13名人民警察调整警衔津贴标准，为52名公务员办理职务职级并行审批及工资调整手续；启用完善人事管理信息系统，初步实现工资业务管理信息化网络化。

【劳动关系】 按照省一类档次上调企业最低工资标准，由每人每月1600元提高到1710元。各基层调解组织调解争议案件92起，区仲裁机构处理争议案件168起，涉案金额1100余万元。为保障依法参加劳动人事争议调解仲裁活动的劳动者特别是贫、弱、残等处于困境的劳动者的合法权益，充分发挥法律援助便民服务的职能，东营区劳动人事争议仲裁院与东营区法律援助中心联合成立劳动人事争议法律援助工作站，为劳动者依法维护自身权益开辟绿色通道。区劳动监察机构共检查用人单位960家，将康源药业、天润生物等案件移送法院强制执行。与区住建局联合查处张永军拒不支付劳动报酬案件并移送公安机关立案，为41名劳动者追回工资40余万元。办结投诉举报案件72起，结案率100%，为385名劳动者追回工资220万元。积极探索推进“双随机一公开”工作机制，制定随机抽查事项清单并建立执法对象名录库。

（张俊利）

民　政

【优抚安置与双拥】 认真落实优待抚恤政策，发放抚恤、定补和护理费共计1826.03万元，将义务兵家庭优待金提高到每人每年17490元，共发放资金823.3万元。大力推进优抚医疗，为伤残军人缴款投保33.33万元，发放住院补助资金105.9万元。积极做好安置工作，接收退役士兵档案173份，安置条件的23人。发放自谋职业资金61万元，一次性经济补助金124.2万元。广泛开展春节、“八一”走访慰问活动，双拥工作实现制度化、常态化，为东营市争创全国双拥模范城“四连冠”做出贡献。加强烈士褒扬工作，在牛庄烈士祠举行“烈士公祭日”活动。东营烈士陵园建设项目进展顺利，施工前期手续基本办结，完成年度任务。

【社会救助及救灾救济】 将城保标准由每人每月550元提高到580元，农保标准由每人每年3760元提高到4200元，农村五保标准由每人每年6800元提高到7300元，发放保障资金2907万元；制订农村低保与扶贫开发政策衔接工作方案，完成五保对象年度检查；出台《东营区困难居民医疗救助办法》，加大对困难群众的医疗救助和临时救助力度，发放救助资金640.4万元。落实《东营区医疗扶贫救助基金管理使用办法》，发放救助资金32.38万元，救助贫困户70人。救助流浪乞讨人员34人。为全区4638名残疾人发放“两项补贴”（困难残疾人生活补贴和重度残疾人护理补贴）417万元。组织开展以“减少灾害风险、建设安全城市”为主题的第八个防灾减灾日活动。

2016年度东营区退役士兵安置公开选岗会

【社会事务管理】 基层政权建设方面，积极推进“村改居”调研工作，指导万泉村完成村委会换届选举工作。做好村务公开民主管理工作指导，配合区纪委、区委组织部、区农业局等部门推动村级班子规范运行。社会组织管理方面，新登记民非企业61家、社团3家。社会事务服务方面，落实惠民殡葬政策，与人社、财政联合转发《关于免除居民基本殡葬服务项目费用的通知》，为84人发放丧葬补助8.4万元。出台《东营区关于建立健全农村红白理事会推进移风易俗工作的实施意见》，指导村居成立红白理事会，建立规章制度，加大移风易俗宣传力度。年内，办理结婚登记4845对，离婚登记1908对，补证2133对，办理收养登记9例，登记合格率100%。积极参与第二届“齐鲁和谐使者”评选活动，东营区一名优秀社工被评选为第二届“齐鲁和谐使者”。

【社会养老】 养老服务业加快发展。出台《东营区加快养老服务创新推进养老服务业转型升级实施方案》，按照“一网一站一所一中心”标准建设东城街道明月社区养老服务中心和亲祥源运兴养老服务中心2处社区养老服务中心示范点，打造成具备家政便民、生活照料、保健康复、精神慰藉等功能的综合性养老服务中心，创新实验区建设进度居全省前列，得到省厅认可和推介。提升完善区养老服务信息平台功能，加强服务动态监管系统建设。新增政府购买居家养老服务对象269户，服务人数达到1055户，累计开展居家养老服务7.2万余次，服务满意率98%。实施养老“信息惠民行动计划”，初步搭建“福润万家·安养东营”为老服务网。先后11次实地到镇街检查民政服务机构，特别是养老机构的消防安全工作，发现整改隐患5个。

【慈善事业】 加强慈善组织建设，镇、街道全部建立慈善分会，村居开始建立互助基金。制订《东营区慈善扶贫工作实施方案》，全力参与脱贫攻坚工作。利用电视、宣传栏、明白纸和知识问答等形式，积极宣传落实《中华人民共和国慈善法》，开展9月5日第一个中华慈善日各项活动，加大慈善资金的募捐力度。组织实施“情暖万家、贫困母亲”等四大慈善救助项目，发放慈善资金78.6万元，救助困难群众457人。开展“扶贫济困，你我同行”善款募集活动，接收捐款102万元。大力推进慈善公信力建设，及时公开财务报告、救助计划、慈善活动等内容，全面接受社会各界监督。

（张建波　张　杰）

老龄事业

【概况】 年内，认真做好老年人生活救助金发放工作。全区共发放生活救助资金1615万元，惠及老年人15020人。春节期间，走访慰问老年人投入资金12万元，走访老年人330户。实施“银龄安康工程”，全区收缴老年人意外伤害保险保费80.5万元，投保老年人达40056人。推动养老服务业发展，争取省级资金20万元，对沙营老年公寓进行奖励扶持。全面完成全区养老服务机构信息采集工作。加强老龄宣传工作，积极向上级推荐尊老敬老典型，先后推荐辛店街道老龄办、市爱德护老院等六个单位为“山东省老年人公益维权服务示范站”和“东营市敬老文明号”；推荐7人先后荣获国家及省、市敬老模范个人。全区已投入资金10余万元，新建“敬老文化一条街”2处。开展老年文体活动，积极开展系列老年文体活动，先后组织老年门球、中老年广场舞大赛、太极拳培训展演、书画展、象棋比赛等活动10余次，参与老年人达1200余人，丰富老年人的精神文化生活。落实做好老年人优待政策，办理老年人优待证件20000余本，妥善处理老年人来信、来电、来人诉访件15件，答复人大代表、政协委员建议提案2件。

（马　燕）

社区建设

【概况】　2016年，加强社区大党建和党群服务中心规范化建设，建成社区党群服务中心30处，成立社区党委17个。7月，中山社区党委被中共中央授予全国先进基层党组织称号。向社会公开发布17项服务需求，确定15家社会组织的24个服务项目，预算资金约96.45万元。投入城市社区便民公益金600万元，实施项目1100余个，惠及340多个居民小区。陈庄、东庞、大杜、油郭、曲家、杨集、西范、展区8处农村社区服务中心均进入运行阶段，招聘32名农村社区专职社区工作人员。为42处城市居委会配置服务场所，居委会办公场所平均建筑面积230.59平方米。网格精细化管理服务水平明显提升，打造社区公共服务综合信息平台，利用三维仿真地理信息系统，形象直观地展示各类基础信息。开发“一事一评”社区服务评价系统，安装“一事一评”评价仪268台，群众评价信息17820条，群众满意率95%以上。

【社区管理体系建设】　2015年，成立东营区社区党工委，负责指导和协调全区社区基层党建工作。加强社区大党建和党群服务中心规范化建设，建成社区党群服务中心30处，成立社区党委17个。2016年7月，中山社区党委被中共中央授予“全国先进基层党组织”称号。

【社区基础建设】　建成城乡社区服务平台149余处，其中城市社区服务中心30处，社区居委会办公服务场所117处，农村社区服务中心16处。城市社区服务中心平均建筑面积1932.4平方米；居委会办公场所平均建筑面积230.59平方米；规划农村社区服务中心16处，其中建成达标的11处，总建筑面积20886平方米。2016年陈庄、东庞、大杜、油郭、曲家、杨集、西范、展区8处农村社区服务中心均进入运行阶段，为42处城市社区居委会配备办公场所，城乡社区服务功能不断扩大，运行机制日益健全。

【社区治理机制】　把中心城区共划分317个管理网格，配备网格管理员317名，打造中山、胜宏、汇泉、青华等网格治理示范社区，网格精细化管理服务水平明显提升。打造社区公共服务综合信息平台，利用三维仿真地理信息系统，形象直观

10月12日，举办社区志愿服务培训班

地展示各类基础信息。开发“一事一评”社区服务评价系统，安装“一事一评”评价仪268台，群众评价信息17820条，群众满意率95%以上。

【社区服务水平】 探索政府购买社区社会服务项目。向社会公开发布17项服务需求，确定15家社会组织的24个服务项目，预算资金约96.45万元。出台《东营区社区社会服务项目管理办法》，建立项目评估委员会，对购买服务的数量、质量和资金使用绩效等情况进行中期、末期评估，评估结果向社会公布。推进社区志愿服务，提出“1333”社区志愿服务体系建设目标，逐步推进社区志愿服务的制度化、专业化、常态化。形成明珠“阳光木屋”、安宁“助学岗”等志愿服务示范阵地，培育全区“点亮微心愿”、中山“1+2”党员契约式服务、燕山“和立方”等志愿服务品牌。推进社区便民公益金实施，连续4年将社区便民公益金列为东营区年度民生实事，累计实施项目4400个，改善社区环境、解决居民关注的急事、难事、小事，为居委会工作搭建载体平台，推进社区议事协商和居民自治。

（刘 伟）

人民生活

【城市人民生活】 据抽样调查，全年城镇居民人均可支配收入为42169元，比上年增长7.3%。家庭人均消费性支出为25702元。其中，食品烟酒6165元，增长9.1%；衣着2623元，增长5.5%；居住6168元，增长9.9%；生活用品及服务1745元，增长5.2%；交通通信4161元，增长5.6%；教育文化娱乐3009元，增长9.8%；医疗保健1261元，增长5.6%；其他用品和服务570元，增长4.3%；城镇恩格尔系数为24.0%。全区城镇居民人均居住面积为38.88平方米。

【农村人民生活】 据抽样调查，全年农村居民人均可支配收入为17615元，比上年增加1265元，增长8.0%。农民生活消费支出11720元，增长9.3%，其中食品烟酒2985元，增长11.5%；衣着810元，增长19.1%；居住2382元，增长4.9%；生活用品及服务1109元，增长0.9%；交通通信2321元，增长9.3%；教育文化娱乐1345元，增长18.0%；医疗保健512元，增长4.2%；其他用品和服务257元，增长4.3%。农村居民恩格尔系数为25.47%。全区农民人均居住面积为55.16平方米。

2016年每百户居民家庭主要耐用消费品拥有量

消费品名称	单位	城镇	农村
家用汽车	辆	75	62
摩托车	辆	4	52
助力车	台	57	77
洗衣机	台	96	86
电冰箱（柜）	台	100	95
微波炉	台	32	43
彩色电视机	台	104	100
空调	台	130	57
热水器	台	93	63
消毒碗柜	台	1	1

续表

消费品名称	单位	城镇	农村
排油烟机	台	84	62
固定电话机	部	32	40
移动电话	部	202	207
计算机	台	83	61
摄像机	台	15	0
照相机	台	65	3
中高档乐器	架	14	5
健身器材	台	5	2

（马新蕾）

民族宗教事务

【概况】 召开区委民族工作会议，传达学习中央、省、市委民族工作会议精神，安排部署下步民族工作任务；增加少数民族发展基金额度，在原有10万元的基础上又增加10万元，用于扶持少数民族事业发展；联合区公安分局和各镇、街道，开展少数民族流动人口排查工作，对外来少数民族人口进行全面走访，同时依托流动人口平台系统，逐人建立管理档案；按照精准扶贫、精准脱贫的工作要求，对少数民族贫困人口进行调研，为下一步少数民族扶贫开发工作打下基础；依法成功处置2起涉及回族群众的纠纷，避免事态的扩大，保证民族宗教领域的和谐稳定；参加清真寺“开斋节”庆祝活动，与少数民族群众共渡节日，送去慰问金；开展民族团结进步宣传月活动；于古尔邦节期间走访慰问少数民族群众并开展座谈。依法加强对宗教事务管理。联合东营区消防大队，对全区30处宗教活动场所进行为期三周的地毯式安全大检查活动，及时排除一批安全隐患；5月，为深入贯彻落实全国宗教工作会议精神，全面掌握全区宗教基本情况，在全区范围内开展宗教信仰情况普查工作；开展以“规范年”为主题的和谐宗教活动场所创建活动，指导宗教活动场所对照相关政策、法规规章和教义教规要求，搞好自查；继续以“慈爱人间·五教同行”为主题，深入开展“宗教慈善周”活动，引导宗教界将从事公益慈善活动的重点放在扶贫济困和养老上，加强宗教公益慈善组织规范化管理，推进宗教界精准扶贫、定点扶贫，推动宗教公益慈善专业化、品牌化、常态化发展；12月2日，召开全区宗教工作会议，传达全国、省、市宗教工作会议精神，分析全区宗教工作面临的形势，研究部署宗教工作。

（尹　霞）

镇、街道概况

- 牛庄镇
- 六户镇
- 史口镇
- 龙居镇
- 辛店街道
- 胜利街道
- 黄河路街道
- 文汇街道
- 东城街道
- 胜园街道

镇、街道概况

牛庄镇

党委书记：郑金勇　镇　长：王　飞

【概况】　牛庄镇是吕剧发源地，是省政府命名的全市5个中心镇之一，位于东营区最南部，距区政府22公里，面积116.9平方公里。北与胜园街道办事处、黄河路街道办事处、史口镇接界，东与六户镇相连，西与龙居镇接壤，南接广饶县陈官乡，西南临博兴县纯化镇。2016年年底，辖42个村民委员会；农村11995户，35443人，其中女17869人，人口自然增长率1.54‰。

据明万历《乐安县志》记载，明朝天顺五年（1461年）在今牛庄镇始建崇信乡。1940年，广饶县在牛庄设立第八区公所。1957年，撤区建乡，仍属广饶县。1958年9月，建立牛庄人民公社。1964年3月，建立牛庄区。1970年10月，重建牛庄人民公社。1983年10月，划归东营市牛庄区。1984年7月，撤社改镇，称牛庄镇。1987年7月，划归东营区。2001年3月，撤销西范乡，将其行政区域并入牛庄镇。

2016年，实现地区生产总值23亿元，比上年增长8%，其中一、二、三产业增加值分别达到3.43亿元、8.4亿元和11.2亿元，分别比上年增长4.3%、7.8%和8.6%。限额以上工业总产值114.14亿元，实现利税12.28亿元。农林牧渔业总产值65336万元；全年粮食作物播种面积8933.5公顷，总产67961吨；瓜菜738.27公顷，总产48248.7吨；棉花809公顷，总产930.7吨。林业产值1608万元。年末大牲畜存栏723头，猪存栏13218头，羊存栏3417只，家禽存栏671588只；畜牧业总产值19731万元。渔业总产值205万元。有水库4座，总蓄水能力382万立方米。地方财政预算收入6220万元。有中学1处，小学2处，适龄儿童入学率100%。

城镇新貌

【园区产业】　2016年，牛庄镇以“产业转型升级攻坚年”活动为抓手，加快新型农民创业园、牛庄商贸物流园、现代农业产业园三大园区建设。现代农业健康发展，重点培育蓝海生态农业、长安生物质能源、梦工厂生态农业等7家现代农业企业。坚持产业带动，重点扶持家庭农场5家、农民专业合作社52家，带动全镇6000余户农户进入产业链经营。新型工业规模不断壮大，重点实施了新星船舶、冠通金属等项目，打造现代制造业产业集群。现代服务业迅速崛起，重点实施总投资3.51亿元的国资公司成品油仓储项目、食尚主食生产加工等5个重点项目。依托蓝海农业种植基地项目扩规升级，打造AAA级旅游景区，将王营村打造成为全市首个国家级乡村旅游模范村。

【城乡一体化建设】 全力推进小城镇建设，公租房100户已入住；新城西苑小高层全部竣工并交付使用；辛集社区招标完成，正在办理施工手续；褚家村集中居住工程完成土地手续办理；粮所地块改造项目地上附着物拆迁完成；新农民集中居住项目三期正在办理土地手续。加快推进新型农村社区建设，西范社区一期400户搬迁入住，陈庄社区二期80户搬迁入住，以陈庄社区、东庞社区为试点，积极打造新型农村社区服务样板区。

【民生事业】 把保障和改善民生作为发展的出发点和落脚点，全面推进城乡公共服务均等一体化。加强农村基础设施配套建设，基本完成建设总投资2600万元的35个村的53项民生工程，同时提高农村道路硬化亮化、文化广场修缮、农田水利建设等农村基础设施条件，先后投资8000余万元，对全镇42个村庄实施环境综合整治，硬化路面和运动场地50万平方米，粉刷墙面27万平方米。积极推进乡村文明建设，在陈庄、东庞、西范社区建成3处污水处理模块，实施旱厕改造460处。精准识别贫困户130户252人，将全镇42个村划分为16个网格，以网格为依托发展了蓝海入股、“渔人工坊”、电商扶贫、光伏扶贫、精准扶贫照料中心等一批扶贫项目，西小武、邵桥2个省级贫困村全部摘帽，全镇贫困户减少到25户36人。积极构建公共养老服务体系，打造社区养老服务平台，东庞社区、陈庄社区老年服务中心日常照料老年人205户301人。

【基层党建】 以“基层组织建设整治提升年”活动为契机，全面提升党员干部管理和服务水平，顺利召开镇党代会、人代会，平稳实现镇党委、政府、人大班子换届。深入开展“两学一做”专题教育，制定年度工作目标，明确镇党委、班子成员、党建指导员、党支部书记抓党建工作责任清单，开展党员负面清单大讨论，规范基层党组织活动场所、档案，落实“五议三公开”“三会一课”等制度。对后进村实施倒排正包制度，投资138万元，加强后进村基础设施建设，促进后进村转化提升。加强机关建设，相继出台完善《牛庄镇机关干部绩效考核办法》《牛庄镇镇直机关差旅费管理办法》《进一步严肃工作纪律的通知》等制度，制定周一包村干部例会和党政班子联席会制度，完成公车改革。推进党风廉政建设，加强反腐倡廉，做到每项工作有责任领导、有具体责任人，提高履行“一岗双责”的意识和能力。

【社会管理】 实行“人员下沉、职责下沉”的网格化管理机制，全镇42个村及企业由班子成员划片指导、包靠干部直接管理，实行24小时巡查值守制。累计排查违法图斑22个、户外广告牌19处、违建存量18处，全部整改或拆除，专项整治任务实现“三个100%”。实施安全生产网格化管理，以危机处理、舆论控制为重点，开展2次实战演练，对四分厂、镇域、原西范乡驻地等区域进行了清查，对手续不全的4家小化工厂全部关停并拆除设备，对12家非违企业采取停水停电整改措施。实施平安建设和公共安全体系建设工程，投资300万元，在重点部位安装监控装置195个，确保了全镇安全生产形势稳定。实施大信访制度，每天安排2名科级干部轮流接访，并由综治、信访、油区、司法等单位各1人，镇直部门中层骨干力量2人，执法中队2人，共同组成工作小组，累计受理群众来访98起245人次、民生热线340余起。

（张　霞）

六户镇

党委书记：生利林　镇　长：张向东

【概况】　六户镇位于东营区东南部，距市政府驻地18公里，距区政府13公里，东濒渤海，南接广饶县丁庄镇，西邻牛庄镇，北与胜利、东城、黄河路街道毗邻，总面积331平方公里。2016年底，辖13个行政村，6509户，总人口19467人，其中男9523人，女9944人，人口自然增长率15.89‰。

民国前历属灶地，完盐课不交田赋。1932年，灶地升科开始交田赋。1936年，广饶县进行土地呈报调整田赋，灶户历史结束。1956年6月，广饶县撤销七区，由3个区辖乡组建六户乡。1958年，改为六户人民公社。1983年10月，划归牛庄区。1984年7月，撤社改镇，称六户镇。1987年7月，划归东营区。

全镇地势西高东低，地面高和为海拔3.5～6米。南有四干渠，北有五干渠，中有四五干合排、广蒲河，灌排条件好。西部为壤土、红土，东部为红黑土、红土。主要作物有小麦、玉米、棉花。

2016年，实现地区生产总值生产总值28.65亿元。实现一般公共财政预算收入2210万元，完成全社会固定资产投资33.5亿元，农民人均可支配收入19021元，同比增长8.0%；全镇限额以上服务业企业达到11家，2016年服务业增加值达到10.68亿元。实现第一产业增加值3.44亿元；全年粮食作物播种面积4744公顷，总产33298吨；瓜菜281公顷，总产16091吨。年末，大牲畜存栏425头，猪存栏5386头，羊存栏5495只，家禽存栏109385只。有水库13座，总蓄水能力1984万立方米。有中小学1处，在校学生420人，适龄儿童入学率100%。有医院1处。

东辛集村农业综合开发项目休闲观光长廊建设

【市区工程迁占】　2016年，六户镇承担的迁占任务及协调服务工作，黄大铁路项目征地全部完成，实施卓盛园林部分区域的清表工作；南水北调项目迁占工作全部完成，全线施工稳步推进；东二路绿化建设工程迁占工作全部完成；“三年增绿”东青高速绿化工程（新广蒲河—武家大沟）完成780亩土地流转，种植树木2.2万余株；城南防护林工程，需占用流转王岗村土地3000亩，完成土地流转2915亩。

【重点项目建设】　投资260万元的六户镇污水处理厂完成设备调试；田庄村1200亩小型农田水利基本建设工程完成施工；海科集团铁路物流园项目完成项目可行性研究报告，着手与济南铁路局协商合作事宜；计划投资1200万元建设镇卫生院，完成立项等前期手续；总投资4亿元的北辛社区，完成一期22栋高层住宅的主体建设；总投资37亿元的胜大南苑和黄河口文化艺术城进展顺利，完成年度投资计划；农村公路网化工程，投资1100万元，计划修建农村道路9.9公里，完成前期手续及招投标。

【产业结构优化】 产业结构调整步伐加快，产业优势进一步凸显。现代服务业成效初显。服务业规模和质量快速提升，全镇限额以上服务业企业达到11家，2016年服务业增加值达到10.68亿元。以揽翠湖、华林庄园、名仕等项目品牌为载体，充分发挥旅游业的龙头带动作用，发挥现有资源优势，打造城郊旅游聚集区、精品区、核心区。农业发展提质增效。大力发展以玫瑰香葡萄为主导的水果种植，全镇葡萄、甜瓜等种植面积3500余亩。四干南路高效农业产业带形成规模，辖区有“武王红”“丽日锄禾”“绿源林”等国家级农业品牌5个。

【基层组织建设】 以打造过硬干部队伍为目标，持续加强作风建设。工作中，坚持民主集中制和重大事项集体决策制，不折不扣地贯彻落实上级的决策部署。立足六户干部队伍实际，加强机关效能建设，创新督查考核机制，实行跟踪问效，严明考核奖惩，干部队伍执行力不断增强。严格落实中央“八项规定”，坚决纠正“四风”，进一步严肃机关纪律，集中开展“庸懒散”治理。持续开展“村级建设全面提升年”活动，实施“村级组织标准化提升工程”，实施村“两委”素质能力提升工程，明确村级班子职责，规范村级事务办事流程，提高村干部工作水平。完善村“两委”坐班制度、“五议三公开”制度、“三务”公开规定、村级民主议事日制度等规章制度，建立健全村规民约，加强工作的制度化、程序化、规范化。下大力气开展后进村转化，北辛信访问题得到遏制，西六户村级活动场所已经开工。扎实开展“两学一做”学习教育工作，党员干部素质进一步提升。扎实开展党员组织关系排查理顺，共排查出流动党员24名。将每月10日作为党员活动日，对各支部开展组织生活及党员参加组织活动情况进行全程纪实。

【民生保障事业】 继续实施老年幸福工程，2016年累计为60岁以上老年人发放生活补助181万元。做好涉农补贴发放，全年发放农业支持保护补贴683万元，棉花价格改革补贴258万元。依托新型农民学校，开展培训班45期，培训农民3650余人次。2016年，全镇共出动机械500台次，人工600人次，清理农村“三堆”1100处，清运垃圾700吨。美化主街道两侧房屋墙面1500平方米，硬化田庄、东辛集、王岗、邱家等村内道路16.55公里。安装路灯180盏。完成李宅、东辛集、田庄村旱厕试点改造582户。充分发挥村级自治组织的积极作用，制定完善村规民约，健全各村红白理事会。

【精准扶贫事业】 扎实推进精准扶贫，全力打好扶贫攻坚战。总投资110万元，建设东辛集村休闲农业综合开发项目，建设莲藕龙虾混合种养220亩，鱼类养殖400亩，休闲垂钓池10亩，开发周边林下鸡鸭鹅养殖50亩，该项目预计可实现村民年人均增收1000元。以东辛集村为建设主体，利用村集体闲置宅基地集中建设92千瓦分布式光伏电站，完成建设任务，实现并网发电。计划总投资430万元，实施东辛集村基础设施建设工程，包括村庄整修道路、建设安居房以及村庄亮化、绿化、美化等工程，完成26户安居房、总长2800米的进村公路、村内道路及两侧排水沟渠建设，村庄环境实现全面提升。

（张龙龙）

史口镇

党委书记：李志平　镇　长：聂鸿伟

【概况】　史口镇位于区境西南部，距区政府26公里处，面积80.92平方公里。2016年年底，辖61个村民委员会；有13920户，39282人；其中女19674人，农业户口31384人，人口自然增长率14.3‰。

1958年9月，成立史口人民公社，隶属博兴县，11月划归广饶县。1964年，改称史口区，辖史口、刘集、十八图、郝家4个小公社。1966年5月，划归垦利县。1970年，撤区并社，建立史口公社。1983年10月，划归牛庄区。1984年7月，改为史口乡。1987年7月，划归东营区，1992年10月，撤乡设镇。2001年3月，撤销油郭乡，将其行政区域并入史口镇（原油郭乡前名西商乡。1943年，属广饶县第九区。1956～1983年，属广饶。1983年10月，划归牛庄区，1984年7月，改称油郭乡。1987年7月，划归东营区）。2003年11月，北高、卢家、丁家、姜王、南王、温家、东商、赵家8个村划入胜园街道办事处管辖。

全镇地势西高东低，地面高程平均海拔7.3米。引黄四干、五干渠于境内横贯东西，广浦河流经境内，水利设施齐全，农田排灌水系配套，引黄灌溉条件好。土壤类型以沙碱化土壤为主，红土地较少。主要农作物有小麦、玉米、大豆、棉花。

2016年，全年全镇实现地区生产总值66.9亿元，同比增长8.1%；实现规模以上企业总产值699.7亿元，同比增长13.4%；完成固定资产投资44.2亿元；农村居民可支配收入达到17338元，同比增长7.9%；实现一般公共预算收入4049万元，同比增长23.29%。全年粮食作物播种面积5464.87公顷；粮食总产量27892.56吨；瓜菜470.53公顷，总产量24386.65吨；棉花200亩，总产量40.2吨。全年造林3400亩，林果总产1588吨。年末，大牲畜存栏1819头，猪存栏2489头，羊存栏1617只，家禽存栏19.96万只。有水库11座，总蓄水能力260万立方米。农村用电量681.235万千瓦时。地方财政收入3899万元。农民人均纯收入16185元，比上年增加9.5%。有中学1处，小学3处，在校学生1469人，适龄儿童入学率100%。有医院1处。

【新型城镇化建设】　史口镇是东营区的工业强镇、农业大镇、商贸重镇和小吃名镇，是国务院七部委联合确定的“全国重点镇”、省政府确定的“百镇建设示范行动示范镇”、市委市政府确定的试点强镇。史口镇紧抓机遇，结合自身，着力打造布局合理、设施完善、环境优美、特色鲜明的生态文明典范镇。2016年，重点在完成商贸服务区、万通学府家园二期、华都福满园的基础上，高标准推进实施总投资2.5亿元的新型农民集中居住三期旭鑫华府项目。至年底，小城镇总开工面积80万平方米，总户数4500户，集聚人口1.5万人，初步建成配套齐全、生态宜居的现代化新型小城镇。农村基础设施不断完善，2016年，史口镇重点推进实施新镇区主干道路三期、农村公路网化、村级道路网化等道路工程。聘请专业物业管理公司，对小城镇公共设施、住宅小区、新型农村社区等实行市场化管理。

【史口生态化工循环经济产业园区】　史口生态化工循环经济产业园区总规划面积14.6平方公里，2016年，有工业企业36家，其中限额以上企业21家，年产值过百亿元企业4家（海科化工集团、神驰化工集团、万通集团、胜利石油化工总厂）、上市公司3家（海科化工集团、胜利中亚、宝莫股份），基本形成以石油化工、精细化工为主导产业的特色园区。作为全区两个千亿级产业集群之一，史口生态化工循环经济产业园区继续以优化工业结构为重点，加快大项目好项目建设，重点实施总投资38.1亿元的利源环保25万吨/年混合烷烃脱氢、龙源14.8万吨/年润滑油精制、万通炼化废气发电及集中供热综合利用等7大新型工业项目，推动传统石化产业由产业链低端向高端迈进，实现高效低碳发展。2016年，史口镇被评为山东省特色产业镇。

【现代农业示范园区】 围绕“区域化布局、规模化发展、标准化生产、产业化经营”的发展思路，按照“一园三带四区”的农业布局，先后实施广蒲河高效生态农业示范园、林家高效莲藕标准化生产基地、华盛肉牛、华威蛋鸡等一大批农业产业项目和三支排、四支排清淤、水毁工程修复、五干渠调水等一系列农田水利工程。培育发展农民合作社23家、家庭农场6家、农业产业化项目8个，现代农业产业规模达到1万亩。

【美丽乡村建设】 连续两年实施乡村文明行动，累计投入资金9700余万元，实施硬化、绿化、亮化、净化、美化等“五化”工程，村容村貌焕然一新。每年投入资金510余万元，聘请专业公司，对全镇61个村的环卫垃圾及全镇75公里的乡村道路实行集中清运管理。实施后王、万家等8个村的“省级乡村成方连片治理试点”项目，打造全市乃至全省乡村文明示范片区。加强化工园区污水处理监管，史口镇污水处理厂日处理能力达到2万方，处理标准达到国家一级A类排放标准。镇域范围内的工业污水和生活污水处理率100%。实施广蒲河“三网”绿化提升、小城镇生态水系绿化、连村道路绿化、村庄绿化等绿化工程，2016年，新增造林面积7900亩、植树86.9万株，林木覆盖率比2012年年初提高5.9个百分点。落实节能减排目标责任制，海科、神驰、万通等企业建成重催烟气脱硫项目，海科、神驰等废水重点监管企业入河排污口安装智能电子闸门。

【民生保障事业】 年内重点抓好10件利民实事。新建提升文化广场45个、村级文化中心10处、村级历史文化展室10个，开展“进千村乐万家”送戏下乡500场次。投资6000余万元，实施史口镇中心学校二期、中心幼儿园分园、张店幼儿园、校车安全提升等工程。投资2158万元，加快推进史口中心卫生院及配套建设，新建万家、安子张村级卫生室2个。投资5000余万元，启动史口养老服务中心建设，进行敬老院配套改善及维修。实施道路配套工程。重点实施农村公路网化示范、道路养护管理及交通安全设施提升等工程，改善辖区群众出行条件。

【从严管党治党】 扎实开展“两学一做”学习教育，制定出台了《12345农村党员规范化管理体系》《史口镇村干部规范化管理办法》等规章制度，开展党员干部联系群众、干部大走访、“1+3+N”党员服务群众等活动。突出抓好后进村整治、薄弱村集体经济破壳、党员便民代办服务、企业党建轮值、党员“创业带富”等工作。开展全市加强农村基层党风廉政建设试点工作，探索农村“小微”权力规范化运行新模式，印制村级权力19条运行手册和漫画书，建立阳光廉洁信息查询系统，让“小微”权力的运行公开透明。聘请专业审计机构，对各村和镇直部门财务实行第三方审计并加以整改。

（宋　轲）

“富丽乡村”户外骑行

龙居镇

党委书记：田树林　镇　长：崔国栋

【概况】　龙居镇位于区境西部，距区政府26公里，东邻史口、牛庄镇，南与博兴县交界，西依黄河、与利津县相望，北与垦利县接壤，面积106.63平方公里。2016年年底，辖55个村民委员会。全镇9900户，人口3.56万人，其中农业人口3.44万人。人口自然增长率3.59‰。

1940年，为蒲台县第四区。1955年，改称蒲台县龙居区。1956年，改称博兴县龙居区，同年撤区划乡，称博兴县龙居乡。1958年10月，改称龙居人民公社，划归广饶县。1961年10月，划归博兴县。1962年12月，改龙居区。1968年10月，改称博兴县龙居人民公社。1983年10月，划归牛庄区。1984年7月，改称龙居乡。1987年7月，划归东营区。2001年12月，撤乡换镇，称龙居镇。

2016年，实现地区生产总值20.96亿元，比上年增长6.1%，财政收入1992万元，其中一、二、三产业增加值分别达到33214万元、70993万元、105411万元。限额以上工业总产值31.88亿元，实现利税1.8亿元。全年粮食作物播种面积4806.5公顷，总产19315吨；瓜菜231.2公顷，总产15608.5吨；棉花1880公顷，总产1578.3吨，全年造林305.4公顷，森林覆盖率44%；林果总产1452.8吨；年末，大牲畜存栏3900头，猪存栏3600头，羊存栏7100只，家禽存栏184614只；有水库2座，总蓄水能力30万立方米。有中学1处，小学4处，幼儿园3处，在校学生1023人，适龄儿童入学率100%，有医院1处。

2016东营龙居乡村旅游文化节

【黄河南展区搬迁改造工程】　黄河南展区搬迁改造工程是东营市、区两级重点建设的民生工程。该工程涉及龙居镇19个村庄，3707户，12758人。项目位于镇政府驻地西侧，概算总投资14.33亿元，占地面积1100亩，规划建设住宅4500套。社区紧紧围绕"黄河宋情，田园龙居"的理念，突出"以古为韵、以绿为魂、以水为脉"三大特色，引入古典建筑和北方民居元素，建设住宅小区、中心学校、老年保障房以及完善市政配套设施，着力打造宜居、宜游、宜业的现代中式风格的多层与低层居住小区。2016年，完成投资2.184亿元，龙居社区一期（A、B区）工程全部完工，建设A区安置楼房25栋620套，区外道路、供水、供气、排水等配套工程全部完工，达到入住条件，完成分配620套。龙居社区二期（E、F区）工程完成两个小区、1194套楼房主体封顶施工。

【乡村旅游】　龙居镇依托龙居独特的生态旅游资源，整合成立龙居黄河森林旅游度假区。龙居黄河森林旅游度假区位于龙居黄河南展区，西临黄河，东至南展大堤，北起五干渠，南到四干渠，总占地面积4.1万亩。年内，龙居镇加快推进生态旅游建设，实施旅游区生态提升和基础配套工程，顺利通过国家4A级景区评级验收；推进正觉寺复建项目，全年完成项目选址及土地手续办理，后续工作正与上级民宗部门对接；引进海欣水上休闲观光项目，前期手续办理全部完成，项目全面启动施工；引进北京唐人旅游策划公司，制定切实可行、操作性强的全域旅游规划，为生态旅游发展提供具体理论指导。同时，旅游项目的产业拉动效应日益明显，带动了一批一批新型经营主体快速发展。谢河村黄河农家乐、大孙村农业休闲区等旅游项目顺利推进，西瓜、中草药、养鸡等林下产业规模膨胀到1.5万亩，吸纳就业3500余人，家庭年增收5000余元；生态餐厅、农家乐、采摘园发展到12家，带动就业1200人。2008年起连续9年举办龙的传人游龙居、到龙居过周末、龙居乡村旅游文化节等文化旅游活动，得到了市内外游客的广泛关注。

【乡村文明行动】 2016年，龙居镇按照“典型带动，因村制宜，梯次推进，全面提升”的原则，持续深化乡村文明建设，农村人居环境得到显著改善。一是抓好农村环境综合整治。对骨干路域、村庄街道、河道沟渠、镇政府驻地、养殖小区等区域的“三堆”、杂物进行了集中清理。全镇共出动垃圾车623台次、铲车150台次，拆除私搭乱建、占道经营78处，清理垃圾1200余立方米，清理卫生死角240余处，清理乱搭乱建、乱堆乱放、乱涂乱画180余处。通过集中整治，农村卫生环境条件显著提升。二是抓好农村基础设施建设。着力实施以农村改厕、生活污水处理、天然气户户通和道路“五化”为重点的农村基础设施建设。全年硬化道路总里程92公里，植树30万株，改厕总户数285户，安装农村路灯1600余盏，建设农村文化墙9000平方米，美化主街道两侧房屋墙面4000平方米。此外，建成规模为1000立方米/日生活污水处理设施一处并投入使用。为龙居镇驻地附近6个村825户完成燃气安装，确保群众用气安全便捷，彻底解决“三堆”中的柴堆问题。三是抓好群众文明素质建设。改造提升镇综合文化服务中心、便民服务大厅、村务公开栏、农家书屋等基础设施，做到规范运作，便民服务。建设农村社区卫生服务站，实施“农民健康工程”，有效解决农民看病难问题。以2016年度“最美龙居人”“文明户”、道德模范评选等为契机，开展各类培训及活动，提高村民文明程度和素质。统筹抓好移风易俗工作，在全镇55个村设立红白理事会，革除陈规陋习，不断提升乡风文明水平。同时，对村民进行经常性的“破除封建迷信和陈规陋习”教育，大力整治村风民风，村庄的精神文明建设大大加强，群众的文明程度显著提高。

（邱文龙）

辛店街道

党工委书记：陈吉强　主　任：隋新刚

【概况】 辛店街道位于区境西北部，距区政府15公里，面积82.82平方公里。2016年年底，辖8个村民委员会、10个村转居民委员会、4个城市社区、10个城市社区居民委员会。有14868户，42676人；其中女21795人，非农业户口30892人，人口自然增长率7.1‰。

境域明清两代属乐安县，新中国成立后属广饶县九区。1956年1月，称辛店区，1957年，撤区建乡称辛店乡，1958年9月，成立辛店人民公社，1964年3月，改称辛店区，隶属广饶县。1966年5月，归垦利县。1970年，撤区并社，建立辛店公社。1983年10月，划归东营区。1984年7月，撤社改镇，称辛店镇。2001年3月，撤销辛店镇，设立辛店街道办事处，管辖区域以东营区与垦利县边界线和辛河路交叉点为起点，沿辛河路中心线向南延伸至原辛店镇辖区内的五干渠中心线后，沿五干渠中心线向西延伸至原辛店镇西边界线，辛河路（城区为西四路）中心线以西，因其辖区大部分为原辛店镇辖区，故沿用原“辛店”名称。

全境地势西高东低，地面高程为海拔6～8米。广利河、广蒲河斜穿境内，南有五干渠，北有六干渠，中有五六干合排（沟）。

“文化清凉”送进敬老院

2016年，街道实现地区生产总值65.01亿元，同比增长6.5%；其中一、二、三产业增加值分别达到7526万元、148994万元、493553万元。农林牧渔业增加值7526万元；全年粮食作物播种面积981公顷，总产8126吨；瓜菜210公顷，总产11361吨；棉花105公顷，总产109吨；种植业产值3969万元。全年造林38公顷，森林覆盖率20.4%；年末，大牲畜存栏532头，猪存栏7585头，羊存栏6074只，家禽存栏469349只；畜牧业总产值9776万元。水产品总量1673吨，渔业总产值1240万元。有水库9座，总蓄水能力680万立方米。农村用电量556万千瓦时。财政收入1.98亿元。有九年一贯制学校1处，普通小学3处，在校学生2000人，适龄儿童入学率100%。有医院3处。电话普及率达到每百人100部。小康水平指数达到95%，有18个村达到小康水平。

【基层党建】 加强党建创新，在“六民六步”民主决策法前期试点成功基础上，在其他村居全面推开，促进村级事务民主化管理整体上水平。认真开展“两学一做”学习教育，开展集中学习544次，开展专题研讨5批次，形成问题整改清单7000余份；深入开展“负面清单”大讨论活动，结合专题研讨节点，查摆出基层党组织层面问题112项、党员干部问题67项，通过形成问题整改清单，做到边查边改、即知即改，确保学习教育落到实处。狠抓党风廉政建设，对群众反映的干部“四风”和庸政懒政“软腐败”等问题实行“零容忍”，以壮士断腕的决心加以整治；结合街道实际，探索城中村“三资”管理路子，10月，召开街道“三资”监管工作动员大会，建立街道“三资”管理中心，成立“三资”监管领导小组，实现“三资”全监管。

【经济发展】 农业产业化实现新发展。以市级农业企业鲁通米业为龙头，带动辛店街道4个村居的稻米生产，带动农户859户，稻米生产3596亩；0.6万亩高标准农田建设项目基础设施建设完成并验收。化工企业转型升级适应新常态。按照区政府综合评价报告指导化工企业制定整改方案，督促做好整改工作，宝莫化工、胜兴集团、孚特化工和金兴乙炔等四家企业全部达标，对“差”等的2家企业全部予以取缔。服务业和招商工作开创新局面。房地产项目正在进行配套设施建设；总投资1.1亿元的东营艺学汇文化咨询有限责任公司建设完工并于9月揭牌营业。

【重点项目】 周家村居改造开工的12栋楼房全部封顶，主体验收完成正在进行配套设施建设。孙路、茶坡、皂户3个村居的村居改造工程正在进行后期装饰及收尾。云门山路贯通工程、西二路迁占项目迁占任务和胜普街路面提升改造工程均完成。玉山路贯通工程、淄博路路面改造提升工程和德州路建设工程（新西四路以东段）正在施工中。西五路涉及拆迁124处，至年底剩余4户。商河路综合改造工程基本完工。胜利花苑片区道路绿化工程中，民生路、城阳路绿化全部完成，云门山路以东菏泽路段绿化正在推进中；北二路小块绿地建设改造工程完工；淄博路街头游园项目进入收尾阶段。

【民生工程】 街道为符合条件的23682名居民办理了城镇居民医疗保险，征缴手续共缴纳425.63万元；为街道7196人发放基础养老金3556.38万元；为辖区内60~80岁老人每人入“老年人意外伤害保险”三份，确保适龄老年人入保率达100%。街道投资5200万元确定实施10项民生实事，切实改善群众生产生活条件。区实验学校西校区项目正在对设计图纸进行优化，前进康都幼儿园项目开工建设。投资100万元，完成社区卫生服务中心“国医堂”和红卫、玛琅2处卫生室建设。投资600余万元新建哨头、姜家文化广场2处，同时提升北田、茶坡等5处文化广场。

【文明创建】 街道积极响应上级号召，继续大力开展“三大专项”行动。一是城市公共安全专项行动。开展大排查快整治严执法集中行动，严厉打击非法违法生产经营行为。对辖区重点企业进行执法检查116次，下达整改指令62份；查处隐患488项，整改456项，整改率93.5%。认真履行打非治违工作主体责任，组织“打非治违”联合执法18次，清理土小企业7家，关闭取缔非法加油站点18处，清理非法充装液化气点17处，拆除非法经营场所3处。二是水气污染整治专项行动。投资450万元完成10个小区的雨污分流改造任务；承担的9项水污染工程，进入收尾阶段；宝莫生物化工燃煤锅炉和挥发性有机物治理等2项大气污染治理项目基本完成；对辖区亿鑫冷库等3家涉氨企业，富德建材等4家粉尘及扬尘污染的企业开展隐患排查和异味治理。三是乡村文明建设专项行动。投资3000余万元，实施村庄绿化、美化、亮化、天然气安装工程和农村改厕、生活污水处理试点等工作；投资1700万元，实施辛店、玛琅等8个村居村内道路建设、硬化、维修改造工程，改善村民出行条件。切实做好“拆违治乱”专项行动，街道共组织拆违行动80余次，拆除违法建设200余处，拆除面积222480平方米；承担的27处共计93.6亩的图斑拆迁任务全部完成；圆满完成120块户外广告牌拆除任务。

（李月明）

胜利街道

党工委书记：曹永刚　主　任：李玉峰

【概况】 胜利街道位于东营区东北部，是东营区委、区政府所在地，东至渤海，西接文汇、黄河路街道，南临六户镇、东城街道，北与垦利交界，是油田重要的三产基地和生活服务基地，东营市中心城区的重要组成部分。辖区总面积361平方公里。2016年年底，辖6个城市社区，40个社区居委会，6个村民委员会。常驻人口42433人，流动人口1.2万余人，人口自然增长率15‰。

1984年7月，南以五干渠、北以六干渠为界，从垦利高盖公社和广饶县六户公社划出10个大队组建胜利镇。1995年3月，南以海河路为界划沙营等11个居委会归东城街道办事处管辖。2001年3月，撤销胜利镇，以其原行政区域的管辖范围，设立胜利街道办事处。

2016年，实现地区生产总值438455万元（现价，下同），比上年增长6.8%，其中一、二、三产业增加值分别达到7717万元、170025万元和260723万元，限额以上工业总产值87016万元，实现利税931万元。全年粮食作物播种面积117公顷，总产790吨；瓜菜218公顷，总产8253吨；棉花46公顷，总产49吨。年末，大牲畜存栏1324头，猪存栏2562头，羊存栏1130只，家禽存栏25380只。城镇居民人均可支配收入20015元，比上年增加7.4%。有中学3处，小学4处，适龄儿童入学率100%。有医院2处。

【党的建设】 新发展党员19名。对街道49名入党积极分子进行培训。推行“一核心（以社区党组织）四平台（社情民意征集平台、服务内容决策平台、具体事务办理平台、质量效率监督平台）”社区党建运行机制。认真开展“两学一做”学习教育活动。抽调19名政治素质高、能力强、工作经验丰富的机关党员担任各基层党组织的党建指导员。订阅党章、党规党纪、习总书记系列讲话、《知之深爱之切》及“两学一做”手绘读本。深化基层组织建设整治提升年活动。对各基层党组织建设情况进行调查摸底，掌握基本情况。对各基层党组织进行分类定级。根据年终述职评议和实地考核情况，逐一反馈基层党建存在问题。

胜利街道：“胜利之美”先进人物评选

【民生事业】 按照街道、居民8：2的出资比例，更换小区损坏楼宇门，年内有221个楼道符合标准并自愿参与更换，完成招标，部分楼宇门完成更换。为全部居民小区安装升级高清监控卡口，并接入街道数字中心，打造胜利“天眼”，全部设备投入使用。实施农村公路改造。对东二路和华山路至孙家村的进村公路进行全面整修。全力推进教育工程。区一中北校区正在规划设计招标，齐龙幼儿园、胜景幼儿园审批手续全部完成，正在协调市政府追加投资。胜利锦华中学建设区域的迁占工作全部完成。

【城市管理】 大力开展拆违治乱集中行动。全面完成辖区违建申报工作，共向各村、社区发放违建行为申报表8000份，并全部回收。将清除卫片图斑与拆违治乱行动相结合，共清理违法违规用地400余宗，先后组织强行拆除行动20余次，拆除违法建设300余宗，拆除违建36万余平方米、围墙5000余米，恢复土地原貌180余亩，清除卫片图斑77个。坚持开展打非治违集中行动。对辖区企业进行无缝隙排查，严厉打击非法生产经营和私拉乱接天然气行为，杜绝各类安全隐患。年内，查处安全隐患373条，取缔非法储油加油点32处、危险化学品储存点1处、非法小塑料加工厂1处、非法小炼铝车间1处、非法木制品加工店6处。全面做好国家卫生城市和全国文明城市复审工作。在主要道路安装公益广告91块，利用小区电子屏、公示栏等媒体宣传文明标语。对辖区环境进行综合治理，出动机械100余台次、人工600余人次，清理垃圾4万余立方米。开展乡村文明行动。在农村开展清脏治乱“回头看”活动，对北五村村内公共区域和村周边的环境卫生进行集中整治，出动机械150余台次，保洁人员600余人次，清理各类垃圾1400余方。投资250万元，粉刷村农房屋外立面10万余平方米。在北五村开展“美丽庭院”评选，在辛镇村开展“美丽楼道”评选，以物质奖励的方式鼓励村民参与环境治理和文明创建。

【项目建设】 街道重点项目建设顺利推进。年初经过反复研究，街道将涵盖生态文明、城市管理、社区建设、经济发展、党的建设、民生保障6个方面的75项工作作为2016年的重点工作。至年底，大部分重点项目完成，个别项目进入收尾。胜建花苑、富海金港湾、胜宏荣域、金宇都市公馆、鸿发广场、城市主人等项目正在施工，德邻家园、金基碧水豪庭、冠成国际商业广场、新邦涌金创富中心等项目完成主体结构，金达园时代广场正在招商，银座涌金门店开业运营。年内承担的市区迁占项目30余项，涉及道路施工、绿化建设、片区配套等方面。至年底，东二路、西一路、庐山路、南一路、新区北部片区、高速路生态廊道等工程的迁占任务全部完成，新区西部片区、森林湿地公园等项目迁占进入扫尾。

【社区建设】 加强网格化建设，实行网格员配置标准化，统一了工作牌、民情日记和入户装备。调整增设11个居委会，进一步缩小服务圈。委托第三方机构，面向社会统一招考50名网格员，培训后分配至各居委会网格。推进民情呼应中心建设，完善三大基础库信息，做好数据库数据管理、更新、维护，开展数据大梳理，确保数字信息数据的准确性和完整性。安排班子成员在中心轮流坐班，接听群众来电，为群众解答疑问，接受群众意见和监督。合理使用便民公益金，便民公益金使用方向逐步向服务型转变，今年共有188个项目获得批复，使用便民公益金106.7万元。开展“美丽小区”“美丽庭院”“胜利之美”评选活动，树立身边的榜样。

（崔伊婧）

黄河路街道

党工委书记：王　茗　主　任：许保国

【概况】 黄河路街道办事处位于区境东南部，距区政府驻地5.5公里，总面积209平方公里，城区面积59平方公里，广利港面积150平方公里，因交通主干线黄河路贯穿其东西而得名。辖3个农业村、3个村转居、5个城市社区、16个社区居委会，油田二级单位10个。2016年底，总人口13.9万人，其中常住人口10.6万人，流动人口3.3万人，人口自然增长率3.96‰。

1988年4月，西城街道办事处析置为海河路街道办事处和泰安路街道办事处。海河路街道办事处于1989年1月1日挂牌办公。2001年3月，撤销海河路街道办事处，设立黄河路街道办事处，管辖区域以西四路与北一路（即青岛路）的交叉点为起点，沿北一路中心线向东延伸至原胜利镇边界线处，北一路中心线以南至原海河路街道办事处和辛店镇边界线，因其辖区内有贯穿东西城的交通主干线黄河路而命名。2003年11月，东现河、南田、西现河、王连、东升、陈家6个村（居）划入胜园街道办事处管辖。

2016年，实现地区生产总值624193万元，比上年增长6.6%，其中一、二、三产业增加值分别达到16847万元、140376万元和466970万元。限额以上工业总产值498935万元，实现利税53920万元。全年粮食作物播种面积791.1公顷，总产5602吨；瓜菜16.9公顷，总产1275吨；棉花288公顷，总产332吨。年末，大牲畜存栏260头，猪存栏410头，羊存栏1280只，家禽存栏2186只。有水库4座，总蓄水能力180万立方米。农村用电量108.3万千瓦时。财政收入6256万元。有中学1处，小学4处，在校学生2505人，适龄儿童入学率100%。有医院15处。有6村达到小康水平。

社区志愿者“中秋节送爱心月饼”慰问活动

【重点项目建设】 2016年，街道承担和服务49个重点工程项目，其中市、区级重点项目36个，年内投资32.9亿元。西一路、西二路、燕山路南延等项目8月前全部完成拆迁迁占，开始全面施工；南一路快车道、南二路道路提升等项目拆迁迁占工作9月前全部完成；总投资2404万元的海通路维修改造工程主体通车，绿化开始施工；总投资888万元的鱼台路和总投资666万元的蒙山路绿化提升改造工程进入收尾；黄河路钢木材市场片区涉及耿井村、东赵社区、南王屋社区及部分油田单位、设施共365户，拆迁迁占工作基本完成，片区内济宁路、金乡路、菏泽路等六条道路建设基本完成，达到通车条件，已吸引星凯全球家居生活广场、区三中新校区等重点项目落户，产业带动效应明显，集居住、教育、餐饮、休闲等功能为一体的西城片区新核心已初步形成。

【基层组织建设】 扎实开展基层党组织标准化创建工作，村级事务管理落实“五议三公开”〔村（居）党组织提议，村（居）务联席会议商议，村居、街道联议党员大会审议，村民或村民代表会议决议；表决决议结果公开，实施过程公开，实施结果公开〕、村级事务管理全程纪实等制度，加强“三资”督查审计。每年为村（居）、社区列支300万专项经费。以东赵社区为试点实施党员量化积分制、党支部考核评比项目。以汇泉社区党总支为试点，推进社区服务圈、村居融合圈、小区共建圈、商业联建圈的“四个圈”党建体系。打造汇泉社区　“一起来学习”学习教育品牌和南李社区“两学一做”教育示范点；在万泉村和锦城社区分别建立村居先锋学做社和社区先锋学做社。把万泉村村委换届工作摆上街道基层组织建设的突出位置，万泉村顺利完成村委会换届选举工作。

【重点工作】 经调查摸底，摸清违章建筑存量62万余平方米；组织行动50多次，大规模集中行动20次进行集中整治。至年底，街道存量违建拆除完成50万平方米，完成年内任务量超过100%，总任务量80%以上。建立长效机制，投资114万元购买服务，成立巡逻队。

以黄河路片区改造为重点，在产业发展、城乡建设、民生改善等领域实施一大批重点项目。狠抓安全生产与环保，要求科级干部每月下企业至少3次，中层干部每月下企业至少4次，做好安全生产检查记录并督促企业整改，确保辖区安全生产与环保工作不出问题。全力推进乡村文明建设专项行动，大力开展清脏治乱活动，投入资金400余万元，清理建筑垃圾15.7万余立方米。积极做好全国双城（文明城市、卫生城市）复审工作，成立创城工作领导小组，加大宣传力度，先后投入1000余万元对环境卫生进行集中整治。

【民生保障】 积极贯彻落实各项就业扶持政策，着力加强城乡社会救助，稳步推进农村五保供养工作，街道五保老人集中供养率100%。积极稳妥开展残疾人服务工作，为60名残疾人申请护理补贴。严格落实强农惠农政策，完成6440.79亩小麦面积核实。稳步推进年农村承包土地确权颁证工作，123户村民土地确权证书已办理完成，涉及土地556块、1491.91亩。做好免费健康查体工作，加强卫生服务工作，新生儿建册率100%，“五苗”接种率95%以上。推进教育惠民工程，投资2000万的街道中学综合楼9月交付使用；万泉小学、中心幼儿园顺利通过市级教育现代化学校验收。 （韩雪峰）

文汇街道

党工委书记：刘志海　主　任：盖　滨

【概况】 文汇街道位于区境东北部，距区政府6公里，面积38平方公里。2016年年底，辖1个农业村、4个村转居、6个城市社区、12个社区居委会。街道总人口20.9万人，其中地方常驻人口49127人，油田人口39982人，流动人口119720人，人口自然增长率6.06‰。

社区和谐居民节

文汇街道办事处成立于2001年3月，前身是成立于1989年1月1日的泰安路街道办事处。管辖区域为东起西一路，西至西四路，南起青岛路，北与垦利县相接。广利河、东营河、五六干合排三条水系贯穿辖区。

2016年，街道实现地区生产总值74亿元，同比增长6.6%（第一、二、三产业增加值分别为954万元，16.1亿元和57.9亿元；完成进出口贸易3.1亿元；完成固定资产投资73.6亿元，同比增长-7.1%。工业企业实现产值9.2亿元，主营业务收入8.4亿元，利税3864万元，利润1821万元。年末大牲畜存栏1155头，猪存栏0.219万头，羊存栏625只，家禽存栏16576只。城镇居民人均可支配收入38709元，比上年增加7.4%。有中学4处，小学8处，在校学生15452人。有医院10处。

【社会治理】　坚持以党建为龙头，以社区（村居）建设为根基，实施网格化扁平式社会治理模式，创新和完善综治维稳工作机制。开展网格化警务工作，组建了“网格警务哨”，推进警务前置，警务覆盖率100%。按照“信息联通、矛盾联调、执法联合、服务联动、诚信联创”的思路，探索联合执法模式，对安全生产隐患治理、社会治安综合治理等重点难点问题开展联合执法。严格落实安全生产网格化实名制，对辖区内91家重点安全监管单位落实网格化实名制，建立完善网格巡查和联合执法模式。完善智慧服务平台建设，建立e汇通为民服务中心，以网格为最小管理单元，推动派出所、城管、食品药品等9个执法部门职能、人员下沉到网格，各网格支部书记为网格第一责任人，对本网格内事务直接负责。年内，通过平台受理解决群众反映的问题1.9万项。

【现代服务业】　在西二路周边，立足金鼎大厦、福麒大厦等高档综合写字楼项目，吸纳服务业企业入驻，同时，以机关片区、银座片区改造项目为重点，通过完善设施、提升形象，为新兴服务业聚集发展提供发展平台，现代高端服务业聚集区逐步形成。积极推进华纳大厦、鑫都财富中心、汇融时代广场等六处楼宇的招商工作，总部经济稳步发展。突出特色街区建设，打造以五金、石油机件、机械销售为主的商河路特色街区，以友谊广场、百祥电子商场、天成恒信等为主的西三路电子产品特色街区，以乐活城、猫街为主的服装美食特色街区，以海通路为主的玉器、茶文化特色街区等“四大特色街区”。

【民生保障】　总投资5000万元的社区卫生服务中心建设、智慧社区建设等12件民生实事顺利推进。政府购买社区社会服务试点项目稳步实施，引进7家信誉强的社会组织落户辖区，依托社会组织孵化基地孵化12家社区社会组织，开展了系列社区服务活动。完成投资2800万元的涉及17个老旧小区的改造提升工作。开展志愿服务，组建“九二三”党群志愿服务联盟，成立14支示范性志愿服务队伍，搭建党员参加社区服务的载体平台，引导党员志愿服务的常态化、规范化，开展党员奉献日、认领微心愿等志愿者服务活动20余次。

【基层党建】　推行街道“大工委”，开展共驻共建，与辖区内30余个油田单位和企事业单位签订共驻共建协议，吸纳辖区胜中社区、银座商场、胜利学院等单位、非公企业等5名党组织负责人兼任街道“大工委”班子成员，为整合利用区域内各类基层党组织资源搭建有效平台，带动各类基层党组织积极参与区域党建、经济、民生、志愿服务等事务。抓好区域化党建，按照“由小区向网格延伸、由单位向区域延伸、由封闭向开放延伸”的思路，开展建组织扩覆盖活动，成立街道“两新”综合党委，组建商河路党群服务社，立足商户聚集实际，探索区域化党建工作机制，面向经营业户提供10大类53项服务；建立小微企业党群服务中心，面向辖区1296家小微企业，在政策扶持、党员教育、项目孵化、技术指导、职工培训、志愿服务等方面提供支持和引导。按照业缘组建了文旅、IT、社会组织等8个行业特色支部。投入100万元对6个城市社区党群服务中心、4个居委会党群服务社、3个楼宇党群服务中心进行规范化建设。

（万瑞锋）

东城街道

党工委书记：宋士栋　主　任：周　玲

【概况】　东城街道位于东营市委、市政府驻地，距东营区政府7公里，东至登州路，西到华山路，北到北一路，南到五干渠，面积63.3平方公里。2016年年底，辖区有8个社区、38个社区居委会，1个村转居委会；常住人口114820人，流动人口9387人，人口自然增长率为5.37‰。

1991年3月，东城街道办事处成立，与原胜利镇合署办公。1995年分设，迁址东城。

2016年，实现地区生产总值33.91亿元，比上年增长8.62%，其中一、二、三产业增加值分别达到1362万元、60383万元、277326万元，分别比上年增长2.8%、3.5%和9.8%；实现固定资产投资40.6亿元，增速5.9%；限额以上批发零售住宿餐饮法人企业零售额14.41亿元；完成地方财政收入9167万元；新增个体工商户1902个，同比增长25.4%；新增民营企业427个，同比增长19.5%；适龄儿童入学率100%，小康水平指数100%。

【基层党建】　推行社区大党委制，健全党建工作网络，让党员在社区内亮起“满天星”；健全社区议事协商组织，完善小区议事协商制度；搭建共驻共建平台，开展在职党员到社区报到活动，创建楼宇、商圈等特色支部，统筹辖区党建资源；开展基层党组织标准化创建，深入开展群众路线、“三严三实”“两学一做”等教育实践活动，不断强化党员教育管理；全面落实党风廉政建设责任制，细化党风廉政建设工作责任分工，完善《党风廉政建设报告制度》等制度，落实“一岗双责”，实施第三方履职审计，推动建设社区廉政文化。

【城市经济】　立足区域现状，重点打造“两圈一网一带”的经济发展格局；推动重点项目发展，建立“一站式”公共服务平台，成立了项目

东城街道法律志愿者

推进小组，完善“1+1+1”联系服务机制；牢固树立发展效益理念，培植骨干税源，确保财力稳步增长；快速推进辖区服务业项目、市属重点工程项目的进展。

【社区管理】 改造提升文昌、明月社区工作站，搬迁天水工作站，完成10个居委会办公场所达标提升；将辖区划分为139个网格，配备190名网格员，推进社区精细化管理；推进小区物业管理自主化改革，探索“物业管理+便民利民服务项目”的经营新模式，实现降费与提质同步的良性发展；建设街道卫生计生服务中心、明月亲祥源养老服务中心，提升社区卫生、养老服务；实施品牌带动，打造了街道“365”系列品牌及20余个社区文化品牌，提升辖区文体服务水平；高标准完成国家卫生城市及文明城市复审评测工作；注册成立“东营市红星365志愿服务中心”，全面拓展志愿服务。

【民生保障】 狠抓安全生产，严格落实安全生产责任，开展打非治违等专项行动，辖区未发生安全生产事故；建设平安365综治工作中心和8个社区综治联管中心，完善综治工作架构，落实综治网格管理，辖区社会环境安定和谐；全面落实20余项民生实事，提高社会保障标准和水平，关心关爱计划生育家庭，健全社会救助体系。

（李　鹏）

胜园街道

党工委书记：刘乃斌　主　任：杨成武

【概况】 2003年11月，依托胜利工业园区，经山东省人民政府批准成立了胜园街道办事处，办事处地处东营市西城西南侧，处于国道省级干线交汇处，220国道、辛河路两条城市主要出境干线以及张东铁路贯穿街道。街道东起西三路，西邻史口镇，北起五干排，南至广蒲沟，距区政府约9公里，总面积20.8平方公里。2016年年底，辖12个村民委员会，2个村转居委会，1个城市社区、1个城市社区居委会；有3230户，10476人；其中非农业户口3624人，人口自然增长率12.8‰。

“多彩志愿行”志愿服务

2016年，胜园街道经济社会呈现出良好发展态势，全年实现地区生产总值39.7亿元，同比增长6.6%。完成财政收入5837万元。限额以上社会消费品零售额9.4亿元，城镇居民人均可支配收入20542万元，同比增长7%。固定资产投资36.8亿元，完成工业总产值360亿元，实现主营业务收入340亿元，利税29亿元、利润21亿元。规模以上工业企业完成工业总产值300亿元、主营业务收入270亿元、利税26.3亿元，利润18.9亿元。石油装备产业优势明显，完成工业总产值308.5亿元，实现主营业务收入284.8亿元，分别占高新区总量的85.7%、86.3%。全年完成进出口总额30亿元，其中出口29.4亿元。全年棉花总播种185.66亩，玉米播种面积4475.88亩；小麦播种面积2875.96亩。电话普及率100%；自来水普及率100%；有线电视入户率96%；基本医疗保险参保率100%。

【基层党建】 2016年，以“基层党组织建设整治提升年”为契机，扎实开展“两学一做”学习教育。农村党建抓规范，通过制度完善加强对村居事务运行的指导管理。实施村居党建活动阵地提升工程，通过修缮、改扩建党建场所、完善相应制度牌、公示栏等方式，为农村党建创造良好硬件基础。非公企业党建抓成效，面向辖区28个非公党组织，从机关选派27名党员干部担任党建指导员，加强对非公党建支部开展专题活动和日常党务的监督指导；对小微企业党建积极探索区域化党建的有效形式，划分东中西三个非公党建片区，建设区域性党建阵地，采取企业联合、轮值办活动等形式，实现组织生活正常化。

【民生保障】 年内，街道始终把支持村居民生工程当作重点工作来抓，先后完成南田村文化广场邻里剧场、卢家村文化大院提升工程、东升村道路排水及村庄亮化提升工程、南王村文化大院提升工程。大力实施教育惠民政策。支持东营区二中教育集团与胜园中心学校联合办学，2016年，胜园中学创12年来中考升学率新高；东升幼儿园已具备开工条件。精准扶贫工作迈上新台阶，开展村企共建脱贫、产业帮扶脱贫，全街道9户24人全部达到脱贫条件，东升村满足退出省级贫困村条件。持续推动城乡环境整治，采取市场化方式运作，每年分别投资485万元、360万元，对辖区环境卫生和绿化养护实行社会化管理，辖区环境卫生水平明显提升。

【社会事业】 社会救助保障体系进一步完善。全年发放城保金13.95万元、农保金8.72余万元、五保金27.74万元，发放临时救助金7.9万元、医疗救助金13.2万元、城保及边缘户取暖费2.56万元。城乡养老保险覆盖率100%，全年发放老年人生活救助金75.51万元、福利性生活补助金214.5万元。实施“银龄安康工程”，参保2482人，完成上级安排任务的200%。

（郭春晓）

石　油

- 综述
- 部分二级单位简介

石　　油

综　　述

【概况】　胜利油田是中国石油化工集团公司胜利石油管理局、中国石油化工股份有限公司胜利油田分公司和中石化石油工程技术服务有限公司胜利石油工程有限公司的统称，主要从事石油天然气勘探开发、工程技术服务、生产保障、矿区服务等业务，机关驻地位于东营市东营区境内。胜利油田是在20世纪50年代后期华北地区早期勘探的基础上发现的。1961年4月，位于东营构造上的华8井首获工业油流，标志着胜利油田的发现。1962年9月23日，东营构造上的营2井获日产555吨的高产油流，是当时全国日产量最高的一口油井，为了纪念这个日子，胜利油田始称“九二三厂”。1964年1月，中共中央批准华北石油勘探会战。1964年5月，会战总部首先集中力量组织坨庄——胜利村勘探会战，仅用9个月时间，基本探明山东境内第一个大油田——胜坨油田，该油田的坨11井和坨9井分别获日产1134吨和1036吨的高产油流，是国内首次见到的千吨级油井。因油田位于东营地区胜利村一带，为了纪念石油会战的胜利，将九二三厂更名为胜利油田。

2016年年底，胜利油田机关设34个职能处室，14个直属单位；下设二级单位65个、托管单位5个、全资法人单位2个、控股子公司1个、局属经济实体2个、直属项目部21个，用工总量14.54万人。

胜利油田作为中国东部重要的石油工业基地，始终把为国家多产油、多做贡献放在第一位，走出一条开拓创新、科学发展的胜利之路，创造石油工业发展史上的辉煌业绩。至2016年年底，胜利油田已找到不同类型油气田81个，累计探明石油地质储量54.55亿吨；投入开发油气田74个，累计生产原油11.53亿吨，生产天然气573.02亿立方米。为保障国家能源安全，促进国民经济发展做出重要贡献。

2016年，面对持续低油价严峻形势，胜利油田上下认真贯彻中共十八大和十八届三中、四中、五中、六中全会精神，全面落实集团公司决策部署。着力推动转变观念、深化改革、创新机制、精细管理、减亏增效各项工作，圆满完成各项生产经营任务，保持大局和谐稳定。全年新增控制石油地质储量6692万吨、预测石油地质储量1.05亿吨；生产原油2390.19万吨、天然气4.03亿立方米，技术可采储量实现储采平衡，加工原料油159.59万吨。

多年来，胜利油田在自身发展的同时，也有力支持和带动山东省特别是黄河三角洲地区经济社会发展。胜利油田投入勘探开发后，广大干部员工和家属积极投身石油工业建设，发展经济，建设家园，陆续兴建铁路、公路、机场、海港、水库、电厂等大型公益工程，辐射带动黄河三角洲石油装备制造、化工、农业机械生产、商饮服务、建筑、养殖行业等区域经济和社会的发展，在一片盐碱荒滩上建设起一座现代石油城。油田每年实现的企业增加值及上缴税费，在山东省特别是东营市经济构成中均占有很大比重。

（阮德茂　宋占魁　苗　勇）

部分二级单位简介

·东辛采油厂·

【概况】 东辛采油厂成立于1986年1月29日，时称胜利油田会战指挥部东辛采油指挥部。地处东营市腹地，机关驻地位于东西城之间的黄河路216号，西距油田机关（西城）6千米，东距东营市政府（东城）10千米，北距石油大学2千米。东辛采油厂东西横距49.8千米，南北宽度33.4千米，油区总面积946平方千米。下设16个机关科室，11个直属科级单位，20个三级单位。管理着东辛、永安、广利、新立村和盐家5个油气田。2016年生产原油185.5355万吨。先后获得山东省“省级文明单位”“绿化模范单位”、首批“德耀齐鲁”道德示范基地等称号。

【资源勘探】 资源勘探以经济、规模、可动储量为主攻方向，优化勘探布局，盐家主体西翼向北向西部署完钻的盐斜232、盐斜233井，钻遇良好油气显示，扩大盐家中深层沙砾岩含油气范围；永斜558井钻探成功，开辟新的沙砾岩体储量接替阵地。以“图件拼接工程”为抓手，深化全员滚动勘探，优质断块资源接替取得新进展。

【油田开发】 油气开发结合月度配产和弹性预算，以“三线四区”模型为指导，科学优化产量、产液和工作量结构，全年优化压减无效低效液量243万吨、节约运行成本3556万元，开发质量效益稳步提升。围绕流场调控、协调注采，优化配产配注2597井次，增油7万吨。提升水驱“三率”，推进老油田“油藏、井筒、地面、水质”一体化治理，深化油藏动态分析及周期注采调配，注采对应率、水井分注率、层段合格率同比分别提高0.4、1.7和1.4个百分点，稳产基础持续改善。

【科技创新】 承担实施各类科研项目23项，获局级科技进步奖4项。应用水井测调一体化、分层酸化、高温高盐深层稠油内源微生物驱油等技术，为效益开发提供有力支撑。配套水井测调一体化125井次，实施分层酸化91井次，日增有效注水量7920立方米。创新应用套损井暂堵屏蔽治理技术8井次，创效185万元。现场实施辛68块内源微生物驱油先导试验，对应油井综合含水下降1.3%，高温高盐深层稠油大幅提高采收率工作取得新进展。

【经营管理】 把工作写实与员工价值积分管理相结合，通过工作写实量化员工价值积分，调动全员提质增效的积极性。深化功图综合应用，开展功图量油研究与实践，实现计量数据直接入库，有效降低工人劳动强度。持续深化提质提速提效工作，作业工作量同比减少327口次，油井维护作业频次同比下降0.03，长寿井比例增加7.2%。创新开发抽油机平衡智能预警和优化调整软件，实现平衡度变化实时监控、自动预警和调整参数的准确计算。全年应用562井次，节电362万千瓦时。狠抓精细注采管理、注水水质改造，年均躺井率同比降低0.2%，水质达标率超计划2.2%，原油外输含水率比计划降低0.49%。

（王洪宝　由　刚）

·胜利采油厂·

【概况】 胜利采油厂位于山东省东营市西四路213号，于1964年投入勘探开发，是胜利油田所属从事石油天然气勘探开发的二级骨干生产企业，也是胜利油田成立最早的采油单位，跨东营、垦利两个区，辖区面积230平方千米，管辖着胜坨、宁海、王庄3个油田。下设三级单位19个，科级单位2个，四级单位112个，班组587个。全厂用工总量6509人，其中合同制员工6174

人，派遣制员工220人，非全日制用工115人，全厂中高级以上职称1514人，中高级以上技能等级3295人。累计探明动用地质储量49981万吨，探明动用含油面积95.89平方千米，累计产油1.94亿吨，累计产天然气113.77亿立方米。共开油井2134口，水井1051口，拥有7座集油泵站、8座注水站、7座污水处理站，日产油水平4430吨，日产液水平14.28万吨，日注水13.18万立方米，综合含水96.59%。固定资产原值235.61亿元，净值104.23亿元。设备新度系数0.42。2016年，生产原油168.86万吨，上缴天然气7873万立方米，全年实现收入30.32亿元。

【勘探开发】 勘探上，聚焦中浅层复杂断块、南部岩性及沙砾岩油藏，通过“十查十找”精细研究，攻关低序级断层刻画和薄层描述技术，优化论证新井21口，投产4口，均获10吨以上工业油流，取得胜坨南部岩性油藏和宁海地区复杂断裂带的新突破。老区产能建设由注重规模建产转向高质高效建产，明确六大潜力方向，共投产新井38口，平均单井日产油5.5吨，同比增加2.3吨。运用“三线四区”经济运行模型进行效益评价，采用周期注采、堵水调剖、注采耦合等低成本调整技术，自然递减同比下降0.52个百分点，减少低效产液量1.28万吨/天，实现污水零回灌，吨油运行成本下降103元。利用建模数模一体化技术，深化剩余油二次富集规律研究，部署水平井坨62-平1，2016年1月6日开井，初期日产油134吨不含水。三采方面，持续开展胜二区东三4砂层组聚合物驱数模跟踪，超前调整防窜抑窜，年增油达到6.3万吨，同比增加0.5万吨。

【科技进步】 躺井控制持续向好。深化抽油杆腐蚀机理研究，进一步加大内衬油管、长效改进泵、新电缆等长效投入，无短板长寿井增至755口，躺井率完成2.3%，创有史以来最好水平。小直径分注技术有新突破。成功研制钢网支撑和小直径高扩张封隔器，实现贴堵后多级分注，累计实施38口，提高分注率2.8%。加大测调一体化管柱配套改进与应用，提高单井细分程度，实施122井次，增加注水层段104个，测调一次成功率从92%提高到97.5%，4口井实现五层分注。强化管线腐蚀机理和内外防腐技术研究，做优单井管线设计方案。2016年，管线穿孔次数同比下降816条次。低成本水平井堵水取得突破。通过开展室内水淹分析、优化选井原则，采取低黏度堵剂、低排量注入、低压力施工的技术路线，提高堵水选择性。2016年，实施不动管柱水平井堵水6口井，吨油成本较优化前下降635元/吨。

【经营管理】 油公司改革工作持续深化。对技术人员进行优化整合，清晰技术层和操作层职能定位，集中显现技术优势。实施化验室整合，采油厂化验室由35个减到10个，年减少投入320万元。修订完成29个机关科室和直属单位部门职责，《基层单位管理手册》编制工作全部完成。突出质量效益导向，建立高效增储奖励、自营自建奖励、安全正向奖励、甲方基金奖励、亮点荣誉奖励等特殊奖励办法，进一步激发全员保效创效热情。管理创新工作扎实深入。“员工价值积分管理”和“五位一体”经营管理模式获中石化企业管理创新成果一、二等奖，10项成果分获油田级奖项，6项改善经营管理建议分获油田级奖项；提炼形成“焊条用到3.5厘米”“12丝巧省12万”“皮带轮银行”等一大批妙法实招，得到集团公司和油田领导高度评价。

【HSE管理】 严格安全责任制落实，按照“管业务必须管安全”“党政同责、一岗双责”等要求，将118项指标、35项控制措施细化分解到部门、单位。修订安全监督检查细则，增加安全要求132条。实施风险清单管理，修订新一轮100项杜绝类问题，制定《关于对禁止类、严重违章类及杜绝类问题的处罚办法》。开展新一轮重大隐患再识别，排查出注水站高压分水器与配水间、高压配电线路等九大隐患。抓实隐患治理，扎实推进碧水蓝天治理工程，对抽油机防护栏、注水泵站排水及电缆沟等隐患进行全面治理。开展安全专家大讲堂，强化安全知识分享，安全生产形势总体保持平稳，先后高质量的迎接国家安监总局、集团公司和油田安全大检查。

（高国强　李伟星）

·现河采油厂·

【概况】 现河采油厂成立于1986年1月，是胜利油田所属从事石油天然气勘探开发的二级骨干生产单位，下设16个机关科室、8个机关直属单位，9个采油管理区、11个专业化队伍、2个科研单位，实际用工7952人。现河厂是胜利油田南大门，油区横跨二县二区，辖区面积1377平方千米，管理着现河庄、郝家、史南、王家岗、牛庄、乐安等6个油田。2016年，生产原油116.3万吨，生产天然气1052.4万立方米，圆满完成油田下达各项经营任务，获得山东省文明单位荣誉称号。

【增储建产】 突出商业可动和高效建产，加大高效断块、优质岩性油藏滚评，2016年实施探井6口、滚动井17口，新增探明储量127万吨，落实商业开发储量166万吨，为2017年准备新区产能阵地3.1万吨。在陈官庄部署的官斜17井实现了南坡地区沙四下含油面积不断扩大；在牛庄老区、河4下降盘沙二10、现河庄沙二下稳实现滚动三个外扩，牛庄南沙三段探明空白区取得新发现；在丁家屋子构造部署的王161-斜20井证实该区反向圈闭有利成藏。优化投资结构和产能项目，实施“单井细胞”工程，全年投产新井31口，平均单井初增5.8吨/天。

【油田开发】 坚持低成本开发，深化“三线四区”“五位一体”运行，实施动态经营、月度弹性预算机制，着力优化产液、产量、工作量，抓实高效注采完善、注采调配、流线调整、低效无效井治理，累计关停井274口，减少液量9079吨/天、无效注水5040方/天。优化措施运行，精细评价、优中选优，措施有效率达92.3%，提高4.8%；创新实施稠油“三图一线”精准注汽法，稠油吨油运行、增量、操作成本同比下降51.3%、39.2%和44.1%。加大稳产基础投入，深化单元目标管理、节能与躺井一体化治理，注采“三率”、水质达标率同比分别提高1.7、0.7、1.3%和0.8%，自然递减下降1.1%、躺井率下降0.27%。

【改革创新】 完成采油厂层面47项机制，管理区层面43项制度，专业化队伍33项通用、92项专业制度的修订；扎实推进“三册”编制推广。统筹车辆资源优化，开展大客车业务承揽，顺利完成48名驾驶员、39台大客车移交；推进公务用车改革，压减公务用车47台，实现“四压减”目标。创新实施修井作业“工厂化”模式、注汽锅炉搬迁业务外包，全厂作业时效同比提高7.4%。优化人力资源管控，全厂业务承揽输出用工300人，年增加劳务收入1198万元；稳妥清退147名临时用工，及时办理退休、内退手续，全年净减员352人，实现低油价下用工效益稳升、职工收入不降。

【科技进步】 全年承担分公司级科研、推广、产业化、专利实施项目9项，厂级科研课题攻关10项，获省部级、油田科技进步奖5项；申报国家发明、实用新型专利27件，获得国家专利授权11件，其中发明专利6件，创历史新高。采油厂获得油田科技进步创新杯、知识产权先进单位称号。强化科研攻关，稠油水平井热采吞吐增效技术研究、草桥北坡沙四段油气富集规律研究项目分别达到国际、国内领先水平。全面加强“四化”建设及信息化管理，实施“十大低成本”开发工艺技术，实现减液不减油，累计增加效益4031万元。

【精细管理】 深入开展“我为安全作诊断”活动，严格落实岗位责任制，成立10个QHSE分专业委员会，有效发挥安全监督、管理职能，单位现场问题数由去年1.38个减少到1.23个；完成管道占压、罐区隐患治理34处和17处，废弃井封井465口，同比增加295口。采油厂获油田清洁生产先进单位和油田HSE工作优胜单位称号。狠抓经营管理，完善绩效考核机制，增加采油管理区交油气量考核权重，实施部分专业化队伍连带考核，推进联效联责。精细实施“十大提质增效”项目，全年用电量同比减少4469万千瓦时，电费下降2662万元，外部作业劳务、运费、燃料费、管理费用都实现不同程度节约。

【创新实施作业“工厂化”模式】 针对作业临

时工清退、人员不足、运行效率不高等问题，率先推行“工厂化”作业模式，在油田内得到推广。推进设备搬迁专业化，将开工准备、收尾搬迁等环节从作业队职责中剥离出来，实现作业工人“拎包”转场、轻装“上阵”、专注修井，“一键搬迁”636口，增加有效作业时间9540小时。推进资源配置系统化，对修井机、值班房、常规作业工具等通用设备集中管理，实施设备共享；将各基层队大班司机集中成立专业化准备队，负责现场设备统一配送、统一维修，实施后因修井机故障造成单月设备误工时间由140小时降至50小时。2016年，全厂作业时效达到88.1%，同比提高7.4个百分点。

【采取“BOO”模式实现污水余热利用】 现河厂对乐安联合站实施污水余热替代燃气项目，采取“B00”模式，即由投资方“建设—拥有—运营”的方式建设该厂联合站余热代气项目，采油厂购买热量，对站内高温污水进行热能再利用。替代生产升温用气，采用“电动压缩式超高温热泵+板式换热器”技术提取污水余热，代替停运站内4台加热炉；替代生活采暖用气，采用“循环水+风机盘管”采暖系统替代现有蒸汽供暖系统，停运2座蒸汽锅炉。该模式实施，年可节约天然气450万立方米，节约标煤约4975吨、减排二氧化碳1.29万吨。同时消除站内安全环保隐患、减少设备维护成本、减轻管网腐蚀和职工劳动强度。

（孙　国　宋有为）

·勘探开发研究院·

【概况】 胜利油田勘探开发研究院成立于1964年7月27日，主要承担国家、中石化及胜利油田勘探开发重大科研项目与新技术攻关，油气田勘探部署与新、老区产能建设方案编制，油田油、气、水、岩石测试和分析。研究院集勘探、开发于一体，被誉为胜利油田的地质“参谋部”“作战部”“科技推进器”，是中石化重点研究院。研究院下设8个机关部室、5个直属单位、27个三级单位和3个四级单位，拥有勘探、开发及测试三大分支研究机构。现有职工1076人，具有博士和硕士学历的453人；具有高级职称的627人，其中教授级高工（研究员）40人；有享受政府特殊津贴专家3人，省部级专家8人，油田高级专家10人，院首席专家12人，院专家21人，博士后37人。2016年，勘探开发院超额完成对油田承包任务，荣获省级文明单位和油田文明建设先进单位称号；连续19年获省级“守合同、重信用”企业称号。

【科技创新】 全年承担科研课题118项，其中国家级5项、股份公司级23项、分公司级62项；32项成果通过验收评审，其中19项达到国际领先或先进水平。共荣获局级以上科技奖励29项，其中集团公司级5项，一等奖2项；“聚驱后油藏非均相复合驱提高采收率技术”首次荣获集团公司技术发明一等奖；荣获国家产学研合作创新成果一等奖1项，国土资源部科技进步二等奖1项。全年受理专利114项（含发明专利96项）。在油田科技创新大会上，刘书会、邴绍献荣获科技英才金奖，郭兰磊、田同辉荣获科技英才银奖，穆星、马立驰荣获科技英才铜奖，创历届最好成绩；院被评为油田创新型单位和知识产权先进单位，采收率室、勘探综合室被评为油田科技工作先进基层单位；刘雅利、刘志宏、任允鹏、谢忠怀、毛明海5人被评为油田科技工作先进个人。

【勘探开发】 强化效益评价，勘探上，以“规模发现、经济可动、高效接替”为中心，加强精细化地质研究，突出全过程经济、地质、技术等风险要素评价，优选高效区带，科学制定部署方案，取得“4个油气发现、4个商业发现”的勘探成果；在股份公司年度油气勘探总结会上，获得油气发现奖、商业发现奖各3项，其中“东营凹陷油气勘探”获商业发现一等奖；在油田勘探论证会上，26个报告获优秀报告奖（一等奖6项）。开发上，以“做稳老区、加大海上、加快西部”为指导，全方位强化经济效益理念，加大新发现区块勘探开发一体化跟踪评价力度，完成38个重点区块经济评价，5个建产潜力区块被列入2016年重点项目；深化未动用资源潜力评价，完成9个重点滚评项目研究，开展SEC储量评估和可采储量标定，完成上报探明石油地质储量任务目标，承担完成油田新、老区及化学驱方案16项。在中石化“十二五”开发总结会上，牵头或参与完成的80个项目受到表彰；在油田开发总结会上，9项技术被评为低成本开发创新技术，7项方案被评为2016年优秀方案，其中一等奖5项。全年完成样品分析测试26253块次。

【科研环境】 实验室建设水平大幅提升，全部实验室通过国家计量认证认可二合一评审，沉积与储层评价、油气藏渗流机理等五个实验室顺利通过油田重点实验室复审，溢油鉴定试验室建设正式启动，系统配套新建实验室智能新风、集中供气、废水废气处理等现代化设施，实验条件和环境得到极大改善，基础研究及服务能力持续增强。信息化建设取得新进展，搭建并推广油田数据中心深化应用平台、推进LandMark-R5000（企业版）等地震解释系统升级和油藏地质模型库建设、成功研发试井数据远程传输系统，提升软件服务科研生产研究能力；强化硬件设施集成配套，建成现代化智能新机房并投产使用，全面推广网上协作、网络办公、信息共享、协同创新的科研办公模式，为油田“四化”和“智能油田”建设提供强力支撑；加强信息化规范管理，加大各项指标落实力度，每月均保持油田信息化建设红旗先进单位。在集团公司信息化大会上，该院被评为“两化”深度融合先进基层单位。

【人才开发】 科研团队建设迈上新台阶，依托“专家创新工作室”，打造专业人才品牌团队，已建成油田专家创新示范工作室3个、院首席专家及以上创新工作室11个，牵头承担的研究项目在油田评审中名列前茅。2016年，该院“提高采收率科技创新团队”遴选为国资委优秀科技创新团队，建设经验在中石化创新大会上作典型交流；“特高含水期水驱高效开发创新团队”被评为中石化创新团队。人才培养取得新成效，刘显太荣获山东省优秀博士后导师称号、王军被评为中石化突出贡献专家、张鹏飞荣获闵恩泽青年科技人才奖，还荣获胜利油田学术技术带头人、“金钥匙”奖、胜利希望奖等奖项；涌现出山东省优秀共青团员、油田十大杰出青年各1人，油田青年岗位能手6人；推荐评审研究员7人、高级职称52人，其中30岁以下破格评审高级职称2人。加大培训力度，组织举办各类技术培训50余期；选派各层次人才参加油田及以上培训150余期。注重开阔科研人员学术视野，组织参加第86届国际SEG年会、第十届全国石油地质实验技术学术会议等国内外重要学术研讨会。落实技能人才培养计划，持续推进技师工作室建设，张金柱荣获“胜利油田技术能手”称号。

【内部管理】 持续推动勘探开发一体化工作升级，制定并实施一体化运行管理办法，完善一体化运行平台，建立并严格执行一体化月度例会制度，充分发挥综合研究优势，创造更多实用新成果。深化从严从细从实管理成效，健全完善制度措施，制定并实施经营目标、创新创效价值积分考核办法，促使价值创造理念深入人心。

【新科研大楼及实验楼竣工投产】 7月18日，新建科研大楼及实验楼投产仪式在科研大楼北门前举行，标志着西院区科研设施建设项目基本完工。新科研大楼综合研究区域工作面积达36464平方米，实验测试分析区域工作面积达30760平方米。该项目2009年11月启动编制可行性研究报告，2013年1月获中国石化集团公司总部正式批复，2014年8月30日工程奠基，2016年7月18日正式投产。项目结合科研与实验需求，以“互联网+”为建设理念，建有视频监控、停车场管理、火灾报警联动等多套系统，实现系统集成化管理、一卡通服务以及自动控制的全覆盖。项目先后荣获“山东省建筑施工安全文明标准化示范工地”“山东省十大新技术示范应用工地”等称号。同时，西院区给排水系统、绿化工程、道路改造等配套工程也顺利完工。此外，开展建院以来最大规模的搬迁，完成近200台套实验设备回迁调试，大量档案资料、办公家具、物料资产搬迁，岩心库整体迁移。

【东营地区岩心库建成投产】 8月，中石化胜利油田东营地区新岩心库正式投产使用。该岩心库位于东营市西城区玉山路与北二路交叉口东北角，集岩心、岩屑等地质实物资料存储、处理加工、观察研究等功能为一体，占地面积14344平方米，总建筑面积10426平方米，最多可存放40万米岩心。

（刘显太　韩福来）

·黄河钻井总公司·

【概况】　黄河钻井总公司成立于1997年5月15日，原名钻井集团二公司，1998年1月27日更名为现称，机关驻地位于东营市东营区西四路69号，是一个集钻井施工作业、后勤辅助生产于一体的专业化石油钻井公司。施工作业区域主要分布在山东省境内的东营、滨州、淄博、潍坊、德州5个地市的28个县区。公司自成立以来，不断加大市场开拓力度，施工区域先后扩展到新疆、江苏、四川、陕西、内蒙古等国内市场以及伊朗、沙特、科威特、墨西哥等国外市场。至2016年底，公司用工总量8192人，其中合同制员工6186人，劳务派遣工376人，非全日制用工420人。共有资质钻井队69支，全年完成钻井进尺75.68万米，实现收入19.98亿元。

【市场运行】　针对油服市场内部投资低、工作量严重不足，外部业务量萎靡、竞争加剧的严峻形势，将全员闯市场作为破解困局的唯一出路，在各类市场上全线发力、集中突破。优化运行内部市场。科学测算内部产量需求，将钻机规模合理调控至29台，推行市场化运行模式，全面改进钻井生产、后勤保障组织流程，提升各个环节的运行效率，以良好的施工效果和工程造价，推动甲方在低油价下释放更多钻井工作量。全年胜利油区交井223口，完成进尺54.65万米。巩固扩大西北市场。针对工作量大幅下降、竞争加剧的残酷形势，北方区域协调部和各外部项目部咬牙坚守，突出低成本运营、高技术引领、项目化运作，积极参与黄陵一体化项目、延长油矿钻井项目及华北局大牛地工区项目，实现华北局、延长油田等市场份额的提高和施工业务的连续。全年国内外部市场交井41口，完成进尺10.23万米，实现收入1.16亿元。精心运作海外市场。借助工程公司整体优势，加强与甲方的沟通协调，扎实做好统一运行项目的保障、自主运行项目的开发，沙特、科威特项目保持效益化发展，墨西哥项目实现重新启动。全年海外市场交井35口，完成进尺10.8万米，实现收入8.66亿元。积极涉足非油领域。主动放低国企身价，实行与民营企业合作等灵活方式，成功中标中石化绿源公司地热井项目四个标段施工任务，与相关民营企业达成了20余口地热井、盐水井施工协议。全年非油气项目新增钻机6台，累计交井20口，实现收入1870余万元。择优做强技术服务。加大对后勤单位外拓市场的政策、人力、资金帮扶，管具、固井业务在西北、西南以及沙特、科威特等海外市场实现业务拓展，运输业务成功打入西北、西南、海南等运力市场，培训业务也与延长钻井达成初步合作意向。全力推进劳务输出。坚持有组织、成建制的实施市场开发，采取人才输出、劳务承揽等多种方式，充分发挥井架安装四队等典型带动作用。先后在超市配送、面点加工、信息测绘、修井作业、鲜果分销等多个领域扩展合作空间、赢得良好声誉。年内，公司劳务输出人员增至1100余人，全年实现收入3000余万元。

【经营管理】　坚持把应对危机作为提升管理的契机，着力解决机制上的“顽疾”，积极消除管理上的“短板”，优化改进经营管控方式方法，实现提升绩效水平、力保员工收入的工作目标。统筹推进改革调整，增强内部管理活力。找准落实上级要求与结合工作实际的平衡点，稳步推进扁平化改革，将机关科室由18个压减为10个，撤销钻井分公司，组建5个区域钻井协调部，加快配套机制建设，先后对生产管理、合同签订、经营考核等运行机制进行调整。全力压减成本支出，夯实薪酬保障基础。建树“一切成本皆可控”“降成本就是保工资”的理念，向“不能减、不能动”发起挑战，压缩一切不与井眼直接相关的费用，探索实行人员瘦身、装备减配，强化资源综合利用，加大废旧资产报废处置力度。全年固定费用同比减少2.99亿元，材料费、修理费等重点成本费用同比减少6.77亿元。严细抓好过程控制，堵塞各类管理漏洞。改变费用支出控制流程，由事后考核向事前管控转移，进行月度分析评价考核，实现了资金预算的科学合理、可控可溯。严格执行内控要求，强化经营活动写实，深化指标对比分析，促进薄弱环节、不足问题的发现与整改。规范项目运作程序，从严加强招投标管理、合同管理和审计监察工作，确保各项经济活动的规范运行。优化改进考核方式，激发全员创效热情。实行“分类预算、分灶吃饭”，将单井绩效考核成果延伸至生产辅助业务和机关后勤，优化调整综合绩效考核办法，进一步完善成本无盲区管理。试点单井单机承包及钻头、螺杆钻具分项承包模式，促进单井经济效益进一步提升。推行以收定支、月度弹性管控的工资考核模式，进一步拉大不同岗位、不同状态人员的收入差距，增强全员闯市场、创效益的积极性和主动性。

【基础管理】 针对市场领域拓展、工闲时间增加、工资收入减少等新情况、新问题，坚持抓基层、打基础，着力保民生、保稳定，公司上下始终保持安定团结、和谐奋进的浓厚氛围。安全技术保障有力。积极强化不同工况下的安全环保管理，认真抓好培训教育、素质提升，严格监管重点施工、关键环节，突出落实规范作业、标准施工，强化督导外部市场、非油气项目，保持安全形势的总体平稳。突出强化技术指导，优化区域施工方案，持续开展泥浆不落地、减量化节能技术攻关，推广应用高清洁钙处理钻井液体系等新技术，确保施工作业的高时效。全年万米故障复杂时间同比减少2.96小时，井身质量合格率100%。“三基”工作持续深化。以“三册”的编制推广为契机，及时修订“三基”考核标准，注重提升经济技术指标，积极开展“标准化基层队”“对标共建”试点工作，全员强管理、创效益的氛围更加浓厚。队伍素质持续提升。积极推进观念引导和形势任务教育，宣传好典型、弘扬正能量，全员学先进、比作为、创效益的责任意识不断增强。扎实开展“两学一做”学习教育，各级党组织强化政治引领、凝聚员工群众，党员干部发挥模范作用、敢于责任担当，形成上下同心、共渡难关的生动局面。强化寒冬期基层队伍管理，统筹做好生产施工与停待培训的管理工作，员工队伍技能水平持续提高。公司选手在油田职业技能竞赛、“金钥匙”竞赛等各类比赛中争金夺银，展示良好的技能素质和业务水平。民生工作扎实有效。依法合规支持改制企业发展，发挥工会、共青团、女工、老年等组织的作用，用足用好惠民政策，持续关注困难群体，深入开展走访慰问，全年两级党政组织走访基层队126队次，慰问各类群体2776户（人），营造共建共享的良好氛围。

（张建阔　张　琳）

·供水公司·

【概况】 胜利石油管理局供水公司、山东胜利水务有限责任公司合称胜利供水，实行“一个党委、两块牌子，一体化管理”。胜利供水水务设施分布于东营、滨州、潍坊三市7个区县，服务面积4650平方千米，服务人口100余万人，是中国石化集团公司最大的专业化水务公司，山东省第三大水务企业，公司机关驻地位于东营市东营区北二路681号。2016年底，公司固定资产原值25.7亿元，资产净值13.8亿元，共有水库13座，设计总库容3.68亿立方米；水库配套沉沙池10座；管理着丁字路和民丰两个取水口，引黄渠道2条；在用水厂7座，设计供水能力76万立方米/天，实际日均供水46万立方米；共有供水主支管网1793千米，管理油田居民小区176个；共有污水处理厂4座，设计污水处理能力23万立方米/天。

【安全优质供水】 持续优化生产运行，抓好引水、净水、输配水、污水处理各环节管理，切实保障油田生产、地方经济发展和社会民生用水需求。强化水源地管理，加大治安巡查和防控力度，顺利启动孤河水库、利津水库封闭工程。组织开展水资源论证，加快设备设施改造，调整流程加快补水，保证安全供水。通过建立水质考核追责机制、优化水厂工艺运行、有效控制消毒副产物、推进管网防倒流隐患治理，进一步强化水质管控措施，全年出厂水水质综合合格率100%。加强污水处理水质检测，及时处置水质异常情况，确保水质稳定达标。推进生产数据集成应用、远程压力采集和大用户管理，先后完成生产调度指挥中心以及辛安、河口、利津水厂自动化系统建设，实现大流量水表的数据采集，安装完成管网测压点101套，生产运行效率进一步提高。6月16日至19日，公司与《中国给水排水》杂志社联合举办第四届饮用水安全保障技术交流会，进一步提高在行业内的影响力。

【HSE工作】 狠抓安全责任落实，强化承包商监管、直接作业环节管理和隐患排查治理，营造了良好的安全生产秩序。修订公司领导岗位、管理部门、操作工种的HSE责任制。全面开展“我为安全作诊断”活动，逐级形成“十项重大安全风险”清单，完成22个岗位的风险识别，将要害部位和关键装置全部纳入处、科、三级、班站四级承包管理。深入开展“安全生产月”活动，采取“四不两直”方式开展安全抽查、夜查和路查。强化承包商监管，组织承包商、项目经理、专职安全管理人员开展培训216人次。加强应急管理，开展硫化氢泄露（中毒）等应急演练73次。在管理局安全考核中，公司连续四个季度获得红旗单位称号。

【经营管理】 坚持严把出口、拓宽入口，持续推动减亏增效。通过优化运行，原水费、动力费、药剂费等主要生产成本，办公费、差旅费等非生产性费用持续降低。坚持以低效管网治理为主攻方向，进一步完善“巡线、抄表、收费、服务、维修”五位一体区域承包管理模式，推进分段控压，区域计量，强化用水监察和治理，防止“两率”反弹，见到显著成效，持续改进服务方式，服务质量不断提高，客户服务满意率100%。大力开拓用水市场，阶梯水价正式落地执行，经营状况持续改善。

【衍生业务】 坚持立足自身、面向市场，大力发展衍生业务增收增效。顺利取得水利水电三级总承包资质、招标代理暂定级资质、水利水电、市政公用工程三级监理资质，注册成立具有独立法人资格的胜利正信水质检测公司。工业污水处理技术试验见到积极成果。年内，公司承揽部分油田单位招标代理任务、工程项目监理任务；开拓省内外30多个县区的水质检测业务市场；开拓油田、地方单位的高端水市场；积极做好电厂燃料运行、油田公积金管理、小区物业管理等人力资源输出业务，创收增收见到明显成效。

（燕峒胜　商　强）

·电力管理总公司·

【概况】 电力管理总公司成立于1983年9月，主要担负着胜利油田生产、生活供电保障任务。公司机关位于东营市东营区淄博路105号。2016年，公司借鉴油公司模式推进体制调整，精简管理机构，完成改革后设机关科室10个，直属科级单位9个，三级（科级）单位20个。至2016年底，用工总量为4618人，具有教授级高级技术职称9人，高级职称483人，中级职称445人，其中油田高级专家1人。管辖35-220千伏变电站180座，6-220千伏电力线路701条共计5861.53千米。电网覆盖东营、滨洲、淄博、潍坊4个市的12个县区、80多个乡镇。固定资产原值42.17亿元，净值21.99亿元。2016年转供电量64.9亿千瓦·时。荣获省级文明单位、富民兴鲁劳动奖状、山东省职工技术创新型示范企业等荣誉称号。

【电网建设】 统筹平衡长远规划、年度计划，编制三年滚动计划，强化项目过程监督，实现规划、计划、执行的有效衔接。电网调度及监控系统改造二期工程完成3座集控站建设、29座变电站综合自动化改造，镇东镇西变电站配电系统扩建、新滩黄河北35千伏电源线路配套建设以及30个居民小区综合治理改造等项目顺利完工。争取资金进行电力设施专项维修改造，实施“性能提升、隐患治理、专项整治、设施维修”4大类、481项工程，推进实现110千伏断路器无油化、变电站综合自动化、计量仪表智能化，110千伏隔离开关、CT、PT全部更新改造，城区供暖线路实现双电源，简易变实现远方遥测、遥信、遥视，重大安全隐患有效消除。

【保供运行】 扎实开展电网四季检修，狠抓日常运行和科学调度，集中力量更换老化绝缘子、拉线，加强技术改造、树木清障、抢险抢修和应急发电，电网故障率同比降低20.8%。持续优化无功管理，完成13座变电站无功补偿改造，电网综合功率因数达到0.965。强化科技攻关和新技术推广应用，引进无人机巡线技术，完成科技立项20项，获得局科技进步奖2项、国家专利6项。

【精细管理】 稳妥推进资产运营管理，全年清理低效无效资产342项，存量资产结构更加优化。落实全员成本目标管理，全方位压费用、降成本、减支出，深化挖潜增效。深化改善经营管理建议工作，累计提报建议1604项、立项603项。积极推进管理创新，“以价值链为核心的协同增效平台建设”荣获油田创新成果一等奖、中石化创新成果三等奖。规范重点岗位法律风险防范，加大普法宣传教育，《“门”外》成为山东省及中石化系统唯一获得全国“普法30年征文活动”一等奖的作品。

【“三基”创建】 注重发挥培训阵地作用，举办各类培训班233期，完成17个工种719人职业技能鉴定，总公司党委党校被评为山东省先进党校。建立“三支人才队伍+”创新创效机制，发挥电力技术专家委员会、工人技术创新协会和13个创新工作室等平台作用，开展金牌工人“1+1”“金钥匙”技术竞赛、青年建功竞赛等活动，引导全员在工作中创新、在创新中工作，2名同志荣获富民兴鲁劳动奖章，3人分别获得油田第四届“为民技术创新奖”银奖、铜奖，东区供电管理区“配电线路故障定位仪”获山东省职工优秀技术创新成果一等奖，为油田同类最高奖项。

【民生民心工程】 积极推进通明苑小区维修改造，联合胜北社区对公园、群众文化广场等进行改造，小区环境及配套设施大幅改善。基层建设持之以恒，加大基层办公场所、生活设施维修改造力度，基层软硬件水平不断提升。举办首届员工健身运动会，开展送健康活动，深入推进EAP员工心理帮助计划，组织幸福教练进一线，拓展济南就医绿色通道，促进员工快乐工作健康生活。深入开展“走基层、访万家，加强‘三联系’”活动，建立精准困难帮扶长效机制，健全完善“老年服务知心会”，抓实信访代理，总公司和谐稳定局面进一步巩固。

【完成机构调整】 稳妥推进体制调整，借鉴油公司模式，精简管理机构，精干管理人员，压扁管理层级，构建起“总公司—管理区—班站”三级管理架构，机关科室压减37.5%，基层单位压减51.4%，同步完成基层党组织设置，组织架构更加精干高效。探索完善配套机制，突出主营业务，优化生产辅助、服务保障等业务，成立四个专业化公司，推进实施专业化管理。

（刘　军　钱德强　王东飞）

·胜中社区管理中心·

【概况】 胜中社区管理中心成立于1997年11月，主要承担着油田基地69个油田职工住宅自然小区的物业“四保”、卫生服务、学前教育、社区文化、部分市政设施及部分改制企业移交人员的管理服务等职能。胜中辖区总面积36.2平方公里，其中住宅建筑面积412.2万平方米，环卫面积572.66万平方米，绿化面积212.06万平方米，建有职工住房45545套，服务常住人口13万人。截至2016年12月底，社区资产总额92191万元，其中无形资产总额1162万元，流动资产总额7646万元，固定资产净值83308万元，在建工程75万元。社区下设8个机关科室、4个直属科级单位、18个三级（科级）单位，有在册职工2738人，其中正式职工2144人、集体职工8人、内聘职工138人、合资公司员工141人；管理和技术人员中有高级职称276人、中级职称702人、初级职称360人，中级职称以上占69.66%；技能操作人员中有高级技师10人、技师52人、高级工366人、中级工232人，中级工以上占51.68%。社区党委下设基层党委3个、党总支8个、党支部85个，党员总数3420名。

【调整优化】 顺利完成阶段性体制机制改革调整，压减一个管理层级，撤销四级单位56个，减少管理人员199名，六大配套机制建设见到初步成效。优化油田“440”客服中心运行，各社区和专业化公司的呼叫服务业务全部接入。积极配合油田公务车辆改革，移交、拍卖、报废公务车共计41台，压减租用车辆5台。深化合作经营，与美年大健康等专业机构联合办医项目达10余个，与南京米其儿等专业机构在幼教领域的合作取得积极进展。加快转型发展步伐，承揽非住宅物业管理项目30余个，合同总额2700余万元。积极拓展居家服务，开发“社区厨房”等新型服务项目50余个。

【规范管理】 完善成本管控程序，在纵向上实行社区中心、职能部门、三级单位、基层班组分层负责制，横向上实行小指标量化控制、综合性指标连带控制、关键性指标项目组控制，形成完善的全员成本目标管理体系。定期开展月度经济活动分析和季度“比学赶帮超”指标综合性分析，实现查找问题、分析原因、制定整改措施、跟踪执行效果闭环管理。加快“三册”编制推广应用，重视党委巡视、经营审计成果应用，修订中心党委议事规则、“三重一大”决策制度实施办法，出台物资供应、房产租赁、办公用房、通讯费管理等制度。扎实开展“严肃财经纪律、规范收支管理”“严格劳动纪律，规范劳务费管理”清理整治，查处违反劳动纪律问题175项，依法依规解除劳动合同2人。

【精细服务】 突出满意导向，建立屋面漏雨维修进展情况周报制度，及时处理屋面漏雨问题1600余户；实施《居民诉求分级式责任认定办法》，以严格问责倒逼服务标准落实；追求环境质量整体提升，新创建5A 级小区1个、4A级小区2个、3A级小区8个；强化核心制度落实，狠抓医疗质量管理，做实社区卫生服务，完善传染病防治和慢性病管理模式，扎实开展人口和计划生育工作，积极配合国家卫生城市复审，整体服务水平稳中有升；开展具有创新特色的幼教活动，培育蒙氏教育等幼教品牌，荣获山东省各类幼教奖项7项。

【平安建设】 建立完善HSE责任分级管理体系，深入开展“我为安全作诊断”等活动，加强岗位风险辨识控制，规范日常监督检查与考核，确保全年安全生产无事故。深化群防群治，完善人防、物防、技防措施，加大重点区域治安防控力度，把握阶段特点组织专项行动，群众安全感不断增强。夯实和谐稳定基础，健全工作制度，完善帮扶体系和运行机制，开展“关爱家园”行动，和谐稳定局面持续巩固。

【民生建设】 申请各类资金实施小区维修改造、消防隐患治理和外墙隐患治理等项目，群众居住环境得到持续改善。强化社会服务职能，办理低保手续1600余人次，申领发放低保金32万余元。挖掘社会岗位823个，推荐职工子女社会就业83人次。重视劳务派遣工的使用和培养，为237人办理用工形式调整手续。用好公积金新政，办理提取业务3300余人次；完成二手房交易1200余笔，办理市场准入手续3100多户。为员工搭建学技能、强素质的平台，举办社区第十一届职业技能竞赛，参加油田第十九届职业技能竞赛取得个人单项2金、1银、2铜，绿化项目团体第一、护理项目团体第三的好成绩，社区获得“优秀组织单位”称号。把“进千家、走万户、送温暖”与“走基层、访万家，深化三联系”活动相结合，走访慰问特殊家庭1200余户次，发放慰问品慰问金折款160余万元，组织健康查体9300余人次。

【优势转化】 着力增强党建工作的引领力，与机构调整同步设立三级党委3个、党支部85个；扎实推进“两学一做”学习教育，强化党性意识和纪律观念，深入学习宣贯十八届六中全会精神，深刻解读准则、条例，深化专项治理和效能监察，把纪律和规矩挺在前面，严肃查究“四风”问题。着力增强思想政治工作的渗透力，突出“践行严细实，全力创效益”主题，促进思想转变、观念更新。着力增强文化建设的感染力，系统推进家园文化、邻里文化、安康文化、廉洁文化建设，增强社区影响力。大力弘扬志愿服务精神，注册登记志愿者5700余人，帮扶困难家庭260余个。胜中社区连续14年荣获“省级文明单位”称号。

（徐全波　刘观全）

·胜北社区管理中心·

【概述】 胜北社区管理中心成立于1997年11月

9日，主要负责所辖区域的物业管理、医疗卫生、学前教育、矿区建设、群众文化、就业指导等工作。辖区面积86.27平方公里，有25个居民小区，住房29816套。中心设13个三级（科级）单位，8个机关部室，4个直属单位，在册员工2130人，非在职人员3300人。社区荣获“山东省文明建设先进单位”。

【经营管理】 加强单元成本管理，实施“层级目标”经营承包办法，加大CMIS平台管理力度，推进合同管理标准化、信息化建设，保障经济规范运行。强化“一切成本皆可控”理念，实践“三线四区”经济模型，各系统在成本管控、挖潜增效上出实招、求突破。物业系统承揽商业住宅物业服务和主营单位的绿化、保洁、垃圾清运业务。幼教系统以优质保教服务吸引幼儿入学，提高幼儿入园率、出勤率和家长满意率。医疗系统突出特色专科建设和日常医疗服务，拓展健康查体范围，多措并举强化服务创收。加大闲置资产盘活处置力度，优化存量，提高使用效率。全员开展革新创效活动，践行“小革新大效益”理念，降低劳动强度、提高生产效率、节约生产成本，形成QC成果37项，2项获国家实用新型专利。

【改革调整】 全面落实油田统一部署，稳妥推进体制机制调整。深入调研制定社区改革发展方案和实施细则。严格程序，稳妥推进，自上而下完成机关科室、直属单位、三级单位的体制调整。实施车辆集中管理，优化运行流程，提高使用效率，公务车数量和综合成本均压减30%以上。油建幼儿园与社会办学机构开展合作办园，有效缓解偏远幼儿园结构性缺员矛盾。胜采医院以口腔科为突破点，与社会医疗机构合作办医，肛肠病防治院合作办医进入实质操作阶段。

【综合服务】 物业系统开展360便民服务，充分发挥社区综合服务平台作用，实现了物业服务全过程监督管控，服务及时率、满意率均保持在99%以上。加强绿化标准化管理，有效控制辖区苗木病虫害发生。12条市政道路及其附属设施和胜采北排涝站顺利移交地方政府。胜凯小区创建为社区首个5A级中石化文明和谐示范小区。医疗系统严格规范诊疗行为，健全完善院科“三基三严”培训考核体系，提升医疗护理质量。采取专家示教、学术交流等方式，持续加强口腔、康复、肛肠、母婴护理特色专科品牌建设。推进社区公共卫生服务工作，开展爱国卫生、卫生防疫、食品监督等工作，强化医疗安全，无重大传染病、无医疗责任事故发生。幼教系统开展岗位练兵、园本教学、优质课竞赛等活动，深化奥尔夫音乐、蒙氏教学等系列特色教育活动，强化“幼儿一日活动”标准化管理，开展省十佳、省示范幼儿园复审迎检工作，局实验二幼等4所幼儿园通过山东省重新认定。

【从严管理】 强化HSE管理。成立6个HSE专业分委员会，健全完善安全责任体系，开展安全知识、操作规程培训，结合安全生产事故案例和《HSE违章行为分类清单》，开展“我为安全做诊断”活动。开展承包商安全专项整治，突出甲方安全主体责任，确保施工安全。强化医疗污水排放控制，加强职业健康宣传教育，强化风险防控闭环管理，实现全年安全生产无事故。强化基层管理。推进“百队帮扶”项目，全员推广“三册”管理，从精细管理、优质服务、基层文化入手，培育打造基层特色管理服务品牌。强化综合治理，加强特勤中队、巡逻队、小区门卫等治安力量，规范小区视频监控管理，强化防电信诈骗宣传教育，专群结合加强群防群治。组织开展打击“两抢一盗”、打霸治痞、建筑市场治安专项治理等活动，强化重要节庆和幼儿园安保工作。加大信访事件协调处置和整体联动力度，推动信访事项的妥善化解，荣获中石化维护稳定工作先进集体，被推荐为山东省四星级“科学关爱和谐示范社区”。

【民生建设】 着力实施老旧小区改造、雨污分流、基层设施改善、安全隐患治理，完成景苑中区、景苑东区、景苑北区、锦霞南区、北苑和樱花小区等维修改造。医疗系统更新螺旋CT球管，购置彩超机、心肺复苏机等设备30余台，完成胜北医院综合维修改造以及设施设备配套。推进

"碧水蓝天"工程，完成供电、东安、油建、胜采、钻井、井下等片区雨污分流改造。加强信息基础工作和信息技术的推广应用，信息化水平逐步提升。槿园新区职工住房建设项目工程本体被评为东营市"优质结构工程"，施工现场被授予"山东省安全文明施工标准化小区"。

【党群工作】 深入推进"两学一做"学习教育，采取"三同步""七学联动"等方式抓好落实。召开社区第二次党代会，进一步加强了新形势下社区党的领导，组织开展党旗传递、微党课评比、红色报告会等"十个一"活动，开展"支书沙龙"活动，经验成果荣获油田党建创新最佳案例。压实党风廉政建设"两个责任"，层层开展专题廉洁谈话，学习宣贯《关于新形势下党内政治生活的若干准则》《中国共产党党内监督条例》，强化三务公开、效能监察，确保中央八项规定精神落到实处。坚持正面引导、典型示范，大力宣传文明建设成果，树立良好外部形象。发挥团青服务室作用，开展"青字号"工程，持续推进"女子示范班组"、女职工"幸福工程"建设。以"走基层、访万家，深化'三联系'"活动为主线，深入开展暖心帮扶工作。按照离退休职工家庭结构、健康状况等因素实行分类管理、重点帮扶，认真落实两项待遇，持续加强文化阵地建设，胜北老年指弹球队代表中石化集团公司参加全国指弹球锦标赛第五次蝉联团体冠军。

（石冠儒　马志强）

高等教育

- 中国石油大学胜利学院
- 中国石油大学（华东）

高等教育

中国石油大学胜利学院

【概况】 中国石油大学胜利学院是由中国石油大学（华东）、东营市人民政府和胜利石油管理局三方共建的全日制本科普通高等学校。2016年年底，学院占地1563亩，建筑面积28万平方米，有石大、师专两个校区，主校区为石油大学东营校区。学院定位于服务区域经济社会发展和石油石化行业建设，培养高素质应用技术技能人才，建设山东省一流应用技术型普通本科高等学校。教学仪器设备总值7193万元，图书馆藏书174万册。教学设油气工程学院、化学工程学院、机械与控制工程学院、文法与经济管理学院、教育与艺术学院、基础科学学院、医学系六院一系以及办公室、组织宣传处、纪检审计处（工会）、学生工作处、人事处、财务资产处、安全保卫处、后勤保障处9个党政职能部门和高等教育研究与评价中心、现代教育技术与设备管理中心、图书馆、老年服务中心4个直属部门。开设24个本科专业和15个专科专业，涵盖理、工、文、法、教育、管理、艺术、医学8大学科门类，在校学生10973人。现有专任教师495人，其中，教授、副教授175人，讲师185人；具有硕士及以上学位的教师343人。学院多名教师被聘为教育部高等学校工程图学课程教学指导委员会副主任、中国图学会图学教育专业委员会副主任、中国工程教育专业认证专家、山东省本科教育机械类教学指导委员会主任、山东省高等学校设置评议专家、山东省教学名师，青岛西海岸新区首批拔尖人才、中国信息化推进联盟应急容灾专委会专家，东营市政府法律专家库成员、东营市人大常委会预算审查监督咨询专家组成员、东营区社科联名誉主席、社科联副主席；学院还聘请一批石油石化企事业单位的技术骨干和学者担任兼职教授。

中国科学研究评价中心、武汉大学中国教育质量评价中心联合中国科教评价网发布2016年中国独立学院竞争力排行榜，学院名列108名，连续2年居全省独立学院第一名。在省民政厅社会组织评估中授予“5A”的最高等级；“新浪山东2016年教育盛典”授予“山东最受网民欢迎的独立学院”。在省教育厅、民政厅作典型发言，介绍油地校三方合作的特色办学模式，学院社会影响力不断扩大，竞争力不断提升。

【教育教学与人才培养】 举办青年教师培训班，提升教学基本素质。编制2017版培养方案原则意见，指导各专业2017版学生培养方案修订工作。编制教育事业“十三五”发展规划、学科专业“十三五”发展规划。与10家企事业单位签订实践教学基地协议，实习基地达到133处。加大教学基本建设投入，审批立项38个建设项目。国际合作培养迈出第一步，与澳大利亚科廷大学、伊迪斯科文大学签署合作培养协议。学籍管理走在全省高校前列，作为先进典型在全省高校学籍学历管理工作会议上发言。恢复语言文字工作委员会，建立普通话测试站。在线课程中心上线运行，21门重点建设课程实现资源共享。21个项目获批国家级大学生创新创业训练计划项目立项。获得国家级学科竞赛特等奖1项；一等奖11项、二等奖28项、三等奖60项；获得省级学科竞赛一等奖73项、二等奖72项、三等奖55项，国家级和省级获奖数量超过前两年的总和。参加2016年全国大学生沙滩排球赛荣获普通组女子冠军、男子亚军。学生发表学术论文18篇，其中核心期刊2篇；获得实用新型专利4项。录取新生3401人，其中普通本科2028人，普通专科924人，专升本449人，录取分数居山东省独立学院前茅。

【科研工作】 发表学术论文217篇，其中SCI检索论文3篇，EI检索论文4篇，CSSCI论文3篇，核心期刊28篇，论文发表数量居历年之最；出版专著2部，教材6部；　获得授权专利13项，其中发明专利2项，实用新型专利11项，专利授权数量超过前几年的总和。省级科研获奖4项，其中一等奖1项，三等奖3项。市级科研获奖21项，省部级各种教学比赛及成果评选，获奖20项。新增7类国家级、省部级、厅局级科研项目申报渠道，申报渠道由2015年的11类增加到目前的18类。新增4类省、厅级优秀成果评选渠道，参评渠道由2015年的7类增加到现在的11类。首次获批山东省社会科学规划课题2项；山东省社科联人文社会科学课题3项；山东省统计科研重点课题1项。首次签订科技服务横向课题4项。全年举办学术报告40余场。

【人才队伍建设】　新增“211工程”建设高校或国外著名院校毕业并获硕士、博士学位的青年教师25人，其中博士4人，具有副高级以上职务的2人，具有企业工程背景或教学工作经历的16人。对“三龄两历”档案进行整理审核，对在职学历学位进行认证，完成560余人的全国教师管理信息系统上报工作。组织高校教师岗前培训、辅导员培训、海外培训及专业课程培训230人次。制定《岗位设置与聘用实施办法（试行）》《调整岗位薪级工资标准实施办法》，稳步推进学院聘用制改革。参加东营市机关事业单位养老保险，将“胜利学院招聘的具有研究生学历硕士学位以上的教师”纳入参保范围，参加机关事业单位养老保险和职业年金统筹。评审推荐教师系列教授2人，副教授6人，讲师25人。非教师系列高级经济师2人，副主任护师1人，政工师1人。

【学生工作】　完善辅导员队伍素质提升、技能展示、理论研究和六个一考核平台，积极推进“辅导员工作团队”建设，组建了政策研究与制度建设、心理健康教育、职业生涯规划、思想政治教育、校园文化活动5个研究团队。构筑纸媒、广播、网站、微博、微信多位一体的“全媒体”平台，成立大学生传媒中心。拓展社会实践育人渠道，组建3支校级暑期社会实践队，分赴内蒙古兴安盟扎赉特旗、济宁梁山、临沂沂水开展义务支教活动。有计划地开展志愿服务工作，其中9项志愿服务项目获东营市2016年度志愿服务项目立项，23人获东营市星级志愿者表彰。选派2000余名学生参加“黄河口国际马拉松赛”“法国PBP2016中国1200公里挑战赛”“国际石油装备展”“广饶国际橡胶节”等大型赛事志愿服务活动。组织开展大学生科技创新类活动和比赛，全年有165名同学在国家和省级比赛中获奖。做好国防教育，承办征兵工作站东营市挂牌仪式，全年有39名学生应征入伍。搭建多样化、高层次就业舞台，开展“职业发展论坛”“职场直通车”等特色工作，组织中小型招聘会92场次，2016届毕业生就业率84.98%。

【第四届理事会第四次会议】　12月8日，召开第四届理事会第四次会议，理事长山红红、副理事长王吉能、张梅河及其他理事参加会议。院长刘衍聪汇报四届三次理事会以来学院发展建设的工作和财务情况，会议同意2016年度财务预决算和2017年度财务预算原则；实施岗位聘任与分配制度改革，新聘用的具有研究生学历硕士学位以上的教师可以选择参加东营市机关事业单位养老保险和职业年金统筹；维修改造好石大校区图书馆、体育馆、游泳馆等重要教学设施；工业训练中心等实习实训场所可以与石油大学、东营市、胜利油田等相关部门对接，实现共建共享。理事会认可三方共建以来学院的成绩，表示继续支持学院的可持续健康发展。

（刘衍聪　沙　斌）

中国石油大学（华东）

【概况】 中国石油大学是教育部直属全国重点大学，是国家“211工程”重点建设和开展“优势学科创新平台”建设并建有研究生院的高校之一。中国石油大学（华东）是教育部和五大能源企业集团公司、教育部和山东省人民政府共建的高校，是石油石化高层次人才培养的重要基地，被誉为“石油科技人才的摇篮”，成为一所以工为主、石油石化特色鲜明、多学科协调发展的大学。

学校有东营、青岛两个校区，校园总面积4774亩，建筑面积122万平方米，图书馆藏书284万册。学校现有矿产普查与勘探、油气井工程、油气田开发工程、化学工艺、油气储运工程5个国家重点学科，有地球探测与信息技术、工业催化等2个国家重点（培育）学科。学校有11个博士后流动站，11个博士学位授权一级学科，45个博士点，33个硕士学位授权一级学科，150个硕士点，另有工商管理硕士、翻译硕士、会计硕士、金融硕士、汉语国际教育硕士和20个工程硕士授权领域，62个本科专业。学科专业覆盖石油石化工业的各个领域，石油主干学科总体水平处于国内领先地位。

学校建有研究生院，有地球科学与技术学院、石油工程学院、化学工程学院、机电工程学院、信息与控制工程学院、储运与建筑工程学院、计算机与通信工程学院、经济管理学院、理学院、文学院、马克思主义学院、体育教学部等12个教学学院（部），以及荟萃学院、国际教育学院、后备军官学院、远程教育学院和继续教育学院。学校现有全日制在校本科生近20000人、研究生5700余人，留学生1100余人，函授网络在籍生5.4万余人。

2016年年底，学校有专任教师1782人，其中教授、副教授971人，博士生导师180余人。专任教师中有两院院士7人，国家“千人计划”入选者5人，“万人计划”科技创新领军人才、“长江学者”特聘教授和讲座教授、国家杰出青年基金获得者、“973计划”项目首席科学家7人，国家“百千万人才工程”入选者9人；国家优秀青年基金获得者、“新世纪优秀人才支持计划”入选者22人，中国青年科技奖获得者3人，教育部高校青年教师奖、霍英东教育基金会青年教师资助及青年教师奖获得者10人；“泰山学者”攀登计划1人，“泰山学者”特聘教授及海外特聘专家11人，“山东省有突出贡献的中青年专家”15人。国家级教学名师、省级教学名师15人，“全国模范教师”“全国优秀教师”6人。3个创新团队入选教育部“长江学者和创新团队发展计划”，2个创新团队入选“山东省优秀创新团队”，1学科入选“山东省泰山学者优势特色学科人才团队支持计划”。

学校是石油石化行业科学研究的重要基地，在基础理论研究、应用研究等方面具有较强实力，在10多个研究领域居国内领先水平和国际先进水平。现有重质油国家重点实验室、海洋物探及勘探设备国家工程实验室、油气加工新技术教育部工程研究中心、石油石化新型装备与技术教育部工程研究中心等69个国家及省部重点实验室和研究机构。学校重视科技成果的产业化，建有国家大学科技园，学校企业山东石大科技集团有限公司、山东石大胜华化工股份有限公司既是国家级高新技术企业，也是石油石化行业重要的科研中试及工业试验基地。

【“十三五”规划与综合改革】 编制完成学校“十三五”规划及学科、师资队伍、信息化建设三个专项规划并公布实施。稳步实施《中国石油大学（华东）综合改革方案》，积极推进各项改革任务的落实。岗位设置与聘用、薪酬分配、社会保险、公用房管理、公务用车和校园信息化建设等改革深入推进。

【教育教学改革与人才培养】 落实“三三三”本科教育培养体系，完成本科培养方案修订主体工作。深化教育教学改革，扎实推进审核评估整改工作。荟萃学院建设进一步推进，实施多元化人才培养模式，理科实验班、人文素养班等培养工作取得良好成效。加强课程、教材建设，首次开设“海外名师课堂”，6部教材获石油高等教育教材出版基金立项资助，8部图书获中国石油和化学工业优秀图书奖。在全国高校虚拟仿真实验教学资源建设成果奖评选中获一等奖2项，排名全国第一。强化实践教学，新增实习基地17个。研究生教育改革不断深化，全面完成全国第四轮学科评估和学位点评估。深化专业学位研究生教育综合改革，新增研究生联合培养基地2个，24个研究生教育改革项目获得全国工程教指委立项，位居全国第二，成为全国13家“会计硕士专业学位研究生教育综合改革试点高校”之一。强化导师责任，深化招生制度改革，全面实施博士招生“申请——考核制”。成立学校创新创业教育工作领导小组，相关体制机制进一步完善。新增国家级大学生创新创业训练计划项目83项，学生参加科技竞赛获省级及以上奖励1000余项，参加创业竞赛获省级以上奖励43项。研究生以第一作者发表论文被SCI、EI收录383篇，其中SCI一区论文25篇。研究生以第一发明人申请专利231项。学校顺利通过首批来华留学质量认证，招生国别增加到83个，各类在校留学生达到1159人。建成地质工程全英文授课硕士专业，首届招收8名硕士生。2门课程入选第二批教育部来华留学英语授课品牌课程。孔子学院建设稳步推进，在当地开设三个汉语教学点，提供汉语教学和培训。积极服务“一带一路”等国家重大战略，保持学历继续教育学生规模5.8万人，非学历继续教育培训突破2万人次。新建成亚太培训中心，牵头成立山东高校继续教育在线教育联盟，连续四年获评“中国十大最具影响力网络教育学院”，获评中国现代远程教育“终身教育特别贡献奖”。招生与就业工作稳中有进，录取普通本科生4752名，全日制博士、硕士研究生1962人，生源质量进一步提高。毕业生初次就业率达到92.86%，连续22年超过90%。

【学科与人才建设】 积极做好对接“双一流”建设的准备工作，高效完成“引导专项”建设任务。ESI全球学科排名前1%的四个学科一年来的排名有新的提升。继续为各类高层次人才提供学科配套经费，资助出版学术专著12部。新增科技部中青年科技创新领军人才1人，国家杰青1人，“万人计划”科技创新领军人才1人，“万人计划”教学名师1人，青年长江1人，国家优青1人，青年千人1人，泰山学者优势特色学科人才团队领军人才1人，“泰山学者”攀登计划专家1人、青年专家3人，青岛市教学名师2人。博士后工作机制进一步完善，全年共招收博士后50人。

【科学研究】 全年签订各类科研项目1284项，其中纵向项目立项489项，包括国家油气重大专项各类课题70项，国家重点研发计划项目38项，横向科研项目合同795项，国家自然科学基金项目达到83项。全年到位科研经费5.2亿元。获得国家科技进步二等奖1项，省部级奖励35项。发表的学术论文被SCI、EI、CPCIS检索1863篇，登记软件著作权114项。授权职务专利1115件，其中国外专利4件，国内发明专利494件，较上年增长52.5%。文科科研取得新突破，获批各类文科纵向科研项目104项。获批上级科研平台8个，包括牵头申报的“海洋物探及勘探设备国家工程实验室”和参与申报的2个国家级实验室。非常规油气与新能源研究院建设稳步推进，科学技术研究院加强各类平台建设，服务行业和区域发展能力进一步提升。学报（自然科学版）首次获得“2016中国国际影响力优秀学术期刊（自然科学与工程技术）”，进入TOP期刊，学报（社会科学版）继续保持在全国高校百强社科期刊行列。

【国内外合作与交流】 国内合作共建有序推进，与国内企业、政府签署各类合作协议14项。与东营市人民政府、胜利油田合作共建胜利学院工作进一步推进，学院发展呈现新局面，整体办学水平与社会影响力进一步提升。国际化办学水平不断提升，与美、澳、加、俄、英等7个国家和地区的15所大学和教育机构签署19份交流协议。全年举办16次国际（或双边）高水平学术会议，邀请长短期专家来校讲学和访学近500人次。新增“高等学校学科创新引智计划”（“111计划”）

项目1项，获批海外名师、学校特色项目等国家级外专项目14项。全年选派学生、学者、管理人员赴境外交流学习研修1400余人次，国家公派项目录取196名，优秀本科生项目获批126名，师生赴港澳台110人次。

（郭　文　王春艳）

人　物

- 区级领导干部
- 先进集体和先进个人

人　物

区级领导干部

（截至2017年6月30日）

·中国共产党东营区委员会·

燕乃敏　中共东营区委书记、区委党校校长。1966年9月生，男，汉族，山东广饶人，1985年7月加入中国共产党，1985年7月参加工作，大学学历。历任广饶县中学教师，广饶县小张乡党委组织委员、副书记、乡长；花官乡党委副书记、人大主席；广饶镇镇长、党委书记、人大主席；中共广饶县委常委、副县长、疏勒县委常委、副县长；中共东营区委常委、政法委书记；中共东营区委副书记；东营市卫生局副局长（正县级）、党委副书记，东营市交通运输局局长、党委书记；中共东营区委书记、区委党校校长、东营市交通运输局局长、党委书记；中共东营区委书记、区委党校校长。

王　峰　中共东营区委副书记、东营区人民政府区长、党组书记。1975年11月生，男，汉族，山东广饶人，1993年12月加入中国共产党，1996年7月参加工作，研究生学历，工学博士。历任东营市经贸委综合科科员，东营市经贸团工委副书记，东营市信息产业局副科级干部、信息化推进科副科长、办公室主任，东营市信息产业局（市信息化办公室）副局长（副主任）、党组成员（选聘），东营市信息产业局（市信息化办公室）副局长（副主任）、党组成员；东营市人民政府办公室副主任、党组成员；东营市人民政府办公室副主任、党组成员，中共利津县委副书记（挂职）；中共垦利县委常委、政法委书记，中共垦利县委常委、组织部部长，中共垦利县委常委、组织部部长、统战部部长；中共东营市委副秘书长；中共东营区委副书记，东营区人民政府副区长、代区长；中共东营区委副书记，东营区人民政府副区长、代区长、党组书记；中共东营区委副书记、东营区人民政府区长、党组书记。

张成仙　中共东营区委副书记。1982年3月生，女，汉族，山东沾化人，2003年12月加入中国共产党，2004年7月参加工作，研究生学历。历任沾化县富国镇镇长助理、沾化县委办公室文秘科科员、共青团沾化县委副书记（主持工作）、共青团沾化县委书记；共青团莱芜市委副书记、党组成员（2008年3月至2009年8月在共青团莱芜市钢城区委驻点）；共青团东营市委书记、党组书记；共青团东营市委书记、党组书记，东营市经济技术开发区党工委副书记（挂职）；共青团东营市委书记、党组书记；中共东营区委副书记。

李剑钧　中共东营区委常委、区政府副区长。1966年2月生，男，汉族，山东东营人，1991年7月参加工作，1991年7月加入中国共产党，大

学学历。历任东营市计划委员会投资计划科科员，东营市计划委员会办公室科员，东营市计划委员会办公室副主任，东营市计划委员会固定资产投资科科长，东营市发展计划委员会固定资产投资科科长，东营市发展计划委员会助理调研员，东营市发展计划委员会副调研员，广饶县人民政府副县长，东营市发改委副主任、党组成员，中共东营区委常委、区政府副区长。

王守业　中共东营区委常委、区纪委书记。1970年9月生，男，汉族，山东高唐人，1991年7月参加工作，1996年2月加入中国共产党，研究生学历。历任东营市民政局收容遣送站副站长、优抚安置科科长、办公室主任、副调研员，党组成员、副局长(其间，1994年12月至1996年2月，作为市委第七批下派干部到垦利县包村扶贫；2001年11月至2003年6月,作为市委第十一批下派干部挂职任垦利县郝家镇党委副书记；2006年5月至2007年12月，作为市委第三批上挂干部先后挂职任山东省民政厅办公室、双拥办副调研员并任中直、省直挂职干部组组长）；中共利津县委委员、常委，县委办公室主任；中共东营市纪委委员，中共利津县委委员、常委、县纪委书记；中共东营区委常委、区纪委书记。

赵东良　中共东营区委常委、办公室主任。1974年12月生，男，汉族，山东广饶人，1996年5月加入中国共产党，1998年7月参加工作，研究生学历。历任垦利石化总厂厂长助理；垦利县招商局联络推进部主任、考核奖惩部主任；垦利县招商局副主任科员；共青团垦利县委书记；共青团东营市委副书记、党组成员；东营市招商局副局长、党组成员；中共东营区委常委、办公室主任。

杜书亮　中共东营区委常委、统战部部长。1968年10月生，男，汉族，东营市广饶县人，1989年7月参加工作，1995年12月加入中国共产党，大学学历。历任东营区胜利镇中学教师，东营区劳动就业训练中心文档管理员，东营区劳动仲裁办副主任、调配员，东营区劳动仲裁办主任、调配干事，东营区政府办公室副主任科员，东营区政府办公室副主任，东营区政府办公室副主任、区行管处处长，东营区政府办公室副主任、区行管局局长，中共牛庄镇党委副书记、镇长，中共牛庄镇党委书记，东营区人民政府副区长、党组成员，中共东营区委常委、政法委书记，中共东营区委常委、统战部部长。

李长林　中共东营区委常委、组织部部长。1973年4月生，男，汉族，山东广饶人，1996年1月加入中国共产党，1998年7月参加工作，大学学历。历任垦利县垦利镇镇长助理、垦利县委组织部办公室科员、东营市委组织部组织科科员；中共东营市委组织部组织科副科长；中共东营市委组织部组织科科长；中共东营市委组织部组织二科科长；中共东营市委组织员办公室主任；中共东营区委常委、组织部部长。

宋士栋　中共东营区委常委、宣传部部长、东城街道党工委书记。1978年12月生，男，汉族，东营市广饶县人，1999年10月参加工作，1998年12月加入中国共产党，在职研究生学历。

历任广饶县对外经济贸易委员会职员，广饶县花官乡党委委员、宣统委员，共青团广饶县委书记，广饶县花官乡党委副书记、乡长，花官镇党委副书记、镇长，东营区胜利街道党工委书记、人大工委主任，中共东营区委常委、东营区人民政府副区长（援疆），新疆维吾尔自治区疏勒县县委常委、副县长。中共东营区委常委、宣传部部长、东城街道党工委书记。

张汝淮　中共东营区委常委、政法委书记。1968年3月生，汉族，山东垦利人，1989年7月参加工作，1989年3月加入中国共产党，大学学历。历任东营市东营区职业高中教师，牛庄镇党委秘书兼团委书记、牛庄镇党委宣传委员，黄河街道党工委委员、人武部部长，黄河路街道办事处副主任，文汇街道党工委副书记，文汇街道党工委副书记、办事处主任，史口镇党委书记、人大主席，辛店街道党工委书记、人大工委主任，东营区人民政府副区长，中共东营区委常委、政法委书记。

徐晓辉　中共东营区委常委（挂职）、市直驻东营区下派工作队队长。1973年7月生，男，汉族，东营市利津县人，1993年7月参加工作，1997年6月加入中国共产党，省委党校研究生学历。历任东营日报社编辑、记者，东营海关关员，东营市政府办公室综合一科秘书、秘书一科副主任科员、秘书一科副科长、秘书八科科长、秘书五科科长，东营市人民政府食品安全工作办公室副主任，东营市人民政府办公室副调研员，中共东营区委常委（挂职）、市直驻东营区下派工作队队长。

梁润生　中共东营区委副书记，东营区人民政府区长、党组书记。1973年5月生，男，汉族，东营市河口区人，1995年7月参加工作，1995年5月加入中国共产党，研究生学历。历任河口区四扣乡党政办公室秘书，河口区四扣乡党委组织委员；河口区四扣乡党委副书记、组织委员；河口区河口街道党委副书记；中共河口区委宣传部副部长、文明办主任；河口区发展与改革局局长、党组书记；中共广饶县委常委、宣传部部长；中共广饶县委常委、宣传部部长，中共平原县委常委、副县长（挂职）；中共广饶县委常委、宣传部部长；中共广饶县委常委、宣传部部长，山东省科技厅办公室副主任（挂职）；中共广饶县委常委、宣传部部长；中共广饶县委常委，广饶县人民政府副县长；中共东营区委副书记；中共东营区委副书记，东营区人民政府区长、党组书记。2016年11月离任。

马保文　中共东营区委副书记。1971年3月生，男，汉族，山东广饶人，1994年7月参加工作，1998年6月加入中国共产党，大学学历。历任东营市人民政府办公室秘书科办事员、科员，东营市人民政府办公室秘书二科副主任科员，主任科员、市政府办公室团委书记；中共东营市委办公室正科级干部、文秘科主任科员；东营市人民政府法制办公室副主任、中共河口区委副书记（挂职）；中共河口区委常委，区政府党组副书记、副区长；中共东营区委副书记。2016年11月离任。

王建军 中共东营区委常委、区人武部政委。1971年1月生，男，汉族，东营市垦利县人，1989年3月入伍，1991年4月加入中国共产党，大学学历。历任北京军区某仓库战士、班长，石家庄陆军学院学员，北京军区后勤部某分部见习排长、排职管理员、副连长、代连长、政治指导员、政治处干事、副队长、副处长，垦利县人武部政工科科长，驻中国石油大学、聊城大学后备军官选拔培养办公室副营职参谋、正营职参谋、副团职干事，东营军分区政治部副团职干事，中共东营区委常委、区人武部政委。2016年11月离任。

王建中 中共东营区委常委（挂职）。1969年4月生，男，汉族，陕西省定边县人，1988年8月参加工作，1996年5月加入中国共产党，毕业于连云港水产学校养殖专业，中央党校在职大学学历。历任新疆喀什市水利局办事员，新疆喀什市财政局科员，新疆喀什市乃则尔巴格乡乡长助理，新疆喀什市夏马勒巴格乡副乡长，新疆喀什市夏马勒巴格乡党委副书记，新疆喀什市农机局党支部书记、副局长，新疆喀什市夏马勒巴格乡党委书记，新疆喀什市夏马勒巴格镇党委书记，新疆英吉沙县副县长，新疆英吉沙县委常委，中共东营区委常委（挂职）。2017年1月离任。

·东营区人民代表大会常务委员会·

张成彬 东营区人大常委会主任、党组书记。1962年11月生，男，汉族，东营市利津县人，1981年7月参加工作，1984年1月加入中国共产党，大学学历。历任利津县大赵兽医站技术员、陈庄兽医站技术员、利津县虎滩乡团委书记、利津县北宋乡团委书记，利津县北宋乡人武部副部长，党委委员、人武部长，副乡长，利津县明集乡副乡长，利津县虎滩乡副乡长，党委副书记、乡长，利津县北岭乡党委副书记、乡长，中共利津县委组织部副部长（正科级），中共河口区委常委、组织部部长，中共东营区委常委、组织部部长，东营区人大常委会主任、党组书记。

高欣伟 东营市东营区人大常委会党组副书记、副主任，东营区总工会主席。1966年4月生，汉族，东营市广饶县人，1986年7月参加工作，1990年6月加入中国共产党，研究生学历，工程硕士。历任东营区农委科员，区委驻牛庄镇工作组组员、区水产局办公室主任，区政府办公室秘书、副主任科员，辛店镇党委副书记，区政府办公室副主任兼区政府政务督查局局长，区政府办公室主任、党组书记、区政府党组成员，东营胜利工业园管委会主任兼胜园街道党工委副书记、主任，东营胜利工业园管委会主任、东营胜利工业园党委书记、胜园街道党工委书记，东营胜利工业园管委会主任、区黄河三角洲建设办公室主任，区政府党组成员、东营胜利经济开发区管委会主任、区推进黄河三角洲高效生态经济区建设委员会办公室主任，东营区人民政府副区长；东营市东营区人大常委会党组副书记、副主任，东营区总工会主席。

李雪梅 东营区人大常委会副主任。1971年11月生，女，汉族，山东省博兴县人，1989年7月参加工作，大学学历。历任东营区海河办事处南王屋小学教师，东营区第一小学教师，东营区广播电视局播音员，东营区文化局副局长，东营区文体局副局长，东营区胜园街道办事处副主任、政协联络员，东营区人口和计划生育局副局长、区计划生育协会办公室主任，东营区政协副主席（不驻会），东营区人大常委会副主任（不驻会）、区计划生育协会办公室主任，东营区人大常委会副主任。

马学舜　东营区人大常委会副主任、党组成员。1964年3月生，男，汉族，山东省博兴县人。1986年8月参加工作，1989年10月加入中国共产党，大学学历。历任东营区科委科员，东营区胜利镇农机站站长，东营区科委科员，东营区胜利镇党委委员、副镇长、党委副书记，东营区泰安路街道党委副书记、办事处主任，东营区胜利街道党工委副书记、办事处主任，东营区胜利街道党工委书记，东营区胜利街道党工委书记、人大工委主任，东营区六户镇党委书记、人大主席，东营区六户镇党委书记、人大主席（副县级），东营区人大常委会副主任、党组成员，六户镇党委书记、人大主席，东营区人大常委会副主任、党组成员。

耿汝清　东营区人大常委会副主任、党组成员。1962年10月生，男，汉族，东营市垦利县人。1981年7月参加工作，1985年4月加入中国共产党，大学学历。历任垦利六中教师，东营区教育局教研员，东营区人大常委会代表联络科科员、副科长、科长，东营区人大常委会委员、人事代表工作室主任；东营区委组织部副部长、老干部局局长，东营区人大常委会委员；东营区委组织部副部长、区人事局局长、党组书记，区机构编制委员会办公室主任，东营区委组织部副部长、区人力资源和社会保障局局长、党组书记，东营区人大常委会副主任、党组成员。

徐章敏　东营区人大常委会副主任、党组成员。1962年6月生，汉族，山东广饶人，1981年7月参加工作，1983年9月加入中国共产党，大学学历。历任中共牛庄区委办公室秘书、牛庄区委组织部秘书、办公室主任；中共牛庄区委组织员（副科级），中共东营区委组织员办公室主任（副科级）；中共东营区六户镇党委副书记；中共东营区六户镇党委副书记、副镇长、政协工作办公室主任；中共东营区六户镇党委副书记、镇长、政协工作办公室主任；中共东营区六户镇党委副书记、镇长；东营区科学技术委员会主任；东营区科学技术委员会主任、党组书记、东营区科协主席；中共东营区黄河路街道党工委书记、人大工作办公室主任；中共东营区黄河路街道党工委书记、人大工作委员会主任；东营区审计局局长、党组书记；东营区财政局局长、党组书记，区国有资产运营有限责任公司党组书记；东营区财政局局长、党组书记；东营区人大常委会副主任、党组成员。

吕跃庆　东营区人大常委会主任、党组书记。1960年12月生，男，汉族，东营市广饶县人，1977年7月参加工作，1979年6月加入中国共产党，研究生学历。历任广饶县杜宋公社团委副书记、书记、党委秘书，共青团广饶县委副书记，广饶县大王镇党委副书记，广饶县大码头乡党委副书记、乡长，广饶县西刘桥乡党委副书记、书记，广饶县政府办公室主任，广饶县人民政府副县长，中共东营区委常委、东营区人民政府副区长，中共东营区委副书记，中共东营区委副书记、纪委书记，中共东营区委副书记，东营区人大常委会第一副主任（正县级）、党组副书记，东营区人大常委会主任、党组书记。2017年2月退出现职。

盖举辉 东营区人大常委会副主任、党组副书记，区总工会主席。1959年12月生，男，汉族，东营市东营区人，1992年6月参加工作，1979年11月加入中国共产党，大学学历。历任福建军区某部战士、副班长，东营市玻璃钢厂厂长，辛店镇辛店村党支部副书记、主任，辛店镇党委委员、辛店村党支部书记，辛店镇党委副书记、镇长，黄河路街道党工委副书记、办事处主任，东营区民政局局长、党组书记，东营区人大常委会副主任、党组副书记，区总工会主席。2017年2月退出现职。

盖士杰 东营区人大常委会副主任、党组成员。1961年2月生，男，汉族，山东省东营区人。1981年7月参加工作，1985年12月加入中国共产党，大学学历。历任垦利县永安乡、高盖镇教师，东营区司法局科员，东营区普法办公室副主任，东营区司法局副局长，六户镇党委副书记，西范乡党委副书记、乡长，黄河路街道党工委副书记、办事处主任，文汇街道党工委副书记、办事处主任、党工委书记、人大工委主任，辛店街道党工委书记、人大工委主任，东营区人大常委会副主任、党组成员。2017年2月退出现职。

·东营区人民政府·

王　峰 中共东营区委副书记、东营区人民政府区长。（详见前文“中国共产党东营区委员会”）。

李剑钧 中共东营区委常委、东营区人民政府副区长（详见前文“中国共产党东营区委员会”）。

巴沾红 东营区人民政府副区长。1967年1月生，女，汉族，山东沾化人，1989年9月参加工作，大学学历，工学学士。历任东营市科学技术情报所职员，东营市体改委科员，东营市体改委企业科副主任科员，东营市体改办宏观与市场体制科科长，东营市发展和改革委员会经济体制综合改革科科长，东营市人口和计划生育委员会副主任（其间：2007年10月至2008年10月挂职垦利县胜坨镇副镇长）；东营市人口和计划生育委员会副主任；东营市卫生和计生委副主任；东营区人民政府副区长。

王克德 东营区人民政府副区长、党组成员，市公安局东营分局局长、党委书记，市公安局党委委员。1971年11月生，汉族，山东省阳信县人，1990年3月参加工作，1991年12月加入中国共产党，大学学历。历任东营市公安局车管所科员，交警支队政工科科员、副主任科员，东营市公安局团委副书记，指挥中心副主任，指挥中心副主任兼团委书记，人事处处长，东营市公安局东营分局党委副书记、政委，东营市公安局党委委员、指挥中心主任，东营市公安局党委委员，东营市公安局东营分局党委书记、局长；东营区人民政府副区长、党组成员，市公安局东营分局局长、党委书记，市公安局党委委员。

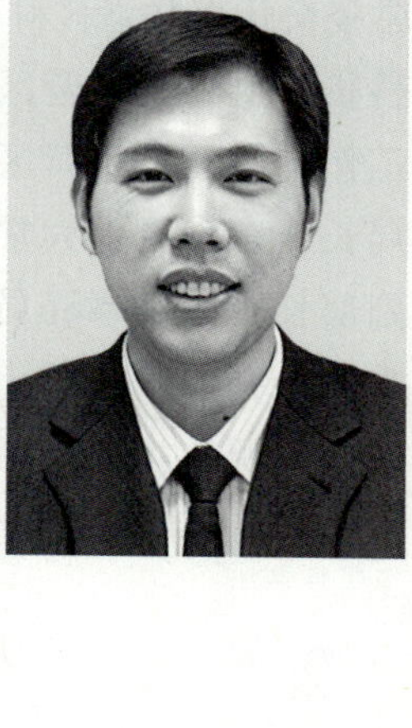

杨　凯 东营区人民政府副区长（援疆）。1979年12月生，男，汉族，山东省郯城县人，2001年7月参加工作，2000年6月加入中国共产党，大学学历，公共管理硕士学位。历任河口区六合乡乡长助理、团委书记、组织干事，河口区委党员电化教育中心科员、副主任，河口区委组织部组织员办公室副主任，共青团河口区委副书记，东营市人民防空办公室副科级干部、综合科副科长、综合科科长；东营市东营区人民政府区长助理（挂职）、党组成员，东营市人民防空办公室综合科科长；东营区人民政府党组成员，区行政服务中心主任、党组书记；东营区人民政府副区长、党组成员；东营区人民政府副区长（援疆）。

康茂礼　东营区人民政府副区长、党组成员。1973年4月生，男，汉族，山东东营人，1993年7月参加工作，1999年10月加入中国共产党，在职研究生学历。历任东营区建委建管股科员，东营区文汇街道办事处副主任，东营区建设局主任科员、新区建设管委会党组成员，东营区建设局局长、党组书记，新区建设管委会党组成员，东营区建设局局长、党组书记，新区建设管委会党组副书记、新区办主任，东营区住房和城乡建设局局长、党组书记，新区建设管委会党组副书记、新区办主任，东营区史口镇人大主席，史口镇党委书记、人大主席，中国石油大学国家大学科技园胜利园区管委会副主任，东营区史口镇党委书记、人大主席，东营区人民政府副区长、党组成员，史口镇党委书记、人大主席；东营区人民政府副区长、党组成员。

刘明君　东营区人民政府副区长。1972年11月生，男，汉族，山东东营人，2002年10月加入中国共产党，1992年7月参加工作，大学学历。历任东营区牛庄镇二中教师、东营区地方史志办公室科员、东营区政府办公室综合室主任；东营区政务督查局局长；中共东营区委办公室副主任；中共东营区委办公室副主任、区委政策研究室主任；中共东营区委组织部副部长，区农村党员干部现代远程教育管理中心（区委党员电化教育中心）主任；中共东营区委组织部常务副部长；东营区人民政府办公室主任、党组书记，区政府党组成员；中共东营区委办公室主任；东营区政府党组成员；东营区人民政府副区长。

段　鸿　东营区人民政府副区长。1968年11月生，女，汉族，山东省青岛市人，1990年7月参加工作，大学学历，教育学学士学位。历任东营广播电视大学教师、经济系经济教研室主任，东营职业学院经济系副主任，河口区人民政府副区长，东营区人民政府副区长。2017年2月离任。

·中国人民政治协商会议东营区委员会·

杨继红　东营区政协主席、党组书记。1970年4月生，女，汉族，山东邹平县人，研究生学历，硕士学位，1992年7月参加工作，1992年4月加入中国共产党。历任东营区辛店镇团委书记，共青团东营市委科员，共青团东营市委常委、组宣部副部长、希望工程办公室主任、办公室主任，东营市城市管理行政执法局投诉科科长、副调研员，东营市交通运输局纪委书记、副调研员，东营区人民政府副区长，中共东营区委常委、宣传部部长，东营区政协主席、党组书记。

刘瑞俭　东营区政协副主席。1966年10月生，男，汉族，山东省沾化县人，1988年7月参加工作，大学学历，工学学士学位，高级工程

师。历任山东省青岛市化工厂技术员，东营市化工厂技术科副科长、开发科科长，东营黄河口氯碱厂总工、副厂长，东营胜利电化有限责任公司总经理，东营区经济贸易局局长，东营区人民政府副区长，东营区政协副主席。

马献忠　东营区政协副主席。1969年3月生，男，汉族，东营市东营区人，1989年7月参加工作，大学学历、副编审。历任东营区第三中学教师，东营区政府办公室秘书，东营区地方史志办公室副主任、主任，东营区政协副主席（不驻会）、区地方史志办公室主任，东营区政协副主席。

王昌勇　东营区政协副主席、党组成员。1962年9月生，男，汉族，山东省龙口市人，1984年7月参加工作，1985年9月加入中国共产党，大专学历。历任中共东营区委宣传部干事、副部长，中共东营区委党校副校长，东营区辛店镇党委副书记（正科级），东营区海洋与渔业局局长、党组书记，东营区史口镇党委书记、人大主席，东营区交通运输局局长、党组书记，东营区政协副主席、党组成员。

王欣华　东营区政协副主席。1966年3月生，汉族，山东东营人，1989年7月参加工作，1995年3月加入中国共产党，大学学历。历任东营区辛店镇一中教师，东营区民政局科员、副主任科员，东营区民政局副局长、党组成员；东营区民政局副局长、党组成员，社区建设工作办公室主任；中共东营区委组织部副部长、老干部局局长；东营区交通运输局局长、党组书记；东营区政协副主席。

陈卫红　东营区政协副主席。1971年9月生，女，汉族，山东东营人，1989年7月参加工作，大学学历，硕士学位。历任东营区胜利镇中学教师，东营区人民检察院助理检察员、检察员，东营区司法局副局长，东营区司法局局长；东营区政协副主席。

王德华　东营区政协党组成员、东营市教育局副调研员。1962年10月生，男，汉族，东营市广饶县人，1982年7月参加工作，1986年12月加入中国共产党，大学学历。历任广饶县辛集公社中学教师，东营区西范乡一中教务主任，西范乡教育组副组长、乡教育组团委书记，东营区教育局普教股股长，东营区实验学校副校长、党支部副书记，东营区实验学校校长、党支部书记，东营区第一中学校长，东营区教育局局长、党组书记、东营区第一中学校长，东营区教育局局长、党组书记，东营区政协党组成员、东营市教育局副调研员。

王跃军　东营区政协主席、党组书记。1963年9月生，男，汉族，东营市广饶县人，1982年7月参加工作，1984年5月加入中国共产党，大专学历。历任广饶县牛庄公社经管员、文书、秘书，牛庄区农委经管站站长，东营区农委经管站站长，东营区监察局科员，西范乡副乡长、党委副书记、乡长，六户镇党委书记，东营区人民政府副区长、党组成员，中共东营区委常委、东营区人民政府副区长、党组副书记，东营区政协主席、党组书记。2017年2月离任。

刘相钦　东营区政协副主席、党组副书记。1958年10月生，男，汉族，东营市垦利县人，1980年12月参加工作，1979年3月加入中国共产党，大专学历。历任垦利县辛店公社经管员、党委秘书、党委组织委员、辛店镇副镇长、党委副书记、镇长、党委书记，东营区油区办主任、党组书记，东营区政府区长助理、党组成员，东营区人大常委会副主任，东营区政协副主席、党组副书记。2017年2月离任。

张慧霞　东营区政协副主席、中国石油大学胜利学院人事处副处长、经营管理处处长。1963年3月生，女，汉族，山东省临邑县人。1981年7月参加工作。历任临邑五中教师，胜利油田师范学校教师，胜利油田师专劳资科干事、副科长、科长，东营区政协副主席（不驻会）、中国石油大学胜利学院人事处副处长、经营管理处处长。2017年2月离任。

马守安　东营区政协副主席、党组成员，区委统战部部长。1959年11月生，男，汉族，山东省东营区人，1978年3月参加工作，1984年9月加入中国共产党，大学学历。历任东营区史口镇教师，史口镇党委秘书、党政办主任、党委委员、副镇长，油郭乡党委副书记、乡长，东营区农业局副局长（正科级）、党组成员、局长、党组书记，东营区水利局局长、党组书记，东营区政协副主席、党组成员，区委统战部部长。2017年2月离任。

·其他县级领导干部·

解旭明　东营区人民法院党组书记、院长。1968年6月生，男，汉族，山东省莱阳市人，1985年12月参加工作，1992年12月加入中国共产党，大学学历。历任牛庄区法院书记员，东营区法院助理审判员，刑庭副庭长、庭长，民三庭庭长，研究室主任，审判委员会委员，党组成员、副院长，东营市中级人民法院党组成员、副县级审判员、审判委员会委员、办公室主任，东营区人民法院党组书记、院长。

李守勤　东营区人民检察院党组书记、检察长。1963年8月生，男，汉族，山东利津人，1980年7月参加工作，1991年5月加入中国共产党，山东大学法学专业毕业，大学学历。历任利津县糕点厂业务股长，利津县人民检察院政策研究室副主任，刑检二科副科长、科长，党组成员、副检察长兼反贪局局长、检委会委员，党组副书记、副检察长、检委会委员，广饶县人民检察院党组书记、副检察长、代检察长、检察长，东营区人民检察院党组书记、检察长。

国成才　东营区人武部部长、党委副书记。1973年7月生，男，汉族，山东临朐人，1997年7月参加工作，1998年1月加入中国共产党。历任炮

兵某师46团3营8连排长、政治处副连职干事、2营6连政治指导员、组织股正连职干事，炮兵某师政治部正连职干事、后勤处副营职协理员，东营市河口区人民武装部副营职干事、政工科长，东营军分区正营职干事，东营市垦利县人民武装部副部长，东营军分区副团职干事，东营区人民武装部部长、党委副书记。

朱序科　东营市东营区人民武装部政治委员。1972年10月生，男，汉族，山东省宁阳县人，1990年12月入伍，1993年2月加入中国共产党，大学学历。历任济南军区空军机务训练团学兵，空军航空兵第十二师三十五团机务四中队机械员，空军第一航空学院学员，空军航空兵第五师修理厂探伤师，空军航空兵第五师十五团机务四中队附件师、修理厂探伤师，空军航空兵第五师十五团机务三中队政治指导员、修理厂政治指导员，空军航空兵第五师政治部宣传科副营职干事、组织科副科长、宣传科正营职干事，空军航空兵第五师十五团政治处主任，空军航空兵第五师政治部宣传科科长，空军诸城场站政治委员，空军潍坊场站政治委员，东营市东营区人民武装部政治委员。

王　勇　区政府党组成员、中国石油大学国家大学科技园胜利园区管委会副主任。1968年10月生，男，汉族，东营市东营区人，1989年7月参加工作，1996年6月加入中国共产党，大学学历，工程硕士。历任东营区辛店镇三中教师，东营区计生委办公室秘书、主任，东营区计生委副主任，油郭乡副乡长、党委副书记，油郭乡党委副书记、乡长，文汇街道党工委副书记，黄河路街道党工委副书记、办事处主任，胜园街道党工委书记，胜园街道党工委书记、人大工委主任，东营区人民政府办公室主任、党组书记、区政府党组成员，东营市城管局副局长、党组成员，东营区城管局局长、党组书记。区政府党组成员、中国石油大学国家大学科技园胜利园区管委会副主任。

刘辰勇　区政府党组成员，中国石油大学国家大学科技园胜利园区管委会副主任。1967年9月生，男，汉族，山东东营人，1988年7月参加工作，1993年5月加入中国共产党，在职大学学历。历任东营区乡镇企业局干部、副主任科员，东营区油地结合办公室副主任，东营区招商局副局长；东营区招商工作委员会办公室副主任、党组成员，招商局副局长；东营区招商工作委员会办公室副主任、党组成员；东营区招商工作委员会办公室副主任、党组副书记，区外来投资者服务中心办公室主任；东营区招商工作委员会办公室副主任、党组副书记，区境外招商中心主任；东营区经贸局局长、党组书记，东营区胜园街道党工委书记、人大工委主任，胜利工业园党委书记、管委会常务副主任；东营区胜园街道党工委书记、人大工委主任，胜利经济开发区管委会常务副主任；中国石油大学国家大学科技园胜利园区管委会副主任，东营区胜园街道党工委书记、人大工委主任，胜利经济开发区管委会常务副主任。区政府党组成员，中国石油大学国家大学科技园胜利园区管委会副主任。

李士花　中共东营区委党校常务副校长、党总支书记。1966年12月生，女，汉族，东营市广饶县人，1985年7月参加工作，1989年7月加入中国共产党，省委党校研究生学历。历任东营区妇联科员，共青团东营区委副书记，东营区政府外事侨务办公室主任，东营区文化局副局长；东营区广播电视局副局长、党组成员、主任科员；东营区妇联主席、党组书记；中共东营区委党校常务副校长，东营区妇联主席、党组书记；中共东营区委党校常务副校长、党总支书记，区妇联主席、党组书记。中共东营区委党校常务副校长，党总支书记。

陈桃庚　东营市土地储备中心副主任，东营市国土资源局东营分局党组书记、局长。1969年9月生，男，汉族，山东东营人，1990年7月参加工作，1995年7月加入中国共产党，大学学历。历任东营区胜利镇沙营中学教师，东营区胜利镇中学教师、教务处主任、教育团委书记，东营区东城街道办事处党政办公室科员、主任，东营区牛庄镇党委组织委员，东营区委组织部副科级组织员、组织室主任，东营区政府办公室副主任、党组成员，东营区政府办公室副主任、党组成员、区信息产业局局长，东营区委办公室副主任（正科级），东营区文汇街道党工委书记、人大工委主任，东营市国土资源局东营分局党组书记、局长，东营市土地储备中心副主任、东营市国土资源局东营分局党组书记、局长。

田树林　东营区龙居生态林场建设管理办公室主任、党组书记，龙居镇党委书记。1964年11月生，男，汉族，东营市东营区人，1983年9月参加工作，1987年1月加入中国共产党，大学学历。历任东营区辛店镇团委副书记、书记、党委宣传委员，六户镇副镇长，西范乡党委副书记、乡长、书记，中共东营区委办公室副主任、万泉工业园副指挥、新区建设副指挥，中共东营区宣传部副部长，区工商联会长，区工会常务副主席；东营区东营商贸园管委会任主任、党委书记；东营区龙居生态林场建设管理办公室主任、党组书记，龙居镇党委书记。

刘梅云　东营市市区国家税务局党组书记、局长。1963年8月出生，女，汉族，山东东营人，1983年7月参加工作，1997年11月加入中国共产党，大学学历。历任广饶县财政局科员，东营市国税局稽查局科员，东营市国税局稽查分局副局长，东营市国税局涉外分局副局长，东营市国税局监察室副主任、主任，东营市市区国税局党组成员、副局长（挂职），东营市国税局计划统计科科长、收入核算科科长、财务管理科科长、人事科科长，东营市国税局工会主任，东营市市区国税局党组书记、局长。

张红军　东营市公安局东营分局党委副书记、政委。1966年3月生，汉族，山东省利津县人，1986年7月参加工作，1992年7月加入中国共产党，大学学历。历任东营市公安局河口分局刑事侦查大队科员、副大队长、大队长，河口分局党委委员、刑事侦查大队大队长、正科级侦查员，党委委员、副局长；东营市公安局东营分局党委委员、副局长；东营市公安局东营分局党委副书记、政委。

刘乃斌　东营高新技术产业开发区管委会主任、东营区胜园街道党工委书记。1970年10月生，男，汉族，东营市东营区人。1990年7月参加工作，1994年11月加入中国共产党，大学学历。历任东营区乡镇企业局主任，史口镇组织委员，史口镇党委副书记，史口镇党委副书记兼政协联络员，东营区委政法委副书记、综治办主任，东营区城市管理局局长、党组书记，东营区文汇街道党工委书记、人大工委主任，东营胜利经济开发区党委书记，东营区胜园街道党工委书记，东营高新技术产业开发区管委会主任、东营区胜园街道党工委书记。

王洪旗　东营黄河河务局局长、党组书记。1976年4月生，男，汉族，山东省滕州市人，1999年11月参加工作，2004年5月入党，大学学历。历任黄河河口管理局人事劳动教育处（党群工作部）人事劳动教育科副科长，黄河河口管理局工程管理处安全监督科副科长，黄河河口管理局工程管理处安全监督科科长，东营黄河河务局副局长，东营黄河河务局局长；东营黄河河务局局长、党组书记。

先进集体和先进个人

2016年受市级以上表彰的先进集体

先进集体	荣誉称号	授予单位	授予时间
胜利街道中山社区党委	全国先进基层党组织	中共中央	7月
东城街道辽河社区	全国科普示范社区	中国科协、财政部	6月
东营区市场监督管理局个体私营经济服务中心	全国个私协会系统先进单位	国家工商行政管理总局、中国个体劳动者协会	11月
东营地税分局	各省（区、市）税务局先进集体	国家税务总局	12月
区法院	山东省档案工作科学化管理先进单位	省档案局	1月
牛庄镇农业综合服务中心	2015年度全省农技推广先进集体	省农业技术推广总站	1月
胜园街道办事处	山东省档案工作科学化管理测评先进单位	省档案局	1月
区委统战部	2015年度全省统战信息工作县级先进单位	省委统战部	1月
区文广新局	2015年度全省“扫黄打非”工作先进集体	省“扫黄打非”工作领导小组	1月
区图书馆东营区第一中学分馆	山东省“尼山书院建设示范单位”	省文化厅	1月
区人力资源和社会保障局	全省人力资源社会保障系统先进集体	省人社厅、省公务员局	1月
东营国土分局	山东省档案工作科学化管理先进单位	省档案局	1月
区档案局	“感知档案”系列宣传（图片、视频、动画）荣获山东省档案工作改革创新成果二等奖；“档案百事通”系统荣获山东省档案工作改革创新成果三等奖	省档案局	1月

续表

先进集体	荣誉称号	授予单位	授予时间
东营地税分局	全省地税系统先进集体	省人力资源和社会保障厅、省地税局、省公务员局	1月
区人力资源和社会保障局	全省人力资源社会保障系统先进集体	省人社厅、省公务员局	1月
公安分局网安大队	全省公安机关网安工作成绩突出集体	省公安厅	2月
区供销社	2015年度安全生产工作先进单位	省供销联社	3月
区疾病预防控制中心	全省病毒性传染病防制工作先进集体	省疾病预防控制中心	3月
区疾病预防控制中心	全省艾滋病防治工作先进集体	省疾病预防控制中心	4月
东营市胜利大学生创业园	被备案为“全国第三批国家级众创空间”	国家科技部	4月
区委宣传部	全省舆情信息工作先进单位	省委宣传部	4月
东营市胜利大学生创业园	山东省省级中小企业辅导基地	省经信委	6月
东营地税分局	公益广告《平凡成就伟大》评为税收公益广告评比活动电视类鼓励奖	国家新闻出版广电总局、国家税务总局	6月
区广播电视台	《用脚敲出梦想》获得山东省广播影视大奖二等奖	省新闻工作者协会 省新闻学会	6月
公安分局警务保障室	全省公安机关“210工程”建设成绩突出集体	省公安厅	9月
区人力资源和社会保障局	全省人力资源社会保障宣传工作先进单位	省人社厅	9月
区档案局	全省档案宣传工作先进集体	省档案局	10月
区委宣传部	2015年度新闻报道先进集体	大众日报编辑部	11月
东营区	山东省社科普及示范区	省社科会科学界联合会	12月
东营区市场监督管理局	2016年度全省系统行政执法案卷评查推荐优秀案卷	省食品药品监督管理局	12月
东城街道安宁社区	社区宣传思想文化工作示范点	省委宣传部	12月
东城街道安宁社区	四德工程建设示范点	省委宣传部	12月
东城街道安泰社区	2016年度省级卫生先进单位	省爱卫会	12月
东城街道安泰社区	省级创业型社区	省人力资源和社会保障厅	12月
刑警大队	全省优秀刑事侦查中队长	省公安厅	12月
公安分局油区治安办	全省打击防范打孔盗油违法犯罪活动成绩突出集体	省公安厅	12月

续表

先进集体	荣誉称号	授予单位	授予时间
胜利街道中山社区	山东省海峡两岸交流示范点	省委台湾工作办公室、省政府台湾事务办公室	12月
胜园街道办事处	首批省级创业型街道。	省人社厅	12月
区委中心组	2015-2016年度全省先进县级党委（党组）中心组	省委宣传部	12月
区广播电视台	2016年度山东广播宣传先进集体一等奖	省广播电视台	12月
区广播电视台	2016年度山东电视宣传先进集体一等奖	省广播电视台	12月
史口镇	2016年度省级文明镇（新增）	省精神文明建设委员会	12月
史口镇劳家村	2016年度省级文明村（新增）	省精神文明建设委员会	12月
辛店街道唐家村	2016年度省级文明镇（新增）	省精神文明建设委员会	12月
牛庄镇张庄村	2016年度省级文明镇（新增）	省精神文明建设委员会	12月
牛庄镇王庄村	2016年度省级文明镇（新增）	省精神文明建设委员会	12月
区委办公室	2016年度省级文明单位（新增）	省精神文明建设委员会	12月
区发展和改革局	2016年度省级文明镇（新增）	省精神文明建设委员会	12月
东城街道办事处	2016年度省级文明镇（新增）	省精神文明建设委员会	12月
区人民医院	2016年度省级文明镇（新增）	省精神文明建设委员会	12月
胜利街道胜泰社区	2016年度省级文明社区（新增）	省精神文明建设委员会	12月

2016年受市级以上表彰的先进个人

先进个人	荣誉称号	授予单位	授予时间
杨玉玲（区法院）	全国模范法官	人力资源社会保障部、最高人民法院	1月
朱宝慧（牛庄镇）	农业技术推广贡献奖	农业部	12月
韩　勐（区公安分局）	全省优秀刑事侦查中队长	省公安厅	1月
延海滨（区公安分局）	全省优秀拘留所所长	省公安厅	1月
刘晓辉（区公安分局）	全省优秀人民警察	省公安厅	1月
王乐俊（区公安分局）	全省公安机关治安系统侦查办案成绩突出个人	省公安厅	1月

续表

先进个人	荣誉称号	授予单位	授予时间
蒋冰冰（区人社局）	全省人力资源社会保障系统先进个人	省人社厅、省公务员局	1月
李　辉（区财政局）	全省财政系统先进个人，记三等功	人社厅、省财政厅、省公务员局	1月
魏　涛（东营地税分局）	全省地税系统先进个人，记二等功	省人力资源和社会保障厅、省地税局、省公务员局	1月
吴新海（区公安分局）	全省情报平台红色指令追逃专项活动成绩突出个人	省公安厅	2月
常　磊（胜园街道）	山东省油气管道隐患整治先进个人	省中石化油气管道重大隐患整治工作领导小组	2月
李大卫（区油区委）	山东省油气管道重大隐患整治工作先进个人	省中石化油气管道重大隐患整治工作领导小组	2月
孙增龙（区油工委）	山东省油气管道重大隐患整治工作先进个人	省中石化油气管道重大隐患整治工作领导小组	2月
张菲菲（区人社局）	2015年度社会保险基金报表工作先进个人	省社会保险事业局	3月
王长缨（区委宣传部）	全省舆情信息工作先进个人	省委宣传部	4月
李洪福（区疾控中心）	全省艾滋病防治工作先进个人	省疾病预防控制中心	4月
卢　勋（区检察院）	优秀通讯员	山东法制报社	5月
黑法雷（区卫计局）	全省卫生计生服务监督年活动先进个人	省卫生和计划生育委员会	5月
郭文霞（区文广新局）	公共电子阅览室建设先进工作者	省文化厅	8月
李晓岗（区人社局）	全省人力资源社会保障宣传工作先进个人	省人社厅	9月
王维清（区检察院）	摄影《希望的田野》获得优秀奖	省检察院	11月
宣　伦（区检察院）	摄影《提前介入毒豆芽案件》获得优秀奖	省检察院	11月
田居传（区检察院）	书法《举特色旗不忘初心》获得优秀奖	省检察院	11月
徐淑霞（区委宣传部）	优秀通讯员	大众日报	11月
刘智峰（区委宣传部）	优秀通讯员	大众日报	11月
王桂林（区文广新局）	省级先进个人	省文物局	12月
李秀芹（区法院）	个人嘉奖	省人民法院	12月
燕增民（区公安分局）	全省打击防范打孔盗油违法犯罪活动成绩先进个人	省公安厅	12月

续表

先进个人	荣誉称号	授予单位	授予时间
魏举章（区公安分局）	全省打击防范打孔盗油违法犯罪活动成绩先进个人	省公安厅	12月
刘鑫鑫（区公安分局）	全省打击防范打孔盗油违法犯罪活动成绩先进个人	省公安厅	12月
王春光（区公安分局）	全省打击防范打孔盗油违法犯罪活动成绩先进个人	省公安厅	12月
孙斌荣（区广电台）	电视宣传优秀通讯员二等奖	山东广播电视台	12月
陈晓峰（区广电台）	电视宣传优秀通讯员二等奖	山东广播电视台	12月
李　超（区广电台）	电视宣传优秀通讯员二等奖	山东广播电视台	12月
明纪霄（区广电台）	电视宣传优秀通讯员二等奖	山东广播电视台	12月
钟鹏飞（区广电台）	电视宣传优秀通讯员二等奖	山东广播电视台	12月
董志明（区广电台）	电视宣传优秀通讯员二等奖	山东广播电视台	12月
马金泉（区广电台）	电视宣传优秀通讯员一等奖	山东广播电视台	12月
齐　兵（区广电台）	电视宣传优秀通讯员一等奖	山东广播电视台	12月
贾　雪（区广电台）	2016年度优秀通讯员一等奖	山东广播电视台	12月
崔　娜（区广电台）	2016年度优秀通讯员一等奖	山东广播电视台	12月
陈晓峰（区广电台）	2016年度优秀通讯员二等奖	山东广播电视台	12月
齐　兵（区广电台）	2016年度优秀通讯员二等奖	山东广播电视台	12月
古延光（区检察院）	2016年度（第十届）东营市先进工作者	东营市人民政府	5月

附　录

附　　录

东营区安全生产行政责任制规定

（2016年6月10日）

第一章　总　则

第一条　为明确各级人民政府以及政府有关部门、单位的安全生产工作职责，健全安全生产行政责任制，加强安全生产监督管理，根据《中华人民共和国安全生产法》《山东省安全生产条例》《山东省安全生产行政责任制规定》等有关法律、法规和规章，结合本区实际，制定本规定。

第二条　本区行政区域内各镇人民政府、街道办事处（含园区管委会）以及政府有关部门、单位（以下简称有关部门）落实安全生产行政责任制，应当坚持管行业必须管安全、管业务必须管安全、管生产经营必须管安全和谁主管谁负责、谁审批谁负责、谁监管谁负责的原则。

第三条　安全生产监督管理体制，坚持属地监管与分级监管相结合、以属地监管为主。

第四条　安全生产工作实行一岗双责制度。各级人民政府和有关部门的主要负责人是本行政区域和本行业、领域安全生产的第一责任人，对安全生产工作承担全面领导责任；分管安全生产的负责人对安全生产工作承担重要领导责任；其他负责人对分管范围内的安全生产工作承担直接领导责任。

第二章　政府职责

第五条　各级人民政府负责本行政区域安全生产工作，履行下列职责：

（一）实施安全发展战略，根据国民经济和社会发展规划制定安全生产规划并组织实施；

（二）研究制定安全生产制度措施，建立健全安全生产工作协调机制，及时协调、解决安全生产监督管理中的重大问题；

（三）健全安全生产监督管理体系，加强安全生产行政执法队伍的职业化和专业化建设；

（四）健全安全生产隐患排查治理体系，组织开展安全生产监督检查和重点行业领域专项整治，打击安全生产违法行为；

（五）健全生产安全事故应急救援和调查处理体系，制定事故应急预案并定期组织演练，按规定上报生产安全事故，组织或者参与生产安全事故的调查处理；

（六）加大安全生产资金投入，落实政府安全生产专项资金制度，按照规定执行安全生产监管监察岗位津贴；

（七）法律、法规、规章和区政府规定的其他职责。

第六条　各级人民政府设立安全生产委员会（以下简称安委会），作为本级人民政府安全生产议事协调机构，在本级人民政府领导下开展下列工作：

（一）贯彻落实安全生产法律、法规、规章和上级安全生产工作部署；

（二）研究部署、指导协调本行政区域的安全生产工作，提出有关安全生产的制度、措施建议；

（三）组织分析安全生产形势，研究解决安全生产工作中的重大问题；

（四）组织、指导年度安全生产考核工作，并向本级人民政府提出奖惩建议；

（五）督促检查下级人民政府和本级人民政府有关部门安全生产工作落实情况，组织开展安全生产执法检查和专项整治，对重大事故隐患挂牌督办或者提报上级政府、上级安委会挂牌督办；

（六）根据本级人民政府安排，向下级人民政府及村居（社区）、企业发出警示通报，对有关人员进行约谈；

（七）承办本级人民政府交办的其他事项。

各级安委会下设办公室，设在安全生产监督管理部门，为本级安委会的办事机构，负责安委会日常工作。

第七条　各镇人民政府、街道办事处应当明确负责安全生产工作的机构，对本区域内安全生产工作进行监督检查，协助上级人民政府有关部门依法履行安全生产监督管理职责。

第三章　部门职责

第八条　各级人民政府负有安全生产监督管理职责的部门对有关行业、领域的安全生产工作实施监督管理，履行下列职责：

（一）制定安全生产政策和规划，加强安全生产宣传，督促生产经营单位落实安全生产主体责任，推进安全生产标准化工作；

（二）依法实施涉及安全生产的行政许可，对许可事项进行事中事后监管；

（三）依法开展涉及安全生产的行政执法工作，建立安全生产日常检查制度，对管辖范围内的生产经营单位定期进行监督检查，督促整改安全隐患，查处安全生产违法行为；

（四）制定事故应急预案并定期组织演练，按照上级有关规定进行生产安全事故报告、统计工作，参与或者组织事故应急救援和事故调查处理，对事故防范和整改措施进行监督检查；

（五）受理、查处并回复安全生产举报投诉，进行事故统计；

（六）负责本单位及其所属单位的安全生产管理；

（七）国家、省、市、区规定的其他职责。

其他有关部门结合本部门工作职责，为安全生产工作提供支持和保障。

第九条　各级人民政府负有安全生产监督管理职责的部门对生产经营单位的安全生产工作进行监督管理，按照下列规定执行：

（一）区人民政府有关部门负责中央企业四级及以下单位、省管企业三级及以下单位和区管企业的安全生产监督管理工作；

（二）国家、省、市对有关行业、领域的安全生产监督管理另有规定的，适用其规定。

第十条　区安全生产监督管理局对本行政区域内的安全生产工作进行综合监督管理，承担区安全生产委员会办公室、区危险化学品安全生产委员会办公室、区烟花爆竹安全生产委员会办公室的工作，并履行下列职责：

（一）指导协调、监督检查下级人民政府和本级人民政府有关部门的安全生产监督管理工作；

（二）组织起草安全生产方面的综合性行政管理意见及相关政策文件；

（三）制定全区安全生产规划，分析和预测安全生产形势，协调解决安全生产中的重大问题；

（四）发布安全生产信息，综合管理生产安全事故调度统计；

（五）对非煤矿山单位、危险化学品生产经营和储存单位、烟花爆竹生产经营单位进行安全生产监督管理；

（六）对冶金、有色、建材、轻工、纺织、机械、商贸、烟草等行业的生产经营单位进行安全生产监督检查；

（七）对生产经营单位（煤矿除外）的职业卫生工作进行监督检查；

（八）对职责范围内的建设项目安全设施和职业病防护设施与主体工程同时设计、同时施工、同时投入生产和使用情况进行监督检查；

（九）对安全评价、安全生产检测检验等安全生产专业服务机构进行监督管理；

（十）组织、指导和协调生产安全事故应急救援工作。

第十一条　区发展和改革局履行下列安全生产工作职责：

（一）将安全生产工作纳入国民经济和社会发展规划，下达安全生产基础设施和技术支撑体系基本建设投资计划；

（二）将建设项目安全条件作为项目管理的重要内容；

（三）参与对不符合工业发展规划、不符合产业政策、布局不合理的化工等企业关闭及落实情况的监督指导；

（四）负责制定本区应急物资储备规划。

第十二条　区经济和信息化局承担区工业安全生产委员会办公室的工作，并履行下列安全生产工作职责：

（一）负责工业安全生产综合管理，在行业发展规划、政策法规、标准规范等方面统筹考虑安全生产，严格行业规范和准入管理，实施传统产业技术改造，淘汰落后工艺和产能，指导隐患排查治理，促进工业化和信息化深度融合，推动产业结构升级和布局调整，从源头提高企业本质安全水平；

（二）负责电力、成品油流通等行业单位安全生产监督管理；

（三）负责信息产业和通讯企业的安全生产监督管理；

（四）负责铁路、水运、航空领域综合运输监督管理，负责铁路监护道口的协调工作；

（五）督促、指导中小企业的安全生产工作。

第十三条　区教育局（体育局）承担区教育安全生产委员会办公室的工作，并履行下列安全生产工作职责：

（一）负责教育行业的安全监督管理；

（二）指导、监督基础教育（含学前教育）、职业教育、成人教育、民办教育、特殊教育和少数民族教育行业及其教学、科研、实验机构的安全管理工作，指导各类学校制定突发事件应急预案；

（三）将安全教育纳入义务教育学校教学内容，指导各类学校开展安全教育活动；

（四）负责学生在校活动、参加学校组织的校外社会实践活动的安全监督管理；

（五）依法负责校车安全管理工作；

（六）配合相关部门做好教育领域安全事故应急救援相关工作；

（七）对区级体育系统企事业单位进行安全监督管理；

（八）对公共体育馆、公共体育设施安全运行进行监督管理，对承建的体育场馆、设施建设工程进行安全监督管理；协助有关部门对体育场所的消防安全进行监督管理；

（九）对承办的体育赛事和活动、体育彩票发行单位及相关活动进行安全监督管理；

（十）监督指导高危险性体育项目的安全管理工作。

第十四条　区科学技术局承担下列安全生产工作职责：

（一）将安全生产科技进步纳入科技发展规划和财政科技计划并组织实施；

（二）组织、指导科研机构和有关单位开展安全生产重大科技攻关、基础研究和应用研究，对重大科学技术研究成果进行奖励；

（三）协助相关部门管理重大科研工程及科技基地生产安全；

（四）负责地震安全工作，根据《中华人民共和国防震减灾法》制订防震减灾的技术规范并监督实施。

第十五条　东营公安分局承担区道路交通安全生产委员会办公室的工作，并履行下列安全生产工作职责：

（一）负责危险化学品公共安全管理；

（二）负责剧毒化学品和易制毒化学品安全监督管理；

（三）负责民用爆炸物品和烟花爆竹公共安全管理，负责民用爆破器材销售使用的安全生产监督管理；

（四）负责“九小场所”的消防安全管理；

（五）负责大型群众性活动安全管理；

（六）依法查处涉及安全生产的刑事犯罪案件和治安管理案件；

（七）参与相关事故的应急救援和调查处理，做好生产安全事故现场的警戒及有关人员的紧急疏散、撤离工作，协调交警部门做好事故现场及周边的交通管制；

（八）涉及道路交通与校车方面的安全监管（涉及公安交警部门）工作具体由交警直属一、二大队承担，东营公安分局负责相关工作的协调调度。

第十六条　区消防大队承担区消防安全生产委员会办公室的工作，并履行下列安全生产工作职责：

（一）负责消防安全监督管理，拟订消防安全工作目标并组织实施，检查、督促消防安全责任制的落实情况，参与编制城市消防规划；

（二）组织、指导消防安全宣传教育和社会消防力量培训；

（三）组织开展消防安全综合检查和专项整治，依法对有关工程、单位及群众性活动进行消防审核、验收和消防安全监督检查；

（四）负责公众聚集场所（“九小场所”除外）的消防安全监管工作。

第十七条　区司法局履行下列安全生产工作职责：

（一）将安全生产法律、法规、规章纳入公民普法内容，指导律师、公证、基层法律服务等机构提供安全生产法律服务；

（二）负责法律服务机构的安全生产监督管理；

（三）负责司法行政强制隔离戒毒场所的安全生产监督管理；

（四）负责监狱系统的安全生产监督管理。

第十八条　区人力资源和社会保障局履行下列安全生产工作职责：

（一）将安全生产履职情况作为行政机关、事业单位工作人员考核的重要内容，对安全生产领域先进集体和个人以及在事故救援工作中做出突出贡献的单位和个人进行表彰；

（二）指导农民工安全培训教育；

（三）指导技工学校、职业培训机构的安全管理工作；

（四）对人力资源相关场所及人才招聘活动进行安全监督管理。

第十九条　东营国土资源分局履行下列安全生产工作职责：

（一）负责矿业秩序整顿和资源整合工作，依法查处无证勘查开采、持勘查许可证采矿、越界勘查开采等勘查开采矿产资源及违法从事选（洗）矿的行为；

（二）负责矿山地质环境保护工作，督促矿山企业对采矿活动造成的矿山地质环境破坏按照矿山地质环境恢复治理方案进行恢复治理。

第二十条　区住房和建设局承担区城市建设安全生产委员会办公室的工作，并履行下列安全生产工作职责：

（一）对管辖范围内的建设工程进行安全生产监督管理（交通、水利、铁路、民航、电力、通信专业建设工程除外）；

（二）负责建筑施工、建筑安装、建筑装饰装修、勘察设计、建筑监理等建筑业单位和房地产开发、物业管理、房屋征收拆迁、租赁买卖等房地产业进行安全生产监督管理；

（三）负责住建系统企事业单位进行安全生产监督管理；

（四）对房屋建筑和市政基础设施工程用起重机械的安装、拆卸、使用和场（厂）内专用机动车辆使用进行安全监督管理；

（五）组织或参与管辖范围内建筑施工生产安全事故的调查处理；

（六）组织及监督实施管辖范围内房屋建筑工程及其附属设施等建设工程抗震、应急抢险工作；

（七）指导农村住房建设、农村住房安全和危房改造工作。

第二十一条　区交通运输局承担区交通运输安全生产委员会办公室的工作，并履行下列安全生产工作职责：

（一）制定道路、水上交通安全工作规划、计划、应急预案和安全责任指标，并组织实施；

（二）负责道路运输、水上交通行业安全监督管理；

（三）负责职责范围内道路、水运工程的安全生产监督管理；

（四）负责辖区引航行政管理工作，指导港口设施安全工作；

（五）负责职责范围内道路安全设施建设和水上航标的设置，组织监督区管公路危桥、危险路段、港口、事故多发路段安全隐患治理；

（六）依照法律、法规和有关规定，组织开展道路交通安全方面法律、法规宣传教育工作；

（七）依法参与校车安全管理工作。

第二十二条　区水利局承担区水利安全生产委员会办公室的工作，并履行下列安全生产职责：

（一）对水利行业进行安全生产监督管理，具体负责水利工程设施、河道的安全监督管理，对水库大坝、河道堤防、水闸、渠道以及重点塘坝进行安全监控，督促、指导水利安全监管和事故防范工作；

（二）组织、指导、协调、监督防汛抗旱的安全管理工作。

第二十三条　区农业局承担农业安全生产委员会办公室的工作，并履行下列安全生产工作职责：

（一）负责农业安全生产的监督管理，指导农村基层组织和农民做好种植业、沼气等生产安全事故防范工作；

（二）负责农药标签标识、经营、使用环节的安全监督管理和事故防范工作；

（三）负责农业服务行业的安全监督管理；

（四）组织实施农机驾驶人员技术培训、安全培训教育，参与农机事故的调查处理。

第二十四条　区畜牧局履行下列安全生产职责：

负责畜牧、畜禽屠宰的安全生产监督管理，对兽药和饲料生产、经营、使用进行监督检查。

第二十五条　区海洋与渔业局承担区海洋渔业安全生产委员会办公室的工作，并履行下列安全生产工作职责：

（一）负责渔业安全生产监督管理，对渔业船舶安全进行监督管理，依法对渔业作业安全实施监督检查，查处违法违章人员；

（二）负责职责权限内渔业船舶登记工作及相关行政许可事项，监督指导渔船船员的安全培训；

（三）协助有关部门和单位做好渔港消防安全监管，督促渔港管理责任单位、各渔业企业和渔民做好渔船停泊渔港期间的防风、防火和防碰撞工作；

（四）负责海洋灾害预警预报，督导海上灾害性天气应急防范措施的落实，指导海洋防灾减灾工作；

（五）配合有关部门进行海上渔业抢险救助和事故搜救工作。

第二十六条　区林业局承担林业安全生产委员会办公室的工作，履行下列安全生产工作职责：

（一）对林业安全生产进行监督管理，具体负责森林、湿地和陆生野生动物类型自然保护区安全监督管理工作；

（二）制定防范森林火灾的措施、对策和应急预案并组织演练和实施指导，监督涉林生产经营管理单位及个人落实防火措施，负责林场及林业单位的安全管理工作；

（三）负责森林火灾事故调查处理，发布森林火灾信息。

第二十七条　区商务局承担区商贸安全生产委员会办公室的工作，并履行下列安全生产工作职责：

（一）指导、监督商贸流通行业（包括批发和零售贸易业、餐饮业、住宿业、仓储业，九小场所除外）的安全生产工作；

（二）对旧车流通、再生资源回收、报废汽车回收等特殊流通行业的生产经营单位进行安全生产监督管理。

第二十八条　区文化广电新闻出版局承担区文化体育安全生产委员会办公室的工作，并履行下列安全生产工作职责：

（一）对系统内企事业单位进行安全监督管理；

（二）对文艺演出单位、互联网上网服务营业场所、博物馆、图书馆、文物保护单位、影剧院、文化馆等公共文化娱乐场所及文化创作、文化创业基地等单位进行安全监督管理；

（三）对出版机构、图书销售单位、播出机构、传输机构、音像市场、电影制片发行放映单位及印刷发行单位的安全生产工作进行监督；

（四）对主办、承办的各类文化活动、经营活动等进行安全生产监督管理；

（五）对广播电影电视重大工程和重点基础设施建设工程进行安全生产监督管理；

（六）组织、指导新闻出版机构开展安全生产宣传教育，对违反安全生产法律法规的行为进行舆论监督；

（七）协助有关部门对文化场所的消防安全进行监督管理。

第二十九条　区卫生和计划生育局承担区卫生医药安全生产委员会的工作，并履行下列安全生产工作职责：

（一）对卫生和计划生育领域（包括公办、民办医疗单位）的安全工作进行监督管理；

（二）牵头并会同有关部门，对孕产妇服务单位的安全生产工作进行指导和监督检查；

（三）指导医疗卫生机构、计划生育技术服

务机构等做好医疗废物、危险化学品、放射性物品安全处置管理工作，对医疗废物处置活动中的疾病防治工作实施统一监督管理；

（四）负责危险化学品毒性鉴定管理；

（五）负责生产安全事故医疗卫生救援；

（六）负责对职业病防治情况进行统计和调查分析，对职业病诊断、鉴定进行监督管理。

第三十条　东营环境保护分局履行下列安全生产工作职责：

（一）负责核安全、辐射安全的监督管理和辐射环境事故应急处置，监督管理核设施安全、放射源安全，监督管理核设施、核技术应用、电磁辐射的污染防治，负责放射性废物管理工作；

（二）对破坏生态环境、污染严重、未进行环境影响评价的相关企业依法进行查处；

（三）对废弃危险化学品收集、贮存、处置工作进行监督管理，依法组织危险化学品的环境危害性鉴定和环境风险程度评估，按照职责分工调查相关危险化学品环境污染事故和生态破坏事件，负责危险化学品事故现场的应急环境监测；

（四）组织、指导、协调生产安全事故次生环境事件的污染处置和应急监测。

第三十一条　区国资运营中心履行下列安全生产工作职责：

（一）依法履行国有资产出资人安全生产监督管理职责；

（二）对国有出资企业负责人履行安全生产职责情况进行考核；

（三）组织或者参与对国有出资企业的安全生产检查，督促国有出资企业落实安全防范和隐患治理措施。

第三十二条　区市场监督管理局履行下列安全生产工作职责：

（一）对企业登记中涉及安全生产登记事项的前置审批文件、证件进行形式审查；

（二）将安全生产作为整顿市场秩序的重要内容，牵头并会同有关部门，对商品交易市场的安全生产工作进行指导和监督检查，规范各类商品交易市场经营秩序；

（三）配合有关部门开展安全生产专项整治，按照职责分工依法查处无照经营等违法行为，对有关许可审批部门依法吊销、撤销许可证或者其他批准文件，或者许可证、其他批准文件有效期届满的生产经营单位，根据有关部门的吊销、撤销处罚决定书和通知依法责令其办理变更登记或注销登记；对擅自从事相关经营活动情节严重的，依法吊销营业执照；

（四）配合有关部门依法查处取缔应取未取安全生产（经营）许可的生产经营单位；

（五）对职责范围内的食品、药品生产经营单位进行安全生产监督管理；

（六）负责企事业单位食堂的安全生产监督管理。

第三十三条　区质监局承担区特种设备安全生产委员会办公室的工作，并履行下列安全生产工作职责：

（一）负责管辖范围内的特种设备安全监督管理工作，依法组织查处特种设备违法行为，按规定权限配合特种设备安全事故的调查处理，依法对特种设备安全、安全防护计量器具进行监督管理；

（二）按规定权限监督管理特种设备的生产（包括设计、制造、安装、改造、修理）、经营、使用、检验、检测；

（三）依法负责保障劳动安全的产品、影响生产安全的产品、危险化学品及其包装物、容器（不包括储存危险化学品的固定式大型储罐）生产企业的工业产品生产许可证的证后监管工作，并依法对其产品质量实施监督。

第三十四条　区旅游局承担区旅游业安全生产委员会办公室的工作，并履行下列安全生产工作职责：

（一）负责旅游安全生产的综合协调和监督管理，指导旅游突发事件应急救援工作；

（二）对旅行社、旅游景区景点安全生产进行监督管理；

（三）配合有关部门和单位对度假区、旅游车辆和特种旅游项目设施进行安全监督检查；

（四）指导旅游安全培训工作。

第三十五条　区城市管理和行政执法局承担区城市管理安全生产委员会办公室的工作，并履行下列安全生产工作职责：

（一）对管辖范围内的风景名胜区、景观亮化、环境艺术、园林绿化、古树名木、城市雕塑、户外广告和市政基础设施等进行安全生产监督管理；

（二）对管辖范围内的防火、防汛、防雪等城市管理工作进行安全生产监督管理；

（三）负责城管系统企事业单位进行安全生产监督管理；

（四）负责城镇燃气安全工作进行监督管理，负责燃气管网改造工作，会同区有关部门及街道做好非法充装液化气和城市燃气管道占压隐患整治工作；

（五）在供水、燃气、热力以及其他方面配合支持生产安全事故应急抢险救援相关工作。

第三十六条　区油区工作委员会承担区油区安全生产委员会办公室的工作，并履行下列安全生产工作职责：

（一）负责组织协调油区安全生产工作，依法组织油区工作领域的安全生产大检查；

（二）负责油田物资外运过程的安全管理；

（三）负责油气管线占压安全监督整治工作。

第三十七条　区民政局履行下列安全生产工作职责：

（一）负责各类社会福利机构、社会团体、民办非企业单位及其分支（代表）机构、婚姻、殡葬、收养、养老、救助服务机构、烈士陵园、离退休干部休养机构等民政服务机构的安全监督管理；

（二）负责救灾物资仓储中心和相关福利设施的安全生产工作，指导灾民集中安置点的安全生产工作；

（三）会同有关部门做好重大祭奠节日有关公共聚集场所的安全管理工作；

（四）协助相关部门做好社区安全知识宣传，加强社区安全管理人员培训教育，培育发展社区安全志愿者队伍；

（五）对各类社会组织登记中涉及安全生产的有关审批前置条件依法进行审查；

（六）负责福利彩票销售机构的安全监督管理；

（七）按照区政府和区安委会的部署，做好民政领域安全事故应急救援相关工作。

第三十八条　区监察局履行下列安全生产工作职责：

（一）依法对行政监察对象履行安全生产监督管理职责情况实施监察，按照干部管理权限对安全生产领域违纪行为及有关人员进行查处；

（二）参加生产安全事故调查处理，落实生产安全事故行政责任追究制度，监督检查事故行政责任追究落实情况。

第三十九条　区财政局履行下列安全生产工作职责：

（一）为安全生产监督管理工作提供经费保障，保障安全生产监督管理工作需要；

（二）设立区级安全生产专项资金，专项用于政府安全生产体系和公共安全体系建设、安全生产监督管理、重大隐患治理、执法监察、宣传培训、装备保障、信息系统及应急救援体系建设，推动企业安全生产标准化建设及其他安全生产支出等方面；

（三）负责社会财会机构安全生产监督管理；

（四）对区级财政系统企事业单位进行安全生产监督管理。

第四十条　区审计局履行下列安全生产工作职责：

对各街道和有关部门安全生产预算资金使用情况依法进行审计监督。

第四十一条　区统计局履行下列安全生产工作职责：

将安全生产有关指标纳入国民经济和社会发展统计指标体系，并定期公布统计结果。

第四十二条　东营规划分局履行下列安全生产工作职责：

（一）将安全生产规划与城乡规划相衔接，指导高危行业建设项目规划选址，将涉及“两重点一重大”（重点监管的危险化学品、重点监管的化工工艺，重大危险源）建设项目的安全生产条件作为审批规划和批准项目的重要依据；

（二）按照城乡规划执法工作职责，协调规划执法部门依法对涉及安全、违反《城乡规划法》的违法建设行为进行查处；

（三）会同相关街道和区有关部门，配合市

级部门做好供热、燃气及危险化学品管道占压隐患整治工作。

第四十三条　区金融办公室履行下列安全生产工作职责：

（一）配合银行业监管机构做好辖区内各类银行的安全监管工作；

（二）配合金融监管机构做好辖区内保险、证券、期货、资产管理等各类金融机构的安全生产监管工作；加强地方融资性担保、金融租赁、典当、拍卖等非银行类金融机构的安全管理。

第四十四条　区服务业办公室履行下列安全生产工作职责：

（一）会同有关部门将安全生产写入全区服务业发展总体规划与年度计划并组织实施，指导和协调全区服务业安全有序发展，定期组织行业会议，分析行业、领域的安全生产形势，研究解决服务业发展中遇到的安全生产问题；

（二）指导全区服务行业单位贯彻落实有关安全生产的法律法规和方针政策，组织落实安全生产责任制，加强服务行业应急救援预案编制、演练和事故抢险救援工作。

第四十五条　区直机关行政事务管理局履行下列安全生产工作职责：

（一）负责授权管理的区直机关办公区域、住宅区域、公共区域基础设施设备建设、改造、维修的安全管理；

（二）负责授权管理的区直机关办公区域、住宅区域、公共区域物业服务企业的安全监督。

第四十六条　各相关部门、单位依照有关法律、法规的规定，按照省、市、区有关职责分工和工作要求，负责本行业、领域的安全生产监督管理工作，履行相应安全生产工作职责。

第四章　监督与责任追究

第四十七条　各级人民政府应当每季度至少召开一次安全生产工作会议，分析、部署本行政区域防范生产安全事故工作。会议决定事项作为安全生产有关检查、考核的依据。

第四十八条　各镇人民政府、街道办事处及有关部门应当每半年向区安委会报告履行安全生产工作职责情况；其主要负责人应当每季度向区安委会报告履行安全生产工作职责情况。

第四十九条　各镇人民政府、街道办事处及有关部门应当建立健全安全生产考核制度，完善考核指标体系，落实区政府或区安委会下达的年度安全生产控制考核指标。

第五十条　本行政区和本行业、领域发生较大生产安全事故或连续发生一般事故（道路交通一般事故除外）的，有关人民政府及部门应当向区政府作出检查。

第五十一条　各镇人民政府、街道办事处及有关部门有下列情形之一的，由区政府给予警示通报，对有关人员进行约谈：

（一）本行政区和本行业、领域发生较大及以上生产安全事故或者发生造成恶劣影响的涉险事故的；

（二）本行政区和本行业、领域连续发生事故且影响重大的；

（三）本行政区和本行业、领域事故发生起数或者死亡人数超过年度安全生产控制考核指标的；

（四）不执行事故挂牌督办指令的；

（五）不落实事故责任追究的；

（六）法律、法规和规章规定的其他情形。

各镇人民政府、街道办事处及有关部门有前款（一）、（二）、（三）项情形的，实行安全生产一票否决。

第五十二条　各镇人民政府、街道办事处及有关部门未按照本规定履行安全生产工作职责，有下列情形之一的，由区政府给予通报，并对直接负责的主管人员和其他直接责任人员依法给予处分；构成犯罪的，依法追究刑事责任：

（一）未依法履行涉及安全生产的行政许可、行政执法职责，造成严重后果的；

（二）未依法履行重大事故隐患监督管理职责的；

（三）未有效组织或者参与事故救援、导致人员伤亡或者财产损失扩大的；

（四）对事故隐瞒不报、谎报或者拖延不报的；

（五）阻挠、干涉事故调查处理或者责任追究的；

（六）有滥用职权、玩忽职守、徇私舞弊的其他行为的。

第五章　附　则

第五十三条　各镇人民政府、街道办事处及有关部门应当依照本《规定》，对相关安全生产监管职责进行细化、分解，并落实到具体的人员。

第五十四条　本规定发布前，以本区文件发布的，涉及各级人民政府及有关部门安全生产职责的规定，凡与本规定不相符合的，以本规定为准。

第五十五条　本规定自公布之日起施行。

中共东营区委　东营区人民政府
关于全面推进志愿服务工作的实施意见（试行）

（2016年8月29日）

志愿服务是公民参与社会建设、服务社会需求、承担社会责任、促进社会和谐的重要方式，也是社会管理创新的重要抓手。为进一步弘扬志愿精神、培育志愿文化，完善社会志愿服务体系，大力发展志愿服务事业，实现全区志愿服务制度化、专业化、常态化，特制定如下实施意见。

一、指导思想

全面贯彻党的十八大和十八届三中、四中、五中全会精神，深入学习贯彻习近平总书记系列重要讲话精神，紧紧围绕服务全区改革发展大局，以培育和践行社会主义核心价值观为根本，大力弘扬“奉献、友爱、互助、进步”的志愿服务精神，把开展志愿服务与加强基层党建，特别是“两学一做”学习教育结合起来，与创新社会治理实现居民自治工作结合起来，与群众性精神文明创建活动结合起来，积极构建具有东营区特色的志愿服务制度，打造党建统领、多元参与、城乡一体、保障完善的志愿服务体系，营造“我为人人、人人为我”的良好社会风尚，为建设“志愿者之城”奠定良好的基础。

二、基本原则

（一）坚持党建统领与全民参与相结合。发挥党的组织优势，号召广大党员参与到志愿服务中来，以党内带党外，逐步实现参与群体由党员向群众拓展，形成全民参与志愿服务的良好局面。

（二）坚持服务公益与服务民生相结合。不断将志愿服务与政府服务、市场服务相衔接，以公益为导向，以民生为根本，紧紧围绕“党政所急、百姓所想、社会所需、志愿者能为”，有针对性地设计项目、开展活动，做到量力而行、务求实效。

（三）坚持党委政府引导与社会支持相结合。充分发挥各级各部门、单位的作用，将志愿服务工作纳入部门、单位职责范围，各司其职，密切配合。广泛动员社会力量，充分利用社会资源，推动志愿服务事业向社会化方向发展，促进形成党委政府与社会组织合作开展志愿服务项目的模式和联动效应。

三、主要目标

到2016年底，初步建立起比较健全的志愿服务工作体系和激励保障机制；到2017年底，我区志愿服务工作达到全国先进县区水平，实现志愿服务制度化、规范化、常态化；到2018年底，基本建成“志愿者之城”，志愿服务工作成为东营区靓丽的名片。

（一）社会参与更加广泛。各类社会组织参与志愿服务比例显著提高，公众志愿服务参与率明显提升，2017年底，全区志愿者人数达到常住人口的8%以上，城区、农村党员（团员）参与志愿服务比率分别达到60%、30%以上。

（二）组织建设更加健全。区、镇（街道）、社区（村居）三级志愿组织体系更加完善，机关事业单位、规模以上企业基本建立志愿者队伍，培育发展一批从事志愿服务的公益性社会组织。

（三）志愿服务深入发展。志愿服务水平明

显提升，专业化志愿服务队伍发展壮大，志愿服务领域进一步扩大，志愿服务机制更加完善，志愿服务管理更加科学，激励保障措施更加健全，志愿服务实现常态化。

（四）志愿精神深入人心。志愿精神成为城市精神和时代风尚的重要组成部分，“有时间做志愿者、有困难找志愿者”成为社会共识，市民对志愿服务活动认同和支持率达到95%以上，市民文明素质和社会道德水平明显提高。

四、主要任务

重点组织实施“六大工程”：

（一）实施党员示范带动工程。突出党建统领，把推进党员志愿服务与“两学一做”学习教育紧密结合起来，引导广大党员在志愿服务中更好地发挥示范带动作用。

1.开展党员志愿服务工作。大力倡导“一个党组织就是一个志愿服务组织、一名共产党员就是一名志愿者”的理念，着力实施工作创新，探索“一个党支部带动一个社会志愿服务组织、一名党员带动一个家庭户”的志愿服务工作新模式。各级各部门、单位以加强基层服务型党组织建设为抓手，把志愿服务纳入基层党建范围，形成以党组织为核心、全社会共同参与的志愿服务工作格局。广大党员干部要深入基层、深入社区，亮明身份，带头到所在单位、社区注册登记，带头参与活动，自愿无偿服务群众。

2.在志愿服务组织中设立党组织开展党的活动。在具备条件的志愿服务组织中设立党的组织，充分发挥党组织的政治核心作用，围绕党章赋予基层党组织的基本任务开展工作，团结凝聚志愿者，保证志愿服务组织的政治方向；暂不具备条件的，要明确责任单位指导志愿服务组织开展党建工作，条件成熟时及时建立党的组织。坚持党建带群建，充分发挥各级团委、妇联、关工委、工会等群团组织优势，激励社会各方面力量参与志愿服务。

（二）实施志愿服务基础工程。开展志愿服务活动，基础在队伍。完善志愿者招募管理机制，打造志愿服务阵地，畅通拓展招募渠道，鼓励社会公众广泛参与，推动志愿队伍规范化、多元化发展。

1.完善志愿者招募管理机制。建设开通东营区志愿服务平台，广泛开展宣传和培训，确保年底前，实现全区志愿者、组织、项目全覆盖。建立经常性与应急性相结合、社会化和组织化并举的招募机制，规范志愿者招募的标准、条件和流程，吸纳各阶层、各职业、各年龄段人员参加志愿服务活动。建立全区统一的志愿者登记注册制度，加强志愿服务日常管理，实现志愿者、服务对象和活动项目的有效衔接。

2.打造志愿服务阵地。按照有办公场所、有标识、有队伍、有经费、有制度、有记录、有氛围的“七有”标准，设立镇（街道）、社区（村居）志愿服务中心，整合党员、团员青年、巾帼、五老等各类志愿组织进驻，开展活动。各镇、街道按照标准要求，在公共场所等人流相对集中的区域，合理设置一批“体现特色、规范统一、便民实用”的志愿服务站点，保障志愿服务活动的常态化开展。区直各行业主管部门也要结合实际，积极引导有条件的监管服务单位设立志愿服务站点。

3.突出社区志愿服务。构建“1333”社区志愿服务体系，坚持以党建统领为核心，积极搭建社区志愿服务阵地、培育孵化、信息辅助“三个平台”，创新社区志愿服务油地社区联动、社工+志愿者、项目化“三种模式”，建立社区志愿服务精准对接、品牌创建、认证回馈“三项机制”，形成社区党组织领导、专业机构指导、志愿组织引领、社会广泛参与的社区志愿服务新格局，努力建成一批标准化的社区志愿服务站点，培育一批专业化的社区志愿服务队伍，实施一批常态化的社区志愿服务项目，形成一套完善的社区志愿服务工作体系。

（三）实施志愿服务项目推进工程。坚持立足基层，以需求为导向，努力打造一批精品志愿服务项目，创建一批优质志愿服务品牌，促进志愿服务整体水平提升。

1.抓好项目设计开发。围绕全区工作重点和社会关注热点，着眼引导群众参与公共服务和社会管理，开发设计安全生产、信访稳定、扶贫开发、创新创业、应急救援、环境保护、医疗卫生、文体活动等志愿服务项目。在媒体及时发布志愿服务项目，调动社会各界力量和资源认领项目，指导项目实施，逐步形成志愿服务项目征集、发布、实施和评估的工作机制，实现需求、项目和志愿者的有效衔接。鼓励各部门、单位和镇（街道）、社区（村居）志愿服务队伍结合自身实际，设计一批志愿服务项目。

2.持续打造品牌项目。因地制宜、积极探索打造具有专业特点和本地特色的优秀团队、品牌项目和先进人物，持续从基层培育一批创新性强、效果好、影响大的志愿服务品牌项目和队伍。打造各行业各单位志愿服务品牌，在创建过程中充分发挥示范效应，引领提升志愿服务水平。

（四）实施志愿服务专业化工程。要应对经济快速发展、社会分工日益精细、志愿服务日趋多样的新趋势、新特点，不断拓宽志愿服务范围，提升志愿者专业服务水平。

1.发展专业队伍、提供专业服务。区直有关行业主管部门和群团组织要发挥优势，依托现有的行业组织、专业协会，推动各行业专业人士加入志愿服务队伍。组建安全生产、信访稳定、环境保护、应急救援等专业志愿服务队伍，提高志愿者专业服务水平。经常性组织科技、环保、消防等方面专家志愿者深入社区、工厂、企业、学校开展安全避险、环境保护、应急救援等内容的科普讲座、咨询和现场演练服务活动，引导医师、律师、教师等专业人员，针对不同类型的群众需求提供差异化的高质量服务。

2.完善志愿服务培训工作。建立健全多层次的志愿者骨干培训体系，研究开发志愿者培训课程和教材，编写《志愿服务普及读本》，通过集中辅导、座谈交流等方式，对志愿者进行志愿文化和知识技能培训。制定实施志愿服务骨干培养计划，每年对志愿者骨干至少轮训一次。区直相关部门、单位要依托党校、黄河三角洲油地军校就业联动中心、文体活动中心、医院等阵地，打造一批志愿服务专业培训基地。各镇、街道也要依托社区工作站打造志愿服务培训基地。在全社会广泛招募志愿者培训师，探索志愿者“必修课+选修课”套餐式培训模式，切实提高志愿者的服务意识、能力和水平。

（五）实施志愿服务激励保障工程。建立以精神激励为主，物质激励为辅的志愿服务激励体系，增加志愿者对志愿服务的认同感和归属感，使志愿者受尊重、有地位，从而激励更多人从事志愿服务活动。

1.实施志愿者星级认证制度。根据志愿者注册后累计的服务时间，按照一星到五星五个不同级别认定。建立志愿者嘉许制度，激励褒扬优秀志愿者。

2.建立志愿服务积分回馈制度。制定出台实施细则完善和落实志愿服务政策保障，使志愿者利用参加志愿服务的时间和质量，换取一定的社会服务。根据志愿服务活动的需要，为志愿者购买相应的人身意外伤害保险和提供物质保障。鼓励商业机构对有良好志愿服务记录的志愿者提供优先、优惠服务。鼓励医院、银行等窗口单位向星级志愿者开辟绿色快捷通道。将志愿服务活动纳入年度综合考核，与单位和个人的年度考核、评先评优挂钩。把积极参加志愿服务的青年团员优先推荐为入党积极分子。把志愿服务纳入学校教育，研究制定学生志愿服务管理办法，鼓励在校学生参加有益于其身心健康发展的志愿服务活动。

（六）实施志愿服务组织培育工程。贯彻落实国家八部委《关于支持和发展志愿服务组织的意见》，加大志愿服务组织的扶持力度，激发社会组织活力，推动志愿服务增强内生动力、提高“造血”能力。

1.完善监督管理。坚持登记导向，适度放宽登记条件和建立备案与挂靠制度的等级管理要求，通过“登记＋备案”相结合的方式，尽可能多地将志愿服务组织纳入依法管理的范畴。鼓励镇（街道）、社区（村居）为志愿服务组织提供注册场所支持，给予志愿服务组织发展空间。加强志愿服务组织日常监管，推进志愿服务组织诚信建设，将志愿服务组织守信情况纳入社会组织诚信指标体系。建立对业务活动与志愿服务宗旨、性质严重不符的志愿服务组织退出机制。

2.做好孵化支持。建立健全组织孵化、政府购买服务等工作机制，培育发展一批志愿服务组织。鼓励支持各级各有关部门建立志愿服务组织孵化基地，整合、引导、扶持富有特色、人员稳定、服务优良的志愿服务队伍孵化成为志愿服务组织，并优先提供项目开发、能力培养、合作交流等服务。对作出突出贡献的志愿服务组织进行表扬激励。大力推广志愿服务组织培育和管理经验、建设优秀志愿服务组织库和项目库，引领带动志愿服务组织科学化、规范化发展。

五、保障措施

（一）加强组织领导。成立区全面推进志愿服务工作领导小组，领导小组下设办公室，各镇、街道也要成立相应的领导和工作机构。根据全区志愿服务工作推进情况，在区和镇（街道）层面分别设立正式机构、配备专门人员，推动志愿服务工作开展。加强社区志愿者服务站等建设，通过增加人员编制、公开招聘、遴选工作人员、政府购买服务、干部挂职锻炼等途径，增强专职工作力量。各单位安排专人管理志愿服务工作，按照“专兼结合”原则，确保“有人办事”。

（二）建立多元投入机制。充分发挥政府投入的保障和引导作用，按照政府承担的相应职责，区财政要将志愿服务工作经费纳入公共财政预算保障范围，为志愿服务活动等提供经费支持，各镇、街道也要安排志愿服务专项经费予以配套。区财政、民政、社区办等部门要积极推进政府购买服务，支持志愿服务组织立足自身优势，承接相关服务项目。鼓励社会捐赠资助以及其他合法来源，形成“财政保障，社会支持”的经费筹集模式。

（三）营造社会氛围。切实加大志愿服务的宣传力度，充分发挥报纸、广播、电视、互联网等大众传媒作用，运用多种形式，大力弘扬志愿服务精神和理念。加强对志愿服务典型的宣传，推出一批有创意、效果好、示范性强的志愿服务先进典型。各镇、街道和区直各部门、单位也要充分利用现有宣传资源，加强志愿服务的宣传教育，营造浓厚舆论氛围。

（四）严格督查考核。把志愿服务工作纳入对各镇、街道，区直各部门、单位年度综合考核重要内容，每年年中、年底组织进行全面督导考核，及时通报考核情况。对今年实施的“六大工程”进行重点跟踪督查，确保活动实效。

中共东营区委　东营区人民政府
关于深入推进供给侧结构性改革的实施意见

（2016年9月2日）

为积极破解当前我区经济社会发展中的深层次矛盾和突出问题，不断增强经济增长动力和活力，推动全区经济转型发展、提质增效，根据中央和省、市关于供给侧结构性改革有关文件精神，结合我区实际，提出如下实施意见。

一、总体要求

深入贯彻中央和省、市关于供给侧结构性改革的决策部署，坚持以创新、协调、绿色、开放、共享五大发展理念为引领，以转变发展方式为主线，以重点突破、问题导向、创新驱动、改革统领为原则，着力加快供给侧结构性改革，切实做好去产能、去库存、去杠杆、降成本、补短板等各项工作，加快改造提升传统动能，积极培育发展新动能，优化要素资源供给，全面提高供给体系质量和效率，为率先全面建成小康社会，加快建设生态宜居、美丽幸福的现代化新城区提供有力支撑。

二、主要目标

经过3年努力，全区供给侧结构性改革攻坚取得重要进展，过剩产能和房地产库存有效化解，各类市场风险总体可控，企业生产经营成本和盈利能力回归合理水平，生产经营环境明显改善，要素配置效率明显提升，市场主体活力持续增强。再经过2年的努力，到“十三五”末，重点领域和关键环节改革取得实质性进展，供给结构对需求变化的适应性灵活性显著提高，全社会创新能力显著提高，新的发展动能持续壮大，初步形成与我区功能定位相适应的多层次、高质量的供给体系。

去产能方面。2016—2018年，产能过剩行业产能利用率力争提高到80%以上，按时完成上级下达的化解过剩产能任务目标。

去库存方面。2016年，工业品产销率达到97%左右。全区商品房去库存周期力争控制在15个月以内；增强货币化安置的吸引力，棚户区改造货币化安置比重达到50%以上。

去杠杆方面。2016年，力争上市挂牌企业累计达到3家。2017年底，银行业金融机构不良贷款率低于全市平均水平，债转股在全市的份额不低于不良贷款在全市的占比。通过知识产权入股、上市增发、兼并重组等多种方式，使企业自有资金的比重大幅提高。

降成本方面。2016年，通过减税降费为企业减轻成本负担2亿元左右。企业职工基本养老保险单位缴费费率统一降至18%。科技进步对经济增长的贡献率力争达到56%。对涉企行政事业性收费进行清理规范，按照上级要求，到2018年年底，对省定涉企行政事业性收费实现“零收费”。

补短板方面。2016年，服务业增加值占比力争提高1个百分点。研发经费投入占生产总值的比重提高到2.6%左右。新增国家级、省级和市级创新平台6个以上。减少贫困人口1328人。2016—2017年，全区解决“大班额”问题，新建、改扩建项目10个，规划建设校舍建筑面积28.4万平方米，新增班数469个，新增学位数18760个。

三、重点任务

（一）分类施策化解过剩产能

1.主动退出一批。建立“僵尸企业”分类数据库，制定针对性处置工作方案。对资不抵债、重组无望的企业，引导其市场化、规范化、法治化退出。加强财税、金融、价格、土地等政策的协调配合，促进企业主动压减过剩产能（区经济和信息化局牵头，各镇、街道，区发展和改革局、区财政局、东营国土资源分局、区市场监督管理局、区金融工作办公室、区物价管理办公室配合）。

2.倒逼出清一批。严格执行环保、能耗、质量、安全、技术等法律法规、标准和产业政策，对不达标的企业（设备或生产线）限期整改，在规定期限内仍达不到要求的，依法依规强制关停退出。涉及重大事项要搞好风险评估，健全处置预案。支持法院设立“僵尸企业”处置绿色通道，提高审理效率，加快市场出清（区经济和信息化局牵头，各镇、街道，区法院、区发展和改革局、区科技局、东营环保分局、区安全生产监督管理局配合）。

3.优化整合一批。坚持“多兼并重组、少破产清算”，尤其对民营企业要注重科学引导，善用市场手段、法治方式。鼓励各类资本参与企业兼并重组和破产清算整合，有效盘活存量资源（区经济和信息化局牵头，各镇、街道，区发展和改革局、区财政局、区国有资产运营中心配合）。

4.转移消化一批。积极参与“一带一路”等国家战略，推动企业“走出去”和优势产能转移，引导我区石油装备、石油化工等优势产业加快产能境外转移步伐，积极推动国际产能合作，充分发挥我区重点产业在产能、技术、价格等方面优势到境外投资建厂，利用当地的资源储备、劳动力成本、国家政策导向优势，参与国际资源开发，带动装备、产品、技术、标准、服务的全产业链输出（区商务局牵头，各镇、街道，区经济和信息化局、区发展和改革局配合）。

5.改造提升一批。引导各类企业拉长产业链条，发展智能制造，提升品质，创建品牌。推进炼油、化工攻克生产关键技术，打造精细化工产业体系，大力发展化工新材料，促进产品高端化、资源循环化、排放无害化（区经济和信息化局牵头，区发展和改革局、区科技局配合）。

（二）多措并举减少库存

6.加快新型城镇化进程。落实东营市《2016—2020年各县区人口市民化目标任务分配方案》。2016年全年实现1.91万农业转移人口市民化（其中，1.68万外来务工人员市民化、0.23万就地转移人口市民化）、0.85万城中村和城边村原有居民市民化任务（区住房和城乡建设局牵头，区发展和改革局、区民政局、区人力资源和社会保障局、区农业局、东营公安分局、东营国土资源分局配合）。

7.深化住房制度改革。将符合条件的非户籍困难家庭纳入住房保障范围。改革公共租赁住房保障方式，提高租赁补贴比重，降低实物配租比重；鼓励收购库存商品住房作为公租房。做好房屋租赁登记备案业务，促进我区房产租赁市场的发展。制定深化区直机关住房制度改革和处理好干部职工住房问题的实施意见及相关配套办法（区住房和城乡建设局牵头，各镇、街道，区民政局、区财政局、区人力资源和社会保障局配合）。

8.调整优化房地产供应。建立房地产去库存与房地产开发建设用地挂钩制度，实行差异化供地政策，适度调节相应类型土地供应规模。对房地产库存明显偏多的地区，暂停供应新增房地产开发用地。鼓励将符合条件的商品房、闲置厂房、仓库等转型利用，依法依规改造为电商用房、养老地产、旅游场所、中小学和幼儿园等专业设施。围绕旧城片区开发，科学引导发展商务楼宇，着眼于房地产去库存，鼓励购买或租赁闲置楼宇建设创新创业平台、孵化基地以及新型企业服务平台（区住房和城乡建设局牵头，东营国土资源分局、东营规划分局、区民政局、区科技局、区教育局、区商务局、区旅游局、区服务业办公室配合）。

9.推进工业品产销模式创新。运用大数据分析目标市场，鼓励发展个性化定制，实现供给与消费高效互动。大力发展农村电子商务，建设具有黄河三角洲地域特色的电商营销平台。推进钢结构使用，提高城乡建筑效率，增强建筑抗震强度，促进钢材、水泥等建筑产品消费（区经济和信息化局牵头，区住房和城乡建设局、区农业局、区商务局配合）。

（三）合理管控杠杆水平

10.优化企业资产负债结构。完善企业资本金补充机制，提高非金融企业直接融资比重，鼓励金融和非金融企业在区域性股权交易市场、“新三板”挂牌，通过股权融资、改制上市等手段，实现股权多元化，降低企业资产负债率。积极拓宽抵质押范围，降低企业融资杠杆。鼓励企业综合利用企业债券、公司债券、中期票据等债券品种进行融资（区金融工作办公室牵头，区经济和信息化局、区发展和改革局配合）。

11.强化企业金融服务。鼓励金融机构运用续贷展期、联合授信等手段，优化信贷服务。确保小微企业续贷业务增速不低于贷款平均增速。推进保险资金参与政府设立的股权投资引导基金、城市发展基金、产业基金。支持地方法人金融机构降低利用再贷款资金发放的涉农、小微企业贷款利率水平，降低利用再贴现资金办理贴现的利率水平。加快建立各类社会资本参与的服务业发展创投基金、股权投资基金，探索新型投融资模式（区金融工作办公室牵头，区服务业办公室配合）。

12.加强政府资金引导。用足用好各级政府和社会资本合作（PPP）发展基金，加强项目推介、落地，引导和带动社会投资。充分发挥政府股权投资引导基金作用，积极争取国家中小企业发展基金、新兴产业创业投资基金和科技成果转化引导基金等。在国家批准的地方政府债务限额内，做好地方政府债券的置换和到期债务偿还工作，将政府债务全部纳入预算管理（区财政局牵头，区发展和改革局、区经济和信息化局、区科技局、区金融工作办公室配合）。

13.加大金融风险防控。加强对担保圈、互保链、贸易融资等领域金融风险的防范和化解，完善金融风险监测和信息通报机制，守住不发生系统性区域性金融风险的底线。鼓励企业多发企业债，用长期债券置换短期债券，拆解担保圈，降低企业风险。加快不良资产核销处置。加快推进社会信用体系建设，建立守信激励和失信惩戒机制。严厉打击恶意逃废债务、非法集资等违法犯罪活动（区金融工作办公室牵头，各镇、街道，区国有资产运营中心、东营公安分局配合）。

（四）综合施策降低成本

14.引导企业内部挖潜。开展“对标挖潜、降本增效”活动，积极推进机器代工，大力发展智能制造，提高全要素生产率；鼓励企业改变粗放式经营，加强精细化管理，优化生产流程，强化过程控制，降低物流、能源和原材料消耗，压缩管理、销售和财务费用（区经济和信息化局牵头，区科技局配合）。

15.降低制度性交易成本。加快整合现有政务服务资源，推进省市区三级政务服务平台互联互通，实行统一受理、统一办理、统一查询、统一监管，对接完成全市政务服务“一网通”。大力拓展“互联网+政务服务”覆盖面，逐步实现政务服务的网络化、移动化、智能化，努力形成全区主要行政权力“一张网”运行模式，向社会提供便捷高效的网上政务服务（区政务服务中心管理办公室牵头，区机构编制委员会办公室、区发展和改革局、区经济和信息化局、区市场监督管理局、区质量技术监督局、区政府法制办配合）。

16.降低税费成本。落实小微企业、高新技术企业税收优惠政策；按规定减征、免征、缓征困难企业相关税收。积极落实上级清理规范收费项目有关文件规定，大力开展清费治乱减负工作，清理、减免行政事业性收费，清理规范行政审批中介服务项目和收费（区财政局牵头，市区国税局、东营地税分局配合）。

17.降低社会保险费成本。优化社保险种结构，推进生育保险和基本医疗保险合并实施。与市同步调整企业职工基本养老保险单位缴费费率。适当降低职工基本医疗保险费率，完善工伤保险差别化费率政策，落实降低工伤和失业保险费率政策，降低公积金缴存比例（区人力资源和社会保障局牵头，区住房和城乡建设局、市住房公积金管理中心东营区管理部配合）。

18.降低生产要素成本。积极研究落实电力体制改革相关政策，认真执行国家降费政策，确保完成用电成本降低目标。根据国家、省工业用地弹性出让政策，落实工业用地弹性年期、先租后让、租让结合等制度，降低一次性置地投入。建立与经济发展水平相适应的最低工资标准调整机制。引导金融机构完善信贷准入标准，合理控制贷款利率上浮空间，规范企业融资中介收费行为，清理不必要的资金“通道”和“过桥”环节（区经济和信息化局牵头，区供电公司、东营国土资源分局、区人力资源和社会保障局、区金融工作办公室配合）。

（五）突出重点补齐短板

19.增强创新驱动能力。深化科技体制改革，落实普惠性创新扶持政策，健全以企业为主体的产学研协同创新机制，完善区域创新创业服务体系。实施“雏鹰”计划，以初创企业、种子期企业为目标，培育新的经济发展增长点；实施“瞪羚”计划，培育科技型中小企业发展壮大；实施“跃升”计划，培育行业领军企业。推进创新创业孵化基地、创业园区建设，培育创新创业主体。围绕经济社会发展需要和重点产业发展方向，鼓励政府和企业通过多种形式，利用多种资源，多渠道、多层次推进创业孵化基地、创业园区建设，培育创业创新主体（区科技局牵头，区委组织部、区人力资源和社会保障局、区经济和信息化局、区财政局配合）。

20.提升产业发展水平。大力发展特色农业产业，构建新型农业经营体系，推进城郊都市休闲农业和乡村旅游产业发展，促进农村一二三产业融合，推动农业产业转型升级；实施农产品品牌培育提升工程，推进粮改饲试点，提升我区农产品市场竞争力。到2020年，全区“三品一标”农产品基地面积达到20万亩。根据全市高标准农田发展综合规划，整合全区农田水利设施、农业综合开发、土地整理等基础设施建设资金，根据统一规划，制定建设标准，协调组织实施，到2020年全区高标准农田新增8万亩，总面积达到23万亩（区农业局牵头，区水利局、区财政局、区畜牧局配合）。

落实中国制造2025山东省行动纲要，加快工业行业转型升级，发展石油装备特色制造、石油化工装备制造等特色制造业。大力发展高新技术产业，培育新材料、新能源、生物制药等战略性新兴产业，建设一批重大科技创新平台，攻克一批核心关键技术，实施一批重大科技创新工程，壮大一批产业技术联盟（区经济和信息化局牵头，区发展和改革局、区科技局配合）。

落实市旅游产业发展总体规划和加快发展生活性服务业促进消费结构升级的有关政策。加快传统服务业转型升级步伐，重点发展文化旅游、创新创业服务等新兴服务业态。推动医疗卫生和养老服务业融合促进，建设一批医养结合综合体。开展便民惠民消费促进活动，大力发展家政养老、文化体育等服务业（区服务业办公室牵头，区民政局、区文化广电新闻出版局、区卫生和计划生育局、区旅游局配合）。

21.完善重大基础设施网络。能源网:围绕构建清洁低碳、安全高效的现代能源体系，推进国电胜利电厂三期第二台机组等项目建设（区发展和改革局牵头，黄河路街道配合）。

综合交通网：围绕构建现代综合交通运输体系，配合推进环渤海高铁前期工作，促进交通网络广覆盖、深通达、提品质，配合市政府打造综合交通枢纽城市（区交通运输局牵头，区城市管理和行政执法局配合）。

水利设施网:完成南水北调配套工程中心城区供水单元（东营区段）征迁任务，实施5000亩（最后一公里）小型农田水利基本建设工程（区水利局牵头，牛庄镇、六户镇、史口镇、龙居镇配合）。

信息网:落实国家大数据战略，深入推进三网融合，加快农村互联网基础设施建设，推动农村宽带设施全覆盖，打通信息“最后一公里”，全区互联网普及率达到50%以上（区经济和信息化局牵头，各镇、街道，区农业局、区广电网络公司配合）。

22.改善城乡基础设施条件。突出提升公用设施服务水平，合理布局建设停车场和立体车库，支持社会化车位共用，建设较为完善的停车泊位系统；健全完善地下管网系统，加快推进城市地下综合管廊建设；按照住建部有关行业标准和规范，采取逐年增加的方式，逐步提高城市公厕保有量（区城市管理和行政执法局牵头，区住房和城乡建设局配合）。

积极建设智慧城市，搭建智慧城市管理系统，建设综合性城市管理数据库，促进大数据、物联网、云计算等新一代信息技术与城市管理服务融合。认真贯彻落实国家、省、市关于棚户区改造工作的决策部署，2016年实施棚户区改造不低于3000户。开展西城老旧小区提升改造，2016年完成42个老旧小区改造任务；推进城区建设扬尘整治，严格落实工地围挡、路面硬化、物料篷盖、视频监控等治理措施，建立裸露土地动态绿化机制，有效控制建筑工地和城市道路扬尘（区住房和城乡建设局牵头，各镇、街道配合）。

加快实施西城地方小区集中供热设施改造建设工程，力争利用3年时间，实现西城所有地方小区的集中供暖改造；供气系统，加快推进城乡天然气一体化，全面实施天然气镇镇通项目，力争利用2年时间，对各镇具备条件的村（居）全部接通天然气，对西城2.6万户的超期天然气设施进行改造（区城市管理和行政执法局牵头，各镇、街道配合）。

深入推进渣土车治理，加强散煤清洁燃烧综合治理。提升城镇污水集中处理标准和能力，逐步消除城镇建成区污臭水体。推广绿色生活方式，大力发展垃圾处理和再生利用。落实《实施中心城区水污染治理专项行动》，利用3年的时间，对西城南部片区雨污混排进行全面治理，2018年该片区全部实现雨污分流，污水全部收集、全部运送至污水处理厂集中处理且达标排放，达到地表五类水标准（东营环保分局牵头，各镇、街道配合）。

根据《东营市中心城海绵城市建设专项规划》，逐年实施海绵城市建设，积极推广透水建材铺装，加快雨水花园、储水池塘、湿地公园、下沉式绿地等雨水滞留设施建设，积极争取省级海绵城市建设技术和政策支持（区住房和城乡建设局牵头，区城市管理和行政执法局配合）。

农村要突出提升便利化程度和环境宜居水平，重点推进“七改”:改路，新建改造农村公路290.61公里，完成327.5公里村道的农村公路安全生命防护工程治理工作（区交通运输局牵头，各镇、街道，区住房和城乡建设局配合）。改电，落实配电网建设改造行动计划、新一轮农村电网改造升级工程，2016年全面实现自然村动力电“村村通”，2017年实现中心村电网“村村改”、机井电力“井井通”（区供电公司牵头，各镇、街道配合）。改校，扎实推进义务教育均衡发展，解决好普通中小学“大班额”问题（区教育局牵头，各镇、街道配合）。改房，充分利用好中央和省级农村危房改造补助资金，全面做好建档立卡贫困户农村危房改造工作，全面完成市住房城乡建设局下达我区的2016年农村危房改造任务（区住房和城乡建设局牵头，各镇、街道，区扶贫开发领导小组办公室配合）。改水，在农村自来水普及率100%的基础上，对农村饮水安全工程进行巩固提升改造；（区水利局牵头，各镇、街道配合）改厕，全面改善农村居民如厕条件，稳步推进农村无害化卫生厕所改造（区住房和城乡建设局牵头，各镇、街道配合）。改暖，配合市农村供暖改造工程，推广环保取暖设施，推动城镇集中供暖向农村延伸（区住房和城乡建设局牵头，各镇、街道，区城市管理和行政执法局、东营环保分局配合）。

23.培育新的消费热点。推进山东标准建设，实施质量品牌提升工程，培育国际国内名牌产品和名牌企业。强化计量、标准、认证、检测质量技术基础建设，提升质量保障能力。创新服务业态和商业模式，挖掘消费潜力，大力发展电子商务，大力培育服务消费、信息消费、绿色消费、时尚消费、品质消费、农村消费，增加短缺服务，开发新型服务。加大新能源汽车推广力度，加快城市停车场和充电设施配套，2016年建成充电站3座、充电桩20个（区商务局牵头，区质量技术监督局、区服务业办公室、区住房和城乡建设局、区城市管理和行政执法局、东营国土资源分局、东营规划分局、区供电公司配合）。

24.推动外贸优进优出。深度融入“一带一路”国家战略，扩大拥有自主知识产权、自主品牌、自主营销渠道和高技术含量、高附加值的产品出口。加强先进技术、关键设备进口，鼓励发展加工贸易。引导地炼企业集中采购进口原油，开展原油加工复出口业务。大力实施“互联网+外贸”，积极发展跨境电子商务和外贸综合服务企业，鼓励传统外贸企业充分利用第三方平台开展跨境贸易。加快推进科瑞石油装备跨境电子商务平台建设，支持引导山东休斯顿石油装备交易中心等更多本地电商企业，尽快由内贸向跨境电商转变，增强全区外贸发展的新动力（区商务局牵头，各镇、街道，区发展和改革局、区经济和信息化局配合）。

25.加强生态环境保护。深入实施大气、水、土壤污染防治行动计划，2017年空气质量比2013年改善35%左右。推动资源性产品价格改革落实，健全排污权、碳排放权、用能权等交易制度。大力植树造林，加强湿地保护与修复，增强生态产品供给能力（东营环保分局牵头，区财政局、东营国土资源分局、区经济和信息化局、区发展和改革局、区农业局、区林业局、区物价管理办公室配合）。

26.加快事业单位分类改革。积极推进承担行政职能事业单位改革，开展事业单位法人治理结构试点，落实事业单位法人自主权（区机构编制委员会办公室牵头，区人力资源和社会保障局、区财政局配合）。

27.大力发展社会事业。深化基础教育综合改革，加强职业教育基础能力建设。将教育财政经费增量向职业教育倾斜，落实教育费附加和地方教育附加各不低于30%用于职业教育的政策，落实中等职业学校生均经费拨款标准，设立职业教育发展基金，支持校企一体化合作办学示范校和企业（区教育局牵头，区财政局配合）。

继续深化公立医院综合改革试点，加快建立职工大病保险制度，深入推进分级诊疗试点；积极鼓励社会办医，促进医疗卫生资源合理有序流动（区发展和改革局牵头，区卫生和计划生育局、区人力资源和社会保障局配合）。

建设多层次养老服务体系，2017年每千名老人拥有养老床位35张以上。积极鼓励社会资本投资体育健身设施。制定实施体育设施布局规划；新建居住区和社区按室内人均建筑面积不低于0.1平方米或室外人均用地不低于0.3平方米的标准，配套群众健身设施。全面落实精准扶贫措施，确保2016年完成脱贫攻坚任务。积极参与推进“食安山东”建设，积极参与食用农产品和食品生产加工示范创建，积极配合出口农产品质量安全示范市创建（区民政局牵头，各镇、街道，区扶贫开发领导小组办公室、区教育局、区市场监督管理局配合）。

四、政策措施

（一）去产能政策

1.实施专项财政奖补。加大财政支持扶持力度，对淘汰落后产能的工业企业，给予一定奖补资金。综合运用政府和社会资本合作（PPP）、股权投资引导基金等方式，引导社会资本支持产能过剩企业升级改造（区财政局牵头，区经济和信息化局、区金融工作办公室配合）。

2.落实税收减免政策。按照上级改革进度，加快资源税从价计征改革措施落实。利用工业生产过程中产生的余热、余压生产的电力、热力，符合条件的享受资源综合利用增值税优惠政策。企业在资产重组、债务重组中涉及的不动产、土地使用权转让，按规定不征收增值税。企业在资产重组、债务重组、破产清算中涉及的不动产、土地使用权转让，按规定减免契税（区财政局牵头，市区国税局、东营地税分局配合）。

3.积极盘活土地资源。对有关行业化解过剩产能退出的划拨用地，可以依法转让，或由政府收回重新出让，土地出让收入可按规定通过预算安排支付产能退出企业职工安置费用。化解过剩产能退出的工业用地，在符合城乡规划的前提下，可用于转产发展第三产业；转产为国家鼓励行业的，可在5年内按原用途和土地权利类型使用土地（东营国土资源分局牵头，区经济和信息化局、区财政局、区发展和改革局配合）。

4.强化金融政策支持。鼓励商业银行加大对产能过剩行业企业兼并重组和转型升级的信贷支持。对整合过剩产能和并购困难企业的市场主体，积极稳妥开展并购贷款业务，合理确定贷款利率，贷款期限可适当延长。化解过剩产能和推进企业兼并重组、破产清算过程中，金融机构要基本保持融资政策连贯性和债权人委员会成员行动的一致性，防止因随意抽贷导致企业经营急剧恶化（区金融工作办公室牵头，区发展和改革局、区经济和信息化局配合）。

5.加强项目投资监管。严格执行国家投资管理政策，投资主管部门不得以任何名义核准、备案产能严重过剩行业新增产能项目，国土、环保等部门不得办理土地供应、环评审批等手续，金融机构不得提供任何形式的新增授信支持（区发展和改革局牵头，区经济和信息化局、东营国土资源分局、东营环保分局、区金融工作办公室配合）。

6.妥善安置富余人员。对距离法定退休年龄5年以内的职工经自愿选择、企业同意并签订协议后，依法变更劳动合同，企业为其发放生活费并缴纳社会保险费。规范企业裁员行为，妥善处理分流人员劳动关系和社保关系转移接续；企业确需与职工解除或终止劳动关系的，应依法支付经济补偿，偿还拖欠的职工在岗期间工资和补缴社会保险费用（区人力资源和社会保障局牵头，区经济和信息化局、各镇、街道配合）。

7.加大价格调节力度。按照上级规定，严格执行差别电价、惩罚性电价、阶梯式电价、超计划（定额）累进水价、差别化排污收费等政策，倒逼落后产能加快退出。从2017年1月1日起，将二氧化硫、氮氧化物排污费征收标准由3元/污染当量调整为6元/污染当量。对高于规定排放限值或者排放量高于规定排放总量指标，以及生产工艺装备或产品属于淘汰类产能的，加倍征收排污费（区物价管理办公室牵头，东营环保分局配合）。

（二）去库存政策

8.明确公职人员住房政策。按照省、市审计要求，开展全区建购职工住房专项审计调查整改工作，妥善处理房改后单位建购住房问题。今后党政机关一律不得进行筹资建房，一律不得动用公用资源补助团购住房，一律不得挪用其他财政资金支付干部职工的住房费用。允许高等院校和科研院所为引进人才购租住房，制定农村中小学教师和乡镇卫生院医护人员购买周转房相关政策（区住房和城乡建设局牵头，区财政局、区教育局、区科技局、区卫生和计划生育局、区机关事务管理局配合）。

9.提高住房公积金覆盖面和使用率。将符合条件的农民工、个体工商户等纳入住房公积金体制，允许新开户企业、个人均按5%的下限缴存住房公积金，连续足额缴存6个月（含）以上即可申请住房公积金个人住房贷款，连续足额缴存3个月（含）以上即可提取本人及配偶的住房公积金用于支付房租（无房租房的）。职工购买自住住房，未申请住房公积金住房贷款的，在取得有效购房凭证3年内，可一次性提取本人及配偶、父母、子女的住房公积金，提取金额不超过购房款总额。申请住房公积金贷款的，在取得有效购房凭证1年内，贷款办理之前，可一次性提取本人及配偶、父母、子女的住房公积金，提取和贷款金额不超过购房款总额。缴存职工家庭可提取住房公积金，用以支付普通自住住房物业费、缴纳住房专项维修资金（市住房公积金管理中心东营区管理部牵头，各镇、街道配合）。

10.扩大货币化安置比重。新启动的棚改项目总体上货币化安置比例不得低于50%。棚户区改造中央及省级奖补资金分配向货币化安置的项目倾斜（区住房和城乡建设局牵头，各镇、街道配合）。

11.支持农民进城购房。农民进城购买首套住房可享受契税补贴、规费减免等优惠。对自愿退出宅基地使用权及农房等地上附着物的农民，当地政府可参照当地城镇建设用地指标价格给予补偿，发放等额“房票”，在辖区内购买新建商品住房时抵作购房款。鼓励金融机构开展“农民安家贷”业务，支持政府出资为主的担保机构打包担保，担保费用由区财政承担（区住房和城乡建设局牵头，各镇、街道，区财政局、区金融工作办公室、东营地税分局配合）。

12.保障新市民各项权益。鼓励进城购房农民、新就业大学生将户口迁入城镇，在就业培训、子女入学、社会保障等方面，坚持以流入地政府管理和公办中小学接收为主的进城流动人口随迁子女接受义务教育工作机制，保证进城流动人口随迁子女与当地居民子女接受同等条件的义务教育，与城镇居民享有同等权利、履行同等义务。进城购房流动人口在购房所在地办理居住证的，其子女由教育部门按照就近原则，统筹安排到义务教育学校（幼儿园）就读，学校不得拒收、不得收取额外费用（区住房和城乡建设局牵头，各镇、街道，区教育局、区人力资源和社会保障局、东营公安分局配合）。

13.支持房产租赁行业发展。对公共租赁住房免征房产税，对公共租赁住房建设期间用地及公共租赁住房建成后占地免征土地使用税。对公共租赁住房经营管理单位购买住房作为公共租赁住房的，免征契税、印花税。对公共租赁住房经营管理单位出租公共租赁住房的，在2018年底前免征增值税。对企事业单位、社会团体以及其他组织转让旧房作为公共租赁住房房源，且增值额未超过扣除项目金额20%的，免征土地增值税。对符合规定的低收入住房保障家庭从地方政府领取的住房租赁补贴，免征个人所得税（区住房和城乡建设局牵头，各镇、街道，区财政局、市区国税局、东营地税分局配合）。

14.适当放宽房地产开发限制。对于新建房地产项目，取消90平方米以下住房面积所占比重必须达到开发建设总面积70%以上的强制要求。对于在建房地产项目，在不改变用地性质、容积率等必要规划条件的前提下，允许开发企业适当调整商品住房套型结构（区住房和城乡建设局牵头，东营规划分局配合）。

（三）去杠杆政策

15.妥善化解企业债务。积极推行联合授信和银团贷款模式，对贷款余额5亿元以上且债权银行3家以上的客户，全部组建债权人委员会；以市场化的方式和途径，积极开展地方法人金融机构债转股试点，支持辖区内全国性银行分支机构扩大债转股规模（区金融工作办公室牵头）。

16.加大直接融资补贴力度。对我区已完成规范化公司改制的企业，在沪深证券交易所（含主板、中小板及创业板）、境外证券交易所首发上市后，按100万元/户给予一次性补助。对在新三板挂牌的企业，按50万元/户给予一次性补助。对我区在齐鲁股权交易中心挂牌且进行直接融资的企业，按10万元/户给予一次性补助（区财政局牵头，区金融工作办公室配合）。

17.扩大保险资金运用规模。引导保险资金以债权、股权、基金等模式，支持新兴产业、基础设施和新型城镇化等项目建设，力争实现突破（区金融工作办公室牵头，区发展和改革局、区经济和信息化局、区住房和城乡建设局、区城市管理和行政执法局配合）。

18.积极稳妥发展融资担保行业。支持设立政府性融资担保机构。争取省级融资性担保机构股权投资基金的支持，对获得省级融资担保机构股权投资基金注资的融资担保机构，如需区财政安排配套资金的，按照市定标准市区财政3：7的比例给予配套（区金融工作办公室牵头，区财政局配合）。

19.落实融资税收支持。居民企业以非货币性资产对外投资确认的非货币性资产转让所得，可在不超过5年期限内，分期均匀计入相应年度的应纳税所得额，按规定计算缴纳企业所得税。创业投资企业采取股权投资方式投资于未上市的中小高新技术企业2年以上的，可按其投资额的70%在股权持有满2年的当年抵扣该创业投资企业的应纳税所得额；当年不足抵扣的，可在以后纳税年度结转抵扣（区金融工作办公室牵头，市区国税局、东营地税分局配合）。

（四）降成本政策

20.减免企业税收负担。2017年底前，对月销售额或营业额不超过3万元（含3万元）的小微企业，免征增值税；对年应纳税所得额在30万元以下（含30万元）的小型微利企业，其所得减按50%计入应纳税所得，并按20%的税率缴纳企业所得税（区财政局牵头，市区国税局、东营地税分局配合）。

21．降低公积金缴存比例。住房公积金缴存基数原则上不得高于全市上年度月平均工资的3倍，缴存比例不得超过12%，对缴存公积金确有困难的企业，经职工代表大会或工会讨论通过，可以临时降低缴存比例或缓缴，待单位经济效益好转后，恢复正常缴存比例或者补缴（市住房公积金管理中心东营区管理部牵头）。

22.调低社保综合费用。按规定为符合条件的困难企业办理社会保险费缓缴、延缴手续，缓缴、延缴期间免收滞纳金；2016—2018年，将建筑企业养老保障金提取比例由2.6%下调为1.3%。2016年适当降低职工基本医疗保险单位缴费比例；工伤保险基金累计结存规模超过18个月的，按规定可适时调整行业基准费率具体标准或下调费率。对符合条件的企业，按不高于上年度实际缴纳失业保险费总额的70%给予稳岗补贴（区人力资源和社会保障局牵头，区住房和城乡建设局、区经济和信息化局配合）。

23.扩大政府性基金收费优惠。对上级规定收费标准有浮动幅度的行政事业性收费项目，按标准下限执行。国内植物检疫费等18项涉企行政事业性收费的免征范围，由小微企业扩大到所有企业。对新型墙体材料专项基金按规定标准的80%征收。2017年年底前，对符合条件的小微企业，免征教育费附加、地方教育附加、水利建设基金、文化事业建设费和残疾人就业保障金（区财政局牵头，东营地税分局配合）。

24.降低企业用电成本。严格落实峰谷分时电价政策，推动企业参与电力削峰填谷，下调高峰电价上浮比例，减少企业用电成本。落实大客户直接交易政策，对政府部门审批通过的直接交易客户按计划结算到位，使企业能够直接从发电企业购买电能，减少中间成本。积极落实电力体制改革要求，切实采取措施，降低企业用电成本（区经济和信息化局牵头，区物价管理办公室、区供电公司配合）。

25.减轻企业用地成本。区政府可根据本地实际情况，在现行税额幅度内，提出降低城镇土地使用税适用税额标准的意见，报省政府批准执行。按规定对物流企业自有（包括自用和出租）的大宗商品仓储设施用地，2016年底前，减按所属土地等级适用税额标准的50%计征城镇土地使用税。鼓励企业综合开发利用地下空间，地下空间可与地上土地使用权一并出让（东营国土资源分局牵头，区财政局、东营地税分局配合）。

26.减少财务成本支出。分年度研究制定我区重点信贷支持企业名单，执行贷款优惠利率。安排财政金融互动资金，通过激励奖补、风险分担、融资贴息等多种方式，引导带动金融资本加大对实体经济投入。继续落实财政对社会资本投资教育、养老、医疗等公益性服务业的贷款贴息政策。鼓励金融机构对获得政府采购合同订单的中小微企业，给予政府采购信用贷款。对小微型服务企业（除银团贷款外），严禁收取承诺费、资金管理费等费用，杜绝附加不合理贷款条件和不合理收费（区财政局牵头，区金融工作办公室配合）。

27.降低流通环节费用。严格落实上级收费公路“绿色通行”政策，取消不符合规定的公路收费项目，逐步取消普通公路收费站点。按照上级要求，对进出口环节通过海关查验的外贸企业免除吊装移位仓储费用。（东营公路管理分局牵头，区商务局、区物价管理办公室配合）。

（五）补短板政策

28.加大创新扶持力度。落实将“创新券”政策范围由小微企业扩大到中小微企业。对新认定的国家级重点实验室、工程（技术）研究中心、生产力促进中心、技术转移示范机构（国家创新驿站），由区财政给予一定数额的奖励（区科技局牵头，区发展和改革局、区经济和信息化局、区财政局、区教育局、东营地税分局配合）。

29.支持高新技术产业发展。对于新认定的高新技术企业，区财政给予一次性奖励10万元（区科技局牵头，区财政局配合）。

30.扶持现代农业发展。鼓励工商资本发展特色现代农业。新增农业补贴适当向种粮大户、家庭农场、农民合作社、农业龙头企业及社会化服务组织等新型农业经营主体倾斜。落实上级农产品产地初加工补助政策，初加工用电、用水享受农用电、农业灌溉用水政策，初加工用地享受设施农业用地政策。支持符合条件的农民合作社、家庭农场优先承担政府涉农项目，落实财政项目资金直接投向农民合作社、形成资产转交合作社成员持有和管护政策。探索制定农用地基准地价，为农户土地入股或流转提供参考依据（区农业局牵头，各镇、街道，区财政局、东营国土资源分局配合）。

31.助推工业转型升级。支持机器代工、智能制造示范项目（基地、园区）及公共服务平台建设。加快太阳能集热系统在工业领域的推广利用。对入选国家、省首台套装备的企业，产品实现推广应用后，区财政分别给予50万元、20万元的一次性奖励。每年选派企业家到国内外知名高校、培训机构免费实习培训，实施党员民营企业家和民营企业“创二代”培养工程（区经济和信息化局牵头，各镇、街道，区委组织部、区财政局、区人力资源和社会保障局、区商务局配合）。

32.推动服务业跨越发展。政府基本建设资金用于医院的部分，改为贷款贴息资金，支持带动更多银行资金投入。适当增加区服务业引导资金。在工业园区内建设的物流、研发和工业设计等生产性服务业项目，可参照执行工业用地政策。实行服务业用水电气热与工业同价政策，养老服务机构享受居民生活类价格。允许非营利性养老机构出资者拥有对投入资产的所有权，并按不高于同期银行1年期贷款基准利率2倍的标准提取盈余收益。对小微文化企业免征管理类、登记类、证照类行政事业性收费（区服务业办公室牵头，各镇、街道，区财政局、区民政局、东营国土资源分局、区文化广电新闻出版局、区物价管理办公室配合）。

33.改善居民生活条件。2016—2020年，区财政与市财政按照一定比例，对接管中心城（东营经济技术开发区除外）旧住宅小区的骨干物业企业按照每月每平方米0.2～0.4元的标准给予专项补助。区财政原则上按不低于每户300元标准对农村改厕给予奖补。对农村居民购买清洁煤，可按每吨补贴200元，每户每年最高补贴1吨。农村“煤改气”居民享受市政管网天然气同等价格（区住房和城乡建设局牵头，各镇、街道，区财政局、区农业局、区经济和信息化局配合）。

34.积极挖掘消费潜力。制定关于加快电子商务发展的实施意见，对电子商务产业园、电子商务平台、电子商务示范项目、农产品网络销售、农村电子商务公共服务中心和服务站点、电子商务培训、协会建设、物流体系建设给予一定财政奖补资金。支持名牌创建，引导企业争创质量奖，对新获得山东名牌产品、山东省服务名牌、山东省著名商标的企业，由区财政给予10万元奖励，对新获得省长质量奖、市长质量奖的企业，由区财政分别给予20万元、10万元奖励。引导金融机构创新消费信贷产品。加快推进公立教育、医疗、养老、文化等事业单位分类改革。事业单位改制为企业，原投资主体存续并在改制后企业中出资（股权、股份）比例超过50%的，对改制后企业承受原事业单位土地、房屋权属，免征契税（区商务局牵头，各镇、街道，区机构编制委员会办公室、区财政局、区金融工作办公室、区市场监督管理局、区质量技术监督局、区教育局、区卫生和计划生育局、区文化广电新闻出版局、东营地税分局配合）。

35.完善外贸支持政策。加大对企业进出口增量奖励力度。千方百计开拓国际市场，对企业参加境内外展会展位费给予补贴；对企业参加境外展会的人员费给予补贴。鼓励企业开展国际、国内质量体系认证，对企业开展国际认证产生的费用进行补贴。加大出口信用保险支持力度，着力扩大出口信用保险覆盖率。鼓励企业积极参加贸易救济。对符合《外商投资产业指导目录》的外资项目，给予企业实际到账外资额1%的经费补助。鼓励企业开展对外投资，承接对外工程承包。鼓励企业引进适合我区产业转型升级的关键技术和设备（区商务局牵头，各镇、街道，区财政局配合）。

36.强化资金保障支撑。区财政对政府和社会资本合作（PPP）重点项目规划、论证等前期费用给予补贴。鼓励企业发行可转换票据、可续期债券、永续票据等产品，推动绿色债券、高收益债券等债券品种创新（区财政局牵头，区金融工作办公室配合）。

37.改善项目管理服务。对实行核准制的项目，在相关政策修订完善后，只保留规划选址意见书、用地预审意见以及重特大项目环评审批作为前置条件。对非国有资金投资项目，由项目单位自主决定是否进行招标。实行项目跟踪跟进制度，加快用地预审、征收、储备等项目用地前期手续办理。新增建设用地指标和增减挂钩指标，优先支持保障性住房、教育、医疗、养老等民生项目和扶贫开发、易地扶贫搬迁，重点保障能源、交通、水利等基础设施建设（区发展和改革局牵头，东营国土资源分局、东营规划分局、东营环保分局配合）。

38.促进重点群体创业就业。对安排困难人员就业、签订1年以上劳动合同，并缴纳社会保险费的城镇各类用人单位，按规定给予岗位补贴和社会保险补贴。积极争创省创业创新示范基地（区人力资源和社会保障局牵头，各镇、街道，区科技局、区财政局配合）。

39.拓宽金融支持精准扶贫渠道。加大支农支小再贷款投放力度，引导金融机构对符合条件的贫困人口和扶贫经营主体加大信贷投入，降低利率水平。合理确定再贷款使用期限，为地方法人金融机构支持脱贫攻坚提供较长期资金来源。积极响应省财政支持贫困地区发展农业保险相关政策，努力扩大农业保险密度和深度（区金融工作办公室牵头，各镇、街道，区扶贫开发领导小组办公室、区财政局配合）。

40.加强民生事业建设。2016—2017年，积极争取上级财政奖补资金，组织开展解决城镇普通中小学“大班额”项目融资工作，用于解决“大班额”问题（区教育局牵头，各镇、街道，区财政局配合）。

新增医疗资源优先考虑由社会资本举办或运营，在符合规划总量和结构的前提下，取消对营利性医疗机构数量、规模、布局的限制。深化医疗服务价格改革，研究实施促进医养结合的价格政策（区卫生和计划生育局牵头，区发展和改革局、区物价管理办公室配合）。

采用政府购买服务的方式，以每人每月300元的标准，为城乡“三无”老年人、困难空巢老年人、失独老年人、重点优抚对象和城市75周岁以上无固定收入老年人及农村其他特殊贫困老年人等10类老年人提供居家养老服务（区民政局牵头，各镇、街道，区财政局配合）。

五、组织保障

（一）加强组织领导。各级各部门、单位要认清形势、提高认识，切实把思想和行动统一到中央和省、市、区的重大决策部署上来，把推进供给侧结构性改革作为当前重点工作，抓牢抓实抓出成效。区里成立由区委副书记、区长梁润生任组长，区委常委、常务副区长李剑钧任常务副组长，各分管副区长任副组长的领导小组，负责重大政策制定和重大问题研究；领导小组下设办公室，办公室设在区发展和改革局，负责统筹协调和督导落实工作。

（二）部门协同推进。各牵头部门、责任部门要认真对照实施意见中的任务分工，立足自身职能，尽快厘清出台任务清单、研究提出落实措施，在全区构建起1个实施意见、若干任务清单及落实措施组成的制度体系，确保各项工作有力有序开展。要各负其责、密切配合、协同推进，努力形成齐抓共管、整体推进的工作格局。要及时研究工作落实中的突出问题，主动加强与国家、省、市业务主管部门的沟通联系，努力使承担的目标任务更加明确具体、提出的政策措施更加有效管用。要加大对企业的业务指导、政策协调等工作，及时反馈工作情况，提出工作建议，确保各项工作顺利推进。要全面梳理解读行业扶持政策，设立政策咨询电话，及时向企业提供政策咨询服务。

（三）营造改革氛围。充分利用网络、电视、广播、报刊等多种媒体，广泛宣传供给侧结构性改革的重大意义、目标要求和政策措施。及时做好政策解读和实践指导，总结推广成功案例和先进经验，及时回应社会关切，正确引导社会预期，最大限度凝聚共识，着力营造全社会理解和支持供给侧结构性改革的良好氛围。

（四）严格督查考核。对供给侧结构性改革任务的落实情况，要建立督查考核制度，细化工作标准，严格工作要求。领导小组办公室要充分发挥牵头抓总作用，建立台账、全程督导、定期通报，并将通报情况作为绩效考核的重要依据，对工作落实不力的部门单位，进行通报批评、挂牌督办，按照有关程序严肃问责，确保各项任务落到实处、见到实效。

中共东营区委　东营区人民政府
关于深化科技体制改革加快创新发展的实施意见

（2016年8月16日中国共产党东营市东营区第七届委员会第十六次全体会议通过）

为深入贯彻中央和省、市关于深化科技体制改革、加快创新发展的系列决策部署，进一步推进以科技创新为核心、产业创新为重点、体制机制创新为保障的全面创新，营造大众创业、万众创新的政策环境和制度环境，现结合我区实际，提出如下意见。

一、总体要求

（一）指导思想。以党的十八大及十八届三中、四中、五中全会和习近平总书记系列重要讲话精神为指导，坚持创新、协调、绿色、开放、共享发展理念，以制度创新促进科技创新，发挥科技创新在供给侧结构性改革中的基础、关键和引领作用，塑造更多依靠创新驱动、更多发挥先发优势的引领型发展，激发全社会创新潜能，为加快建设生态宜居、美丽幸福的现代化新城区提供有力支撑。

（二）主要目标。到2020年，全社会研发经费投入占国内生产总值的比重达到3%左右，高新技术企业数量达到45家，高新技术产业产值占规模以上工业总产值的比重达到37%，规模以上工业企业设立研发机构的比例达到40%以上，万人有效发明专利拥有量10件以上。科技创新服务体系进一步完善，科技创新迈上新台阶，经济发展的质量和效益大幅提升，产业核心竞争力不断增强，努力把东营区建设成为黄河三角洲经济社会发展的重要增长极。

二、改革科技管理体制机制

（三）转变政府科技管理职能。深化科技管理部门改革，有效发挥科技管理部门在抓战略、抓规划、抓政策、抓服务方面的作用，加快实现政府科技职能从研发管理向创新服务的根本转变。加快建立科技咨询支撑行政决策的科技决策机制，建设高水平科技智库，建立由技术专家、企业家、科研人员和政府部门等共同参与的科技决策及论证机制，提升重大科技决策的科学性。加快科技创新服务云平台建设，探索建立“互联网+科技服务”新模式，为各类创新主体提供方便快捷的公共服务。

（四）改革科研项目管理机制。创新科研项目管理机制，逐步减少科技行政主管部门对具体项目的直接管理，按照权责统一的原则，委托专业机构承担科研项目管理工作，形成决策、执行、评价相对分开、互为监督的良性机制。强化对科技类社团组织、各类学会、协会和科研项目管理专业机构的业务指导和日常管理，探索建立从备案认定、运行监管到绩效评估全过程跟踪管理模式。建立功能完善的科技管理信息系统，逐步实现科研项目的信息化、痕迹化管理，避免重复申报、重复立项和重复资助。鼓励和指导科研机构、高等院校和科技型企业健全完善科技项目管理规章。

（五）创新财政资金支持方式。充分发挥政府财政资金的引导和激励作用，健全财政科技投入稳定增长机制，逐年增加科技经费支出。坚持近期与长远相结合、基础研究与应用研究相结合、公益性和营利性相结合，统筹兼顾，提高财政科技资金使用效益。结合本区实际研究制定东营区科技发展计划，出台《东营区应用技术研究与开发资金管理暂行办法》，按区重点研发计划、创新公共服务平台计划、科技成果转化专项、重点产业人才项目计划等计划项目分类进行扶持。探索财政资金多元化投入渠道，建立无偿资助、贷款贴息、以奖代补等支持方式，提高财政科技经费使用效率。充分发挥财政资金的杠杆作用，综合运用股权投资、风险补偿、贷款贴息、政府和社会资本合作（PPP）等方式，支持市场导向明确的技术创新活动。

（六）完善科研资金管理制度。简化区级财政科研项目预算编制程序，实施项目法人责任制，严格执行国家、省、市关于科研经费支出有关规定。强化科研资金管理，规范工作运行程序，督促和指导项目承担单位制定完善管理制度，及时公开资金使用情况，接受社会监督，提高财政科研经费使用透明度。推行符合创新规律的科研经费审计方式，建立分类审计制度。完善财政科研项目资金违规使用问责机制。

（七）建立健全科技评价体系。以项目产出和实际贡献为导向，探索实行市场、社会和行业认可的第三方科技评价方式，逐步拓展社会化、专业化评价渠道。建立以科技创新质量、贡献、绩效为导向的分类评价体系，正确评价科技创新成果的科学价值、技术价值、经济价值、社会价值、文化价值。科技计划绩效评价结果，作为科技政策和财政预算调整的重要依据。项目绩效评价结果，作为后续滚动支持的重要依据。改进完善政府科技奖励制度，控制奖励数量，提高奖励质量，加大奖励力度。建立科技诚信系统，完善科研诚信档案，制定科研失信行为惩戒办法。

三、完善企业为主体的产业技术创新机制

（八）加快企业研发机构建设。支持以企业为主体建设重点实验室、工程实验室、工程（技术）研究中心、企业技术中心、院士工作站等创新平台及新型研发机构，支持符合条件的研发机构升级为省级和国家级创新平台。鼓励企业“走出去”，到境外建立、并购研发中心，整合境外人才、技术和品牌；到国内高校院所集中的城市设立研发机构，或直接与高校院所合作成立研发机构。加大引进创新力度，重点引进世界500强企业、知名大学、研发机构等到我区设立全球性或区域性研发中心。对于整建制引进的高校院所、科研机构，可以按照“一事一议”的原则，给予特别优惠政策。

（九）引导企业加大研发投入。探索建立企业研发准备金制度，财政给予已建立研发准备金、研发投入持续增长的企业研发经费后补助。研发投入占销售收入比例达到3%以上的大型企业，按照研发投入新增部分的10%给予后补助；研发投入占销售收入比例达到5%以上的中小微企业，按照研发投入10%的比例给予后补助。补助经费最高50万元。严格落实和执行上级关于企业研发费用税前加计扣除、高新技术企业税收优惠、自主创新产品采购和市场准入等方面的支持政策。

（十）培育发展创新型企业。围绕石油化工、石油装备等优势主导产业，选择一批骨干企业进行试点，培育成为创新龙头企业。加大支持力度，实施科技型企业培育计划，引导中小微企业进行原创性研发或成果转移转化，培育一批科技含量高、盈利能力强的创新型企业梯队。探索普惠制补助方式，创造公平竞争的氛围，激发中小科技企业的创新活力。大力扶持初创企业、种子期企业发展壮大，推动中小微企业向科技型企业转型发展，建立实行科技型中小企业备案制。推进科技仪器资源共享，对加入大型科学仪器设备协作共用平台的中小企业使用入网科学仪器发生的试验检测费，在省、市财政补助的基础上，区财政再给予实际发生费用20%的资金补助。加强科技型中小微企业动态管理，结合企业创新发展需求提供规划、政策、项目、人才、融资等靶向服务，促进重点企业增强创新能力。加快培育一大批科技型中小微企业成长为高新技术企业，对首次认定的高新技术企业，区财政一次性奖励10万元。鼓励企业实施技术改造，创建国家技术创新示范企业。研究制定企业科研人员职称评聘政策措施。

四、全力创建国家级高新区

（十一）加快推进开发区创新发展。研究出台《关于加快胜利经济开发区建设发展若干问题的决定》，为开发区创新发展营造宽松的外部环境。区财政每年设立3000万元的创建国家高新区专项资金，支持开发区建设发展。按照“政府引导、市场运作、防范风险、滚动发展”的原则，成立石油装备产业科技创新投资基金，促进科技金融深度融合，设立区级引导基金5000万元，重点投资于从事高新技术产品的研究、开发、生产和服务或在商业模式上具有开创性的种子期或初创期科技型、创新型小微企业。积极实施人才引进计划，研究制定《开发区高层次创新创业人才引进扶持办法》，对引进的各类高层次人才在创业启动资金、生活补助、所得税奖励以及出入境、落户、社保、子女入学、配偶安置等方面配套一系列优惠措施。

（十二）夯实创建工作基础。坚持高起点定位、特色化建区、专业化发展，按照国家级高新区的标准做好高新区发展规划和产业规划，2016年底前完成规划评审定稿工作，为省级高新区审定验收和国家级高新区升级创建工作打好基础。推进政府科技公共服务平台建设，重点围绕新能源、新材料、生物医药、智能物流及“互联网+”等新兴行业和新兴业态，搭建一批省级和国家级科技企业孵化器等重大公共创新创业平台，重点推进石油科技创新园、石油科技城、生物产业园、华智孵化器等创新平台建设。大力发展生物技术产业，加快生物产业园开发建设，积极引进生物制药、医疗器械、保健品等高端项目，形成集医药新技术研发应用平台、生物制剂产品产业化基地、高端医疗设备制造推广中心、现代医药物流园为一体的特色化生物技术产业基地。积极发展石油工程技术服务业，研究出台《关于发展石油工程技术服务业促进产业结构调整升级的实施意见》，重点支持区内企业与世界知名石油工程技术服务商开展合资合作，对国内外油气田区块开发重大项目给予一定的资金扶持；支持企业“走出去”，在境外设立分子公司、办事处等工程技术服务机构，给予企业一定的资金扶持；支持生产企业与服务业剥离，分离外包非主营业务，推动石油装备产业由生产制造向生产服务转型；支持石油工程技术服务企业开展关键技术研究、重大科技计划项目。

（十三）加快科技创新园建设。落实东营市政府与中石化战略合作框架协议和油地联席会议精神和有关政策，推进科技创新园建设。创新园内建设用地给予优先保证，研究落实产权分割政策措施，不改变土地用途的前提下实现科技创新园内厂房产权分割。对创新园缴纳的基础设施配套费，按照先征后返的方式，全部用于创新园基础配套建设扶持。加强油地合作共建，引导油田科研生产单位在创新园共建重点工程实验室、开放型实验室等大型研发平台资源共享机制，共建科技成果大数据库平台及转化机制，搭建高层次人才数据库资源共享机制，共同推进油田子女就业和科技人才创业平台建设。科技部门对入园高新技术企业、项目、成果优先予以认定，支持入园企业创建市级以上研发机构。区政府全力支持东营胜利知识产权运营中心建设。

五、构建开放合作的创新体系

（十四）构建油地校融合创新体系。凝聚油地校三方合力，规划建设创新研发、创新孵化、创新服务等各类创新平台集聚的区域创新综合体。重视挖掘石油大学、油田科研院所人才资源，按照“政府建平台、企业出题目、专家搞研发”的模式，开展创新研发活动。加强与胜利油田、石油大学沟通联系，研究制定科技资源共享和鼓励科技人员创新创业的具体政策措施，建立油地校三方联动、机制灵活的科研人员管理制度，支持科研人员双向流动。以中国石油大学（华东）校区为载体，集聚石油大学、胜利油田智力与技术资源，吸引科技型企业参与，加快建设石油石化为主要特色的创新广场。

（十五）推进协同创新组织建设。根据区域重点产业，按照“共同投入、风险共担、成果共享”的原则，重点布局一批产业技术创新战略联盟，对于新创建国家级、省级联盟，财政给予奖励。鼓励同行业企业采取合资共建、股份制合作等多种形式，联合与高校院所、科研机构发起成立产业技术研究院。对于产业技术创新战略联盟或产业技术研究院开展的共性关键技术或重大基础性、系统性、前沿性技术攻关，经专家论证评估和绩效评价获得市财政扶持资金的，区财政给予扶持金额20%的配套奖励。鼓励企业与高校、科研院所、科研人员以股权为纽带，建立长期稳定的合作关系。

（十六）推进大众创新创业平台建设。积极发展众创、众筹、众包、众扶和虚拟创新创业社区、创新广场等创新创业模式。鼓励骨干企业联合专业高校打造创新创业平台，建设多元化创客空间和创新创业基金，为上下游科技型小微企业提供孵化服务，实现技术创新优势资源高效利用。对于创业苗圃（众创空间）、孵化器、加速器等科技企业孵化器的建设用地给予优先保证，尽快研究制定科技企业孵化器及科技园区产权分割的政策措施，允许科技企业孵化器和科技园区在不改变土地用途的前提下进行产权分割。推行市级科技创业苗圃（众创空间）、科技企业孵化器、加速器备案制。

（十七）构建融入京津冀协同发展战略的科技合作体系。建立京津冀科技联盟协调机构，促进与京津冀高校、科研机构、国家各部委以及跨国公司研发中心广泛开展科技合作的沟通与联系。研究制定整建制引进京津冀高校院所、科研机构或其分支机构的政策措施。在新能源、生物医药、新一代信息、新材料、高端制造等产业领域设立产学研合作基金，建立产学研信息平台，完善产学研对接机制。加快建设科技超市等技术网络交易系统，鼓励社会力量发展技术咨询、技术贸易、科技中介等面向科技转化需求的相关业务。

六、营造良好的创新创业生态

（十八）加强知识产权的运用和保护。大力开展知识产权贯标工作，指导企业建立科学、标准化的管理制度，形成贯穿生产经营各环节的知识产权管理体系。通过加强规范管理、建立激励机制、数据即时更新、严格风险控制等方式，提高企业技术创新和抵御风险的能力，实现企业可持续发展。对通过国家知识产权局《企业知识产权管理规范》外部审核的企业，并获得国家、省知识产权示范企业称号的，区财政分别给予20万元、10万元奖励。进一步建立健全知识产权管理制度，推进知识产权运营中心建设，推动知识产权与产业转型融合发展。推进知识产权综合行政执法改革，加大专利行政执法力度，完善部门信息共享机制，强化知识产权维权援助。

（十九）健全成果转化激励机制。对获得国家科学技术奖、省级科学技术一、二、三等奖的，区财政每项分别扶持成果所有企业100万元、50万元、30万元、20万元。对外来科技人员及其团队进入我区进行科技成果转化的，以高于国家规定的比例，从转化收益中给予奖励，更好地吸引科技人员进入我区创新创业。完善发明专利授权补贴政策，加大专利奖支持力度，对获得国家、省专利奖的，按上级奖励标准的50%给予配套奖励。

（二十）完善科技服务体系建设。把大力发展科技服务业作为推动我区区域创新体系建设的重要措施，发挥政府扶持和市场引导作用，鼓励探索、大胆实践，推动社会各方面力量按照服务专业化、组织网络化、功能社会化的发展方向，促进我区科技服务体系建设。通过大力发展中小企业服务机构、完善科技服务体系、加强服务业人才队伍建设、加大科技服务基础设施建设、加强对外合作等形式，完善区域科技服务能力和水平。到2020年，引进国家级科技服务机构10家，培育科技服务人才500人次，初步建立适应经济社会发展的科技服务体系。建设知识产权公共信息服务平台，为企业提供专利信息检索、专利分析预警、技术可行性分析等服务，帮助企业有效利用专利信息、降低运营风险和防范知识产权纠纷。

七、深化科技金融融合机制

（二十一）大力培育和发展创业投资。推动我区设立创业投资引导基金，吸引创业投资机构向我区集聚。引导创投机构、大型骨干企业参股设立各种投资基金，重点投向种子期或初创期科技型、创新型小微企业。

（二十二）扩大科技信贷规模。鼓励银行机构通过争取上级支持、信贷资产证券化、发行专项金融债、利用央行信贷资产质押再贷款等方式，深挖科技信贷增长潜力，引导银行业机构改进服务，合理确定贷款利率，切实降低科技型企业融资成本。支持辖区内符合条件银行设立科技支行、符合条件的企业设立科技小额贷款公司等科技金融专营机构，实行专门的客户准入标准、信贷审批流程和风险控制制度。引导银行业金融机构加大对科技型企业的信贷投放力度。鼓励银行业金融机构创新业务模式和管理机制，推出符合科技型企业融资需求特点的创新产品。

（二十三）推动知识产权质押融资。鼓励银行借鉴先进地区工作经验，积极探索知识产权质押融资新模式，有效推进知识产权质押融资工作。深入研究和贯彻各级知识产权质押融资贴息政策，组织企业参加知识产权、资产评估、质押融资等专业知识培训，加强银企沟通、协调，为企业开展知识产权质押融资提供服务，大力促进知识产权资源向生产要素的转化。对成功办理质押登记获得贷款的企业，区财政按照不超过当年所支付利息50%的比例予以补贴，且同一贷款人每年贴息额度不超过20万，拨付专项资金后，遇贷款利率调整的，贴息额度不作调整。各有关部门要充分发挥各自职能作用，加强协调配合和信息沟通，完善知识产权质押融资的扶持政策和管理机制，加强知识产权质押评估管理，支持中小企业开展知识产权质押融资。

（二十四）鼓励面向科技型企业的金融创新。整合社会金融资源，吸引民营银行、村镇银行、小额贷款公司、融资担保公司、融资租赁公司、典当行、再担保公司等新型经济金融组织支持科技型企业发展。探索和规范发展股权众筹等互联网金融业态。依法开展互联网私募股权融资试点。积极发展为科技创新服务的非银行金融机构组织，推动地方法人金融机构研究发起组建金融租赁公司，支持各类融资租赁机构在我区成立总部或开设分支机构，为企业、科研院所开展科技研发和技术改造提供大型设备、精密器材等租赁服务。

（二十五）推动融资担保和科技保险发展。推动我区设立政府参股、控股的融资担保机构，提升对科技型企业的融资担保服务能力。支持保险机构开发适合科技型企业需求的知识产权保险、产品研发责任险、成果转化险等科技保险产品。加大对科技担保、科技保险业务的支持力度，根据风险程度和规模按一定比例给予补贴。

八、创新人才培养、引进机制

（二十六）实施引智引才工程。研究制定我区引进创新创业人才的扶持奖励政策，启动我区的重点人才工程。积极引进国际领军人才和高端专家，实施品牌工程，搭建聚才平台，优化激励机制，不断提升海外人才智力引进的层次和结构，大力提升海外人才特别是高层次人才的融合能力、创新动力和贡献水平。重视保障体系建设，通过构建优质高效的政策体系、平台体系、服务体系、资源体系等保障系统，促进引智引才工作的深入推进。切实增强成效意识，集中资源、重点实施，努力在形成成果、推广成果、应用成果等方面取得新的突破和进展，不断提高引智引才工作的显示度和影响力。研究制定我区引进高层次人才服务绿色通道政策，优化工作生活环境。完善政府人才公共服务体系，健全人事代理、社会保险代理、企业用工登记、劳动人事争议仲裁、人事档案管理、就业服务等公共服务平台，满足人才多元化需求。探索实行人才补充保险办法，支持用人单位为各类人才建立补充养老、医疗保险等制度。

（二十七）实施创新型科技人才建设工程。调动科技人员的积极性，引导科技人才进入经济建设的主战场。完善人才服务保障体系，健全落实党委联系专家制度，加强“人才公寓”管理和运营，着力营造尊重人才、尊重创造的浓厚氛围。推进国家“千人计划”、高端外国专家项目等各类引智和引进高层次紧缺外国专家项目建设，做好有突出贡献中青年专家建设工程，对入选国家“千人计划”“万人计划”，省泰山学者、泰山产业领军人才、市黄河三角洲学者等重点人才工程的高层次科技人才，区财政给予一定资金配套。顺应黄蓝等国家重大战略，服务经济社会发展需要，引进一批能够突破关键技术、发展高新产业、带动新兴学科的高层次专业技术人才。

（二十八）实施高技能人才发展工程。适应产业结构调整和经济发展方式转变的需要，研究制定加强高技能人才队伍建设的政策办法。大力加强高技能人才队伍建设，培养和造就一大批具有精湛技艺的高技能人才。紧紧围绕我区主导产业转型升级需求，探索技能人才培养新模式、新途径、新方法，为我区产业转型升级提供强有力的技能人才支撑。培养能掌握行业内国际前沿生产工艺、操作方法的高技能精英人才。狠抓高技能人才培养载体建设，依托骨干企业和职业院校，建设一批基本涵盖我区示范性高技能人才实训基地。广泛开展多种形式的岗位练兵、技术比武和职业技能竞赛活动，充分发挥竞赛激励作用，搭建技能人才快速成长的平台，探索制定职业技能竞赛管理办法及经费补助办法。

九、建立科技创新工作的推进机制

（二十九）强化组织领导。各级要切实肩负起领导和组织创新发展的责任，及时研究解决科技创新工作中遇到的重大问题。成立推进科技创新工作委员会（见附件），统筹协调、指导推进全区科技体制改革的深入实施，打破部门和地区条块分割，加强协作，形成推动科技创新合力。加强领导班子配备，增加熟悉科技工作的人员，抓好科技干部的学习培训和知识储备。认真贯彻党的知识分子政策，真正做到尊重劳动、尊重知识、尊重人才、尊重创造。

（三十）健全科技法规体系。研究国家、省、市关于科技创新方面的相关政策法规，制定出台我区的配套政策措施。建立创新政策协调审查机制，及时清理、更新有关规章和政策文件。建立创新政策调查评价制度，加强政策落实情况跟踪分析，及时调整完善。

（三十一）强化督导考核。建立深化科技体制改革任务落实督办制度，对各部门单位科技创新政策落实情况定期通报。将重点科技创新指标纳入经济社会发展综合考核体系，考核结果作为领导班子和领导干部评价的重要依据。

（三十二）培育创新文化。支持各部门单位、开发区因地制宜，不断推进科技管理体制机制政策创新。尊重首创精神，及时总结推广基层好的经验做法。充分激发全社会创新活力，积极营造崇尚科学、大胆探索的社会氛围，倡导精益求精、追求卓越的工匠精神，弘扬勇于创新、宽容失败的创新文化，使创新成为价值导向和时代气息。充分利用各种媒体，加大科技创新的宣传报道力度，形成良好舆论导向。

索　引

索　　引

说　明

本索引各主题词按汉语拼音顺序排列。同音字按音调排列，首字相同按第二字音序排列，以此类推。

索引名称后的数字表示内容所在的页码，数字后的拉丁字母a、b分别表示该项页的左、右栏。

“特载”“大事记”“附录”等的具体内容未作索引。

索引词一般采用中心词和简称。

A

B

C

D

F

G

H

J

R

S

T

W

X

Y

Z

图书在版编目（CIP）数据

东营区年鉴.2017 /东营区地方史志办公室编. --
北京：方志出版社，2017.8
ISBN 978-7-5144-2500-0

Ⅰ. ①东… Ⅱ. ①东… Ⅲ. ①区（城市）—东营—
2017—年鉴 Ⅳ. ①Z525.24

中国版本图书馆CIP数据核字（2017）第203722号

东营区年鉴（2017）

编　　者：东营区地方史志办公室
责任编辑：顾　洁

出 版 人：冀祥德
出 版 者：方志出版社
地址　北京市朝阳区潘家园东里 9 号（国家方志馆4层）
邮编　100021
网址　http://www.fzph.org
发　　行：方志出版社图书经销中心
电话（010）67110500
经　　销：各地新华书店
印　　刷：济南众森印务有限公司

开　　本：889 × 1194　　1/16
印　　张：21.5
字　　数：503千字
版　　次：2017年8月第1版
印　　次：2017年8月第1次印刷
印　　数：0001 ~ 1000册

ISBN 978-7-5144-2500-0　　　　定　价：180.00元

东营市民政局提供区划地名资料